Alfonso Gálvez

Comentarios al Cantar de los Cantares

Volumen Primero

Segunda Edición
New Jersey
U.S.A. - 2020

CATALOGING DATA

Author: Gálvez, Alfonso, 1932–
Title: Comentarios al Cantar de los Cantares, Volumen Primero

First Printing   New Jersey, 1994
Second Printing   New Jersey, 2020

Library of Congress Control Number: 2020902197

ISBN–13: 978-1-7322885-3-9

**Published by
Shoreless Lake Press
P.O. Box 157
Stewartsville, New Jersey 08886**

"Causa diligendi Deum, Deus est;
modus, sine modo diligere."

San Bernardo, "De diligendo Deo", I,1.

INTRODUCCIÓN

Como cualquiera puede comprender, la tarea de escribir sobre los temas de los que trata este libro es algo más que una ardua tarea. Aquí, más que en ninguna otra parte, la honradez exige la conformidad de la vida con lo que se escribe; o al menos una cierta conformidad, que es quizá lo único que cabe esperar. Además, puesto que el amor no puede ser comprendido si no se experimenta, con mucha más razón hay que afirmar eso con respecto a una realidad tan compleja y misteriosa como es el amor divino–humano. Y, como pretender esa honradez y esa experiencia sería demasiado atrevimiento, no hay más remedio que decir, en buena lógica, que este libro nunca hubiera podido ser escrito.

Sin embargo, como todo el mundo sabe, también los hombres actúan a menudo impulsados por motivos que la razón no entiende. Lo cual, pese a todo, puede ser alguna vez razonable, ya que, de otro modo, quedarían sin hacerse muchas cosas que luego resultan buenas y hasta necesarias. Por lo que se refiere a este escrito, la única razón que se puede aportar en favor suyo, en un tímido intento de justificación, es la de que el libro pretende colmar un cierto vacío y aliviar una necesidad, aunque ambas cosas las haga torpemente y sólo las consiga en parte. El vacío y la necesidad se refieren a la situación de carencia en la que se encuentra la gente que desea oír hablar de cosas como la vida de intimidad con Dios, o la oración, y, sobre todo, del verdadero amor, y de Aquél que es el Amor esencial y la fuente de todo amor.

Cada día son más los cristianos que se sienten intranquilos y hambrientos de Dios. Su intranquilidad está motivada, en parte, por la actitud de la Iglesia: lleva tanto tiempo hablando de las cosas de este mundo que parece haber olvidado las del otro. En cuanto a su hambre, tal vez como consecuencia de eso, es un hambre de lugares celestiales, a los que echan de menos, cansados como están de haber andado tanto por los lugares terrestres.

Pero no es verdad que estos cristianos piensen, como a veces se dice, que la Iglesia no debe hablar de las cosas de este mundo. Lo que ellos pretenden es solamente una cuestión de referencia y de dosificación. De referencia, en cuanto que ellos desean ansiosamente que la Iglesia, cuando hable de las cosas terrestres, lo haga en relación con las celestiales; lo cual, por desgracia, parece que no siempre sucede. Y de dosificación, en el sentido de que ellos se sentirían más felices si la Iglesia hablara más de las cosas de Dios, incluso aunque fuera a costa de hablar algo menos de las cosas del mundo. En este sentido, tienen bien presentes las palabras de San Pablo: *Si sólo mirando a esta vida tenemos la esperanza puesta en Cristo, somos los más miserables de todos los hombres.*[1]

Son muchos los católicos que piensan que se encuentran en esa situación. Y, entre los que no lo piensan, están probablemente también los que no saben pensar mucho, o los que han decidido no pensar en nada. Hasta hay quien dice, con evidente exageración sin

---

[1] 1 Cor 15:19.

duda, que apenas si tiene ya sentido hablar de catolicismo, puesto que ya no existe una norma segura de doctrina, ni en el dogma ni en la moral. Sin embargo, pese a las conmociones de nuestro tiempo, y frente a lo que puedan decir unos y otros, lo verdaderamente cierto es que existe un Magisterio que no se puede equivocar, desde el momento en que está asistido por el Espíritu Santo.

No cabe, por lo tanto, el error. Aunque sí que caben, por desgracia, por parte de algunos Pastores, los silencios, la tolerancia, el oportunismo, y hasta cierta actitud que conduce a hablar solamente de los temas que el mundo quiere oír, y de la manera como él los quiere oír. Es muy dudosa la competencia de los eclesiásticos en ciertos temas a los que algunos de ellos se dedican con bastante interés y excesiva frecuencia.

Resulta difícil de comprender a veces, por ejemplo, la celosa preocupación de ciertos Pastores para que se establezca la democracia en algún país determinado. Durante los años en que han coexistido, en América del Sur, las dictaduras de Pinochet y de Castro, en Chile y Cuba respectivamente, se ha observado, con respecto a ellas, una diferente conducta, extrañamente discriminatoria, por parte de algunos Pastores. Con respecto a Cuba se ha dicho "que hay que reconocer la situación establecida". En cambio, refiriéndose a Chile, no se ha tenido inconveniente en proclamar "que hay que acabar, como sea, con una situación que es atentatoria contra los derechos humanos", y hasta se ha llegado a justificar, en este último caso, el atentado y el asesinato político. Da la impresión de que, para algunos, la calificación de *buenos* o de *malos* depende de la situación en la que se encuentran unos y otros: si están arriba o si están abajo, si en alza o en baja. Las exigencias de este oportunismo parece que permiten predecir que, si algún día cae el dictador cubano, el pretendido modelo de libertadores que el cristianismo progresista ha estado ensalzando durante tantos años, se va a convertir de pronto en un ser abominable.[2]

Por otra parte, y aunque apenas se diga nada al respecto, es un hecho inconcuso que se está borrando la línea divisoria entre la teología católica y la protestante. Como también es cierto que, lo que actualmente se enseña en las Facultades católicas de Teología, queda ya muy lejos de los antiguos contenidos del "Denzinger Enchiridion".

Las librerías católicas están atestadas de libros que, hasta hace treinta años, hubieran sido rechazados oficialmente como heréticos. Y las Biblias que en ellas se venden son las traducciones, consideradas como actualizadas, del Libro Sagrado, el cual, sin embargo, al parecer ahora ya no es tan sagrado: Biblias *populares*, Biblias *al alcance del pueblo*, y, en general, toda la amplia gama de Biblias *puestas al día* en las que el lenguaje grosero, la jerga marxistoide, y la vulgaridad, son cosa corriente y normal. Con todo, pretender que eso es la palabra de Dios puede sonar a blasfemia. El mal llega hasta las traducciones litúrgicas oficiales, de las que lo menos que se puede decir es que son ramplonas e insulsas.

La predicación se ha vuelto politizante, desvaída y vacía. Lo que no tiene nada de extraño, desde el momento en que se ha permitido que la formación del clero joven se haya llevado a cabo, en buena parte, bajo los auspicios de la filosofía kantiana y hegeliana, con derivaciones prácticas feuerbachianas y marxistas. A lo cual se ha

---

[2]Es muy penoso que muchos eclesiásticos, con el lamentable retraso de años que suelen llevar con respecto al mundo, no se hayan dado cuenta aún de que el marxismo es una doctrina obsoleta y muerta. En este sentido, es difícil de explicar el *boom* alcanzado por las teologías de la liberación, con su increíble pretensión de renovar el cristianismo desde posiciones consideradas como *progresistas*, pero que no son en realidad sino un amasijo de doctrinas utópicas y antinaturales, y, por supuesto, el mayor intento de regresión, jamás dado hasta ahora, hacia tiempos obscuros y superados de la historia de la humanidad.

añadido la puesta en cuestión de cosas que parecían inamovibles, como la llamada "identidad sacerdotal", que ha problematizado el papel del clero y, en general, de las personas consagradas, y que ha sido combatida con una reacción, por parte de la Jerarquía, que quizá no ha sido suficientemente fuerte. Así se ha llegado a la deserción en masa de sacerdotes y religiosos, y a que los seminarios y noviciados se hayan quedado casi vacíos; sin que por ahora se vean indicios de que vaya a aumentar el número de vocaciones, a pesar de las estadísticas que se publican sobre el tema, tan sobradas de buena voluntad y de fantasía como faltas de verdad.

Uno de los sectores que ha sido más afectado por la crisis es el de la juventud, aunque no deja de ser curioso que el hecho haya ocurrido en el momento en que parecía que se estaba trabajando más en favor de los jóvenes. Es notorio que, en los últimos años, han intervenido en este campo numerosos *especialistas*, los cuales no han vacilado en ensayar todas las formas posibles de pastoral, e incluso, según dicen algunos, probablemente también algunas otras. Por todas partes se han prodigado los encuentros, las concentraciones, las peregrinaciones, y hasta los *Concilios de jóvenes*, acompañado todo ello de la orquestación de una abundantísima literatura especializada y cada vez más tecnificada.

En su deseo de adaptarse al mundo moderno, y al mundo de la juventud, esta pastoral ha perdido de vista el nudo del problema. Al tratar de encontrar lo que creía que podía ser aceptado por los jóvenes de hoy, ha dejado en un segundo plano lo sobrenatural, o bien lo ha suprimido por completo. El problema se plantea siempre de la misma manera: Como el Cristo que se ha predicado hasta ahora es inaccesible a los jóvenes, es necesario, por lo tanto, ofrecerles otro *más humano*; a lo que no habría nada que objetar, en principio, si no fuera porque lo que suele entenderse por eso, en realidad, es un

Cristo *menos divino*.[3] Se llega así a la consecuencia de que, en vez de partir de Cristo para llegar al joven, se parte del joven para llegar a Cristo. Sin embargo, este Cristo es demasiado parecido al joven, y solamente posee aquellas categorías *humanas* (en el sentido de *no tan divinas*) que pueden ser entendidas y aceptadas por la juventud y el hombre modernos. Las secuelas de la filosofía inmanentista han llevado las cosas a tal punto que ahora ya no se trata para los jóvenes —para los hombres— de partir de Cristo (Cristo Alfa y Omega), sino de partir de sí mismos, tal como lo exige la dignidad humana. De lo cual resulta un Cristo mutilado, reducido en todo caso a ser Término, pero nunca Principio (Cristo Omega, pero no Alfa).[4]

La consigna de animar a los jóvenes para que sean "ellos mismos", corre el peligro de no caer en la cuenta de la ambigüedad de

---

[3]Siempre se está volviendo al viejo error de que, para hacer un Cristo más humano, hay que hacerlo menos divino. Sin embargo, partiendo de que Cristo es *verdadero* Dios y *verdadero* hombre (o, si se quiere decir de otra manera, *perfecto* Dios y *perfecto* hombre), todo lo que se profundice en su humanidad no puede servir sino para poner más de manifiesto su divinidad. Una vez más, estos teólogos y pastoralistas se han dejado seducir por las viejas teorías decimonónicas de que el hombre ha sido alienado por la divinidad. Sin embargo, si de verdad fueran capaces de hacer a Cristo *más humano*, en realidad lo mostrarían también como *más divino*. La divinidad de Cristo, en la perfecta asunción que la Persona del Verbo hace de su humanidad por medio de la unión hipostática, se muestra y se *canaliza* solamente a través de esa naturaleza humana (Jn 14:9; 1:18; 1 Jn 1: 1–2). De tal manera que ya no se puede ver al Padre, ni ir hasta Él, si no es por medio de Cristo (Jn 14:6), y concretamente a través de su naturaleza humana. La Persona del Verbo, utilizando la naturaleza humana asumida al máximo de sus potencialidades (plenitud de gracia: Jn 1:14), actualiza todas las virtualidades del hombre (*perfecto* hombre), a las que no se les resta nada (todo lo contrario) porque *a través* y *por medio* de ellas aparezca la divinidad. En cambio, un Cristo rebajado de su divinidad, con el fin de ser presentado como más humano, no solamente es ya un Cristo des–divinizado, sino también deshumanizado: rebajada o destruida su divinidad, queda también rebajada o destruida, en la misma medida, su humanidad.

[4]Ap 1:8; 21:6; 22:13; cf también 3:14.

la expresión y de los peligros que encierra. Pues lo fundamental para el cristianismo no es que el hombre viva su propia vida, sino la de Cristo.[5] En realidad estas consignas no pretenden negar, por lo general, que el hombre alcanza su plenitud cuando ama a Dios, y a menudo la cuestión no es tanto de fondo cuanto de planteamientos y modos de hablar; pero es evidente que pueden provocar un desenfoque del problema.[6] La pastoral católica debería convencerse de que despojar al evangelio de aristas y mordientes, a fin de que pueda ser aceptado por el mundo, es un método ineficaz y peligroso. El cristianismo es una auténtica *novedad*, y deja de ser cristianismo

---

[5]Los textos son muchos: Mt 10:39; 16:25; Mc 8:35; Lc 9:24; 14:26; Jn 12:25; 6: 57–58. Cf Ga 2:20 y el bello texto de Ro 14:7. El texto de Lc 14:26 emplea la expresión *odiar la propia vida*. La versión inglesa de la Biblia de Jerusalén lee así Ga 2:20: "I live now not with my own life but with the life of Christ who lives in me", *The New Jerusalem Bible*, (New York: Doubleday, 1985). Cf también 2 Cor 2:15.

[6]Es cierto que el hombre solamente consigue ser *él mismo* cuando, olvidándose de lo suyo, sale de sí mismo y pierde (o entrega) su propia vida por amor. Pero esta doctrina, que pertenece al concepto del amor, es un hallazgo específico del cristianismo, y no una especie de verdad *per se nota*. Si no se pone de manifiesto, se corre el peligro de que los jóvenes entiendan la expresión "sé tú mismo" de un modo puramente humano, sin las connotaciones sobrenaturales con las que la Revelación ha enriquecido los conceptos del amor y del hombre. El procedimiento de insistir más en lo que suena, y en lo que está en el ambiente, que en el verdadero contenido de unos conceptos cuyo contenido sobrenatural se silencia, pretende tal vez conseguir la aceptación de una doctrina de por sí difícil; pero no cae en la cuenta de que, haciéndolo así, la doctrina queda mutilada (y, por lo tanto, falseada en la misma medida), ni de que tampoco por eso se hace más atractiva. Puede parecer, a primera vista, que el sistema es eficaz para presentar una doctrina como más fácil de llevar a cabo. Pero el procedimiento es inútil, porque priva a la doctrina de su contenido y, por lo tanto, de su verdadero atractivo, lo que tiene una importancia aún mayor cuando se trata de los jóvenes. Ha sido dispuesto que el Reino de los cielos sea arrebatado por los violentos (Mt 11:12).

en la medida en que deja de ser novedad. Al perder lo mejor de su atractivo ya no puede seducir a los hombres, y menos todavía a los jóvenes, que son precisamente a quienes más atraen las *novedades*. De ahí la urgencia de que la pastoral de jóvenes deje de estar dirigida por viejos de espíritu que, con demasiada frecuencia, tienen tendencia a no creer en la juventud. Ciertas expresiones, como la del *Concilio de Jóvenes*, manifiestan una evidente manipulación de la pastoral de la juventud por parte de personas mayores: a los jóvenes se les hubiera ocurrido reunirse o encontrarse de cualquier manera, pero jamás bajo la forma de un *Concilio*.[7] Estas actitudes difícilmente pueden salvarse de la acusación de demagógicas, puesto que parecen creer que sus planteamientos son los que agradan a los jóvenes, y que la juventud no puede entender ni aceptar otra cosa. Olvidan que a los jóvenes, normalmente, no les agrada ser *ellos mismos*, y que lo que más bien desean casi siempre es ser *diferentes*; incluso aquéllos que, o bien han aceptado su propia derrota (los desarraigados, los drogadictos, o los entregados al sexo), o bien protestan del mundo tomándoselo a broma. No comprenden que lo que realmente seduce a los jóvenes es la búsqueda de un cierto *otro* (con mayúscula o con minúscula), con cuyo hallazgo piensan llegar a ser diferentes y a cambiar el mundo. Es un tanto simple creer que la rebeldía de la juventud se refiere solamente al mundo en el que vive, sin caer en la cuenta de que la juventud siempre se ha incluido a sí misma en la protesta. La verdadera juventud, o aquélla que por serlo es realmente rebelde, nunca ha estado contenta consigo misma, y de ahí que su situación y su modo de ser hayan sido siempre

---

[7]La organización en Taizé de un gran encuentro de jóvenes, precisamente bajo la forma de un *Concilio*, obedece fundamentalmente a dos razones: a que por aquel entonces estaba de moda el tema del Concilio, y a que fueron personas mayores quienes concibieron la idea y lo organizaron. No hay más que leer las *Conclusiones* para convencerse de eso.

las primeras cosas que ha cuestionado. Olvidar esto es pretender
acercarse a la juventud con planteamientos ingenuos y propios de
personas mayores, totalmente ajenos a las formas de pensar de los
jóvenes. La creencia de que los jóvenes no son capaces de aceptar un
cristianismo sin mitigaciones, pleno de contenido sobrenatural, no
hace demasiado favor a la juventud, y más bien la subestima. Parece
como si algunos, sintiéndose marchitos por los años y un tanto des-
esperanzados, fueran incapaces de creer en una fe joven y decidida,
por mucho que pregonen lo contrario. Una actitud muy distinta a
la del apóstol San Juan, que creía firmemente en la juventud: *Os
escribo a vosotros, jóvenes, porque sois fuertes y la Palabra de Dios
permanece en vosotros, y porque habéis vencido al Maligno.*[8]

Este libro intenta esbozar una teoría sobre el amor, aunque de
una manera asistemática. Parte para ello de la idea de que el mejor método para conocerlo es el estudio de Dios, puesto que Dios
es Amor (1 Jn 4:8). Los clásicos antiguos que trataron del tema,
entre los que destaca Platón, a pesar de sus geniales intuiciones, no
pudieron penetrar en lo más profundo de esta realidad, que es, sin
duda alguna, la más apasionante de todas las realidades. La cuestión,
aunque ha continuado siendo estudiada incesantemente durante los
siglos posteriores, incluso con la ventaja de la Revelación completa
y acabada, se encuentra muy lejos de estar agotada. La teología ha
estudiado la virtud de la caridad, o la *agapé*, desde todos los puntos
de vista, pero sin considerar nunca como objeto propio de su estudio el del amor como tal (haciendo abstracción de su carácter de
virtud), y sin haber tenido, por lo tanto, ocasión de insistir en la

---

[8]1 Jn 2:14.

vinculación de este fenómeno con la vida divina, y concretamente con el misterio trinitario.[9]

El amor va a ser estudiado aquí como una realidad que, primariamente, responde a la *estructura* trinitaria de la divinidad: Dios es Amor, y hay en él pluralidad de personas porque la pluralidad de personas pertenece a la esencia del amor. O dicho de otra manera: Si Dios es Amor, tiene que haber en él pluralidad de personas, puesto que el amor no es nunca unipersonal, sino que su esencia consiste precisamente en ser el amor de un *yo* a otro *yo* que, a su vez y recíprocamente, se convierten en un *tú* y otro *tú*. Este tema va a ser abordado en el libro como fundamental en el estudio del amor, y es posible que pueda aportar nuevas luces para un mejor conocimiento de la teología del Espíritu Santo.

Avanzando por este camino, quizás se consiga contribuir a un conocimiento más acabado de la esencia del amor humano. El Amor es la misma vida divina, y el amor humano (sobrenatural) no es sino esa vida divina infundida y derramada en el corazón del hombre (Ro 5:5). El estudio del amor en su fuente, que es Dios, puede facilitar el camino hacia un mayor conocimiento del misterio del amor humano. Un conocimiento profundo del fenómeno, como se ve con claridad *a posteriori*, no es posible sin la Revelación. El único camino para conocer acabadamente el amor humano es el que parte del amor divino. E igualmente, el hombre no puede conocer el amor divino si no es partiendo del amor humano, desde el momento en que no tiene medio alguno para remontarse al conocimiento del Amor increado si prescinde por completo del amor creado. Esto último es precisa-

---

[9]La teología estudia el amor como virtud, y concretamente como virtud teologal. Aquí va a ser contemplado simplemente como tal amor, como una realidad fundamental que irrumpe y determina la existencia humana. Aunque luego, para llegar a comprenderlo en profundidad, haya que echar mano necesariamente de la teología.

mente lo que hace *El Cantar de los Cantares*, en cuanto que trata de explicar, o bien lo que es el amor divino, o bien lo que es el amor divino–humano, utilizando las excelencias del amor humano y hasta su mismo lenguaje.

La explicación tomista de Dios, deducida del Éxodo (3:14), como *Ipsum Esse Subsistens*, es sin duda alguna el punto de partida de toda buena teología. Pero es evidente que esa explicación se puede completar con la afirmación de San Juan (1 Jn 4:8) de que Dios es Amor. Ambas fórmulas expresan propiamente lo que es Dios, si bien cada una de ellas contempla aspectos distintos, aunque incluyentes, del Ser divino. Pero, puesto que Dios es Amor, y que el hombre ha sido hecho también a su imagen y semejanza, es necesario concluir que al hombre le ha sido concedida la capacidad de amar —y, por lo tanto, la de ser amado— como algo constitutivo de su naturaleza. La idoneidad para el amor tiene que venir incluida, según eso, en la doctrina de la semejanza del hombre con Dios. De ahí la necesidad de que el hombre sea reconocido como persona (puesto que solamente la persona es capaz de amar), y, en consecuencia, como poseedor de una dignidad que es en cierto modo infinita. Lo propio y constitutivo de la persona, o aquello que le confiere su carácter de ultimidad, de independencia, o, si se quiere, de incomunicabilidad —como decía Santo Tomás—, es lo que la determina como un *yo*, y lo que la pone, precisamente y por eso mismo, frente a un *tú*. El amor no puede existir sino en una *relación de oposición*, puesto que consiste en el mutuo *contemplarse* de dos personas que se aman, de tal manera que, estando cada una de ellas *frente* a la otra, ambas *entregan* y *reciben* a la vez. Además, tal oposición es una *oposición total*, o, si se prefiere, *de totalidad*, porque, si bien lo que entrega cada una de esas personas es a sí misma, en totalidad, lo que recibe a cambio es la otra persona, también en totalidad, como si se diera aquí una verdadera dialéctica de *contrarios*. Lo que puede dar, quizás, cierta luz en lo que se refiere a las notas tomistas de independencia e incomunicabilidad de la persona como tal. Esta dialéctica se expresa en conceptos correlativos y correspondientes, como dar y recibir, perderse y encontrarse,[10] decir y escuchar, mirar y ser contemplado, desear y ser deseado, etc. La *"incomunicabilidad"* se refiere, por lo tanto, a lo más íntimo y constitutivo de la persona, a aquello que la hace ser tal *yo*, y que es lo único que no puede entregar porque tiene que continuar siendo persona. O dicho de otra manera: la persona puede entregarlo todo, menos lo que la constituye como un ser con capacidad para seguir entregándolo todo. Lo cual significa que solamente una persona puede amar y ser amada, porque solamente un *yo* puede entregarse a un *tú* y recibir, a su vez, a otro *yo*.

Pero el hombre solamente puede amar *a la manera humana*, es decir, del modo que es conforme a su naturaleza. Incluso cuando su naturaleza está elevada por la gracia, y ama, por lo tanto, *a lo divino*, sigue amando según su modo propio de obrar. Ama entonces según una naturaleza (humana) que, al estar elevada por la gracia, llega absolutamente más allá de sus propias posibilidades.[11] Y, como la naturaleza humana está compuesta de espíritu y materia, se sigue como consecuencia que el hombre necesita su corporalidad para amar de modo perfecto, incluso en el eón futuro.[12] Al menos mientras dura su condición de peregrino en la tierra, el hombre ni sabe ni puede amar de otra manera. Los principios de la teoría escolásti-

---

[10]En la entrega de/a la otra persona. Se trata de *perderse en el amado*, por la entrega y la confianza completas, para encontrarlo luego todo en él otra vez.

[11]La gracia no destruye la naturaleza, sino que la eleva. El amor sobrenatural ha sido concedido al hombre libérrimamente por Dios, y no le es debido en modo alguno. Pero, de todos modos, un hombre que ama sigue siendo un hombre.

[12]El alma, que es espiritual y forma del cuerpo, puede existir como tal separada de él. Pero el alma sola no es todavía un ser humano, y los bienaventurados en la Patria, aunque gozan ya de la visión beatífica, viven en la espera de la resurrección.

ca del conocimiento, según los cuales nada hay en el entendimiento que no haya pasado por los sentidos, y nada es querido que no haya sido primero conocido, valen también aquí. Según esto, nada puede ser deseado, ni amado, que no haya sido primero aprehendido por el entendimiento; a su vez, es por medio de los sentidos como el entendimiento inicia su función de conocer.

Pero no se trata solamente de que el fenómeno del amor humano empiece a través de los sentidos. Ya se ha dicho que el hombre ama también con su corporalidad, sin excluir de ella a sus sentidos (exteriores o interiores). O dicho de otro modo: Si el hombre ama primordialmente *con toda su alma*, es evidente que también lo hace *con todo su corazón* (con su corporalidad), aunque en la unidad de su único ser.[13] Dicho esto, queda por afirmar ahora que el objeto del amor humano ha de ser también de algún modo sensible, pues es impensable que la naturaleza humana pueda enamorarse de lo que es puramente espiritual, puesto que ni siquiera es capaz de imaginarlo. Lo que quiere decirse aquí es que el hombre es capaz de amar y de ver a Dios directamente en el cielo, cara a cara (una vez elevado y ayudado con especiales auxilios divinos), pero a través de la naturaleza humana de Jesucristo: *Felipe, el que me ve a mí, ve al Padre. ¿Cómo dices tú: Muéstranos al Padre?*[14] La fórmula "en Cristo, por Cristo y con Cristo" sigue siendo válida en el cielo. De manera que, por la naturaleza humana del Señor, llega el hombre hasta la naturaleza y la Persona divinas del Verbo, y, a través de ellas, hasta el Padre.

Conviene advertir, sin embargo, que aquí no se pretende poner en duda la doctrina (por lo demás segura) de la visión directa de Dios en

---

[13]Un ser único, pero compuesto de espíritu y materia. La expresión "con todo el corazón", aunque metafórica, es real en cierto modo.

[14]Jn 14:9.

el cielo, por parte de los bienaventurados, sin interposición de medio alguno. Lo que aquí se propone, como hipótesis de trabajo, es que los bienaventurados alcanzan la visión directa de la divinidad, y la fruición consiguiente, gracias a la naturaleza humana de Jesucristo. Esta naturaleza, por estar unida hipostáticamente al Verbo, y ser propiamente *suya*, no puede ser considerada en función de medio. A la manera de lo que sucede cuando alguien, para hablar con una persona, la mira al rostro: lo que está percibiendo directamente es la persona del otro, y no ya su rostro o sus ojos. Quien ve al Hombre Jesucristo, está viendo a la única Persona que hay en Él, que es la del Verbo; y, quien lo ve a Él, está viendo al Padre (Jn 14:9).

Es indudable que, si se prestara mayor atención a esta doctrina, se facilitaría la posibilidad de hallar nuevos caminos que conducirían, a fin de cuentas, a una espiritualidad de fundamentos más verdaderamente cristocéntricos,[15] y que incluso aportaría razones para reanudar la discusión del problema acerca de los motivos de la encarnación del Verbo.

Con respecto a esto último, es evidente que, el cristocentrismo del que aquí se habla, apunta derechamente hacia la conveniencia de la encarnación del Verbo, una vez que Dios decretó libremente la creación del hombre y su elevación al orden sobrenatural. La conveniencia se fundamenta aquí en el hecho de que Dios, al determinar crear al hombre y elevarlo al orden sobrenatural, decidió formarlo a su imagen y semejanza, con capacidad, por lo tanto, para amar y para ser amado. Y aquí es donde aparece la conveniencia de que el Verbo hiciera *suya* una naturaleza humana. La encarnación se hizo

---

[15]El cristocentrismo de la espiritualidad (y de la teología de la creación y de la redención), que teóricamente nadie pone en duda, no se traduce siempre en las conclusiones lógicas, ni en las consecuencias prácticas, en las que tendría que desembocar la doctrina. Y, por supuesto, se encuentra muy lejos de hallarse agotado como tema de estudio en el que profundizar.

conveniente desde el momento en que el hombre, por libre y bondadosa disposición divina, fue destinado a ser contertulio de Dios, con la posibilidad de verlo cara a cara, y de hablar con Él de tú a tú, que es lo propio de una relación de amor.

Sin embargo, para que el hombre sea capaz de mantener un diálogo y un trato amorosos con Dios, tiene que haberse *enamorado* previamente de Él. Y Dios toma una naturaleza humana, y la hace suya, a fin de hacer posible ese mutuo enamoramiento. Ahora ya puede Dios *seducir* al hombre (y *dejarse seducir* por él) a la manera divina, y, al mismo tiempo también, *a la manera humana.*[16]

Dios quiso amar al hombre con un amor total y perfecto. Por eso decidió ser, a la vez, su Padre, su Hermano, su Esposo y su Amigo, esperando ser correspondido también con un amor total de reciprocidad.[17] Pero el hombre, aun elevado al orden sobrenatural, sigue amando conforme a su naturaleza, o, si se prefiere decirlo así,

---

[16]Con esto no se pretende negar aquí que la Redención sea un motivo determinante y fundamental de la Encarnación. Pero ya los teólogos medievales discutieron el problema de si no sería más conveniente, conforme a las exigencias de la gloria de Dios, encontrar otro motivo determinante de la Encarnación que fuera distinto del pecado. Tal vez sea posible concluir que ambos motivos pudieron estar previstos en el único plan de la divina providencia.

[17]Como el hombre no es el Amor, solamente es capaz de participarlo de diversas formas, sin que pueda llegar a agotarlo nunca. En realidad, el amor paterno–filial, el amor conyugal, el amor fraterno, y el simple amor de amistad, son formas de participación del único Amor, otorgadas al hombre para que pueda llevar a cabo, de algún modo, la totalidad del Amor, puesto que ha sido creado para amar según esa totalidad. En la parábola del amigo inoportuno (Lc 11: 5–13) aparecen reunidas, por extraña y aparente coincidencia, estas diversas formas del amor. En la parábola se ve con claridad que ninguna de ellas es excluyente con respecto a la otra, incluso aunque alguna vez, como sucede en ella, parezcan contraponerse (el deseo de servir al amigo frente al deseo de no molestar a la esposa o a los hijos), puesto que, al fin, incluso la amistad inoportuna es atendida. La misma doctrina aparece en *El Cantar de los Cantares*: 4: 9–10; 5: 1–2; 8:1.

a su sobrenaturaleza; para *enamorarse* de Dios tiene que percibirlo según su modo propio de conocimiento. A su vez, Dios, que quiere ser conocido y amado por el hombre al modo del hombre, *con el embelesamiento, la emoción, la ternura, y los sentimientos propios del hombre enamorado*, tiene que mostrarse ante él como hombre también. Y es lógico que sea así, pues Dios no puede querer sino que su criatura lo ame según el modo que es propio de la naturaleza que Él le ha otorgado, que es lo mismo que decir según la manera de amar que Él mismo le ha enseñado.[18]

Como el hombre no solamente ama con su alma, sino también con su cuerpo, el objeto de su amor ha de ser de algún modo sensible. El hombre ama cuando encuentra unos ojos distintos de los suyos, en los cuales se mira, y donde se siente contemplado, a su vez, por la persona amada; cuando cuenta con los labios y los oídos de la otra persona, pues el amor humano vive de mutuos requiebros y promesas de amor, pronunciados con labios de carne y escuchados con oídos de carne; cuando percibe juntamente los latidos de los dos corazones, el suyo y el de la persona amada, pues sin esa experiencia, hecha realidad en el abrazo amoroso, difícilmente podría entender lo que es el amor. Pero cuando se trata del amor a Dios, todo esto lo encuentra el hombre en Jesucristo, que es verdadero hombre, además de ser verdadero Dios.

El hombre que ama no hace abstracción de la corporalidad de la persona amada, pues es precisamente a través de la corporalidad como llega hasta esa persona. Solamente que, en el caso de que aquí se trata, la otra Persona no es humana, sino divina. De esta forma, cuando el hombre hace objeto de su amor al Hombre que es

---

[18]Es indudable que la expresión *mostrarse* adolece de cierto sabor docetista. En realidad no es suficiente con que Dios *aparezca* ante el hombre como hombre para conseguir su amor, sino que es necesario que lo sea realmente. El corazón del hombre solamente puede hacer objeto de su amor a las realidades.

Jesucristo (percibiendo a Jesucristo en su naturaleza humana), de quien se enamora en realidad es de Dios. Pues siempre se ama a una persona, y no a una simple corporalidad, y ni siquiera a una naturaleza. En el proceso amoroso, *se empieza* percibiendo la corporalidad y la naturaleza, y *se acaba* amando a la persona con la que ellas forman un todo sustancial. El amor apunta siempre a la persona en su totalidad, y, por lo tanto, también a su corporalidad y a su naturaleza (las cuales son propiamente *suyas*). Pero el objeto último del amor, o aquello que constituye propiamente la realidad específica de la que alguien *se enamora*, es siempre la persona. La naturaleza humana de Jesucristo, aunque distinta de su naturaleza divina, ha sido asumida como propia por la Persona del Verbo y unida hipostáticamente a ella. Por eso, cuando el hombre contempla al Hombre Jesucristo, y se enamora de Él, se enamora en realidad de Dios, de la única manera que el hombre puede y sabe enamorarse. Se enamora de la *Persona* del Verbo, con un amor que se ha hecho posible desde el momento en que el Verbo *se ha hecho carne*. El amor humano es una realidad que pertenece al orden del espíritu, en cuanto que procede del alma y radica propiamente en ella; pero también al orden de la carne y de la sangre, en cuanto que es todo el hombre el que ama, y a la manera propia del hombre. Cuando el hombre ama a Dios en Jesucristo, el carácter *inclusivo* por el que ama también la naturaleza divina del Señor no es accidental, ni tan siquiera una connotación del amor divino como tal, sino una exigencia de la naturaleza misma del amor. Pues, siendo el amor totalidad, abarca por entero a la persona a quien se dirige, sin excluir nada de ella, hasta el punto de que, la mera posibilidad de prescindir de algo propio de la persona amada, es impensable para el amante.

El amor del que trata este libro es el amor perfecto, que es el otorgado al hombre por la bondadosa y libérrima voluntad divina. Pues, si bien el amor admite grados, solamente el amor perfecto es el que merece ser llamado con propiedad verdadero amor. El hombre pudo no haber sido elevado por Dios al orden sobrenatural, en cuyo caso hubiera amado a su Creador con un amor natural de simple criatura. Por otra parte, aunque todo amor tiende a la totalidad,[19] las diferentes formas bajo las que se manifiesta (el amor de simple amistad, el amor fraterno, el amor paterno–filial, y el amor conyugal) poseen matices diversos. Dios, que es el Amor infinito y perfecto, o simplemente el Amor (1 Jn 4:8), posee (es) en grado sumo todo lo que contienen de amor esas variadas formas en las que esta realidad aparece en el hombre. Pues Dios es el solo y único Amor, o el Amor infinito y perfecto sin más, mientras que las criaturas solamente son capaces de recibir diferentes participaciones de ese amor, en grado más o menos elevado. Con todo, como Dios quiso entablar con el hombre relaciones de amor perfecto (en la medida en que una criatura es capaz de él), le concedió la *totalidad* inherente al verdadero amor. Y, aunque tal totalidad solamente puede consistir en la que es capaz de abarcar una criatura, es sin embargo totalidad. En el sentido al menos de que, gracias a ella, la criatura *puede entregarse por entero*. La criatura no puede entregarse a sí misma como un ser que lo es *Todo*, pero puede en cambio entregar *todo* su ser. De este modo, el amor divino–humano, que es un amor de entrega total, posee todo lo que contienen de perfección las diversas especies o formas del amor humano, si bien de manera elevada y colmada. Lo que Dios busca en la entrega amorosa de su criatura no es la infinitud del ser, lo que no tendría sentido alguno, sino la totalidad de esa entrega, que es la única condición fundamental del amor perfecto. Él no pretende que le sea entregado tanto como Él da (lo cual solamente puede suceder en el seno de la Trinidad de las Divinas Personas), sino que le sea entregado *todo* (que es lo mismo que decir la persona en totalidad), lo mismo que Él lo da *todo*.

---

[19]Cuando es verdadero, el amor es un destello de la vida divina puesta en el hombre. Y la vida divina es Amor infinito.

Con lo que se viene a parar de nuevo a la doctrina de que el amor mira siempre a la persona, que es el término último y sujeto de atribución de todo. En realidad no son los regalos de la esposa lo que más interesa al Esposo, ni los regalos del Esposo lo que más interesa a la esposa, sino que lo único que es verdaderamente importante para ambos es la persona del otro. El amante encuentra todo lo que desea en la entrega de la persona amada, hasta el punto de que ya ni espera, ni pretende, ni desea otra cosa. Los regalos de amor cumplen su papel al comienzo de la relación amorosa, anunciando y preparando el encuentro con la persona amada; pero, cuando el encuentro se consuma por fin, los regalos se quedan atrás definitivamente, en el olvido de lo que antes fue solamente esperanza y ahora es ya plenitud de consumación (1 Cor 13: 8.13).

Las relaciones que Dios ha querido mantener con el hombre son las del amor perfecto. Lo que significa que ha concedido al hombre la posibilidad de corresponderle con un amor también total, comprehensivo de todas las modalidades en las que el amor se manifiesta al hombre: amor de amistad, amor fraterno, amor paterno–filial y amor conyugal. El amor humano–divino abarca todo el contenido de esas diversas formas de amar, en un grado tanto mayor cual es la medida en que cada una de ellas es para el hombre un modo más perfecto de amor. Las expresiones que la Biblia pone en boca de Dios van por este camino: *Por eso voy a seducirla;*[20] *la conduciré al desierto y le hablaré al corazón... Sucederá en aquel día —oráculo de Yavé— que tú me llamarás "Mi marido", y ya no me llamarás más "Mi Baal".*[21] Aquí ya no se trata de la relación normal de un

---

[20]Os 2: 16–18. Dice la Biblia de Jerusalén que "il faut entendre le mot en un sens fort... La même expression est employée à propos de l'homme qui séduit une vierge", *La Bible de Jérusalem*, (Paris: Cerf, 1973) notas *c* y *f.*

[21]Como dice la Biblia de Jerusalén (cf nota anterior), el nombre de *baal* (señor) se le daba al marido. Ese nombre entraba como compuesto en numerosos nombres de persona, sin que tal cosa llevara consigo idolatría. En una época más reciente, la palabra *baal* fue considerada como impía, por su referencia a los Baales cananeos.

Dios con su criatura, sino de otra relación aún más fuerte que la de íntima amistad, que llega incluso a excluir la existencia de cualquier secreto entre los amantes (Jn 15:15). Lo que Dios ha puesto en el corazón del hombre es el mismo Amor con el que se aman el Padre y el Hijo (Jn 17:26; Ro 5:5).

El *Cantar de los Cantares* habla del amor entre Dios y el hombre, para lo cual canta poéticamente las excelencias del amor entre el esposo y la esposa. Aunque el amor humano conyugal no agota el contenido del amor, posee características y matices diversos de los otros modos de amar que lo hacen, precisamente por eso, el más apto de todos para describir lo que es un amor absoluto de intimidad, de entrega recíproca, y de comunión de vidas en totalidad. Por lo demás, como el amor divino–humano es absoluto e inefable, el *Cantar* utiliza el lenguaje poético, que es el que emplea el hombre cuando intenta hablar de aquellas cosas que no puede terminar nunca de expresar. Lo inefable aquí empieza en el momento en que Dios, que pudo haber tenido con el hombre simples relaciones de amor, propias del Creador y su criatura, decide establecer con él las relaciones propias del amor perfecto.

Dios se ha hecho hombre porque ha deseado ser amado por el hombre a lo divino y a lo humano. *A lo divino*, porque esa es la forma de amar propia de Dios, la forma perfecta del amor perfecto, y la forma que hace perfecto el amor del hombre; y *a lo humano*, porque esa es la forma de amar propia del hombre. Una vez que Dios se ha hecho hombre, el hombre ya puede amarlo de la manera que le es propia —a lo humano—, y, al mismo tiempo también, con un amor perfecto y total, de locura —a lo divino—. Por fin puede el hombre *enamorarse* verdaderamente de Dios, en el sentido de que ahora es capaz de hacerlo objeto *sensible* de su amor, al modo de alguien que es semejante a él: *Ved mis manos y mis pies: Soy yo mismo. Palpadme y ved, que el espíritu no tiene carne ni huesos, como veis que yo tengo*, decía el Señor a sus discípulos, después de haber resucitado; y añade el texto evangélico: *Después de decir esto les mostró las manos y los pies.*[22] El amor divino–humano nace, se desarrolla, y se consuma en el hombre a la manera humana y divina a la vez. Es un amor al modo humano (puesto que es el hombre el que ama, y por lo tanto tiene que amar conforme a su naturaleza), pero ha sido como elevado al infinito por la gracia.[23] Con Cristo, el hombre ama a Dios *a su manera*, y, al mismo tiempo también, *a la manera de Dios*; pero de tal modo que, amando al verdadero Hombre que es Jesucristo, ama en Él al verdadero Dios.

El Señor tiene especial interés en mostrar a sus discípulos que su cuerpo resucitado es real, con la posibilidad de ejercitar todos sus sentidos, y por eso incluso come delante de ellos (Lc 24: 41–43).[24] A través y por medio de un cuerpo y de un alma humanos, que el Verbo ha hecho suyos, el hombre ama a la Persona del Señor, y, por lo tanto, a Dios.[25] Y, aunque es verdad que el Señor resucitado le dice a María Magdalena que no lo toque (Jn 20:17), eso se debe seguramente a que Él *aún no ha subido al Padre*, como Él mismo

---

[22]Lc 24: 39–40.

[23]Elevado al infinito en cuanto que aquí el objeto del amor humano es infinito. En un sentido figurado, en cuanto que la capacidad de amar, elevada por la gracia, sobrepasa todo lo que el hombre puede hacer o imaginar, según su naturaleza.

[24]El ejercicio del sentido del gusto —con la posibilidad de comer— es ahora, quizá, una de las cualidades más difíciles de entender en un cuerpo glorioso. Debido a eso, es uno de los argumentos más fuertes a efectos de demostración.

[25]Aquí se tropieza de nuevo con la insuficiencia del lenguaje. Propiamente hablando, no se trata de que el hombre ame a Dios *a través* de una naturaleza humana. A quien ama el hombre en realidad es a la Persona del Verbo (puesto que se ama siempre a la persona), aunque percibida y poseída en una naturaleza humana que, por estar unida hipostáticamente al Verbo, le pertenece —es *suya*— y no es distinta de Él. Contemplar, por ejemplo, los ojos del Señor es contemplar la Persona del Señor. Se puede dar un paso más, aunque se trata de un solo acto de amor, y darse cuenta de que contemplar la Persona del Señor es ver al Padre (Jn 14:9).

le advierte, y ella no puede, por lo tanto, amarlo todavía con el amor verdadero y perfecto que solamente hará posible la venida del Paráclito (Jn 16:7).[26]

Sería bastante difícil para el hombre, por no decir imposible, enamorarse del llamado "Dios de los filósofos" o del Dios de ciertos teólogos. El hombre ama con ilusión y con ternura, con temblor y emoción, con los latidos del corazón apresurados, y con todo el fuego de la pasión, sin los cuales sentimientos no es concebible el amor humano. Para amar a Dios con amor verdadero y perfecto, y, por lo tanto, según su modo propio de hacerlo, el corazón humano necesita que Dios se le manifieste[27] en una naturaleza humana. La cual, por ser realmente una naturaleza humana, y no una mera apariencia, puede ser vista, oída y palpada (1 Jn 1: 1–2). Pues, sin el ejercicio de sus sentidos, el hombre no puede percibir la bondad, ni la belleza, ni la bondad de la belleza, ni la belleza de la bondad, cosas todas sin las cuales no se puede enamorar. El hombre primeramente ve y oye, y luego se enamora. Después de la curación del ciego de nacimiento, *vio Jesús que le habían echado fuera, y, encontrándose con él, le dijo: "¿Crees tú en el Hijo del Hombre?" Respondió él diciendo: "¿Quién es, Señor, para que crea en él?" Díjole Jesús: "Le estás viendo; es el que habla contigo." Dijo él: "Creo, Señor." Y se postró ante él.*[28] Con todo, no es suficiente con que el hombre ame a la manera divina y a la manera humana. Como el amor es total reciprocidad, puesto que Dios quiso mantener con el hombre relaciones de amor perfecto, tuvo

---

[26] Hasta que Jesús no suba al Padre no será enviado el Paráclito. Pero solamente por medio del Espíritu Santo se puede amar a Jesucristo con verdadero amor. Por otra parte, ni en la increpación a Tomás (Jn 20:27), ni menos aún en la exhortación dirigida a los once en Lc 24:39, habla el Señor en sentido figurado.

[27] 1 Jn 1:2; Tit 2:11; 3:4.

[28] Jn 9: 35–38.

que hacerse hombre, *a fin de poder Él también amar a la manera humana*, y no solamente a la divina.

El *Cantar de los Cantares* habla del amor divino–humano, que llega a su plenitud en el hombre por medio de Jesucristo. El libro habla del amor de la manera más comprensible para el hombre, y por eso se centra en el amor conyugal, utilizando el mundo de imágenes y de lenguaje que es propio de esta forma de amor. Pero la utilización de ese punto de referencia no tiene una intención meramente pedagógica. La verdad es que el amor divino–humano, como amor que es absoluto y total, incluye todo lo que contiene de verdadero amor la entrega conyugal,[29] y, lo mismo que ésta, también se alimenta de la contemplación de los amantes, de requiebros, de caricias y de entrega; siempre mutuos y recíprocos, pero que aquí tienen lugar, a la vez, a la manera divina y humana. Como el amor conyugal aparece ante el hombre, de un modo muy patente, con esas características y matices, parece el más adecuado para hablar del amor perfecto, cual es el amor de entrega y de totalidad. Por eso el amor conyugal es superior en el hombre (al menos en cierto modo) al amor paterno–filial[30] y a todo otro amor.

Este amor es el que produce las nostalgias y los deseos impacientes cuando falta la persona amada, el que provoca su búsqueda apasionada por parte del otro amante, el que inspira las ansias y los requiebros ardientes, y el que al fin se consuma con caricias y en mutua entrega. A veces es también la forma de amar que echan

---

[29]Jesucristo alude a eso en las parábolas de las bodas y de las vírgenes, y en las locuciones sobre el Esposo. El mismo Bautista (Jn 3:29) también se hace eco de esta forma de hablar del amor divino–humano.

[30]En Mt 19: 4–5, el Señor, citando el Génesis, dice lo siguiente: "¿No habéis leído que al principio el Creador 'los hizo varón y hembra', y que dijo: 'Por esto dejará el hombre a su padre y a su madre y se unirá a su mujer, y serán los dos una sola carne?'"

de menos ciertos cristianos, los cuales están convencidos de que, si apenas se habla de ella cuando se trata de Dios, es porque se ha olvidado que lo esencial de la Buena Nueva no es un mensaje de justicia social, sino la Persona de Jesucristo y el Amor que Él vino a traer a los hombres. Según estos cristianos, el amor que verdaderamente seduce y *enamora*, no es tanto el que se siente ante la belleza de un mensaje —ni siquiera del mensaje evangélico—, como el que produce la contemplación de una persona.

Sin embargo, como el Cristo del que hablan ciertos exegetas y teólogos modernos es un Cristo fantasma, es incapaz de seducir a nadie. Este Cristo, sin divinidad y sin milagros, y hasta sin humanidad (puesto que no tiene existencia real alguna), fabricado al parecer por la primitiva comunidad cristiana, y que solamente ha resucitado en la fe de los apóstoles, se ha *desvanecido* en realidad, quedándose sin cuerpo y sin alma, y haciéndose incapaz de ser amado por nadie. ¿Cómo se va a amar lo que no se puede ni ver, ni oír, ni tocar? ¿Cómo se va a amar a un fantasma que solamente puede ser imaginado por las mentes complicadas de ciertos eruditos? Este Cristo que, según se dice, es el único que puede ser aceptado por el hombre moderno, es tan imposible de amar como que el amor se dirige siempre a la realidad de las personas, y no a los productos de laboratorio de la pseudociencia.

Durante el presente eón, el verdadero Cristo es conocido y percibido por el hombre a través de la fe. Pero no debe olvidarse, como dice Spicq, que creer y ver son a menudo términos sinónimos en la Biblia: "El creyente es un vidente. Aunque este último término es anfibológico, pues el objeto de la fe lo constituyen las realidades invisibles (Heb 11:1), y los términos de visión, en la Biblia, lo mismo designan las percepciones más materiales, como la reflexión, las deducciones, o el conocimiento profundo y la contemplación propiamente dicha. La humanidad del Salvador, que es perceptible a los sentidos (1 Jn 1:1), se impone a los ojos de todos: enemigos, parientes, discípulos. Signos y milagros hacen posible reconocer, en el predicador de la salvación, al enviado del Padre. Jesús los multiplica, pues estas manifestaciones son un apoyo y una garantía para el asentimiento de fe. Para algunos es suficiente constatar la realidad de estas obras maravillosas para dar su asentimiento a la Persona de Cristo (Jn 2:23; 11:45), mientras que otros siguen rebeldes o insensibles, no comprendiendo en absoluto su *significación*. Lo cual es como decir que la simple visión es insuficiente para engendrar la convicción; los hechos más evidentes tienen necesidad de ser interpretados. Hace falta añadirles la reflexión —como San Juan, al contemplar el sepulcro vacío—, un cierto sentido de las realidades espirituales (como la Samaritana), y disposiciones morales (como la Virgen María), que agudizan la inteligencia y la disponen a la persuasión ante las *pruebas* divinas".[31]

La fe, por lo tanto, ni hace innecesarios los sentidos, ni es una mera suplencia de ellos. Como dice Spicq, los sentidos solos, dando constancia de los hechos más evidentes, no servirían para nada. Y la fe necesita también de los sentidos, incluso en aquéllos que, sin haber *visto* al Señor, han creído (Jn 20:29; 1 Pe 1:8).

La necesidad de los sentidos, dentro del ámbito de la fe, no solamente se fundamenta en el hecho de que la fe *entra por el oído* (Ro 10:17),[32] sino también en que, aun después de haber oído la palabra o el testimonio de los apóstoles, todavía tiene el hombre que echar mano de todos sus sentidos (externos e internos) para poder *ver* y conocer a Jesús.

---

[31]C. Spicq, *Théologie morale du Nouveau Testament*, I (Paris: Gabalda, 1970), 462 y ss.

[32]La *Neovulgata* dice textualmente: "Fides ex auditu, auditus autem per verbum Christi."

Lo que quiere decirse aquí es que la fe, potenciando sobrenaturalmente los sentidos, proporciona un conocimiento de Jesucristo que el hombre nunca podría conseguir por vía natural. Pues lo sobrenatural no anula lo natural, y la fe no supone en modo alguno la exclusión o la aniquilación de los sentidos. El hombre necesita estar habituado, por ejemplo, a percibir la belleza natural, o la bondad de las personas, o el auténtico amor en aquéllos que aman. Actuando sobre eso, y sobre las disposiciones del corazón de las que habla Spicq, la fe eleva el entendimiento y el corazón del hombre a donde no habrían llegado nunca, proporcionándoles un contenido que, de otro modo, nunca hubieran podido hacer suyo. El verdadero conocimiento de Jesucristo, alcanzado por el hombre en el presente eón, es un conocimiento de fe y absolutamente sobrenatural, que pertenece, por lo tanto, al orden del misterio.[33] Pero el conocimiento y el amor de Jesucristo, por parte del hombre, no solamente no hacen abstracción de la belleza y de la bondad de las personas y de las cosas naturales —vistas ahora como desde lejos y desde arriba, aunque no por eso con una percepción menos intensa—, sino que incluso las suponen como base necesaria para el conocimiento de fe.

Para conocer el amor divino–humano el hombre tiene que saber primero lo que es el amor. Para enamorarse del rostro de Dios en Jesucristo ha de percibir antes la belleza del rostro humano. Y, para entender el amor de entrega total, debe conocer, de alguna mane-

---

[33]El verdadero y profundo conocimiento de Jesucristo, y el amor consiguiente a su Persona, alimentados ambos por la fe, son sobrenaturales. Pero comienzan con el conocimiento y el amor naturales y analogados; como se ve, por ejemplo, a propósito de la paternidad divina, para conocer la cual el hombre necesita conocer primero la paternidad humana. A propósito de esto último, y como confirmación de lo dicho, vale la pena hacer notar que la divulgación de la doctrina de la *sospecha contra el padre*, difundida por Freud y sus seguidores (cf el libro, ya clásico, de Henri de Lubac, *El drama del humanismo ateo*), ha enfriado en los cristianos el sentimiento de la filiación divina.

ra, lo que es el amor conyugal, y hasta estar al tanto de cómo se comportan los enamorados y de sus palabras y dichos de amor. El hombre comprende el amor divino–humano, o al menos empieza a comprenderlo, solamente cuando tiene un cierto conocimiento natural de la grandeza del amor (que comienza en el de simple amistad y llega hasta el de consumación y mutua entrega en el matrimonio).

A su vez, solamente se percata de la belleza del simple amor natural, cuando conoce lo que es este amor después de haber sido elevado por la gracia y hecho sobrenatural. Lo que ocurre es que, cuando eso sucede, la distinción entre amor natural y sobrenatural se hace irrelevante, en el sentido de que, para el amante verdadero, solamente existe el amor sin más, y el auténtico amor no será otro para él que el elevado por la gracia. Pues, como el amor es plenitud, el amor natural es solamente un atisbo de esa plenitud: *Cuando llegue lo perfecto, desaparecerá lo imperfecto* (1 Cor 13:10).

Y, como el simple amor humano va acompañado también, por ahora, de sentimientos de penosas ausencias, de nostalgias, y hasta de infidelidades por parte de alguno de los amantes, que es lo mismo que sucede en el amor divino–humano, el libro del *Cantar* se hace eco de esos sentimientos y los utiliza, hablando del esposo y de la esposa, para narrar su epopeya de amor entre Dios y el hombre.

Es evidente que el amor divino–humano no puede ser menos *apasionante* que el simple amor humano. Y no se disminuye la grandeza del amor divino–humano por decir que el hombre ha de amar siempre *a la manera humana*. Puesto que se trata de un amor perfecto, el amor divino–humano supera todo lo que el hombre puede alcanzar, e incluso concebir, con solas sus fuerzas, y solamente en él vive el hombre el perfecto amor. En este sentido, el simple amor humano, por grandioso que sea, es siempre imperfecto. Teniendo siempre en cuenta —conviene repetirlo— que, así como el amor humano es un conglomerado de sentimientos profundos de emoción y de temblor, de ternura y de pasión, de sufrimiento y de gozo, los cuales son capaces de poner al hombre fuera de sí, haciéndole vivir aquella *locura* de la que hablaba Platón en *El Banquete* y en el *Fedón*, lo mismo ocurre también en el amor divino–humano, en el que se dan exactamente esos mismos sentimientos, si bien en un grado inmensamente mayor.

De ahí que el *compromiso cristiano* no pueda ser nunca un compromiso con los *oprimidos*, sino exclusivamente con Dios, que es con quien el hombre se ha *prometido* primero y *comprometido* después, habiendo recibido ya las arras o la prenda de los futuros desposorios (Ef 1:14; 2 Cor 1:22). Sin embargo, el amor de Dios, tal como lo entendieron los santos y tal como lo cantaron las rimas casi divinas de San Juan de la Cruz, parece haber desaparecido del horizonte de la teología, para ser sustituido por otra concepción de la existencia cristiana en la que ya no es lo primero (y lo único) el mandamiento del amor, sino un complejo recetario de ideas sociológicas y de directrices económicas y políticas. Por lo que hace al auténtico Jesucristo, ha tenido que ceder su lugar, o bien al Cristo *revolucionario* de los marxistas, o bien al Cristo frío y puramente humano, producto de la especulación racionalista y sin fe, del protestantismo liberal.

Y, mientras tanto, el corazón del hombre moderno languidece en ansias del verdadero amor, suspirando por un Dios *real* y *personal* capaz de amar y de ser amado. El hombre ha sido creado con capacidad para un amor infinito, como decía San Agustín, y no puede vivir sin el amor. Creado *a imagen y semejanza* del Ser que es Amor (1 Jn 4:8), está hecho, por lo tanto, para amar y para ser amado, y además en totalidad de infinitud, puesto que ese Ser que es el Amor es el Ser infinito.

Por eso el hombre necesita saber (y sentir) que es amado por un Dios amante. O más exactamente todavía: por un Dios que, por tener por oficio el de amar y cuya esencia es el amor (1 Jn 4:8), es capaz de amarlo con locura infinita. El hombre no puede saciarse ni tranquilizarse con el "Absoluto", o cualquier otro tipo de Dios filosófico. Lo que el hombre necesita es un Dios personal, que pueda susurrarle alguna vez, como el Esposo a la esposa en *El Cantar de los Cantares*:

> *¡Qué hermosa eres, amada mía,*
> *qué hermosa eres! Tus ojos son palomas.*
>
> *............*
>
> *Aparta ya de mí tus ojos,*
> *que me matan de amor.*
>
> *............*
>
> *Levántate ya, amada mía,*
> *hermosa mía, y ven:*
> *Porque ha pasado el invierno,*
> *y han cesado las lluvias.*
> *Ya han brotado en la tierra las flores,*
> *ya es llegado el tiempo de la poda,*
> *y el canto de la tórtola se ha dejado oír.*

Y al que, a su vez, se le pueda decir con toda propiedad, en la plenitud del significado de las palabras, lo mismo que le decía la esposa al Esposo del *Cantar*:

> *¡Béseme con besos de su boca!*
> *Porque son tus amores más suaves que el vino.*
>
> ....
>
> *Confortadme con pasas,*
> *recreadme con manzanas,*
> *porque desfallezco de amor...*

El hombre tiene que amar a Dios así porque esa es la única manera como él sabe hacerlo, y porque eso es el amor para él. El amor es impensable si no va acompañado de la pasión, de los requiebros y dichos amorosos, del llanto por la ausencia de la persona amada, y del gozo infinito que hace morir cuando, por fin, se consuma con la presencia del Amado.

Según algunos, *El Cantar de los Cantares* no es más que una colección de cantos nupciales que se refieren meramente al amor humano. Para otros, el poema inspirado no significa otra cosa que el amor de Cristo por su Iglesia. Este libro, sin embargo, va a leer el *Cantar* con el convencimiento de que es la historia del amor de Dios *con cada ser humano* que ha querido corresponderle. Por eso este libro va a encontrar en el *Cantar* todo lo que contienen las verdaderas historias de amor: búsqueda mutua de los amantes, deseos y anhelos vehementes que aún no han sido colmados, ausencias y presencias, mutuos piropos y reproches, promesas y juramentos de amor, y hasta el momentáneo y pasajero desamor por parte de alguno de los amantes.

Es posible que a alguien le resulte difícil admitir que las relaciones de amor de Dios con el hombre puedan discurrir de esa manera. Sin embargo, así es como las cuenta el *Cantar*, que es por eso, en este sentido, el libro más audaz de la Biblia. Cuenta la historia del amor divino–humano (con *cada hombre* como persona, que es siempre el ser real que ama y es amado) como un amor que tiene lugar *ahora*, en este tiempo que aún no ha conocido lo que es el Amor perfecto. Por eso aparecen en el poema sagrado los reproches y la lucha de amor en el amor (Ca 2:4), las doloridas exclamaciones de la esposa pregonando que se muere de amor (Ca 2:5), y sus invitaciones al Esposo para que acuda a la intimidad de la soledad de la mutua contemplación (Ca 7: 12–13).

De ahí que, el amor del *Cantar de los Cantares*, ni es meramente divino —que sería plenitud y acabamiento—, ni tampoco es meramente humano —el cual, aun en el caso de que pudiera existir, sería tan deficiente—, sino que es, en realidad, el auténtico y verdadero amor divino–humano, o simplemente el verdadero amor.

Primera Parte

"Béseme con besos de su boca"

(Ca 1:2a)

CAPÍTULO I

EL DESEO DE SER AMADO

Béseme con besos de su boca; o bien, *bésame con besos de tu boca*. Sea lo uno o lo otro, la esposa manifiesta con esta expresión su deseo de ser besada. Si bien es de advertir que, según se desprende del sentido obvio y literal de la frase, aquí no se trata tanto del deseo de besar cuanto del de recibir el beso de amor.

Puede pensarse, por lo tanto, que lo que denota ante todo la exclamación de la esposa no es otra cosa que sus ansias de ser amada, de sentirse amada, y de comprobar que el Esposo está enamorado de ella. Aunque el amor no se entiende, ni tiene sentido, sin la reciprocidad, lo que desea aquí la esposa, *de primera intención*, es ver cumplido su anhelo de ser amada por el Esposo.

Después se verá que lo que significa, en realidad, este deseo es el ansia de que el Esposo se entregue a ella, y, en definitiva, de llegar a poseerlo. Deseo cuyo auténtico significado tiene que ver con el sentido profundo del amor, lo que se comprenderá mejor cuando se hable del significado del beso como *intento* de consumación del amor.[34] El deseo de ser amada que acucia a la esposa pertenece a la esencia del amor —el cual es reciprocidad—,[35] y es propio, a su vez, de la naturaleza del hombre, que ha sido hecha para amar y ser amada.

Lo que anhela la esposa, por lo tanto, es sentirse deseada por el Esposo, que es lo mismo que decir por el *otro*, el cual ha de ser considerado aquí como el término opuesto de reciprocidad en la relación de amor. Solamente que, en este caso, *el otro* es el Amor mismo. La esposa desea sentir los besos de la boca de Aquél que es el Amor y, al mismo tiempo, su Esposo. Un Esposo enamorado que, por estarlo tanto, es ya todo Amor. Bien entendido que aquí el adjetivo *enamorado* adquiere primacía sobre el sustantivo *esposo*, en el sentido al menos de que este último es absolutamente Amor.

De todo lo cual se desprende que la esposa, de un modo más o menos consciente, anda por los caminos del amor perfecto. Pues, según lo dicho sobre el significado de su exclamación, lo que realmente quiere decir la esposa es que lo desea *todo*. Por eso habla del beso en la boca, que es el beso de mayor intimidad en el amor. Su deseo de que el Esposo le exprese su amor de esa manera, por medio de un beso de tal intimidad, responde al convencimiento de que ese gesto es el más adecuado para que Él le demuestre que está completamen-

---

[34]Puede adelantarse ya que el beso es una de las acciones simbólicas realizadas por el hombre (aunque el beso no es mero simbolismo) en las que brillan, a la vez, la gloria y la miseria de la naturaleza humana. Su gloria, porque el beso es el gesto que mejor consigue expresar el amor de totalidad al que el hombre está destinado (los amantes *se comerían* por entero el uno al otro). Su miseria, porque, como sucede siempre con las acciones de amor que el hombre realiza, el beso se queda también en un mero intento de totalidad que no llega a su término.

[35]El amor no solamente desea *amar*, sino también *ser amado*, pues esa es precisamente su esencia: un flujo y reflujo recíprocos que van constantemente del uno al otro de los amantes. De ahí que un amor que no deseara ser amado sería sencillamente inimaginable.

te enamorado. Y, si bien es verdad que la esposa pretende ante todo, en este momento, que la iniciativa parta del Esposo, no lo es menos que por su parte también quiere responderle, en reciprocidad, con la misma expresión de amor. La esposa entiende el amor de esa manera, hasta el punto de que, sin el beso del esposo, ni siquiera podría imaginar su amor por ella.[36] Y no cabe duda de que esto responde a la esencia misma del amor. Pues, aparte de que la esposa sabe bien que su único fin es el Esposo, así como que amarlo es su verdadero destino, no se trata tanto ahora de un convencimiento consciente, cuanto de un deseo acuciante de amar al Esposo. Y, por lo tanto, de ser amada y correspondida por Él, ya que el amor —conviene recordarlo de nuevo— se asienta sobre las bases de una absoluta reciprocidad.

Lo admirable aquí es que la esposa desea ser amada por Dios, pero en totalidad, en ultimidad de intimidad, y, además, del único modo como ella entiende el amor. Por eso habla del beso, depositado en su boca por la boca del Amado. Porque lo que ella anhela es el amor de total entrega y de absoluta intimidad. O, si se prefiere decirlo de un modo más simple: lo que la esposa desea es el Amor.

El sagrado autor de *El Cantar de los Cantares* emplea para decirlo las expresiones con las que el lenguaje humano habla del amor, poetizando para ello sobre la forma de amor humano en la que se hace más patente la entrega perfecta de los amantes: el amor del esposo y de la esposa. Y, dado que ésta es la manera mejor que tenía a su alcance para expresar lo que quería decir, hay que reconocer que no podía hacerlo de otro modo. No se puede saber lo que es el Amor divino —o simplemente el Amor—, y ni siquiera hablar de él, si no se pasa primero por el amor humano (1 Jn 4:20; 4:8; 4:16; etc.). La

---

[36] Aquí no se pretende, por ahora, entrar en el tema de la gracia como medio de sobrenaturalizar los gestos y los modos del amor.

esposa no conoce otro modo de amar, y no dispone de otro camino para llegar hasta las alturas del divino Amor que el que parte del simple amor humano.

Por otra parte, como se verá después, la única carencia de bondad de que adolece el verdadero amor humano es su deficiencia. Su esencia consiste en no ser más que un *intento* —sin que pueda pasar de ahí— para llegar hasta el Amor total. Sin embargo, aun como cosa imperfecta que evoca lo perfecto, y como parte que hace referencia a un todo, es lo mejor (y lo único) que el hombre tiene a su alcance para comprender lo que es el Amor total —o el Amor, sin más— y las relaciones que tal Amor quiere mantener con él.

CAPÍTULO II

LA NOTICIA DE AMOR

La esposa insta con impaciencia al Esposo para que la bese porque sabe que Él está enamorado de ella.

Lo cual hace suponer que ella ha recibido ya del Esposo expresivas y suficientes pruebas de amor. Pues, de no ser así, no podría saber que Él la ama ni reconocerlo como Esposo.

Tal conocimiento, por lo tanto, no es un saber de mera *noticia*, sino que es también, y sobre todo, *experimental*. La esposa se sabe amada porque ha recibido ya pruebas de amor del Esposo. *Saberse* amada equivale aquí, según esto, a *sentirse* amada, ya que el amor siempre se da a conocer directamente a sí mismo (y él no es pura noticia), sin necesidad de mensajeros, puesto que él mismo es por naturaleza un *intermediario*.

Sin embargo, como se verá más adelante, la mediación del amor posee características peculiares, puesto que es al mismo tiempo inmediatividad. Lo cual se debe a que el amor, no solamente *procede* simultáneamente de los dos amantes, sino que también los une y se hace una sola cosa con ellos. Si por un instante dejara de hacerse *presente* a uno de ellos, ya no sería amor. El amor *unilateral* está en una situación de espera de ser correspondido, y no alcanza su plenitud hasta que llega ese momento, puesto que la reciprocidad pertenece a la esencia del verdadero amor: *Nosotros amamos porque Él nos amó primero.*[1] Conviene adelantar que en el Amor perfecto no ocurre así por lo que respecta a la situación de espera. Puesto que el Amor perfecto es plenitud, la expresión de San Juan, según la cual "Dios nos amó primero", no debe ser entendida en el sentido de que Dios haya estado *esperando* desde siempre el amor de reciprocidad de su criatura; pues en la eternidad del Ser infinito, que solamente vive el presente, no tiene sentido ninguna especie de espera, y menos aún para colmar lo que es ya plenitud.

Es, por lo tanto, el amor un saber de noticia, puesto que no puede existir sin que el amante conozca a la persona amada y sin saberse, a su vez, correspondido por ella. Pero tal conocimiento, como ya se ha dicho, no es un saber de simple noticia. En realidad es imposible para el que ama sentirse satisfecho con *saber* que es amado, ni siquiera cuando posee la certeza de que la noticia le viene de parte de la persona amada.[2] El amor no se satisface nunca lo bastante con el lenguaje de los *mensajeros*, sino solamente con el que oye de la boca misma de la persona amada. De ahí que, lejos de reducirse a mero conocimiento o mensaje, va siempre acompañado del aliento y del calor que producen la presencia de la persona a quien se ama. Como decía San Juan de la Cruz:

---

[1] 1 Jn 4:19.

[2] Como es fácil de comprender, de aquí se derivan consecuencias importantes con respecto a la pastoral. Debido a que no es suficiente para el hombre *saber* que Dios lo ama, el apóstol tendrá que esforzarse (incluso hasta entregar su vida) para hacerle *sentir* ese amor.

¡Ay, quién podrá sanarme!
Acaba de entregarte ya de vero,
no quieras enviarme
de hoy ya más mensajero
que no saben decirme lo que quiero.

....

Descubre tu presencia
y máteme tu vista y hermosura:
mira que la dolencia
de amor, que no se cura
sino con la presencia y la figura.

De manera que la esposa desea ardientemente la proximidad del Esposo y recibir su beso de amor. Como se sabe amada por Él, le dice que la bese. Y, como eso significa que el amor divino–humano requiere, por lo tanto, que la esposa tenga conocimiento del Esposo, y de su amor por ella, de ahí la conveniencia de profundizar más en los diversos aspectos de ese conocimiento.

La noticia de amor, que viene desde el Amado, es evidentemente noticia del Amado. Pero se proyecta, a su vez, en una triple dirección: hacia atrás, hacia adelante, y en profundidad. Tal complejidad del acto de amor (divino–humano) se debe a su actual estado de imperfección, puesto que, en el presente eón, aún no ha llegado a su estado de plenitud.[3]

La ausencia de la persona amada es la causante de que la noticia de amor se proyecte hacia atrás, y la que hace que la noticia se

---

[3]Alguno de estos tres aspectos, como ahora se verá, no se derivan del estado de imperfección del que adolece ahora el amor, sino que pertenecen a su propia esencia. Como es lógico, también aparecen en el simple amor humano, si bien de una manera que denota una mayor carencia todavía.

convierta así en recuerdo de esa Persona y en la comprensión de todo lo que se relaciona con ella: *Pero el Paráclito, el Espíritu Santo que el Padre enviará en mi nombre, os enseñará todo y os recordará todas las cosas que os he dicho.*[4] Durante esta etapa del amor, el amante vive sobre todo del recuerdo del Amado, y es por eso por lo que la virtud de la esperanza informa y mueve aquí a la memoria,[5] en íntima conexión, como siempre, con la caridad. El recuerdo del Amado, actualizado por la labor del Espíritu Santo, es tan eficaz que consigue hacerlo *cuasi–presente.* Como si tal recuerdo hubiera grabado en el alma la imagen del Amado. De ahí la rima de San Juan de la Cruz:

> *¡Oh cristalina fuente,*
> *si en esos tus semblantes plateados*
> *formases de repente*
> *los ojos deseados*
> *que tengo en las entrañas dibujados!*

El recuerdo amoroso adquiere tal fuerza que, como dice el poeta, parece que los ojos de la persona amada están *como dibujados* en las entrañas del hombre enamorado. En realidad, la presencia del Espíritu en el amor divino–humano hace que el recuerdo amoroso sea mucho más que una mera actualización. Lo que aquí se ha llamado *cuasi–presencia* es en cierto modo, por obra del Espíritu, una verdadera presencia (como pronto se verá más ampliamente), lo que

---

[4]Jn 14:26.

[5]La virtud de la esperanza no se proyecta solamente hacia adelante, en la confianza de recobrar y conseguir plenamente al Amado. Tal confianza no sería posible sin el conocimiento previo del Amado, actualizado en este caso por medio del recuerdo. Es en este sentido como la memoria va también incluida implícitamente en la esperanza.

confirma todavía más lo dicho acerca de que la noticia amorosa no es, en modo alguno, una mera noticia. Como se ve, de nuevo aparece aquí la doctrina de la *inmediatividad* del amor (excluida la función de mera mediación), y de su necesaria y simultánea *presencia* a los dos enamorados, aunque el tema haya de quedar al margen, por el momento, para ser desarrollado ampliamente en capítulos posteriores.

Pero la noticia de amor se proyecta también hacia adelante: *Cuando venga Aquél, el Espíritu de Verdad, os guiará hacia la verdad completa, pues no hablará por sí mismo, sino que hablará de lo que oiga y os anunciará lo que ha de venir.*[6] La noticia de amor tiene un alcance de futuro (gracias a la labor del Espíritu) que, si bien a primera vista podría parecer algo extraño, encuentra sin embargo su explicación en la demora del Esposo. El hombre que está enamorado de Jesucristo se ve obligado a vivir de esperanza debido a la demora de su llegada (Mt 25: 1–13; Lc 12: 35–40). Su impaciencia amorosa le impulsa a permanecer constantemente oteando el futuro, en labor de vigilante espera, así como a interpretar y a *prever* (ver anticipadamente) a la vez los acontecimientos. Aquí es donde adquiere todo su sentido la esperanza cristiana.[7]

Por último, la noticia de amor tiende a proyectarse también en profundidad. Como noticia amorosa que es, produce un conocimien-

---

[6] Jn 16:13. La función profética del Espíritu, que aquí se anuncia como global —*lo que ha de venir*— y que se promete a todos los discípulos, tiene sin embargo como principal punto de referencia el Esposo. El Espíritu dota a los discípulos de un agudo y seguro sentido de los acontecimientos futuros, aunque siempre en función de Cristo como punto de convergencia de la Historia, puesto que todas las cosas tienen su consistencia en Él, y todas han sido hechas por Él y para Él (Col 1: 16–17).

[7] Cuando la esperanza mira hacia atrás tiene sentido de nostalgia, y, cuando mira hacia adelante, de espera. Pero siempre es una esperanza impaciente, por ser una esperanza enamorada.

to cada vez más cercano y completo del Esposo. Por eso el Espíritu guía a la esposa hacia *la verdad completa* (Jn 16:13), y tiene la misión de *enseñarle todas las cosas* (Jn 14:26). No hay secretos entre los amantes (Jn 15:15), pues la corriente de recíproca y total entrega que los une genera, en cada uno de ellos, un conocimiento del otro que es tan exhaustivo como lo permite el hecho de que, en el presente eón, tal conocimiento no llega aún a su plenitud: *Ahora conozco parcialmente, pero entonces conoceré como soy conocido.*[8] La esposa alcanza ese íntimo conocimiento gracias a la *cuasi–presencia* del Esposo de la que se ha hablado antes, producida en ella, a su vez, por la presencia misma del Espíritu (Jn 14: 16–17; 1 Jn 4:16). La noticia de amor adquiere tanta eficacia en la esposa, y cobra tal vida en ella, que, a pesar de la ausencia del Esposo, la hace capaz de oír su voz (Jn 10:27) y reconocerla en seguida con perfección (Jn 10:4). Es una de las misteriosas paradojas del amor: la ausencia que se hace presencia y que quizá no es otra cosa que una plenitud aún no colmada:

> *¡La voz de mi amado! Vedle que llega*
> *saltando por los montes,*
> *triscando por los collados.*
>
> ....
>
> *Yo duermo, pero mi corazón vela.*
> *Es la voz del amado que me llama.*[9]

Y, por supuesto: una vez más y como siempre, este conocimiento es recíproco, como ocurre con todo en el amor: *Yo conozco a mis ovejas y ellas me conocen a mí.*[10]

---

[8] 1 Cor 13:12.

[9] Ca 2:8; 5:2.

[10] Jn 10:14.

Conocedora la esposa, por lo tanto, del amor de que es objeto por parte del Esposo, desea que se lo exprese, una vez más, por medio del beso, porque el amor, como el fuego, nunca dice *¡Basta!* (Pr 30:16). El amor es infinito y eterno por naturaleza, y no entiende de límites ni medidas, ya se refieran éstos al espacio, al tiempo, o a la intensidad. La esposa, que, como pura criatura que es, está radicada en el ámbito de la finitud, no puede ver colmados sus deseos con una caricia del Esposo, y por eso desea recibir su beso de amor una y otra vez. En el seno mismo del Amor perfecto, sin embargo, la unicidad del ósculo de amor —el Espíritu Santo, u *osculum suavissimum* que se dan mutuamente el Padre y el Hijo— se deriva necesariamente de la misma eternidad e inmensidad de ese beso de amor que es la Persona del Espíritu.

CAPÍTULO III

EL BESO DE AMOR U "OSCULUM SUAVISSIMUM"

Sin embargo el beso está lejos de ser una simple expresión de amor. El *osculum suavissimum* con el que, en el seno del Amor perfecto, el Padre y el Hijo sellan mutuamente su amor, es el Espíritu Santo. De este modo, en el Ser único e infinito de la Trinidad, el Espíritu Santo es algo así como el Amor mismo, o Aquél por el que los tres (los dos Amantes y *su Amor*) son una sola cosa.

Pero si, en el Amor perfecto, el Espíritu Santo, u *osculum suavissimum* de amor entre el Padre y el Hijo, es el Amor mismo,[1] debe

---

[1]Dios es Amor (1 Jn 4:8), y, por lo tanto, toda la Trinidad es Amor. Aquí es necesario tener presente la doctrina de las apropiaciones, de una parte, y las limitaciones del lenguaje humano, de otra. Como dice San Agustín, *ea dici proprie in illa Trinitate distincte ad singulas personas pertinentia, quæ relative dicuntur ad invicem: sicut Pater et Filius et utriusque donum Spiritus Sanctus: non enim Pater Trinitas, aut Filius Trinitas, aut Trinitas donum. Quod vero ad se dicuntur singuli, non dici pluraliter tres, sed unum ipsam Trinitatem: sicut Deus Pater, Deus Filius, Deus Spiritus Sanctus; et bonus Pater, bonus Filius, bonus Spiritus Sanctus; et omnipotens Pater, omnipotens Filius, omnipotens Spiritus Sanctus: nec tamen*

concluirse entonces que también en el amor humano el beso amoroso[2] es algo más que una expresión de amor. En realidad, más que
una *expresión* del amor, el beso es *el amor mismo* en acto y hecho
presente a los amantes, aquí y ahora, para llevar a cabo la entrega y
la posesión mutuas en plenitud, en la medida en que la totalidad es
posible a cada uno de ellos. En este sentido, el beso amoroso denota
la presencia del amor más aún que la unión carnal, por la razón de
que ésta contiene, además del amor, las connotaciones fisiológicas

---

tres dii, aut tres boni, aut tres omnipotentes, sed unus Deus, bonus, omnipotens ipsa
Trinitas; et quidquid aliud non ad invicem relative, sed ad se singuli dicuntur. Hoc
enim secundum essentiam dicuntur, quia hoc est ibi esse, quod magnum esse, quod
bonum esse, quod sapientem esse, et quidquid aliud ad se unaquæque ibi persona vel
ipsa Trinitas dicitur. Ideoque dici tres personas, vel tres substantias, non ut aliqua
intellegatur diversitas essentiæ, sed ut vel uno aliquo vocabulo responderi possit,
cum dicitur quid tres, vel quid tria; tantamque esse æqualitatem in ea Trinitate, ut
non solum Pater non sit maior quam Filius, quod attinet ad divinitatem, sed nec
Pater et Filius simul maius aliquid sint quam Spiritus Sanctus, aut singula quæque
persona quaelibet trium minus aliquid sit quam ipsa Trinitas. "De Trinitate", VIII,
Proemium. En otro lugar del tratado, hablando de las tres divinas personas, dice
que *si ergo proprie aliquid horum trium charitas nuncupanda est, quid aptius quam*
ut hoc sit Spiritus Sanctus? Ut scilicet in illa simplici summaque natura, non sit
aliud substantia et aliud charitas; sed substantia ipsa sit charitas, et charitas ipsa
sit substantia, sive in Patre, sive in Filio, sive in Spiritu Sancto, et tamen proprie
Spiritus Sanctus charitas nuncupetur. "De Trinitate", XV, 17. Cf Santo Tomás,
Sum. Theol., I³, q. 37, artículos 1–2.

[2]Aquí, más que en ninguna otra parte, se tropieza con los peligros (ambigüedades, corrupciones y limitaciones) del lenguaje. No habría de ser necesario decir
que aquí se habla siempre del verdadero amor, en cuyo solo ámbito es donde tiene
sentido lo que se dice a continuación del beso amoroso. Cuando el amor se corrom-
pe, nada de cuanto a él se refiera, o intente referirse (dichos o hechos), tiene que
ver con el amor. La mera pasión carnal aproxima el hombre al animal en la misma
medida en que lo aleja de Dios.

del instinto que conduce a la procreación.[3] Lo específico del beso amoroso no es el apetito instintivo de la unión carnal, que conduce normalmente a la procreación, sino la entrega y posesión mutua de los amantes.[4]

De ahí la *sacralidad* del beso de amor. Por su cualidad de poseer un valor más *significativo*, con respecto al amor, que la unión carnal, no falta nunca en el verdadero amor. Su carácter de signo es semejante al de los sacramentos, en cuanto que, no solamente *expresa* el amor, sino que además lo contiene *e incluso él mismo es el amor*. El beso amoroso denota la presencia del amor en la misma medida en que él mismo es amor, y de ahí que su ausencia, o su profanación, pueden ser una señal (pretendida o no) de la falta de amor.

A la luz de esta doctrina adquiere todo su sentido el episodio evangélico de Lc 7: 36 y ss., en el que Jesús es invitado a comer en casa de un fariseo. Estando allí el Señor aparece en su busca una pecadora arrepentida: la mujer *tomó un vaso de alabastro con perfume, y, por detrás, se puso a sus pies, llorando, y comenzó a regar sus pies con sus lágrimas y a secarlos con sus cabellos; y besaba sus pies y los ungía con el perfume.* El amor ardiente de esta mujer contrasta con la actitud de mera corrección del fariseo, cuya reacción ante la pasividad de Jesús indica claramente su falta de amor: *Viendo esto el fariseo que le había invitado, se decía para sí: "Si éste fuera profeta, sabría quién y qué clase de mujer es la que*

---

[3]La unión carnal es común al hombre y al animal, aunque con la diferencia sustancial de que la unión animal es mero instinto. El beso, en cambio, es exclusivo del ser humano.

[4]La entrega y posesión mutuas, sin más, es lo realmente constitutivo de la esencia del beso de los amantes (los cuales *se comerían*, y se dejarían comer, el uno al otro, en su deseo de poseerse mutuamente). La unión carnal, que no queda excluida, en principio, en el beso de amor, contiene constitutivos específicos que la hacen esencialmente distinta del beso.

le toca, pues es una pecadora.” Aquí habría que traer a colación lo
que dice el Apóstol acerca del verdadero amor: *la caridad no piensa
mal.*[5] Pero el que hace la denuncia más expresiva de la falta de amor
del fariseo es el mismo Jesús, quien, con una cariñosa pero sentida
queja, le dice a su anfitrión que no le ha dado el beso y que se ha
limitado a las meras formalidades de la cortesía: *Simón, ¿ves a esta
mujer? Entré en tu casa y no me diste agua para los pies; ella en
cambio ha bañado mis pies con sus lágrimas y los ha enjugado con
sus cabellos. No me diste el ósculo; pero ella, desde que entré, no ha
cesado de besar mis pies... Por eso te digo que le son perdonados
sus muchos pecados, porque ha amado mucho.*

Algunas veces, como se ha dicho arriba, no se trata tanto de la
ausencia del beso amoroso cuanto de su profanación, que es en lo que
viene a convertirse cuando es utilizado como instrumento del desamor, o como medio de expresión de un *amor* que nada tiene que ver
con el verdadero y auténtico. De ahí la queja, bastante dolorida esta
vez, que el Señor dirige a su discípulo traidor: *Judas, ¿con un beso
entregas al Hijo del hombre?*[6] Lo que induce a pensar que aquí la
gravedad del hecho es mucho mayor. Al utilizar el más fino y exquisito medio de expresión del amor como instrumento del desamor, e
incluso de la traición y del odio, se comete la mayor de las falsedades
y la más horrenda de las profanaciones. El libro de los Proverbios lo
denuncia claramente: *Las heridas hechas por quien ama son leales,
pero los besos del que aborrece son engañosos.*[7] Y a eso se deben
también quizá las graves amenazas salidas de la boca del mismo Jesucristo: *Todo pecado y blasfemia se perdonará a los hombres, pero
la blasfemia contra el Espíritu Santo no será perdonada. Y al que*

---

[5] 1 Cor 13:5.
[6] Lc 22:48.
[7] Pr 27:6.

diga una palabra contra el Hijo del hombre, se le perdonará; pero al que hable contra el Espíritu Santo no se le perdonará, ni en este mundo ni en el venidero.[8]

La gravedad de los pecados contra el Espíritu Santo tiene su razón de ser en el hecho de que toda falsificación del amor (y aquí entra también particularmente la lujuria), lejos de reducirse a una mera carencia de amor, es en realidad una perversión o caricatura del amor. El resultado es aquí el mismo que produce siempre toda perversión: el amor es *vuelto del revés* y convertido en un auténtico *antiamor*. El amor verdadero posee la virtud de hacer que el amante se olvide de sí mismo, además de impulsarle a salir fuera de sí para ir en busca de la persona amada y entregarse a ella. La caricatura del amor, en cambio, induce al falso amante a mirarse a sí mismo solamente y a pensar en sí mismo solamente, animándolo a ir en busca de la otra persona, pero para instrumentalizarla y convertirla en objeto de su egoísmo (de su placer). Así como el amor verdadero solamente piensa en entregarlo todo, a fin de quedarse sin nada y ser poseído plenamente por la persona amada, la caricatura del amor, por el contrario, desea recibirlo y poseerlo todo, para abundar en riquezas y convertirse en dueño de todo.[9] El amor verdadero mira al *otro* como persona,[10] mientras que para el falso amor no existen propiamente otras personas, sino solamente cosas, de las que él se puede apropiar para utilizarlas. El amor verdadero desea ser pobre (solamente está interesado por la persona amada) y llegar a *ser*

---

[8]Mt 12: 31–32.

[9]Por eso es tan difícil que un rico entre en el reino de los cielos (Mt 19: 23–24; Mc 10:23).

[10]Y, por extensión, también *a los otros*. Exactamente en la misma medida en que el enamoramiento del Amor lleva consigo necesariamente el amor a los otros (1 Jn 4: 20–21). De este modo, lo único que garantiza el verdadero amor a los demás, y su consiguiente valoración como personas, es el verdadero amor a Dios.

poseído, mientras que el falso pretende ser rico (no está interesado por ninguna *otra persona*, sino solamente por las cosas) y llegar a poseerlo todo.[11]

El verdadero amor, en efecto, desea también poseer a la persona amada, pues su naturaleza es tal que las cosas no pueden ser de otro modo. Pero no existe parangón posible entre él y el falso amor. Como se ha dicho arriba, el verdadero amor desea poseer al otro como persona, mientras que al falso solamente le interesa el otro como cosa. Además, para el amor verdadero, lo esencial y primero, y aún lo mejor, es la propia entrega (Hech 20:35), que él estaría dispuesto a llevar a cabo aunque nada recibiera a cambio, mientras que la posesión del otro viene *después*.[12] En el amor verdadero, el amante desea poseer a la persona amada porque sabe que la reciprocidad es una nota esencial del amor, y que no puede ser poseído sin poseer él a su vez; en este sentido, lo que el amante mira *ante todo y en primer lugar* son los deseos de la persona amada (la cual quiere ser poseída por él). Deseos de la persona amada que, por supuesto, son también los deseos del que ama, como se ve claramente cuando se tienen en cuenta dos razones: La primera de ellas se relaciona con el hecho de que el amor fusiona los corazones de los amantes, haciéndoles que tengan una sola voluntad y los mismos deseos. En cambio la segunda se fundamenta en la misma naturaleza del amor, que no puede existir si no hay dos personas que se entregan (y que por lo tanto se poseen) mutuamente, ya que es imposible la entrega

---

[11]Y por eso es imposible servir al mismo tiempo a Dios y a las riquezas (Lc 16:13). Es interesante observar que la mera utilización de las dos voces (activa y pasiva) del verbo "poseer" indica ya la diversidad de objetos a los que se dirige el concepto expresado por ese vocablo: la expresión *ser poseído* supone necesariamente que la otra parte es una persona, mientras que, por el contrario, la de *poseerlo todo* indica claramente que el objeto de la posesión son las cosas.

[12]*Nosotros amamos porque Él nos amó primero* (1 Jn 4:19).

de una de ellas si no se da al mismo tiempo la posesión por parte *de la otra.*[13]

Cuando la esposa de *El Cantar de los Cantares* expresa su deseo de ser besada por el Esposo, lo que realmente quiere es entregarse a Él y pertenecerle.[14] Lo más específico del amor, y la primera intención del amante, es la *entrega* a la persona amada. Es lo que anhela sobre todo el que ama, y lo que lo colma de felicidad. Y de ahí lo que decía Jesús: que *hay más dicha en dar que en recibir.*[15] Por eso el Espíritu Santo es esencialmente Don. Pues no es el Espíritu Santo *recepción*, sino *donación*. O dicho de otro modo: no es *acceptio*, sino *spiratio*. Lo que sucede es que, al *proceder* juntamente del Padre y del Hijo, se hace también necesariamente reciprocidad, que es la que tiene la virtud de convertir el don de cada uno de los Amantes en la respectiva recepción por parte del otro. Cuando dice Jesús, en el discurso de la última cena, que *todas las cosas que tiene el Padre son mías,*[16] no se está refiriendo a que a Él le pertenece todo lo que posee el Padre, sino a que Él se lo ha entregado todo al Padre. En donde aparece claramente que el amor perfecto del Hijo es completa donación. Bien es verdad (y no podía ser de otro modo) que Jesús dice también en ese mismo lugar, dirigiéndose al Padre, que *todo lo que me has dado viene de ti.*[17] Donde puede verse, a su vez, que el amor perfecto del Padre es igualmente donación absoluta. Por último hace su aparición la reciprocidad, que es la que cierra el círculo

---

[13]En el falso amor no existe razón de bilateralidad de personas, sino solamente razón de persona a cosa (o cosas), y, por lo tanto, sin ninguna bilateralidad posible. Una vez más aparece el concepto de persona como fundamental en el amor.

[14]Como ya se ha dicho antes, no habla de besar al Esposo, sino de ser besada por Él.

[15]Hech 20:35.

[16]Jn 16:15.

[17]Jn 17:7.

perfecto del amor total: *Porque todo lo mío es tuyo, y lo tuyo, mío,* según añade por último Jesús, dirigiéndose al Padre.[18]

Ahora puede comprenderse mejor que el verdadero amor es entrega y donación, así como que el egoísmo del falso amor es un auténtico antiamor y una estrafalaria caricatura del amor. No es extraño, por lo tanto, que *El Cantar de los Cantares* se abra con la primera expresión de la esposa, que es, por otra parte, su anhelo más ardiente con respecto al Esposo: *Béseme con besos de su boca.* No tanto besar cuanto ser besada. Porque lo que ella desea, antes que nada, es entregarse a Él, dándoselo todo, a fin de ser verdaderamente toda suya. Porque el amor, antes aún de recibir nada, lo que desea es dar todo lo que tiene. Es el tremendo misterio del amor, la increíble y apasionante realidad que logra el milagro de hacer que *haya más dicha en dar que en recibir.*

---

[18]Jn 17:10.

CAPÍTULO IV

AMAR O ESTAR ENAMORADO

Si se quiere profundizar seriamente en el misterio del amor hay que echar mano de la teología. El Amor es una realidad que, en último término, se identifica con Dios (1 Jn 4:8), y el ámbito propio de la metafísica es el de la razón natural. Sin acudir a la revelación, no es probable que, utilizando solamente la metafísica, se pueda avanzar en este punto mucho más allá del umbral del misterio, aun admitiendo que los resultados a conseguir pueden ser considerables. Tales resultados, además, son inseguros y están demasiado expuestos al error.[1] De todos modos es evidente que, ni siquiera con la ayuda de la revelación, se puede lograr un conocimiento exhaustivo de la realidad del amor. Lo único que se puede pretender es profundizar, hasta donde sea posible, en tales o cuales aspectos del misterio, abriendo a la vez cauces de investigación a medida que se descubren

---

[1]Acerca del problema de la necesidad y conveniencia de la revelación, cf Santo Tomás, *Contra Gent.*, 1.4; *Sum. Theol.*, Iª, q. 1, a. 1; IIª–IIªᵉ, q. 2, a. 4; *In Boetium 'De Trinitate'*, q. 3, a. 1.

nuevas implicaciones del problema. Esta es la meta que se ha fijado
este libro como objetivo primario. Su tarea se limita a señalar las
nuevas sendas descubiertas a lo largo del camino, dejando para los
entendidos la tarea de recorrerlas y de descubrir si conducen a alguna
parte.[2]

Partiendo, por lo tanto, de la base de la seriedad del dato revelado, la exclamación de la esposa en este versículo —*Béseme con besos
de su boca*— debe ser tomada completamente en serio. La esposa
desea recibir el beso de amor, y no vacila en proclamarlo con ardor,
porque sabe que el Esposo está enamorado de ella.

Hay que tener en cuenta, sin embargo, que no es lo mismo que el
hombre sepa que Dios está enamorado de él, o que sepa simplemente
que Dios lo ama. Ambas cosas no son exactamente lo mismo. Si
el hombre no está *enamorado* de Dios, incluso aunque lo ame de
alguna manera, jamás pensará en la posibilidad de que Dios pueda
estar enamorado de él. El hombre conoce de verdad —podría decirse
experimentalmente— lo que es el amor divino, solamente cuando él, a
su vez, ha hecho también su opción por Dios y lo ama: *Nosotros, que
hemos creído, conocemos el amor que Dios nos tiene.*[3] Una vez más
aparecen la necesidad y la esencialidad de la reciprocidad en el amor.
El hombre no puede saber lo que significa el hecho de ser amado por
el Amor sustancial, con el modo de amar propio de los enamorados,

---

[2]Este libro no es un ensayo teológico sobre el amor. Tal como se insinúa en la
Introducción, su único propósito es el de esbozar unos apuntes sobre el misterio
del amor, según lo que de esta realidad puede descubrirse, o bien en Dios —que
es Amor infinito—, o bien en el hombre, al que le ha sido otorgada por gracia.
Para ello toma como base *El Cantar de los Cantares*, leído con fe (puesto que
se trata de un libro inspirado), e interpretado a la luz del Nuevo Testamento. Es
supuesto básico del libro que el conocimiento del Amor de Dios, participado por el
hombre por obra de la gracia, es el camino indispensable —y único— que conduce
al conocimiento del misterio del amor humano.

[3]1 Jn 4:16.

si él no corresponde a ese amor: *Quien no ama no conoce a Dios,*
porque Dios es Amor.[4] De ninguna manera significa para el hombre
lo mismo decir: *Dios me ama,* que decir: *Dios está enamorado de mí.*
Las consecuencias de esos dos distintos convencimientos, tal como
luego se traducen en los sentimientos y en la conducta del hombre,
son también diferentes.

De ahí la situación actual. Es por eso por lo que esta exclamación
de la esposa —*Béseme con besos de su boca*— no le dice mucho
al gélido cristianismo del final del siglo veinte. Y lo mismo puede
afirmarse de todo el libro de *El Cantar de los Cantares.* Muchos son
aún los creyentes que están convencidos de que Dios los ama, pero
solamente los santos saben lo que significa estar enamorado de Dios.

El Diccionario de la Lengua Española, con certera visión de la
realidad, recoge los dos sentidos del verbo *enamorar,* el transitivo y el
pronominal, según los llama (aunque quizá fuera mejor denominarlos
sentidos activo y pasivo): excitar en uno la pasión del amor, dice el
primer sentido; prendarse de amor de una persona, dice el segundo.
¿Cuál de los dos significados es el primero...? ¿Puede darse el uno
sin que exista el otro...? La respuesta a una cualquiera de estas
preguntas, o a ambas, en el caso de que pudiera hallarse alguna
plenamente satisfactoria, daría tema probablemente para escribir
varios libros.

Está claro, de todos modos, que enamorarse significa ser cauti-
vado por la persona amada. *Prendarse de amor de una persona...*
Y, en efecto, *prendarse* significa también *quedar prendido* por la voluntad de otro. Como se ve, la idea del robo (o del apresamiento;
en este caso de la voluntad de la otra persona) no está ausente en
el concepto del amor. Lo que ocurre, como se verá en su momento,

---

[4]1 Jn 4:8.

es que aquí se trata de un latrocinio consentido (y aún querido y deseado) por el que lo *sufre*. Como decía San Juan de la Cruz:

> *¿Por qué, pues has llagado*
> *aqueste corazón, no le sanaste?*
> *Y, pues me lo has robado,*
> *¿por qué así lo dejaste*
> *y no tomas el robo que robaste?*

El hombre enamorado se siente como *secuestrado* por la persona amada, y totalmente cautivo de ella. Hablando de su victoria final, dice San Pablo que *no es que ya la haya alcanzado o que ya sea perfecto, sino que la persigo por ver si la alcanzo, 'por cuanto yo mismo he sido alcanzado por Cristo Jesús'.*[5] Este robo, o secuestro, del que ha sido sujeto pasivo la misma persona amada, lejos de hacer que se sienta desgraciada, la llena por el contrario de felicidad. De nuevo hace acto de presencia la idea (fundamental en el amor) de ser objeto de posesión o pertenencia, que es precisamente lo primero que desea quien está verdaderamente enamorado. En este sentido, el Amor aparece aquí como un auténtico ladrón o secuestrador, que se apodera del corazón de la persona enamorada para entregarlo a la persona amada. Aunque quizá sería más exacto decir que lo que hace el Amor en realidad es inducir (o quizá más bien seducir) al enamorado para que entregue rendida y voluntariamente su corazón a la persona amada. Llegadas las cosas a este punto, es indudable

---

[5]Flp 3:12. Las Biblias españolas serias suelen utilizar aquí el verbo *alcanzar*, en pasiva (cf Cantera–Iglesias, B.A.C., Madrid, 1975), que no traduce exactamente el original. El verbo λαμβάνω tiene un significado más fuerte, que se debe traducir por *agarrar, coger con las manos, asir...*, que es como lo transcriben la "Neovulgata" (*comprehendere*), la "Bible de Jérusalem" (*saisir*), y "The New Jerusalem Bible" (*to take hold of*).

que el alma enamorada que se viera libre y sin dueño, se sentiría desgraciada:

> *El día ya se aleja,*
> *dulce jilguero de color trigueño,*
> *y así otra vez nos deja,*
> *como en amargo sueño,*
> *a ti sin libertad, y a mí sin dueño.*

Allí donde otros desearían la libertad, la esposa en cambio desearía verse cautiva. La verdadera libertad consiste para ella en *entregarse voluntariamente* y en totalidad a la persona amada. Si la libertad consiste en la posibilidad de entregar sin coacción alguna, nunca se realiza a sí misma tan verdaderamente como cuando de hecho se entrega. De manera que la libertad del amor se traduce en que el enamorado se quede sin libertad, que es precisamente *lo que más ardientemente desea.*

Aunque esto es una manera de hablar al modo humano. Como se verá más adelante, el amor es esencialmente libertad, de tal manera que no puede existir sin ella. Los enamorados se entregan mutuamente su voluntad, en cada instante y en completa libertad, porque así lo quieren y lo desean. Pero, de todos modos, antes de volver a este tema con mayor detenimiento, para comprobar también que sólo se cumple a la perfección en el amor divino y en el divino–humano, quizá convenga por ahora seguir insistiendo en el tema del robo de la voluntad del que es sujeto pasivo el hombre enamorado.

El *despojo* voluntario del que ama es fundamental en materias de amor. Ha de quedar claro que la persona amada, no solamente es para él lo primero, sino también el todo. Por eso ha de dejarse expoliar de todo lo que posee, y sobre todo de aquello que más específicamente constituye *su vida*.[6] En *El Cantar de los Cantares* el Esposo divino es consciente de que el alma enamorada le ha entregado su corazón y de que, por lo tanto, le pertenece:

> *Voy, voy a mi jardín, hermana mía, esposa,*
> *a coger de mi mirra y de mi bálsamo;*
> *a comer la miel virgen del panal,*
> *a beber de mi vino y de mi leche.*
> *Venid, amigos míos, y bebed,*
> *y embriagaos, carísimos.*[7]

Cuando alguien se enamora de verdad pertenece por entero a la persona amada.[8] Pero, como siempre sucede en el verdadero amor (y solamente el amor divino, o el divino–humano, es perfecto y verdadero amor), la posesión es recíproca. El esposo también se siente propiedad de la esposa y servidor de ella: *La víspera de la fiesta de la Pascua, sabiendo Jesús que había llegado su hora de pasar de este mundo al Padre, como hubiera amado a los suyos que estaban en el mundo, los amó hasta el fin. Y durante la cena, cuando el diablo ya había puesto en el corazón de Judas Iscariote, hijo de Simón, el propósito de entregarle, sabiendo que el Padre había puesto en sus manos todas las cosas y que había salido de Dios y a Dios volvía, se levantó de la cena, se quitó el manto, y tomando una toalla, se la ciñó. Después echó agua en una jofaina y comenzó a lavar los pies de sus discípulos y a secárselos con la toalla que se había ceñido. Llegó a Simón Pedro, que le dijo: "Señor, ¿me vas a lavar tú a mí los*

---

[6]Cf Mt 10:39; 16:25; Mc 8:35; Lc 9:24.

[7]Ca 5:1.

[8]Una expresión utilizada por el idioma inglés, para decir que alguien se ha enamorado, es la de *to fall in love*, que sugiere la idea de haber caído bajo el dominio de la persona amada, o de haberse hecho objeto de su posesión.

pies?" Jesús le respondió: "Lo que yo hago, tú ahora no lo entiendes, lo entenderás después." Díjole Pedro: "No me lavarás los pies jamás." Jesús le respondió: "Si no te lavo, no tendrás parte conmigo."[9] Las últimas palabras del Señor son muy significativas: *Si no te lavo no tendrás parte conmigo...* Como si dijera: Si no me dejas rendirme a ti, no puede haber amor entre nosotros. Los que están unidos por el vínculo del amor se entregan y se pertenecen mutuamente, hasta el punto de que es impensable que solamente uno de ellos sea posesión del otro. En realidad la idea de entrega recíproca e igual, entre Él y sus discípulos, es un lugar común en los discursos del Señor durante la última cena: *Vosotros sois mis amigos... Ya no os llamo siervos, porque el siervo no sabe lo que hace su señor; a vosotros os llamo amigos...*[10]

Una vez que su voluntad ha sido cautivada por la persona amada, es natural que el enamorado sienta vehementes deseos de estar junto a ella. Es otro de los sentimientos más característicos del enamorado. Al fin y al cabo, quien ama desea estar allí donde están su corazón y su voluntad. La persona amada es, para el enamorado, su único tesoro, y allí es donde tiene su corazón (Mt 6:21). Allí quiere estar también él. La esposa del *Cantar* lo dice de muchas maneras:

> *Llévanos tras de ti, corramos.*
> *Introdúcenos, rey, en tus cámaras,*
> *y nos gozaremos y regocijaremos contigo,*
> *y cantaremos tus amores, más suaves que el vino.*
> *Con razón eres amado.*[11]

....

---

[9] Jn 13: 1–8.

[10] Jn 15: 14–15.

[11] Ca 1:4.

Dime tú, amado de mi alma,
dónde pastoreas, dónde sesteas al mediodía,
no venga yo a extraviarme
tras los rebaños de tus compañeros.[12]

....

Ponme como sello sobre tu corazón,
ponme en tu brazo como sello.
Que es fuerte el amor como la muerte
y son como el sepulcro duros los celos.[13]

San Juan de la Cruz lo decía también con su bello lenguaje:

Buscando mis amores,
iré por esos montes y riberas,
ni cogeré las flores,
ni temeré las fieras
y pasaré los fuertes y fronteras.

Los enamorados desean estar juntos, a fin de contemplarse y entregarse el uno al otro. En el amor divino–humano, por medio y aun a pesar de la obscuridad de la fe, la esposa anhela contemplar al Esposo divino:

Lleguéme hasta el collado
donde mana la fuente de agua clara,
y allí aguardé al Amado
para que me mostrara
sus ojos, y sus labios y su cara.

---

[12]Ca 1:7.
[13]Ca 8:6.

La ausencia de la persona amada produce en el enamorado el vehemente y urgente deseo de reunirse pronto con ella otra vez. El Señor se lo advertía a sus discípulos en la cena de despedida: *Cuando me vaya y os haya preparado un lugar, de nuevo vendré y os llevaré conmigo, para que donde yo estoy, estéis también vosotros...*[14] *No os dejaré huérfanos; volveré a vosotros...*[15] *Aquel día comprenderéis que yo estoy en mi Padre, y vosotros en mí y yo en vosotros...*[16] *Quiero, Padre, que los que me diste estén también conmigo, donde yo estoy...*[17] San Pablo decía algo semejante, sacudido por el doble sentimiento de su amor al Señor y a sus hijos espirituales: *Si el vivir en la carne es para mí fruto de apostolado, entonces no sé qué elegir. Me siento apremiado por ambos lados: por un lado deseo quedar desatado para estar con Cristo, lo que es muchísimo mejor...*[18].

De todos modos, en el amor divino–humano, el acuciante deseo de estar juntos que apremia a los que se aman va mucho más allá del mero deseo de la proximidad. Dios y el hombre, mutuamente enamorados, ansían (con deseo eficaz, que se hace realidad) llegar a una comunión de vidas que el mero amor humano ni siquiera puede imaginar: *Quien come mi carne y bebe mi sangre permanece en mí y yo en él. Como el Padre que me envió vive, y yo vivo por el Padre, así quien me come también él vivirá por mí.*[19]

Como el sentimiento de saberse enamorado es la perfección del amor, incluye también, como es lógico, el ardiente deseo de poseer a la persona amada, tal como lo exige la razón de reciprocidad del amor. Suele decirse que el amor platónico tiene en común con el

---

[14]Jn 14:3.

[15]Jn 14:18.

[16]Jn 14:20.

[17]Jn 17:24.

[18]Flp 1: 22–23.

[19]Jn 6: 56–57. Cf 1 Cor 3:23; 2 Cor 5:15; Ga 2:20; Flp 3:12.

amor puramente estético de la belleza, que, a diferencia de lo que sucede con el amor carnal, el cual desea la posesión del objeto amado, aquéllos en cambio no pretenden otra cosa que la alegría de contemplar.[20]

Aunque aquí no se va a tratar por ahora del complejo problema del amor platónico, quizá sea conveniente adelantar que no parece lícito identificar, con respecto a la misteriosa realidad del amor, los conceptos de posesión y de posesión carnal. Es indudable que el concepto de posesión es más genérico que el de posesión carnal, y además alude a una realidad mucho más perfecta. En el amor humano, la posesión carnal no pasa de ser un deseo o intento de posesión.[21] Hay que tener en cuenta, además, que el amor puramente estético de la belleza no es la realidad de la que trata este libro y que comúnmente se conoce con el nombre de amor. El amor no puede confundirse con el mero deleite que produce la contemplación de la belleza, como se comprende claramente cuando se piensa que nadie se enamora de un hermoso cuadro o de un bello paisaje.[22] Tampoco puede identificarse con la satisfacción producida por la contemplación de la verdad, y aun ni siquiera con la mera atracción

---

[20]Entre la inmensa bibliografía sobre la materia, puede verse, por ejemplo, Étienne Gilson, *Dante et Béatrice*, Paris: Vrin, 1974.

[21]Por lo que respecta al hombre, y a pesar de la realidad del *una caro*, la posesión carnal no parece que pueda identificarse con la perfecta y mutua posesión de los que se aman. La incapacidad de los animales para *poseerse*, por más que el mero instinto de reproducción no admita un paralelismo con la unión carnal en el ser humano, es un claro indicio sin embargo de que la posesión amorosa no puede confundirse con la unión de los cuerpos. A la razonable objeción de que las palabras del Señor (Mt 19:6) no se refieren simplemente a la unión corporal de los esposos *en una sola carne*, sino a algo mucho más elevado, se puede responder que eso mismo indica que la posesión amorosa no es una mera fusión de cuerpos.

[22]Lo mismo puede decirse con respecto a la música o a la poesía, por mucha belleza que puedan contener una buena melodía o un buen poema.

del bien. Aunque es verdad que en el amor se dan juntamente la atracción del bien, la satisfacción por la posesión de la verdad, y el gozo del placer estético, aún necesita sin embargo otro elemento que es esencial o fundamental: El bien que atrae en el amor, la verdad comprendida, y la belleza contemplada, *pertenecen aquí en realidad a una persona*, que es la que verdaderamente atrae por medio del amor. Y atrae precisamente porque, para el que ama, esa persona significa la verdad, irradia la belleza, y contiene el bien; todo a la vez y en grado sumo.[23] Con lo que se llega a la importante conclusión de que, puesto que el agente que *atrae* aquí es una persona, es imposible para el que ama no contar con la reciprocidad. Por eso desea ser poseído por ella y poseerla él a su vez.

Hay que tener en cuenta, además, que en el amor no debe confundirse el ansia de la posesión con el deseo de poseer (o de dominar), según suele ser entendido ese deseo por el hombre. Lo que el verdadero amante desea no es tanto llegar a *poseer* a la persona amada (en el sentido de disponer de ella), cuanto recibir su voluntad, entregada en reciprocidad, *a fin de que llegue a realizarse —hacerse verdad— el amor*, el cual consiste, en definitiva, en hacer de las dos voluntades una sola. El nudo del problema consiste aquí en que el verdadero amante sabe bien que no puede ser poseído por la persona amada si él no la posee, a su vez, a ella.

Pero el amor es un verdadero combate, en el que los enamorados pugnan por entregar más que por poseer. O más bien es un combate en el que luchan igualmente por entregar y poseer. Aunque, en realidad, si desean poseer, es también para poder entregar... La esposa, por ejemplo, dice en *El Cantar*:

---

[23]El esteticismo es un sentimiento absolutamente auténtico, pero no puede confundirse en modo alguno con el amor.

Me ha llevado a la sala del festín
y la bandera que alzó contra mí es bandera de amor.[24]

. . . .

Mi amado es para mí y yo soy para él.
Pastorea entre azucenas.[25]

. . . .

Yo soy para mi amado, y mi amado es para mí
el que se recrea entre azucenas.[26]

. . . .

Yo soy para mi amado
y a mí tienden todos sus anhelos.[27]

El Esposo, evidentemente, desea la entrega de la esposa:

Ven, paloma mía,
que anidas en las hendiduras de las rocas,
en las grietas de las peñas escarpadas.
Dame a ver tu rostro, dame a oír tu voz,
que tu voz es suave, y es amable tu rostro.[28]

Pero desea, sobre todo, entregarse Él a la esposa y convertirse en posesión de ella. Así lo dice en los siguientes versos, que, según todos los autores, son el punto culminante del poema sagrado:

---

[24]Ca 2:4.
[25]Ca 2:16.
[26]Ca 6:3.
[27]Ca 7:11.
[28]Ca 2:14.

> *Ponme como sello sobre tu corazón,*
> *ponme en tu brazo como sello...*[29]

Y, como es lógico también, la esposa no desea sino lo que quiere el Esposo. Que es, por lo tanto, entregarse a Él...

Béseme con besos de su boca viene a ser, en definitiva, la confesión anhelante con la que la esposa reconoce su deseo de pertenecer al Esposo y de estar con Él. Con Él, más aún que junto a Él. Que es exactamente el mismo deseo que siente Dios, con respecto al hombre, en el amor divino–humano. De esta manera, el deseo de la esposa y del Esposo no es otro que el deseo —el único deseo— de estar juntos que sienten los enamorados.

Y no debe preguntarse mucho más acerca de lo que es exactamente el estar enamorado. En realidad, para saber lo que es el amor, hay que dirigirse al mismo Amor, pues solamente quien ama puede entender el amor y solamente desde el amor se puede hablar del amor. Enamorado significa *estar–en–amor*. Pero el Amor, por más que se le pregunte, nunca habla de sí mismo ni por sí mismo (Jn 16: 13–14), sino solamente del Amado. En cuanto a los mismos que aman, tampoco son capaces de aclarar el misterio de sus sentimientos: lo que les queda por decir es siempre más importante que lo que han dicho, y lo que consiguen desvelar de ellos nunca es lo más hermoso ni lo esencial. Por eso, cuando hablan del Amado o de sus sentimientos por el Amado, no hacen otra cosa que balbucir. Y lo que logran explicar, lejos de satisfacer, solamente sirve para sumir más y más en la perplejidad a los que escuchan. Lo que oyen aquellos que preguntan acerca del amor no es nunca lo que éste es, sino todo lo más, *un no sé qué*:

---

[29]Ca 8:6.

...Y déjame muriendo
un no sé qué que quedan balbuciendo.

Como decía San Juan de la Cruz. Por eso el misterio de la Encarnación del Verbo no es otra cosa que el misterio del Amor. Un
misterio que se traduce para el enamorado en el deseo de estar, no
ya cerca de la persona amada, sino junto a ella y con ella, compartiendo su vida, llevando a cabo un intercambio de corazones, y
haciéndolo todo común en mutua reciprocidad. Aquí hay que decir
que, en este sentido, la Encarnación del Verbo es exactamente lo que
haría —lo que hizo— un Dios enamorado. El misterio de la Encarnación del Verbo viene a satisfacer así una de las más apremiantes
exigencias del amor: la Inmensidad absoluta fue capaz, por amor, de
hacer suyas la debilidad y la carencia, con tal de compartir la vida
y el destino de la persona amada, o del hombre en este caso. *Tomó
sobre sí nuestras flaquezas y cargó con nuestras enfermedades.*[30] La
obra de la Creación (el tránsito de las criaturas de la nada al ser,
por obra del Poder y del Amor infinitos) no es un misterio mayor
que el hecho de que el Ser infinito —un Ser al que nada le falta ni
le puede faltar— hiciera suyas la carencia y el no ser por el amor de
estar junto a quien ama. Solamente el Amor es capaz de *todo*. Por
eso es el Amor la sola fuerza que realmente mueve el Universo:

L'Amor che move il sole e l'altre stelle.[31]

---

[30]Mt 8:17, citando a Is 53:4. Cf 2 Cor 13:4; Heb 5:2; 4:15.

[31]*El Amor, que mueve al sol y a las demás estrellas.* Dante, *La Divina Comedia*,
"Paraíso".

CAPÍTULO V

EL DESEO DE SER DESEADO

Béseme con besos de su boca. Lo que hay en el fondo de este
deseo de la esposa es el anhelo de ser deseada, el de ser objeto
de la mirada amorosa y enamorada, y el de sentir la dependencia
del Esposo con respecto a ella. Pues los deseos más inmediatos que
animan a quien deposita el beso de amor en la persona amada se
refieren, sin duda, a que esa persona le pertenezca, a satisfacer sus
ansias de mirarla y de contemplarla, y a entregarse a su vez a ella
en entera dependencia.

Debe tenerse en cuenta que, en el verdadero amor, el ansia de
ser deseado no debe ser confundida con la voluntad de afirmar la
propia personalidad. Tal ansia no es sino una exigencia de la misma
naturaleza del amor. Puesto que en el verdadero amor rige la ley
de la reciprocidad, el que ama no puede desear sin ser deseado a
su vez, como tampoco puede sentir que necesita a la otra persona
sin sentirse también él necesitado por ella. Y, así como el amante
desea a la persona amada y la necesita, del mismo modo se siente
impulsado a desear que ella también lo desee a él y lo necesite. E
igualmente, lo mismo que la necesidad que se siente con respecto a la

persona amada es enteramente voluntaria y libre (como todo lo que es fruto del amor), hasta el punto de que el hombre enamorado en modo alguno querría verse libre de esa necesidad, lo mismo sucede con el deseo de sentirse necesario para la persona a quien se ama. En este sentido, no querer sentir la necesidad de la persona amada, o no desear ser necesario para ella, equivaldría justamente a la falta de la voluntad de amar; o, dicho de otra manera, sería lo mismo que no amar.

La voluntad de ser deseada por el Esposo es confesada claramente por la esposa del *Cantar*:

> *Yo soy para mi amado*
> *y a mí tienden todos sus anhelos.*[1]

Aunque este texto, en realidad, más que contener el deseo de la esposa de ser deseada por el Esposo, lo que expresa es su total convencimiento de que el Esposo efectivamente la desea. La exclamación de la esposa es un explícito reconocimiento de que *todos* los deseos del Esposo son para ella:

> *a mí tienden todos sus anhelos*

De tal manera se siente segura del amor del Esposo y de tal manera es perfecto el amor de ambos. Pero sin duda que ahí está contenida también, por parte de la esposa, una reafirmación del deseo de que las cosas sean así. Lo cual hace que, en conjunto, la expresión se convierta en una auténtica exclamación de alegría y de regocijo. Y, como siempre, una vez más aparece la reciprocidad: La esposa se

---

[1]Ca 7:11.

siente orgullosa de reconocer, al mismo tiempo, que ella también pertenece al Esposo y de que ve colmado así su propio deseo:

> *Yo soy para mi amado*
> *y a mí tienden todos sus anhelos.*

Por lo demás, el deseo de ser deseada que apremia a la esposa se ve cumplidamente satisfecho. Sucede así porque en este caso el Esposo es Dios, o el infinito y perfecto Amor, cuyo oficio y esencia es el amar. Lo explica claramente, por ejemplo, el evangelio de San Lucas: *¿Quién de vosotros, si tiene cien ovejas y pierde una de ellas, no deja las noventa y nueve en el desierto y va en busca de la perdida hasta que la encuentra?*[2] Esto no es otra cosa, sin duda, que la búsqueda apasionada de la persona amada, a impulsos de un amor igualmente apasionado. Aunque quizá valga la pena anotar, antes de seguir adelante, que lo primero que llama la atención en este texto es que, en el amor, siempre se trata de la búsqueda de *una* persona. El dueño de las ovejas no vacila en dejar atrás a las otras noventa y nueve para ir en busca de la *única* que ha perdido. También aquí aparecen la singularidad y la personalidad como características propias del amor. Para el que ama, la persona amada es *única* y, además, el todo:

> *Porque es única mi paloma, mi perfecta;*
> *es la única hija de su madre,*
> *la predilecta de quien la engendró.*[3]

---

[2] Lc 15:4.
[3] Ca 6:9.

El deseo que impulsa al enamorado es un deseo apasionado. Según el texto, noventa y nueve ovejas son abandonadas en el desierto para proceder a la búsqueda de una que se ha perdido. Lo cual es indudablemente una forma de decir que el amor está dispuesto a correr todos los riesgos que sean necesarios: El dueño de las ovejas no tiene inconveniente en abandonar a las otras noventa y nueve en el desierto. En terreno peligroso, por lo tanto, y además a la ventura, lo que supone un indudable riesgo para las ovejas y para él. De manera que el intento ni siquiera parece demasiado lógico, desde el momento en que noventa y nueve ovejas son dejadas a su suerte para ir en busca de una sola.

Debe tenerse en cuenta, sin embargo, que en esta clase de ejemplos es normal poner el énfasis en algún aspecto determinado, prescindiendo de otros a los que no se pretende valorar por el momento. Es evidente que aquí se intenta dirigir la atención hacia la oveja perdida —que es verdaderamente *única* para su dueño—, dejando al margen de momento a cualesquiera otras consideraciones sobre las demás. Pero, de todos modos, aunque esto es cierto, parece que el meollo de la enseñanza del texto va por otro camino.

Todo indica que el texto está dispuesto a admitir que el negocio del amor es siempre un *mal negocio*, en el sentido al menos en que la lógica mundana califica a los negocios como buenos o malos. Dígase lo que se quiera, es indudable que aquí existe el riesgo de perder noventa y nueve ovejas ante el intento de recuperar una, lo que no parece tener muchas probabilidades de ser aprobado por los criterios de valoración corrientes. Sin embargo, es indudable también que el texto apunta definitivamente a decir que, *cuando es el amor lo que se encuentra en juego, hay que estar dispuesto a perderlo todo*:

> *Si uno ofreciera por el amor toda su hacienda,*
> *sería despreciado.*[4]

---

[4]Ca 8:7.

Pues no hay ninguna cosa con la cual se pueda comprar el amor.
Todo lo contrario, pues el amor exige el olvido, o *desprecio*, de las
otras cosas a cambio de su entrega. Lo único que busca el amor
es *la persona* de quien lo pretende. Lo cual entra de nuevo por los
cauces de la lógica, y hasta incluso —haciendo un inocente juego de
palabras— de la *pura lógica*, ya que la lógica del amor es siempre
más lógica que la estrictamente mundana. Aunque en realidad no
se trata de la existencia de dos lógicas distintas, puesto que, en definitiva, la lógica del amor (o la de Dios) es la única verdadera. Y,
aunque es cierto que la mayoría de las veces no parece así, el hecho
no se debe a otra cosa que a la corrupción de la naturaleza, que
es la culpable de que el hombre no siempre perciba la realidad de
las cosas con la suficiente claridad y diafanidad.[5] Es indudable, sin
embargo, que la presencia de las dos perspectivas induce a pensar a
veces en la existencia de dos lógicas distintas, y aun contrapuestas:
la del amor y la mundana. Según esto el amor se regiría conforme-
mente a sus propias reglas, totalmente distintas de las que dirigen
la sabiduría mundana e incomprensibles para ella. Así es como la
lógica del amor, comparada con la del mundo, aparece para esta última como *ilógica*, y además de dos maneras. En primer lugar como
una lógica cerrada en sí misma, puesto que el amor tiene sus propias
reglas y no busca otra justificación que la de él mismo. Es verdaderamente cierto que solamente el amor puede comprender al amor,
y, en último término, se ama porque se ama: *Causa diligendi Deum
Deus est*, decía San Bernardo.[6] Con toda razón puede decirse, por

---

[5]Lo mismo puede decirse con respecto a los textos del Nuevo Testamento que
contraponen la sabiduría de Dios a la mundana. El hecho de que la sabiduría terrena
parezca siempre más lógica que la divina a los ojos del mundo —e incluso a veces
también a los ojos de los mismos cristianos—, se debe al estado de naturaleza
caída en que se encuentra el hombre y a las consiguientes opciones torcidas de su
voluntad, que a menudo le hacen percibir lo que no es con preferencia a lo que es.

[6]San Bernardo, *De diligendo Deo*, I, 1.

lo tanto, que, en este sentido, si realmente no se ama, no solamente se queda el amor sin razones que lo justifiquen, sino que incluso
resulta incomprensible.[7] Lo cual da paso al segundo aspecto de la
aparente falta de lógica del amor; según el cual el amor ya no aparece meramente como algo injustificado, sino incluso como *absurdo
y disparatado*, bastante cercano a la locura: *Pues ya que el mundo,
por su propia sabiduría, no conoció a Dios en su divina sabiduría,
quiso Dios salvar a los creyentes por la locura de la predicación.
Por esto, mientras los judíos piden milagros y los griegos buscan
sabiduría, nosotros predicamos a Cristo crucificado, escándalo para
los judíos y locura para los gentiles.*[8] Según esto, la lógica natural
de la sabiduría humana, e incluso la lógica de los milagros que el
mundo esperaría presenciar, no solamente no se identifican siempre
con la lógica divina, sino que, con bastante frecuencia, tienen poco
que ver con ella. El acto supremo de amor, o el mayor que han conocido los hombres —la muerte de Cristo en un patíbulo—, resultó ser
un *escándalo para los judíos y una locura para los gentiles.* Eso fue
lo que pensó el mundo acerca de la más extraordinaria pirueta que
pudieron imaginar la Inteligencia y el Amor infinitos. Sin embargo,
pese a todo, frente a toda aparente lógica y sabiduría mundanas, la

---

[7]Con esto no se pretende insinuar, en modo alguno, que el amor sea un sentimiento *irracional.* El propósito de este libro apunta precisamente en la dirección
contraria. Lo que se quiere decir aquí es que el verdadero amor solamente es comprendido por el que ama. Es la lógica del mundo precisamente la que considera
irracional al verdadero amor. Por eso, sólo cuando la Iglesia se ha dejado seducir
por las ideologías terrenas, es cuando se ha hecho posible que tantas Curias católicas, diocesanas y archidiocesanas, hayan introducido *de facto* el divorcio, des-
pachando prácticamente en sentido favorable todas las peticiones de anulación del
vínculo. Aunque no se admita doctrinalmente, el hecho está ahí. El problema de
fondo estriba en que ya no se cree en la posibilidad de un verdadero amor, capaz
de totalidad y de perennidad, dispuesto a entregarse por entero y para siempre.
La *sabiduría* del mundo es incapaz de comprender la *locura* del amor de Dios.

[8]1 Cor 1: 21–23.

Biblia se cuida bien de añadir y precisar que *la locura de Dios es más sabia que los hombres, y la debilidad de Dios es más fuerte que los hombres.*[9]

La esposa, por lo tanto, ve satisfecho su anhelo de ser deseada por el Esposo. Según la narración evangélica de la oveja perdida, el dueño de las ovejas va en busca de la extraviada y no cesa en su empeño *hasta que la encuentra.* Por eso decía San Juan de la Cruz:

> *Buscando mis amores,*
> *iré por esos montes y riberas,*
> *ni cogeré las flores,*
> *ni temeré las fieras*
> *y pasaré los fuertes y fronteras.*

Y, en efecto, el Esposo llega impaciente,

> *saltando por los montes,*
> *triscando por los collados.*[10]

En búsqueda incansable, que nada puede detener, impulsado por el deseo de hallar pronto a la esposa. De ahí su actitud de ansiedad:

> *mirando por las ventanas,*
> *atisbando por entre las celosías.*[11]

Cuando el dueño de las ovejas encuentra, por fin, a la oveja perdida, la pone sobre sus hombros y la conduce a casa: *Y cuando*

---

[9] 1 Cor 1:25.

[10] Ca 2:8.

[11] Ca 2:9.

la encuentra, la pone gozoso sobre sus hombros, y al llegar a casa...[12]
El gesto de conducir a la oveja sobre los hombros, una vez hallada,
está lleno de ternura. Es indudable que aquí se quiere subrayar la
intimidad y la intensidad del amor. Da la impresión de que el dueño
de las ovejas ama ahora más intensamente a la que se había perdido,
y es seguro que, de no haber ocurrido el extravío, seguido de la
búsqueda y del hallazgo, la oveja nunca habría sido objeto de la
caricia amorosa de ser conducida sobre los hombros de su dueño. Tal
como sucede paralelamente en la parábola del hijo pródigo, cuando
el padre abraza amorosamente a su hijo al regreso de éste (Lc 15:20).

Por fin, cuando el Pastor de las ovejas llega a casa, recobrado ya
el objeto de su amor, tiene lugar la fiesta de la alegría. No es para
menos, porque —como decía también el padre del hijo pródigo— *ese
hermano tuyo estaba muerto y ha vuelto a la vida, estaba perdido y
ha sido hallado.*[13] Aquí ocurre lo mismo, una vez que la esposa ha
sido hallada de nuevo y recuperada definitivamente: *Y, al llegar a
casa, llama a los amigos y vecinos, y les dice: "Alegraos conmigo,
porque he encontrado la oveja que se me había perdido."*[14] Las fiestas
y banquetes nupciales son el prólogo a la consumación del amor. El
Banquete del Reino de los cielos no será otra cosa que la consumación
definitiva del amor:

> *Voy, voy a mi jardín, hermana mía, esposa,*
> *a coger de mi mirra y de mi bálsamo;*
> *a comer la miel virgen del panal,*
> *a beber de mi vino y de mi leche.*
> *Venid, amigos míos, y bebed*
> *y embriagaos, carísimos.*[15]

---

[12]Lc 15: 5–6.

[13]Lc 15:32.

[14]Lc 15:6.

[15]Ca 5:1.

La fiesta de la alegría se celebra porque las peripecias de los amantes han llegado a su fin. Han terminado las búsquedas y las ausencias, y las nostalgias han sido sustituidas por la mutua y definitiva presencia de los que se aman. El deseo de la esposa —que es también el del Esposo— se ha visto por fin realizado: *Se dio cuenta Jesús de que los discípulos le querían preguntar, y les dijo: "Andáis preguntándoos entre vosotros porque dije: 'Un poco, y no me veréis; y otro poco, y me veréis.' En verdad os digo que lloraréis y os lamentaréis, pero el mundo se gozará; vosotros os entristeceréis, pero vuestra tristeza se convertirá en alegría. La mujer, cuando va a dar a luz, está triste, porque ha llegado su hora; pero cuando ha dado a luz un niño, ya no se acuerda del dolor, por la alegría de que ha nacido un hombre en el mundo. Pues así también vosotros: tenéis ahora tristeza, pero os volveré a ver y se alegrará vuestro corazón, y nadie os quitará vuestra alegría"*.[16]

Pero los textos siempre acaban insistiendo en lo mismo: la fiesta de la alegría del amor no se celebra *hasta que se llega a casa*. En el hogar, que es lugar de término y de descanso, y no en el camino, que es todavía lugar de fatiga y de peregrinación. *La vida es una mala noche pasada en una mala posada*, decía Santa Teresa de Jesús. Para la parábola de la oveja perdida, tampoco la alegría es completa hasta que se llega a casa: *...Y, al llegar a casa, llama a los amigos y vecinos, y les dice...*[17] De manera que al término del camino y solamente cuando llegue ese momento. Mientras tanto la esposa seguirá buscando anhelosamente al Esposo y deseando ser deseada por Él. Y mientras tanto continuarán también las búsquedas y las ansiedades, al tiempo que se sigue andando hasta el final de la carrera, en incansable peregrinación.

---

[16] Jn 16: 19–22.
[17] Lc 15:6.

Si vas hacia el otero,
deja que te acompañe, peregrino,
a ver si el que yo quiero
nos da a beber su vino
en acabando juntos el camino.

De momento, por lo tanto, la esposa vive todavía en el anhelo y nostalgia del Esposo. Su exclamación —*Béseme con besos de su boca*— viene a ser también el reconocimiento de que aún no lo posee plenamente. Pero, al mismo tiempo, ella sabe que su anhelo de ser deseada encuentra cumplida respuesta en el Esposo. Al igual que el *varón de deseos*, o el varón objeto de deseos, como llama la Biblia al profeta Daniel,[18] ella sabe que es también ardientemente deseada. De hecho, el mismo Esposo confiesa con sencillez que anda tras las huellas de la esposa buscando su amor: *Mira que estoy a la puerta y llamo. Si alguno oye mi voz y abre la puerta, entraré a él y cenaré con él y él conmigo.*[19] Aquí Dios se describe a sí mismo como un mendigo que, pidiendo la limosna del amor, llama a la puerta del corazón del hombre. Si ocurre el caso de ser escuchado, y de que le sea abierta la puerta, entra en seguida, con el apresuramiento propio del enamorado que ha encontrado por fin, tras intensa búsqueda, a la persona amada.

Cuando eso sucede, *el que entra por la puerta es el Pastor de las ovejas.*[20] Y las ovejas escuchan su voz (Jn 10:3), porque la conocen bien (Jn 10:4). Tal como el texto sugiere, el conocimiento de la voz

---

[18]Da 9:23. La Vulgata y la Neovulgata traducen aquí *vir desideriorum*, según es llamado el profeta por el ángel Gabriel. Pero todos los autores están de acuerdo en que el texto señala al profeta más bien como objeto que no como sujeto de deseos. En este caso objeto de los deseos o predilecciones de Dios.

[19]Ap 3:20.

[20]Jn 10:2.

del dueño, por parte de las ovejas, supone indudablemente que han tenido con él un trato asiduo y cariñoso. Su voz y sus palabras, en efecto, han sido siempre para ellas voces y palabras de amor: *Las palabras que Tú me diste, ¡oh Padre!, yo se las he comunicado, y ellos las recibieron...*[21] *Yo les he dado tu palabra, y el mundo los ha odiado porque ellos no son del mundo...*[22] *A vosotros os llamo amigos porque os he dado a conocer todo lo que he oído de mi Padre...*[23]. Las ovejas saben muy bien que el silbo del Pastor ha sonado siempre para ellas como silbo amoroso, y que sus palabras no han sido otra cosa que el mensaje de amor que había venido a traer para todos los hombres: *Yo les he manifestado tu nombre, ¡oh Padre!, y se lo manifestaré, para que el amor con que tú me amaste esté en ellos y yo en ellos.*[24] La esposa del *Cantar* está acostumbrada a oír la voz del Esposo y a escuchar sus requiebros amorosos, y por eso la reconoce en seguida:

> *¡La voz de mi amado!*[25]
> *Oíd que me dice:*
> *Levántate ya, amada mía,*
> *hermosa mía, y ven.*
> *Que ya ha pasado el invierno*
> *y han cesado las lluvias...*[26]

No debe olvidarse que el mandamiento nuevo, y en realidad único, que el Maestro dejó a sus discípulos es el mandamiento del

---

[21] Jn 17:8.

[22] Jn 17:14.

[23] Jn 15:15.

[24] Jn 17:26.

[25] Ca 2:8.

[26] Ca 2: 10–11.

amor (Jn 13:34; 15:12). Por desgracia, la catequesis oficial no siempre lo tiene presente, y por eso tiende a abrumar a las ovejas con una sobreabundancia de mensajes que, con frecuencia, poco tienen que ver con el pasto que ellas necesitan como alimento. Tales mensajes suelen referirse a la ciudad terrena más que a la celestial, y dan la sensación de que la catequesis oficial, a pesar de lo que dice la Carta a los Hebreos, está convencida de que los cristianos han encontrado ya, por fin, su patria definitiva y no tienen que esperar otra futura (Heb 13:14, *a sensu contrario*).[27] Todo contribuye a dar la impresión de que la Iglesia oficial está demasiado empeñada en cuidar su imagen de Institución *preocupada por el hombre*. Como si, en su desesperado intento de huir de las acusaciones de contribuir a la alienación del hombre, de *desencarnacionismo*, y de estar siempre junto a las clases *burguesas*, hubiera caído en la trampa de sus enemigos. Tenía que haber caído en la cuenta de que ni el miedo,

---

[27]Incluso la catequesis del dogma del infierno (que nunca debería ser omitida) tendría que hacerse desde el punto de vista del amor, en cuanto que la única explicación comprensible del infierno es la del amor voluntariamente rechazado y perdido. Pero la catequesis oficial no habla hoy del infierno, por la misma razón por la que tampoco suele hablar del verdadero Amor. En la actualidad no es infrecuente que las ovejas del rebaño de Cristo se vean obligadas a alimentarse de pastos que no son los más indicados para nutrirlas: ecologismo, pacifismo, racismo, sistemas y manejos políticos, derechos del hombre, ecumenismos irenistas, justicia social... El hecho de que un nuevo Estado, por ejemplo, sea o no reconocido por el Vaticano, podrá tener importancia bajo ciertos aspectos, pero es totalmente intrascendente para las almas, dígase lo que se quiera. En cuanto a la *doctrina social* de la Iglesia, quizá sería conveniente pararse a considerar si la inmensa biblioteca de volúmenes de documentos que la engrosan, en número incesantemente incrementado, ha conseguido los resultados que cabría esperar de tan ingente esfuerzo; seguramente no, tal vez debido a que, no pocas veces, los problemas abordados son más bien propios de la ciencia de las doctrinas económicas, que no cuestión de juicios morales, que son los que competen a la Iglesia. Sea lo que fuere, lo que es seguro es que no siempre las auténticas necesidades de las almas van por ese camino.

ni los complejos de inferioridad, fueron nunca buenos consejeros. En realidad hubiera sido mejor que la Iglesia no se hubiera preocupado tanto por huir de las acusaciones del mundo. Tales acusaciones son falsas casi siempre, y malintencionadas siempre. Y, cuando se les da cabida, incluso aceptándolas como verdaderas, no solamente se le está haciendo el juego al mundo, sino que entonces es cuando se corre el riesgo de caer en ellas. La Iglesia no puede olvidar que el único medio de que dispone, para *preocuparse de verdad por el hombre*, es el de atenerse, estricta y fielmente, a los fines y medios que le fueron impuestos por su Fundador.

Las ovejas conocen a su Pastor y a su vez son conocidas por Él. Como siempre sucede en el amor, el conocimiento es recíproco: *Conozco a mis ovejas y las mías me conocen a mí*.[28] Hasta tal punto es así que, en realidad, el amor es imposible sin esa reciprocidad: *Ahora conozco parcialmente, pero entonces conoceré como soy conocido*.[29] Para San Juan, la semejanza o igualdad que produce el amor entre los amantes depende también del mutuo conocimiento: *Ahora somos hijos de Dios, aunque todavía no se ha manifestado lo que seremos. Sabemos que, cuando se manifieste, seremos semejantes a Él, porque le veremos como es*.[30] Tal reciprocidad, que hace referencia, además, a un conocimiento íntimo y de ultimidad,[31] es consecuente con una situación en la que ambas personas que se aman se entregan *entera y recíprocamente* la una a la otra. Por eso el Pastor llama a cada una de las ovejas por su nombre (Jn 10:3), como corresponde a algo de carácter tan eminentemente *personal* como es el amor, y que go-

---

[28] Jn 10:14.

[29] 1 Cor 13:12.

[30] 1 Jn 3:2.

[31] En el texto citado de 1 Cor 13:12, San Pablo opone el conocimiento imperfecto de ahora (que él llama *parcial*) al conocimiento perfecto del cielo, que es el propio del verdadero amor.

za, por lo tanto, de los atributos o notas propios de la personalidad, cuales son la unicidad, la individualidad y la incomunicabilidad: *Ego vocavi te nomine tuo; meus es tu.*[32] Que el mutuo conocimiento es absolutamente íntimo y exhaustivo, en el sentido de que llega hasta los entresijos más profundos de la personalidad de los que se aman, lo viene a decir el mismo Señor: *Conozco mis ovejas y ellas me conocen. Como mi Padre me conoce, también yo conozco al Padre.*[33]

Tal como corresponde al amor que se describe en *El Cantar de los Cantares*, el mutuo e íntimo conocimiento del Esposo y la esposa es un tema de vital importancia en el libro. A veces la esposa responde a los requerimientos del coro y describe al Esposo (Ca 5: 9–16). Pero todo el poema sagrado abunda en las descripciones que cada uno de los esposos hace del otro:

---

[32] Is 43:1. Es interesante observar que la relación de propiedad parece depender aquí de un conocimiento previo íntimo y personal: *Te llamé por tu nombre; por eso me perteneces.* Como si la llamada a Israel, absolutamente peculiar y única, consecuencia a su vez de un conocimiento y elección igualmente singulares y exclusivos, fuera la razón determinante de la pertenencia de Jacob a Yavé. Tal vez se trata, una vez más, de una reivindicación de las exigencias de reciprocidad propias del amor: Te conocí, te elegí, me entregué a ti y te pertenezco; ahora debes recordar que tú me perteneces igualmente a mí.

[33] Jn 10: 14–15. El texto, bastante profundo sin duda, parece sugerir que el conocimiento del Señor a sus ovejas es del mismo género que el que existe entre Él y el Padre. Tal cosa no es extraña si se considera que, según Jn 6:57, así *como el Padre que me envió vive y yo vivo por el Padre, así quien me coma también él vivirá por mí*; y que, según Jn 17:26, Jesús mismo, en la más solemne de las ocasiones, se dirige de este modo al Padre: *Para que el amor con que tú me amaste esté en ellos y yo en ellos.* Y en efecto: un amor mutuo *total* tiene que ser concomitante a un conocimiento mutuo también *total.*

> *¡Qué hermosa eres, amada mía,*
> *qué hermosa eres! Tus ojos son palomas.*[34]

....

> *¡Qué hermoso eres, amado mío, qué agraciado!*
> *Nuestro pabellón verdeguea ya.*[35]

Así como también son frecuentes los mutuos requiebros de amor:

> *Como lirio entre los cardos*
> *es mi amada entre las doncellas.*[36]

....

> *Como manzano entre los árboles silvestres*
> *es mi amado entre los mancebos.*[37]

El deseo de ser deseado por la persona amada es concomitante al deseo que siente el amante por ella. Por lo tanto, como todo en el amor, ambos deseos son iguales en magnitud y se refieren siempre a

---

[34] Ca 1:15.
[35] Ca 1:16.
[36] Ca 2:2.
[37] Ca 2:3.

la totalidad.[38] La esposa quiere que el Esposo la desee sin medida,
lo mismo que ella lo desea a Él sin medida.[39]

El hecho de que la criatura desee ser deseada por Dios es un
misterio más, dentro del gran abismo de misterio que es el Amor.
De todos modos, la criatura nunca llegaría a desear tal cosa si no
estuviera convencida de que Dios está enamorado de ella. Y si no
estuviera convencida también, por lo mismo, de que Él la desea
ansiosamente. Por lo tanto, bienaventurados aquellos que tienen la
osadía de acudir, ofreciendo su corazón, con la intención de apagar
la sed ardiente que siente Dios: *Entonces dirá el rey a los que estén
a su derecha: "Venid, benditos de mi Padre... Porque tuve sed y me
disteis de beber..."*[40] El fuego del infierno es en realidad el fuego

---

[38]En el a. 5 de la q. 27 de la II^a–II^æ de la *Suma Teológica*, se plantea Santo Tomás
el problema de *utrum Deus possit totaliter amari*. A lo cual responde diciendo que
*cum dilectio intelligatur quasi medium inter amantem et amatum, cum quæritur an
Deus possit totaliter diligi, tripliciter potest intelligi. Uno modo, ut modus totalitatis
referatur ad rem dilectam. Et sic Deus est totaliter diligendus: quia totum quod ad
Deum pertinet homo diligere debet. Alio modo potest intelligi ita quod totalitas
referatur ad diligentem. Et sic etiam Deus totaliter diligi debet: quia ex toto posse
suo debet homo diligere Deum, et quidquid ad Dei amorem ordinare, secundum
illud Deut. 6,5: "Diliges Dominum Deum tuum ex toto corde tuo". Tertio modo
potest intelligi secundum comparationem diligentis ad rem dilectam, ut scilicet
modus diligentis adæquet modum rei dilectæ. Et hoc non potest esse. Cum enim
unumquodque in tantum diligibile sit in quantum est bonum, Deus, cuius bonitas est
infinita, est infinite diligibilis: nulla autem creatura potest Deum infinite diligere,
quia omnis virtus creaturæ, sive naturalis sive infusa, est finita.*

[39]La frase de San Bernardo, según la cual no hay otro modo de amar a Dios que
el de amarlo *sine modo*, o sin medida, se remonta en realidad a San Agustín: *Ipse
ibi modus est sine modo amare*, aunque, según algunos, pertenece en realidad a su
amigo Severino (cf Étienne Gilson, *Introduction à l'Étude de Saint Augustin*, Paris:
Vrin, 1982, pg. 180). La expresión de San Bernardo se encuentra en *De diligendo
Deo*, I. Para San Agustín, cf *Epistola 109*, 2. Santo Tomás explica admirablemente
la cuestión en *Sum. Theol.*, II^a–II^æ, q. 27, a. 6, Respondeo dicendum.

[40]Mt 25: 34–35.

de una sed infinita de amor que alguien no quiso apagar. ¡Lástima que, como sucede con tanta frecuencia, el hombre no lo entienda...! Porque tal sed solamente la pueden comprender los que se sienten igualmente sedientos; o, si se quiere decir de otra manera, los que también aman; que son por eso los únicos que están dispuestos a acudir para calmarla. Por eso, el gran sediento de amor que es Dios (Jn 19:28)[41] convoca especialmente a los que están sedientos también, sabedor de que son los que van a acudir a su llamada.[42] De ahí que los no sedientos, o los que no aman, nunca llegan a conocer a Dios (1 Jn 4:8).

En cambio, a los verdaderamente sedientos, no les importa mucho sentirse al mismo tiempo miserables y desarrapados. Ellos saben que el Maestro, que no ha venido a buscar a los justos, sino a los pecadores (Mt 9:13; Mc 2:17; Lc 5:32), no ha vacilado en dejarse a las noventa y nueve ovejas en el desierto para ir en busca de una que había perdido (Lc 15:4). Y saben también que los convocados y buscados ansiosamente para la gran cena son precisamente *los pobres, los tullidos, los ciegos y los cojos.*[43] No los perfectos, por lo tanto, sino los sedientos. Solamente ellos, por más que tengan que acudir con la carga de su miseria y hasta de su deformidad. Por lo demás, no hay cuidado: por muchos y miserables que sean los que acudan, siempre habrá espacio y lugar. Como se dice también en la parábola de la gran cena, en la cual, después de que el criado, siguiendo las instrucciones que le han sido dadas, ha recogido a los pobres, tullidos, ciegos y cojos, le dice a su amo: *Señor, se ha hecho lo que mandaste y todavía hay sitio...*[44]

---

[41]Cf Jn 4:7.

[42]Cf Jn 7:37; Ap 21:6; 22:17; Is 55:1.

[43]Lc 14:21.

[44]Lc 14:22.

CAPÍTULO VI

EL DESEO DE SER CONTEMPLADO

Ya se ha dicho[1] que el deseo de la esposa de recibir el beso de amor del Esposo incluye otro deseo que, en realidad, está ya contenido en el mismo acto amoroso: el de sentirse mirada por Él con amor. La esposa quiere que los ojos del Esposo se posen en los suyos, tal como suelen hacer los amantes.

La contemplación amorosa forma parte del amor, y es frecuente que la mirada de amor de los amantes sea lo primero en él y hasta lo que inicia su proceso:

Jesús, fijando en él su mirada, le amó y le dijo...[2]

Donde aparecen claramente la mirada que llama al amor, el amor que le sigue como si fuera su fruto, y, por último, un diálogo al que a veces sigue también el beso de amor:

---

[1]Cf Capítulo V.
[2]Mc 10:21.

Vino hasta mí el Amado
antes que `el sol naciera por el teso,
y, habiéndome mirado,
sentí en sus ojos eso
que solamente sana con un beso.[3]

La mirada amorosa tiene la virtud de turbar y de conmocionar a los amantes, y equivale en realidad al ofrecimiento silencioso que cada uno de ellos hace de sí mismo al otro. En el *Cantar*, la mirada de amor de la esposa hace decir al Esposo:

Aparta ya de mí tus ojos,
que me matan de amor.[4]

Aquí el Esposo se dirige a la esposa, una vez más, en un lenguaje peculiar que, precisamente por ser tan profundamente humano, es propio sobre todo de los enamorados. Lo que en realidad desea es que ella haga exactamente lo contrario de lo que Él le dice.[5] La

---

[3]Es evidente que la mirada puede ser algo previo y hasta condicionante del amor. La mirada enamorada, sin embargo, forma ya parte del proceso amoroso, como un posible momento inicial. De todos modos resulta difícil pensar que una mirada, a la que luego sigue el amor, sea completamente ajena a la complejidad del sentimiento amoroso. Pero es claro que el amor comienza siempre por una *contemplación*, al paso que la *contemplación amorosa* forma ya parte del mismo acto de amar.

[4]Ca 6:5.

[5]Uno de los recursos más peculiares, extraños y característicos del lenguaje es el de las expresiones *a sensu contrario*. Aunque tales expresiones significan lo contrario de lo que dicen literalmente, poseen sin embargo una fuerza especial e incluso otros matices que las hacen altamente interesantes. Debido a eso, no solamente son perfectamente inteligibles, sino que son totalmente ajenas a cualquier riesgo de ambigüedad o de confusión. El estudio detenido de este problema introduciría de lleno en algunas de las cuestiones más interesantes de la filosofía del lenguaje.

verdad es que el Esposo arde en deseos de seguir contemplando los ojos de la esposa:

> *¡Qué hermosa eres, amada mía...!*
> *Son palomas tus ojos a través de tu velo...*[6]
>
> ....
>
> *Prendiste mi corazón en una de tus miradas.*[7]

Por eso se lo dice también expresamente:

> *Dame a ver tu rostro, dame a oír tu voz,*
> *que tu voz es suave, y es amable tu rostro.*[8]

Esta forma de lenguaje, en la que alternan expresiones aparentemente contradictorias,[9] es característica del amor. Evidentemente no existen tales contradicciones para los amantes. Lo que sucede es que el amor es inefable, y por eso se ve obligado a acudir a todos los recursos y formas de expresión sin lograr verse nunca agotado por ninguno de ellos. Lo inexpresable intenta desesperadamente expresarse de todos los modos y maneras, incluidos los contradictorios, sin lograr nunca su propósito de *decirse* y explicarse en todo lo que es.[10]

---

[6]Ca 4:1; cf 1:15.

[7]Ca 4:9.

[8]Ca 2:14.

[9]Si se toman literalmente son efectivamente contradictorias.

[10]Solamente en el seno del Amor infinito, el *Se dicen* del Padre y del Hijo se expresa en total infinitud. Por eso el Espíritu Santo, por lo que hace a la esencia divina, es igual al Padre y al Hijo.

Además de eso, estas expresiones, con las que el Esposo manifiesta a la vez su deseo y su regocijo con respecto a la contemplación
del rostro de la esposa, parecen encerrar otro profundo y curioso
misterio. A pesar de que el Esposo ha conseguido llegar ya a contemplar a la esposa, ella sin embargo no ha apartado todavía el velo
de su rostro. Es el mismo Esposo el que lo dice:

Son palomas tus ojos a través de tu velo...[11]

....

Son mitades de granada tus mejillas,
a través de tu velo.[12]

Que la esposa no contemple con claridad al Esposo, ni lo posea
todavía en plenitud, se debe seguramente a que el amor no ha llegado
aún a su perfección: *Ahora vemos como por un espejo, confusamente;*
entonces veremos cara a cara. Ahora conozco parcialmente, pero
entonces conoceré como soy conocido.[13] Se trata sin duda del amor,
aunque, entreverado como está todavía con la fe y con la esperanza
(1 Cor 13:13), se ve en la necesidad de seguir buscando (1 Cor 14:1)
y de moderar sus ímpetus con la paciencia (1 Cor 13:4). Pero de
todos modos, lo verdaderamente sorprendente de todo esto es que
la imperfección (momentánea) del amor afecta también, de alguna
manera, al Esposo. Pues tampoco a Él le es dado contemplar el
rostro de la esposa si no es *a través de un velo*; y hasta se ve obligado
a ir a buscarla afanosa y dificultosamente, mediante ansiosos intentos
para verla mejor, como ella misma confiesa:

[11]Ca 4:1.

[12]Ca 6:7.

[13]1 Cor 13:12; cf 1 Cor 13: 9–10; 1 Jn 3:2.

> *Es mi amado como la gacela o el cervatillo.*
> *Vedle que está ya detrás de nuestros muros,*
> *mirando por las ventanas,*
> *atisbando por entre las celosías.*[14]

También aquí aparece la *reciprocidad* como característica fundamental del amor, y hasta es probable que sea eso lo que también insinúan aquí los textos. Es evidente que el conocimiento de la esposa por parte del Esposo no es distinto del conocimiento perfecto que Dios posee de todas las cosas y, por lo tanto, de cada hombre. Pero también es claro que la falta de plenitud que aparece aquí en el amor afecta de algún modo tanto a uno como a otro de ambos amantes. El amor es imperfecto por ahora *para ambos*, puesto que él es único y el mismo para los dos.[15]

De ahí la impresión de insuficiencia que a veces producen las doctrinas clásicas sobre la contemplación.[16] Al tener solamente en

---

[14]Ca 2:9.

[15]El amor es el vínculo que une a dos que se aman, como *espirado* que es por ambos. Es cierto que el Espíritu Santo ha sido derramado ya en el corazón del hombre (Ro 5:5), pero solamente como prenda o arras de una futura totalidad (Ef 1:14; 2 Cor 1:22). La atribución a Dios de un amor imperfecto no es admisible teológicamente, si bien es evidente que Dios puede amar a sus criaturas con diversos grados de intensidad. De todos modos hay que tener en cuenta que, debido a que el amor creado equivale a una relación, no solamente depende de Dios, sino también de la creatura.

[16]Tanto en lo que se refiere a la contemplación *activa* como a la *pasiva*, según la complicada terminología de las teologías místicas, que tienen en cuenta el mayor o menor papel (o incluso nulo) que la actividad humana desempeña en la contemplación. Partiendo siempre, como es lógico, de la necesidad de la gracia, el hombre, o bien realiza aquí por su parte un esfuerzo trabajoso, o bien es arrebatado simplemente por un ímpetu divino que lo hace todo. Cabría recordar aquí los famosos ejemplos de Santa Teresa de la noria y de la lluvia: mientras que la primera saca poco a poco y penosamente el agua del pozo, la lluvia en cambio la hace caer copiosamente sobre la tierra sin esfuerzo de nadie.

cuenta el papel que la gracia desempeña en la contemplación, en mayor o en menor grado, a fin de determinar el papel que el hombre ejerce a su vez en ella, olvidan que en la actividad amorosa contemplativa *son dos los que se contemplan*. Para la doctrina clásica, sea cual sea el grado de perfección de la contemplación, prácticamente siempre es el hombre, y sólo el hombre, el que contempla. El hecho indiscutible de la necesidad específica de la gracia en la oración contemplativa, determina que la doctrina hable (en realidad con toda propiedad), de la elevación y ayuda que el hombre necesita para llegar a ella. Pero, al mismo tiempo, la doctrina suele olvidar que la actividad divina no es aquí solamente sanante y elevante, sino también *específicamente contemplativa*. Según las reglas universales y constantes del amor, ninguno de los amantes se limita a ofrecerse jamás al otro, en actitud puramente pasiva, para ser contemplado. Tal cosa no tendría sentido ni encajaría en el concepto del amor, que es siempre labor de reciprocidad y *espiración* de dos. Ningún amante se sacia y tranquiliza con su ofrecimiento puramente pasivo al otro para ser contemplado, sino que más bien, en todo caso, quiere contemplar él también al objeto de su amor, o al menos gozarse en el apercibimiento (lo que supone necesariamente percepción) de la contemplación que el otro está llevando a cabo.

La evidencia de que todo eso queda claramente sobrentendido puede hacer que cualquier aclaración de la doctrina sobre el tema parezca superflua. Sin embargo las consecuencias prácticas de tal forma de pensar pueden ser gravemente perjudiciales, como se dirá en seguida. Debe tenerse en cuenta, además, que el amor valora poco lo sobrentendido y lo tácito, y más bien exige lo expreso y lo manifestado. Es propio de su naturaleza patentizarse de uno u otro modo, y por eso ningún amante se satisface con suponer (y aun ni siquiera con saber) que es correspondido y amado por la persona objeto de su amor, sino que busca a toda costa que ella se lo manifieste. Todo el libro del *Cantar* no es otra cosa que el himno a un amor que trata de expresarse por todos los modos posibles. Es una verdad inequívoca que los amantes necesitan verse, contemplarse, hablarse, escucharse, y acariciarse *recíprocamente*. En realidad, desde el momento en que el amor es una *espiración*, o exhalación, del corazón de ambos amantes (una exhalación que contiene el *todo* de las personas de ambos), dejan de tener sentido los sobrentendidos y las suposiciones: de ahí que todo amor es solamente tal en la medida en que es un amor expreso o manifestado. No hay amor sin un *te amo*, sin una mirada expresiva, sin una caricia amorosa, sin un suspiro al menos que sale del corazón de alguno de los amantes, y todo ello siempre a la espera de la respuesta del otro. Por eso el Espíritu se manifiesta siempre sensiblemente (aunque a menudo no se sepa de dónde viene ni a dónde va), soplando y dejando oír su voz (Jn 3:8; Hech 2: 2–4), hablando, guiando y anunciando (Jn 16:13), enseñando y recordando (Jn 14:26), impulsando a hablar las palabras de Dios (Jn 3:34), dando testimonio (Jn 15:26), orando por y con el hombre con gemidos inenarrables (Ro 8:26). No es extraño, por lo tanto, que, cuando no es visto ni conocido, no pueda ser recibido tampoco (Jn 14:17). Como han hecho ver los grandes místicos, lejos de limitarse Dios en la oración contemplativa a adoptar el papel de un ser estático o meramente contemplado, se muestra en ella más bien como alguien que se entrega y que se comunica; lo que equivale a decir que es ahí donde sobre todo se manifiesta como alguien que contempla, que habla, que susurra, que suspira, que acaricia, y, en definitiva, que ama. En último término, y tal como lo exigen las reglas del amor, también el hombre es contemplado, y así se lo dice expresamente el Esposo a la esposa en el *Cantar*:

> *Dame a ver tu rostro, dame a oír tu voz,*
> *que tu voz es suave, y es amable tu rostro.*[17]

Otra cosa no tendría sentido. Siendo la reciprocidad regla fundamental en el amor perfecto, el amante enamorado necesita *ver y sentir* que es amado y correspondido por el otro de la misma manera. El hombre no puede enamorarse rendidamente de Dios si no experimenta primero el amor divino: *Nosotros amamos porque Él nos amó primero.*[18] Y el derroche de locura de amor de Dios por el hombre se hace manifestación expresa en Jesucristo: *En esto se manifestó el amor de Dios por nosotros, en que Dios envió a su Hijo unigénito al mundo para que vivamos por Él. En esto está el amor: no en que nosotros hayamos amado a Dios, sino en que Él nos amó y envió a su Hijo como propiciación por nuestros pecados.*[19] San Juan añade todavía una frase extraordinariamente sugerente: *En esto "conocemos" que permanecemos en Él y Él en nosotros: en que nos ha dado su Espíritu.*[20]

San Juan de la Cruz no insiste demasiado en la que podría denominarse *actitud contemplativa* por parte de Dios en la oración, ni en lo que aquí se ha venido llamando la *reciprocidad* en el amor. Sin que esto pretenda decir en modo alguno que él haga caso omiso de esta doctrina; en realidad todo es cuestión de terminología, de enfoque y de colocación de acentos. La actividad divina en la oración contemplativa es descrita por el Santo en forma de una férrea y justa exposición de la necesidad de la gracia, por parte de Dios,

---

[17]Ca 2:14.

[18]1 Jn 4:19.

[19]1 Jn 4: 9–10.

[20]1 Jn 4:13. Según esto, es precisamente la presencia del Espíritu la que hace *conocer y sentir* al hombre el maravilloso intercambio de amor (y, por lo tanto, de vidas) divino–humano.

contrabalanceada por la absoluta exigencia de la pura fe y despojamiento de los sentidos, por parte del hombre. Con todo, como es lógico, el místico poeta hace gala de su genial intuición, también en este punto, en alguna estrofa de su *Cántico Espiritual*: es evidente que los ojos del Amado, a los que alude el Santo, no son deseados solamente para poder contemplarlos con mirada absorta y enamorada, sino también y sobre todo para ser contemplados por ellos. Dice así el poeta:

> *¡Oh cristalina fuente,*
> *si en esos tus semblantes plateados*
> *formases de repente*
> *los ojos deseados*
> *que tengo en mis entrañas dibujados!*

Y más claramente aún en otras dos estrofas de su *Cántico*:

> *En solo aquel cabello,*
> *que en mi cuello volar consideraste,*
> *mirástele en mi cuello,*
> *y en él preso quedaste,*
> *y en uno de mis ojos te llagaste.*

> *Cuando tú me mirabas*
> *tu gracia en mí tus ojos imprimían:*
> *por eso me adamabas*
> *y en eso merecían*
> *los míos adorar lo que en ti vían.*

Las consecuencias que de aquí se derivan para la vida de oración son importantes. En realidad la teología de la oración es con frecuencia excesivamente *unilateral*: oración de petición, oración de súplica, oración de adoración, oración de acción de gracias... En ella casi siempre aparece Dios como alguien *a quien el hombre se dirige*, y además meramente como Creador y Señor. Se insiste poco en que la oración es también diálogo, y aún menos todavía en que en ella Dios se manifiesta como Esposo, como contertulio, y como amigo (Jn 15:15). El resultado es que la pedagogía de la oración tiende a mostrarla meramente como un deber, que en la práctica incluso se hace fatigoso, puesto que se olvida incomprensiblemente que la oración, no solamente es un diálogo, sino también y sobre todo *un verdadero encuentro de enamorados*, con todo lo que eso comporta.

La distancia infinita que media entre el amante divino y el amante humano no anula las leyes fundamentales del amor. Por eso no debe hablarse del amor divino–humano —el más perfecto amor que le es dado vivir a la creatura, en este mundo y en el otro— como si se tratara de una sombra del verdadero amor. Precisamente el Verbo se hizo carne para salvar esa distancia infinita, y para hacer posible una verdadera relación de amor entre Dios y su creatura. O dicho esto último con otras palabras: *para hacer que ese amor fuera un real y verdadero amor*, con todas las consecuencias que eso supone. Los larvados restos de maniqueísmo, que siempre han existido en el cristianismo, son seguramente los causantes de la creencia de que la forma de amar propia del hombre —con su alma y con su cuerpo— es algo tan sujeto a imperfección como lo está el mismo ingrediente corporal de la (única) naturaleza humana. Pero la naturaleza humana, si bien es ciertamente inferior a la de los ángeles,[21] no fundamenta tanto la razón de su inferioridad en que la materia forme parte también de su composición como en que, sencillamente, ha sido creada como tal naturaleza inferior. De hecho el Verbo de Dios ha podido hacer suya una naturaleza humana sin dejar de ser el

---

[21]Aunque no tanto como cabría pensar, según el Sal 8:6 y Heb 2:7.

Verbo. Ésta es la razón de la tendencia a pensar que, también en el orden del amor, la naturaleza humana de Jesucristo representa para el hombre un papel meramente medicinal o elevante. Santo Tomás, por ejemplo, dice que *todo lo que atañe a la divinidad tiene de por sí máxima virtualidad para excitar el amor, y, por consiguiente, la devoción, pues Dios es el sumo objeto de amor. Pero la debilidad del espíritu humano es tal que, así como necesita de guía sensible para el conocimiento de lo divino, también necesita de realidades sensibles para el amor, entre las cuales tiene un lugar preferente la humanidad de Cristo.*[22] Una vez más tiene razón el Santo. Aunque tal vez hubiera sido conveniente, sin embargo, no poner tanto el acento en la *debilidad del espíritu humano* como en las exigencias propias de la naturaleza humana. En este sentido, la naturaleza humana de Jesucristo no es meramente una medicina para el hombre, sino el único medio, y aun la verdadera y absoluta *conditio sine qua non* para llegar al Padre: *Nadie va al Padre sino por mí.*[23] La debilidad de la naturaleza humana no se debe en este caso a imperfección alguna (aquí cabría pensar, quizá, en alguna imperfección moral), sino al mero hecho de que ha sido creada así (con sus limitaciones propias y peculiares), como tal naturaleza que es.[24]

---

[22] *Ea quæ sunt divinitatis sunt secundum se maxime excitantia dilectionem, et per consequens devotionem: quia Deus est super omnia diligendus. Sed ex debilitate mentis humanæ est quod sicut indiget manuduci ad cognitionem divinorum, ita ad dilectionem, per aliqua sensibilia nobis nota. Inter quæ præcipuum est humanitas Christi.* En II^a–II^æ, q. 82, a. 3, ad 2um.

[23] Jn 14:6. Cf también Mt 11:27.

[24] No debería hablarse de *debilidad* cuando una cosa actúa conforme a su naturaleza. En este sentido, todas las creaturas (incluidos los ángeles) serían *débiles*, o imperfectas, puesto que solamente existe un Ser infinito y perfecto. Para llegar al Padre no necesita el hombre la naturaleza humana de Cristo porque es ser imperfecto, *sino sencillamente porque es hombre.* Lo cual no menoscaba en nada el papel de la naturaleza humana de Cristo en la obra de la redención: desgraciadamente el hombre es también pecador.

No tiene nada de particular, por lo tanto, que la esposa desee ser contemplada por el Esposo tanto como ella desea contemplarlo a Él. Las reglas y leyes del amor que, como se sabe, tienen además razón de verdadera *lucha* entre los amantes (Ca 2:4), colocan constantemente a ambos en una relación de igualdad y de reciprocidad. Por eso dice la esposa:

> *Amado, he recorrido*
> *de tu huerto de azahares el sendero,*
> *y, luego, me he escondido*
> *detrás del limonero*
> *para poder besarte yo primero.*

A lo que el Esposo, que no está dispuesto a dejarse vencer en cuestiones de amor, se apresura a contestar y argüir precisamente con las mismas razones:

> *Amada, yo he buscado*
> *de mi huerto de azahares el sendero,*
> *y, luego, te he esperado*
> *detrás del limonero*
> *a ver si te encontraba yo primero.*

CAPÍTULO VII

ENTREGA DEL ESPOSO A LA ESPOSA

El deseo de la esposa de recibir el beso de amor del Esposo lleva incluido, como ya se ha dicho, el de que el Esposo se entregue a ella.[1] El beso, que es la forma más característica que utiliza el amor para expresarse,[2] supone un cierto sometimiento del amante al amado,[3] lo cual, por otra parte, no es sino consecuencia de la *entrega* personal, total y absoluta, que tiene lugar en el amor. Como dice la esposa del *Cantar*:

Mi amado es para mí...[4]

---

[1] Cf Capítulos I y V.

[2] Cf Capítulo III, especialmente la nota 3.

[3] En este caso, del que besa al que recibe el beso de amor. Debido a la nota esencial de *reciprocidad*, inherente al amor, el sometimiento y pertenencia pueden atribuirse a cualquiera de los dos que se aman, puesto que en realidad se pertenecen el uno al otro. Este capítulo se refiere al deseo de la esposa (convertido en realidad) de poseer al Esposo, dejando para el siguiente el tema de la pertenencia de la esposa al Esposo.

[4] Ca 2:16.

La posesión de la persona amada, en el amor participado, corresponde a un segundo momento lógico, puesto que la entrega del amante es lo primero.[5] Aunque esto, como puede comprenderse, vale para cualquiera de los dos amantes. Según el Señor *hay más dicha en dar que en recibir*,[6] lo que probablemente significa también que la entrega de sí mismo es la primera intención del que ama. De hecho aquí la prelación puede ser temporal, y así es como sucede, efectivamente, a medida que el amor es más imperfecto.[7]

El *señorío y propiedad* que el hombre adquiere, también con respecto a Dios, una vez que Él se le entrega en donación amorosa,[8] es una idea central en la revelación neotestamentaria, aunque no siempre se haya resaltado suficientemente. San Pablo lo afirma solemnemente en su primera carta a los corintios: *Todo es vuestro: ya sea Pablo, Apolo, Cefas, el mundo, la vida, la muerte, el presente, el futuro, todo es vuestro.*[9] Y, aunque añade a continuación que *vosotros sois de Cristo, y Cristo de Dios*,[10] tal como exige la reciprocidad del amor, la rotunda proclamación de que *todo es vues-*

---

[5]En el seno del Amor perfecto e infinito, el Padre y el Hijo *espiran* a la vez al Espíritu Santo, sin que haya prelación de momentos lógicos en la procesión de la tercera Persona.

[6]Hech 20:35.

[7]Piénsese, por ejemplo, en el amor aún no correspondido y en el amor a los enemigos. Como el amor depende de dos, puede ser imperfecto por parte de uno de los amantes, aunque haya una entrega completa y perfecta por parte del otro.

[8]Aun quedando firme que Dios es el Creador y el Señor, mientras que el hombre es una criatura. La perfecta identidad y la clara distinción de cada una de las *personas* son esenciales en el amor. Lo cual, no solamente no es óbice para él, sino que es una condición necesaria para que pueda darse: *¿Comprendéis lo que he hecho con vosotros? Me llamáis Maestro y Señor, y decís bien, porque lo soy. Pues si yo, que soy el Señor y el Maestro, os he lavado los pies...* (Jn 13: 12–14).

[9]1 Cor 3: 21–22.

[10]1 Cor 3:23.

tro no queda menoscabada en lo más mínimo si se atiende a todo el contexto del Nuevo Testamento.[11] La dignidad que el amor ha otorgado al hombre, en la nueva economía de la gracia, lo sitúa en los antípodas de la famosa *alienación* en la que, según algunos, el cristianismo lo había colocado. Ahora es precisamente, por obra del amor, cuando el hombre, lejos de haber quedado disminuido, se ha convertido verdaderamente en el señor *del mundo, de la vida, de la muerte, del presente y del futuro.*[12]

Cada uno de los amantes es consciente de que el otro le pertenece. Debe tenerse en cuenta que tal pertenencia no es una mera

---

[11]Al contrario: precisamente la pertenencia del hombre a Cristo es la que determina que se haya convertido en dueño y señor de todo. Una vez más hace su aparición la exigencia de reciprocidad, propia del amor. Es lo que venía a decir, aunque hablando en otro contexto, San Juan de la Cruz: *Por la nada al todo*.

[12]Existe aquí un amplio campo de estudio, cuya tarea no es propia de este lugar, para fundamentar por este camino la dignidad del hombre. A propósito de Heb 2: 6–8, Santo Tomás (*Commt. Ad Hebræos*, Cap. II, Lect. II), y con él algunos Padres, piensan que Jesucristo fue hecho *un poco inferior a los ángeles* por razón de su pasión y muerte, y no por el hecho de haber asumido como propia una naturaleza humana. Sea cual fuere la interpretación que se haga de este discutido texto (cf también Iª, q. 20, a. 4, ad 2um, donde el Santo distingue certeramente entre lo que se refiere a la naturaleza y lo que se refiere a la sobrenaturaleza) es evidente que de él se desprende también que la naturaleza humana, después del acto de amor divino que supone la encarnación del Verbo, ha quedado elevada de un modo sublime y *coronada de gloria y honor* en lo más excelso de los cielos. Según Santo Tomás, aunque Dios asumió la naturaleza humana, no lo hizo porque en absoluto amara más al hombre, sino porque el hombre lo necesitaba más; con todo, si se tiene en cuenta su propia doctrina de que las cosas son mejores cuanto más son amadas por Dios, lo que a su vez no puede significar sino que han recibido de Él mayores bienes (Iª, q. 20, aa. 3–4), quizá habría que concluir que, según eso, el hombre ha sido amado de una manera más especial: desde el momento en que Dios no se hizo ángel, sino hombre, parece concluyente que éste último ha recibido mucho más de Dios, sin que la presencia de la necesidad mengüe para nada la grandeza de la donación.

consecuencia del proceso amatorio, ni un accidente que lo acompaña, sino algo fundamental que pertenece a la esencia del verdadero amor; en definitiva no es sino el resultado del hecho de que cada uno de los amantes se entrega por completo al otro. El deseo de disponer del otro (que no es otra cosa en realidad que el deseo de poseerlo), es algo implícito y consustancial al deseo de pertenecerle, lo que lo hace, por eso mismo, inseparable del acto amoroso. El amante sabe que no puede entregarse en pertenencia a la persona amada si ésta, a su vez, no se convierte en propiedad y posesión suya. En el verdadero amor no hay entrega sin recepción:

Mi amado es para mí y yo soy para él.[13]

Es una verdad inconcusa que el amor desea el bien de la persona amada. Para la doctrina corriente, la afirmación de que la esencia del amor consiste en desear el bien para alguien, es un lugar común. Santo Tomás dice que *lo propio del amor es que el amante quiera el bien del amado;*[14] en otros lugares también dice, por ejemplo, que *si la razón del amor consiste en que el amante quiera o desee el bien del amado...*[15] o que *en esto consiste principalmente el amor, en que el amante quiere el bien para el amado.*[16] Pero el hecho de que, al mismo tiempo, sea verdad también que el amor —el que ama— desea también su propio bien y su propia delectación, parece plantear aquí una extraña aporía. El problema ya preocupó gravemente a

---

[13]Ca 2:16.

[14]*Hoc enim est proprie de ratione amoris, quod amans bonum amati velit.* En *CG*, I, 91.

[15]*Si hoc habet amoris ratio quod amans velit aut appetat bonum amati...* En *op. cit.*

[16]*In hoc enim præcipue consistit amor, quod amans amato bonum velit.* En *CG*, III, 90.

San Agustín,[17] quien se preguntaba si una misma voluntad puede tender a la vez a dos fines diferentes, cuales son su bien y el bien de su bien. El santo resolvía el problema partiendo de que el amor, como ya había dicho Dionisio, es una fuerza que tiende a la unidad (fuerza unitiva) y a hacer uno solo de los dos que se aman; y, como es lógico, no puede haber oposición en el interior de lo que no es sino uno. Pero de todos modos aún cabría insistir más en la aporía, por lo que respecta al amor creado, con el siguiente argumento: establecido que el amor es una *vis unitiva*, puesto que Dios no es un bien, sino el Sumo Bien, y dado que el hombre debe amarlo sin medida (las creaturas son meramente bienes particulares), ¿cómo puede llamarse amor a una relación en la que el hombre aparece simplemente como un ser subordinado, y hasta como reducido a la nada...? A lo cual respondía San Agustín diciendo que debe tenerse en cuenta que, en realidad, el único camino valedero para el hombre es el de renunciarse y perderse a sí mismo por completo; y solamente así, dice el santo, poseyendo el Bien Absoluto, es cuando el hombre ya no necesita ninguna otra cosa y queda plenamente colmado.

La primera aporía, que se refiere a que el amante desea el bien para la persona amada y también para sí mismo, está resuelta por Santo Tomás en I³, q. 20, a. 1, ad 3um. Partiendo de que el amor (también en Dios) es una fuerza unitiva, advierte el santo sin embargo que, por lo que respecta a Dios, queda excluida en Él la composición, puesto que el bien que quiere para sí no es cosa distinta de Él mismo.[18] Para el Doctor Angélico, cuando alguien se ama a sí mismo quiere el bien para sí y trata, por lo tanto, de apropiárselo

---

[17]É. Gilson, *Introduction à l'étude de Saint Augustin*, París: Vrin, 1982, pgs. 178 y ss.

[18]Responde así a la objeción según la cual, siendo el amor una fuerza que junta y unifica, y oponiéndose por lo tanto a la simplicidad de Dios, no puede darse en Él.

en cuanto que le es posible; mientras que, cuando alguien ama a otro, quiere el bien para ese otro, y por eso lo trata como si fuera él mismo, refiriendo el bien al otro como a sí propio; que por eso se llama al amor *fuerza que unifica*, porque agrega el otro a uno mismo, haciendo que el amante se refiera al amado como si fuera él mismo.[19]

Quizá sea necesario acercarse a este misterio teniendo presente que el Amor, que se identifica con el Ser infinito y con el Sumo Bien, *es un Ser personal* en el que se dan, además, pluralidad de personas, sin que eso sea obstáculo a la perfecta simplicidad y a la absoluta unicidad de su esencia. Como dice Santo Tomás partiendo de la evidencia, el amor divino no necesita desear nada fuera de sí mismo. Pero así y todo, tal verdad no impide pensar que el Amor perfecto o Ser infinito, debido precisamente a la pluralidad de Personas divinas que en Él se da, es también *amor de uno hacia otro*. De ahí que pueda decirse que, si bien el Amor divino no tiene necesidad alguna de salir fuera de Sí mismo, también se dan en él un *tú* y un *yo*, perfectamente diferenciados como tales Personas y en recíproca y total entrega.[20]

Es probable que, partiendo de esta consideración, que tiene en cuenta la propia naturaleza del amor, pueda facilitarse de algún modo la solución de la aporía según la cual el amante, además de buscar el bien de la persona amada, busca también el suyo propio. Porque podría decirse, con San Agustín, que el amor tiende a hacer

---

[19] *In hoc vero quod aliquis amat alium, vult bonum illi. Et sic utitur eo tanquam seipso, referens bonum ad illum, sicut ad seipsum. Et pro tanto dicitur amor vis concretiva: quia alium aggregat sibi, habens se ad eum sicut ad seipsum.*

[20] En cambio las criaturas, por la propia limitación de su naturaleza, necesitan absolutamente salir fuera de sí mismas para encontrar al *otro* y poder amar; pues es absolutamente imposible, para cualquiera de ellas, ser a la vez un *yo* y un *tú* distintos como tales en una misma naturaleza. En cuanto al modo como Dios ama a las criaturas, cf Santo Tomás, I^a, q. 20, a. 2, ad 1um y el Respondeo.

uno solo de los dos que se aman; o bien afirmar, como hace Santo Tomás, que el amor es una fuerza unitiva que agrega (o junta) la persona amada a la persona que ama, haciendo que el amante se refiera al amado como si fuera él mismo. Pero es lo cierto que, de todos modos, si el amor *tiende* a hacer uno solo de los dos que se aman, indudablemente *siempre seguirán siendo dos los que se aman*. Y es asimismo cierto que, por mucho que el amante se refiere al amado *como si fuera él mismo*, siempre seguirán siendo absolutamente dos y distintos, a saber: el amante y el amado. Por eso quizá no sea tan necesario insistir demasiado en una identificación (o mismidad) de las voluntades o de las personas que, de todos modos y por mucho que se pretenda, siempre parece imposible. Solamente en el seno del Amor perfecto, que es el Amor increado, las Personas se identifican plenamente en la mismidad de una sola esencia (y, por lo tanto, de una sola voluntad), permaneciendo sin embargo perfectamente diferenciadas como tales Personas.

Por lo cual parece conveniente, por lo que se refiere al amor (y con mayor razón cuando se trata del amor de la criatura), insistir más en la relativa oposición, y perfecta diferenciación, que se dan entre el *yo* y el *tú* de ambos amantes. Aunque es verdad que el amor es una fuerza unitiva, y hasta la mayor de todas las que se pueden concebir, quizá no haya necesidad de considerar a los dos amantes *como si fueran uno*, ni de pensar que el amante llega a tratar al amado *como si fuera él mismo*.[21] Teniendo esto en cuenta, es probable que tampoco haga falta poner meramente el acento en que la unión amorosa se traduce en una identificación de los amantes,

---

[21]En realidad el *como si* no soluciona del todo la dificultad. Aparte de que la expresión en sí es sospechosa, debido precisamente a la ambigüedad de su significado, de todos modos los amantes siguen siendo dos.

cuando tal vez sería conveniente subrayar también, como se viene diciendo, su perfecta diferenciación y oposición.[22]

Por lo que puede decirse que, en realidad, el bien que desea el amante para sí mismo es el mismo amado, hasta el punto de que ése y no otro es para él todo su bien. En cuanto al bien para el amado..., por supuesto que el amante lo desea, y con tanta mayor fuerza cuanto es más perfecto el amor; por eso precisamente trata de darle al amado *todo lo que tiene y todo lo que posee*, que es lo mismo que decir que desea darle su propia persona. De este modo, mejor que insistir en que el amante desea el bien para sí mismo y para el amado, tal vez sería aún más exacto decir que el amante desea al amado (que es para él su propio bien) al tiempo que desea entregarse a él por entero (que es desearle al amado todo el bien, o todo el bien posible). De este modo no es necesario convertir las dos voluntades en una, que es algo que solamente en Dios puede darse. Ni tampoco ver contradicción en el hecho de que, aparentemente, la misma voluntad tienda a dos fines diferentes; puesto que lo que ocurre en verdad, en esa misteriosa realidad que es el amor, es que en ella *existen siempre dos amantes que desean, recíprocamente y a la vez, dar y recibir*. Desde el momento en que el amor es una *espiración* de dos, han de darse necesariamente, en el mismo acto de amor, un deseo de entregar y un deseo de recibir.

---

[22]El amor increado debe servir como punto de referencia para explicar el amor creado, puesto que al fin y al cabo el segundo es una participación del primero. Pero, aunque la analogía sea en este caso tan perfecta, dado que es su mismo Amor el que Dios ha puesto en el corazón del hombre (Ro 5:5; Jn 17:26; etc.), hay que evitar confundir el uno con el otro. En el Amor increado, los Amantes y el Amor con que se aman se identifican plenamente (en la simplicidad y unicidad de la esencia divina), permaneciendo sin embargo distintos como tales Personas. Cuando se trata de las criaturas es imposible una identificación semejante, aunque sí que se mantiene inalterada (por ser esencial en el amor) la diferenciación de las personas.

La segunda aporía que plantea San Agustín, según la cual (partiendo de que el amor tiende a la unidad y a hacer uno de los que se aman) se hace difícil llamar amor a una relación (en este caso el amor divino–humano) en la que el hombre aparece subordinado y como reducido a la nada, también es susceptible de algunas consideraciones. En primer lugar es evidente que, en tal amor, Dios sigue siendo el Creador y el hombre sigue siendo una criatura. Sin embargo, si se consideran las cosas atentamente, no parece probable que tal cosa pueda constituir un obstáculo para el amor entre Dios y el hombre. Hasta es posible incluso que, en el planteamiento del problema, se haya ido aquí más allá de lo que estrictamente exige la naturaleza de la relación amorosa. La verdad es que el hecho de que, en el amor divino–humano, el hombre siga conservando su condición de creatura (como no podía ser de otra manera), no disminuye su condición de *partner* de Dios. Como ya se ha dicho repetidamente, es esencial en el amor que cada uno de los amantes mantenga inalterada su condición de persona como tal persona, que es lo que efectivamente sucede en el seno mismo de la Trinidad. En el amor es tan importante la unión de los amantes como su total diferenciación y hasta su relativa *oposición*. La perfecta identificación de los amantes, y el amor con que se aman, en la mismidad de una sola esencia es algo propio y exclusivo del Amor perfecto e infinito. La realidad de que en la criatura no suceda así, como es obvio, supondría menoscabo y subordinación para ella solamente en la misma medida en que su condición de criatura implicara también tal menoscabo. Sin embargo, a nadie se le va a ocurrir pensar que la criatura, por el mero hecho de ser criatura, se encuentra en una situación de menoscabo y subordinación. El hecho de que Dios y las creaturas ocupen planos absolutamente distintos no puede ser considerado sino como algo maravilloso, *pues lo verdaderamente adorable y bello es que*

Dios sea Dios y que las cosas sean las cosas. Lo realmente decisivo, en el verdadero amor, es que los amantes se entreguen el uno al otro en totalidad. El hombre, que ha sido llamado por gracia a vivir el Amor por participación, ni puede en ningún momento abandonar su condición de creatura, ni tampoco tiene por qué hacerlo. Por lo demás, la inefable realidad de que el hombre sea capaz de amar a Dios contemplándolo cara a cara, de tratarlo en la bilateralidad de la relación íntima de un *tú y yo*, y de participar de la misma vida divina, es precisamente lo que contempla el misterio de su elevación gratuita al orden sobrenatural. Un misterio que consiste precisamente en que el hombre, en su condición de creatura, ha sido elevado por la gracia a una relación de intimidad con su Creador mediante la participación en el Amor y en la vida divinos. Tal relación amorosa, lejos de colocar al hombre en una situación de menoscabo o de subordinación, o de dejarlo como reducido a la nada, lo eleva a esa relativa e increíble condición de *igualdad* en la que el amor pone a los que se aman. Una vez colocados en esa situación, los amantes gozan plenamente de los frutos de una relación que es, a la vez, amor de amistad, de hermandad, de paternidad–filiación, y, por supuesto, conyugal; o si se quiere decir de otro modo: del amor en todas sus formas y maneras, puesto que es una auténtica relación amorosa que se despliega en totalidad. De eso, y no de otra cosa, es de lo que trata este libro. Y no debe olvidarse que es justamente mediante el amor, a través del contraste con el *otro* como persona amada, como la persona actualiza todas sus virtualidades para manifestarse como tal persona: tal como en la Trinidad el Padre no sería el Padre sin el Hijo, ni el Hijo sin el Padre, ni ambos sin el Espíritu Santo, ni el Espíritu Santo sin el Padre y el Hijo.

El problema de la entrega y pérdida de la propia vida, con las que el hombre queda aparentemente como reducido a la nada, hace decir a San Agustín, como ya se ha apuntado más arriba, que la posesión del Bien absoluto elimina en realidad la necesidad de cualquier otra cosa. Según el santo, ante la posibilidad de conseguir ese Bien, perder la vida es la única manera de salvarla, y renunciar a ella es el único modo de colmarla. Con todo, es probable que también aquí se pueda matizar más. Porque quizá no se trate solamente de poseer el Bien absoluto, eliminando así la necesidad de cualquier otra cosa, sino de algo más. Aunque los textos escriturísticos hablan efectivamente de perder la vida, se cuidan muy bien de añadir que tal cosa es el único camino *para encontrarla de nuevo*. Así, por ejemplo, dice San Mateo: *Quien encuentre su vida, la perderá; pero quien pierda su vida por mí, la encontrará*.[23] Donde parece plantearse toda una dialéctica del perder–encontrar (tesis y antítesis), cuyo término medio que la resuelve (síntesis) no es otro que el amor: *Quien pierda su vida "por mí" la encontrará*. Pues no debe olvidarse nunca, en efecto, si se quiere llegar a una cierta solución de este problema, que se trata de una cuestión de amor. Y puesto que, en el amor, ambos amantes, por obra y gracia de la reciprocidad, se entregan por entero al otro, puede suponerse que cada uno de ellos hace donación al otro de la propia vida con todo lo que tiene y ha recibido. *De donde, según esto, cada uno le entrega al otro también la vida que de él ha recibido en donación*. Por eso dice el Señor que *quien pierda su vida por mí "la encontrará"*. Es así como el amor hace posible que cada uno de los amantes le entregue al otro todo lo que de él ha recibido, además de lo que tiene como propio: *Llegó el que había recibido cinco talentos y presentó otros cinco diciendo: "Señor, cinco talentos me entregaste, he aquí otros cinco que he ganado"*.[24] Por eso, la inherencia y unión de vidas (fruto del amor), de las que habla el Señor en el discurso de

---

[23]Mt 10:39. Textos paralelos: Mt 16:25; Mc 8:35; Lc 9:24.
[24]Mt 25:20.

Cafarnaúm (Jn 6: 56–57), son tan completas como la diferenciación
e identidad de los que se aman: *El que come mi carne... "permanece
en mí y yo en él".*[25] Los textos se refieren a la unión e intimidad
de las vidas de los amantes con la misma claridad con que definen
y diferencian a las personas: *Aquel día comprenderéis que yo estoy
en mi Padre, y vosotros en mí y yo en vosotros.*[26] De este modo,
como se ha dicho antes, el amor divino, lejos de dejar a la criatura
desdibujada o anulada, la eleva más bien a una condición de cercanía
y de intimidad con Dios —casi podría decirse de *igualdad*— como
solamente el Amor divino hubiera podido idear y tal como los textos
no se cansan de repetir: *Y cuando me vaya y os haya preparado un
lugar, de nuevo vendré y os llevaré conmigo, para que donde yo estoy
estéis también vosotros;*[27] o también: *Mira que estoy a la puerta y
llamo. Si alguno oye mi voz y abre la puerta, entraré a él y cenaré
con él y él conmigo.*[28]

Puesto que el amor divino–humano es amor verdadero, y el más
perfecto que existe después del Sumo Amor, tiene que darse en él la
condición de total y recíproca entrega que es propia del acto amoro-

---

[25]Lo que hace el Señor en Jn 6:57, donde habla de que quien lo coma "vivirá por
Él", es establecer una relación de semejanza entre la vida del Padre, y la que Él
recibe en dependencia de la del Padre, por una parte, y la vida del discípulo y la
suya propia, por otra: *Como el Padre que me envió vive y yo vivo por el Padre, así
quien me come también él vivirá por mí.* Una inefable dependencia e intimidad en
la que las personas que se aman, sin embargo, siguen siendo distintas como tales
personas amantes.

[26]Jn 14:20. Es interesante observar aquí la acumulación y contraposición de los
diversos pronombres personales entre sí y con respecto a la Persona del Padre. La
unión amorosa deja intacta la identidad de las personas, tanto en el amor creado
como en el Amor increado, sin que en este último sea obstáculo la simplicidad de
la esencia divina (Jn 17:22).

[27]Jn 14:3.

[28]Ap 3:20.

so. Así se entiende que el amante divino se entregue en posesión al hombre, dando lugar a una situación de pertenencia tan auténtica como es verdadero el amor que Dios profesa a la criatura enamorada que le corresponde. Es lo cierto que el Nuevo Testamento —que contiene la buena nueva de la donación que Dios ha hecho al hombre de su Amor— no habla de otra cosa, y aun antes ya lo había hecho también, en el Testamento Antiguo, *El Cantar de los Cantares* especialmente.

El discurso eucarístico de Cafarnaúm (Jn 6: 26–59) es una proclamación de la entrega amorosa de Dios al hombre. Pareció tan increíble, a causa de su excesiva generosidad, fruto de un amor no menos excesivo, que provocó el escándalo de la mayoría de los que la oyeron (Jn 6: 60.66). Del discurso se desprende que, tal como el alimento es asimilado y convertido en algo propio por el que lo toma,[29] así se ofrece también Jesús al hombre que lo ama: *Mi carne es verdadera comida y mi sangre es verdadera bebida.*[30] Pero el escándalo ante el misterio eucarístico, que no ha desaparecido nunca a lo largo de los siglos, ha adquirido en la actualidad mayor virulencia, debido seguramente a un enfriamiento de la caridad (Mt 24:12) que ha sido causado, a su vez, por la pérdida de la fe: es imposible creer en las locuras de que es capaz el amor cuando no se cree ya en el amor. Como se ha repetido tantas veces, sólo los enamorados son capaces de creer verdaderamente en el amor, y sólo los que abren generosamente su corazón pueden admitir que exista alguien dispuesto a una entrega como la eucarística. De ahí que, a medida que los cristianos han ido abandonando la fe en la presencia real, han

---

[29]El alimento asimilado no se convierte en mera propiedad de quien lo come, sino en parte de él mismo.

[30]Jn 6:55.

ido abandonando también la creencia de que Dios puede amar al hombre hasta entregarse a él en verdadera posesión.

La misma muestra de entrega al hombre, en amorosa pertenencia, contiene el episodio del lavatorio de los pies en la noche de la última cena.[31] La narración comienza con una solemne declaración de la clara conciencia que Jesús tenía de su propia dignidad: *Sabiendo que el Padre había puesto en sus manos todas las cosas, y que había salido de Dios y a Dios volvía, se levantó de la cena, se quitó el manto...* Y es evidente en ella el propósito del evangelista de contrastar la dignidad y altura del Maestro, por una parte, con su actitud de abajamiento y entrega, por otra. Aunque también se evidencia que, para el evangelista, no se trata tanto de contrastes inexplicables cuanto de la lógica propia del amor, que hace que el amante se entregue rendidamente al amado. Por lo demás, es el mismo Señor quien advierte (aplicándose a Sí mismo la enseñanza) que, en la nueva doctrina del amor que ahora va a ser predicada, la dignidad y la preeminencia consisten precisamente en servir: *Sabéis que los que gobiernan las naciones las subyugan y que los grandes las avasallan. No ha de ser así entre vosotros, sino que quien quiera ser grande entre vosotros será vuestro servidor, y quien quiera ser el primero entre vosotros será vuestro siervo. Del mismo modo que el Hijo del Hombre no ha venido a ser servido, sino a servir y a dar su vida en redención por muchos...*[32] *¿Quién es mayor, el que está a la mesa o el que sirve? ¿No es acaso el que está a la mesa? Pues yo estoy en medio de vosotros como quien sirve.*[33] Nada tiene de extraño, por lo tanto, que el Amor ponga en el corazón del Maestro el ardiente deseo de sustituir la antigua relación de señor a siervo

---

[31]Jn 13: 2–15.

[32]Mt 20: 25–28.

[33]Lc 22:27; cf Lc 12:37.

por otra nueva de una amistad íntima y confiada, en la que ya no pueden existir secretos desde el momento en que todo se entrega mutuamente: *Ya no os llamo siervos, porque el siervo no sabe lo que hace su señor. A vosotros os llamo amigos, porque os he dado a conocer todo lo que he oído a mi Padre.*[34]

En realidad la actitud de servicio y de entrega en pertenencia, por parte del Esposo para con la esposa, llega a mucho más. Se hace pobre a pesar de ser rico (2 Cor 8:9), se anonada a Sí mismo hasta hacerse esclavo (Flp 2: 7–8), e incluso, por si eso fuera poco, consiente en ser hecho pecado por ella cuando Él nunca ha conocido el pecado (2 Cor 5:21).[35]

De ahí que, consciente de todo ello la esposa del *Cantar*, y no contenta con expresar sus ansias de estar junto al Esposo (Ca 8:6), se atreve a proclamar también su ardiente deseo (convertido ya en realidad) de que el Esposo esté junto a ella. Se trata, sin duda, de un gozoso reconocimiento de que Él le pertenece, proclamando que está junto a ella, en delicada intimidad, y dispuesto a servirla:

> *Es mi amado para mí bolsita de mirra*
> *que descansa entre mis pechos.*
> *Es mi amado para mí racimito de alheña*
> *de las viñas de Engadí.*[36]

También el Esposo, a su vez, consecuente con su actitud de total entrega y pertenencia a la esposa, proclama con alegría ante las otras criaturas su anhelante deseo de cuidarla, de servirla, y de protegerla amorosamente. Entregado a ella cariñosamente, en posesión y pertenencia, no desea sino servirla y procurar su felicidad. De ahí su

---

[34] Jn 15:15.

[35] Cf Is 53: 5–12; 1 Jn 3:5; Ro 8:3; Ga 3:13.

[36] Ca 1: 13–14.

conjuro a las criaturas para que respeten la intimidad de su amada
y no la estorben en la alegría de su libre entrega:

> *Os conjuro, hijas de Jerusalén,*
> *por las gacelas y las cabras monteses,*
> *que no despertéis ni inquietéis a la amada*
> *hasta que ella quiera.*[37]

Esta estrofa del *Cantar*, tan bellamente descrita por el escri-
tor sagrado, y que parece evocar la imagen del Esposo imponiendo
silencio a las criaturas con un siseo susurrante e imperativo, fue pa-
rafraseada por San Juan de la Cruz con dos de las más sutiles y
encendidas liras de su *Cántico Espiritual*:

> *A las aves ligeras,*
> *leones, ciervos, gamos saltadores,*
> *montes, valles, riberas,*
> *aguas, nieves, ardores,*
> *y miedos de las noches veladores:*
>
> *por las amenas liras*
> *y cantos de sirenas os conjuro*
> *que cesen vuestras iras,*
> *y no toquéis al muro,*
> *porque la esposa duerma más seguro.*

Sin embargo, el hombre moderno es incapaz de pensar que Dios
pueda amarlo hasta el punto de entregarse a él y pertenecerle. Al no
creer ya en el verdadero amor, tampoco cree en las cosas inefablemente bellas y grandiosas que le han sido dadas. Por eso ha relegado
al olvido las palabras del Señor prometiendo lo increíble: *En verdad*

---

[37]Ca 2:7; cf 3:5; 8:4.

os digo que quien crea en mí hará las obras que yo hago, y aún mayores todavía, porque yo voy al Padre.[38] De ahí que el cristianismo moderno haya sustituido la búsqueda de Dios por la búsqueda del hombre. Las diversas Iglesias se dedican en la actualidad a tareas sociales y de beneficencia, en provecho de los marginados... o en provecho de sus dirigentes.[39] Sin embargo, ya en la Antigüedad, Diógenes el Cínico se burlaba de la búsqueda del hombre por el hombre. Y es que, en efecto, incluso aunque el cristianismo actual tuviera éxito y acabara encontrando al hombre con su moderna linterna, la búsqueda habría sido inútil. Tal hombre, hallado seguramente por caminos que no son los del Amor, sería completamente *inasible* e inaccesible, pues solamente el amor otorga la posibilidad de disponer de una persona, desde el momento en que él es el único capaz de hacer que se entregue a sí misma en gozosa libertad.

El cristiano *disponía* por completo de Dios cuando lo amaba y lo buscaba, porque creía en Él: *En verdad os digo que, si tuvierais fe, siquiera como un grano de mostaza..., nada os sería imposible.*[40] La esposa del *Cantar* buscaba con ansias al Esposo:

> *En el lecho, entre sueños, por la noche,*
> *busqué al amado de mi alma,*
> *busquéle y no le hallé.*
> *Me levanté y recorrí la ciudad,*
> *las calles y las plazas,*
> *buscando al amado de mi alma.*[41]

---

[38] Jn 14:12.

[39] Piénsese, por ejemplo, en el enorme y lucrativo montaje comercial de buena parte de las Iglesias protestantes de los países acomodados. Sin olvidar el gran número de instituciones y parroquias católicas dedicadas, con celo digno de mejor causa, a obras con fines sociales, políticos, y económico–lucrativos, donde el horizonte sobrenatural ya no aparece por ninguna parte.

[40] Mt 17:20.

[41] Ca 3: 1–2.

Era por eso por lo que podía decir con toda razón:

Mi amado es para mí y yo soy para él.[42]

E incluso también:

Yo soy para mi amado
y son para mí todos sus anhelos.[43]

El hombre puede creer que Dios es capaz de entregarse a él en pertenencia mientras que crea que él también, a su vez, puede pertenecer a Dios... y que tal cosa vale la pena. Pero, como se ha dicho antes, solamente la fe es la que da acceso a esa inefable realidad, lo mismo que a todas las otras realidades, pues *nada es imposible para el que cree*. De esa manera, creer a Dios —*credere Deo*— equivale a amar a Dios. Y amar a Dios es poseerlo; y poseerlo a Él es tenerlo todo: *Deus meus et omnia*. Se puede afirmar del amor lo mismo que decía San Agustín de la oración: que es la fuerza del hombre y la debilidad de Dios. El santo pensaba seguramente que, con la oración, el hombre dispone de alguna manera del poder de Dios; lo que sin duda alguna es aún más verdadero del amor. Porque el amor, que según Dante es una fuerza capaz de mover el sol y las estrellas, es también la auténtica y la única debilidad de Dios. Una debilidad sin duda alguna bastante singular, porque si, como dice el Apóstol, *la debilidad de Dios es más fuerte que los hombres*,[44] puede pensarse, sin temor a equivocación, que nada ni nadie prevalecerá

---

[42] Ca 2:16; cf 6:3.

[43] Ca 7:11.

[44] 1 Cor 1:25.

contra esa fuerza que mueve el universo: *La caridad no acaba jamás. Desaparecerán las profecías, cesarán las lenguas, se desvanecerá la ciencia...*[45]

La posesión de Dios por parte del hombre es consecuencia esencial del amor. Aunque no debe olvidarse que, debido a que el hombre se encuentra aún *in via* mientras está en el presente eón, el amor no ha llegado en él todavía a su estado perfecto de culminación. El Esposo parece demorarse (Mt 25:5), y hasta volverse huidizo en ocasiones, como sabe muy bien la esposa del *Cantar*. En definitiva son las reglas del juego de un amor que solamente en la Patria alcanza su consumación. Parece como si el Esposo deseara ver a la esposa deshacerse en ansias y en nostalgias por la ausencia de su Amado. ¿Quizá porque, de no ser así, se apagaría la llama del amor...? ¿O porque el amor necesita encenderse en ansias y deseos antes de gozar de la alegría perfecta de la consumación...? ¿O porque es preciso, tal vez, que la criatura pase siempre por lo imperfecto antes de llegar a saborear lo perfecto...?[46] Sea como fuere, el hombre que ha sido apresado por el verdadero Amor sufre, malherido en su corazón, porque Dios no se le ha entregado del todo todavía, como lo expresaba sentidamente San Juan de la Cruz en su *Cántico*:

> *¡Ay, quién podrá sanarme!*
> *Acaba de entregarte ya de vero,*
> *no quieras enviarme*
> *de hoy ya más mensajero,*
> *que no saben decirme lo que quiero.*

Y sin embargo..., aunque sea en arras, pero de un modo más pleno a medida que el amor es más perfecto, la entrega del Amor en

---

[45]1 Cor 13:8.

[46]Cf 1 Cor 13:10.

posesión al hombre es ya una dulce realidad. La alegría perfecta ha comenzado ya, de alguna manera, para los insaciables que buscan el Amor total. El santo poeta carmelita pudo escribir esos versos porque (de alguna inexpresable manera) poseía ya al Esposo. Por eso la esposa del *Cantar* no habla meramente de esperanzas, sino de una verdad ya realizada cuando dice que

Mi amado es para mí y yo soy para él.[47]

---

[47]Ca 2:16.

CAPÍTULO VIII

ENTREGA DE LA ESPOSA AL ESPOSO

Así como el Esposo se entrega por entero a la esposa, en el verdadero amor divino–humano, la esposa se entrega también totalmente al Esposo. Como ya se ha dicho tantas veces, todo en el amor es reciprocidad: no hay entrega, o recepción, de uno de los amantes sin la correspondiente recepción, o entrega, del otro.

Debe advertirse, sin embargo, que no se trata ahora de una exigencia o condición impuesta por cualquiera de los amantes, o por ambos a la vez, ya que las cláusulas condicionales jamás entran a formar parte del verdadero amor. Aquí se está más bien ante algo que responde a la naturaleza íntima de una realidad, cual es la del amor, que no existe nunca sino como *espiración* o procedencia de dos.

La entrega del amante —en el caso que ahora se considera se trata de la esposa— a la persona amada es sin duda lo más bello y específico del amor. Por lo menos es el ingrediente que más alegría proporciona, según palabras del Señor mismo: *Hay más dicha en dar que en recibir.*[1] Lo que desplaza hacia otra perspectiva la discusión de los objetivos de primera intención perseguidos por el amor: si el bien del amado o el del que ama (tal vez ambos a la vez), o si la misma persona amada. Sea cual fuere la conclusión a la que se llegue, queda claro de todos modos que el sentimiento que hace realmente feliz al amante, y lo que seguramente más desea por lo tanto, es su disposición a entregarse a sí mismo a la persona amada.

Pues parece, en efecto, que en el amor, intencionalmente al menos, la entrega es anterior a la recepción. Lo que puede conducir a la conclusión, si se admite esta afirmación como cierta, de que el bien del amado es lo primero que persigue el amante, incluso con el aparente y total olvido del suyo propio.[2]

Según esto el amor sería mucho más una pugna por *entregar* que una pugna por *recibir*, y hasta podría parecer que se encuentra más cerca de lo primero que de lo segundo.[3] Es seguro, desde luego, que en el seno de la Trinidad el Espíritu Santo no es recepción, sino *Don*: entrega y donación mutua; si bien, al ser esa donación verdaderamente *mutua*, da lugar a que cada uno de los Amantes reciba a su vez al otro.

De todos modos no es ningún despropósito decir que el amor es una pugna, y solamente quien sepa muy poco del amor se extrañará de esa afirmación. Aparte de la beatísima e insondable serenidad del Amor trinitario, el amor, tal como lo viven las criaturas (incluido el amor divino–humano), es una auténtica lucha en la que ambos

---

[1] Hech 20:35.

[2] El problema radica, como siempre, en la necesidad de distinguir entre el Amor infinito y el amor participado. Ya se sabe que, por la pluralidad de Personas que hay en Él, Dios no necesita salir fuera de Sí mismo para desear el bien del amado.

[3] La reciprocidad exige que, en el verdadero amor, no haya entrega sin recepción. Lo que aquí se dice se refiere sobre todo a lo que podría llamarse primera intención del amante, sin pretender excesivos tecnicismos.

amantes contienden con ardor por entregar más al otro. Aunque
debe advertirse, sin embargo, que el esfuerzo de cada uno de ellos
no se centra tanto en entregar *más* que el otro cuanto en entregarlo
todo al otro:

> *Me ha llevado a la sala del festín*
> *y la bandera que ha alzado contra mí*
> *es bandera de amor.*[4]

La explicación del sentido de esta pugna debe buscarse en la
situación o estado de *vía* en la que aún se encuentra el amor en el
presente eón. Puesto que la relación amorosa todavía no ha llegado
a su perfección o consumación, ambos amantes se debaten en el
intento de entregar más y más, hasta llegar al todo. Con respecto
al amor divino–humano, no existe dificultad alguna para entender
esa situación por lo que se refiere al hombre; por lo que se refiere a
Dios, debe tenerse en cuenta que, debido a que la otra parte no lo da
todo, se ve impedido Él también de entregarse por entero, tal como
exige la ley de reciprocidad del amor. Por eso, cuando el amor llega
por fin a su punto de consumación, siquiera sea la que es capaz de
alcanzar en esta vida, da entrada a una cierta situación de paz y de
reposo cuya comprensión es imposible para el hombre que es ajeno
a ella:

> *Levántate ya, amada mía, hermosa mía, y ven:*
> *Porque ya ha pasado el invierno*
> *y han cesado las lluvias...*[5]

---

[4]Ca 2:4.
[5]Ca 2: 10–11.

San Juan de la Cruz lo dijo también, parafraseando ese texto, en la última estrofa de su *Subida del Monte Carmelo*:

> *Quedéme, y olvidéme,*
> *el rostro recliné sobre el Amado,*
> *cesó todo y dejéme,*
> *dejando mi cuidado*
> *entre las azucenas olvidado.*

Pero, como se ha dicho arriba, ese momento no ha llegado todavía. Todo hace pensar que el amor sólo se consuma definitivamente en la Patria, o tal vez al alcanzar su umbral, en el momento de la muerte, como parecen confirmar las últimas palabras pronunciadas por el Señor en su vida mortal: *Cuando Jesús tomó el vinagre, dijo: "Todo está consumado". E inclinando la cabeza, entregó el espíritu.*[6] Si se lee con atención la última estrofa de la *Subida del Monte Carmelo*, es difícil evitar la doble impresión de que sólo pudo haber sido compuesta en el momento de la muerte..., o para el momento de la muerte, y de que solamente así tiene sentido.

---

[6] Jn 19:30. El amor alcanza su culminación, durante el presente eón, mediante algo que constituye la mayor demostración de amor que al hombre le es posible realizar: la muerte (Jn 15:13). Sin embargo no deben ponerse en el mismo plano la entrega o donación de la propia vida, que es consustancial al amor, y la muerte corporal, que es consecuencia del pecado. Es importante advertir la ambigüedad de la palabra "muerte", debido seguramente a que expresa dos conceptos neotestamentarios distintos: el de la impropiamente llamada muerte corporal, que en realidad tendría que llamarse muerte del hombre, y que corresponde a la separación del alma y del cuerpo, con la consiguiente destrucción de éste último; y el de la muerte eterna, o condenación, que es el que corresponde a la que los textos consideran como la verdadera muerte. Pero, con muerte corporal o sin ella, el amante entregaría de todos modos su vida al amado.

De ahí que la esposa del *Cantar* se sienta embargada hasta la muerte; por el amor que la arrebata, de una parte, y porque ese amor no ha llegado aún a su perfección, de otra:

> *Confortadme con pasas,*
> *recreadme con manzanas,*
> *que desfallezco de amor.*[7]

La esposa se siente morir de amor por razón de que el amor tiende a la muerte en la misma medida en que tiende a su propia perfección o consumación. Por eso la *muerte de amor* —una expresión que no debe ser considerada como puramente metafórica— es la única que tiene sentido para el hombre, desde el momento en que no ha sido creado para otra cosa que para el amor.

> *Si de nuevo me vieres*
> *allá en el valle, donde canta el mirlo,*
> *no digas que me quieres,*
> *no muera yo al oírlo*
> *si acaso tú volvieras a decirlo.*

Convertida así la muerte en la consumación del amor y de una vida de amor, se transforma a su vez en una ofrenda llevada a cabo en la más absoluta libertad. Pues, siendo el amor esencialmente libertad, es también la condición necesaria para toda verdadera libertad (2 Cor 3:17). Por eso, solamente cuando la muerte ha significado un acto de amor perfecto, es cuando ha podido ser asumida en la más completa libertad: *El Padre me ama porque yo doy mi vida para*

---

[7]Ca 2:5.

*tomarla de nuevo. Nadie me la quita, sino que yo la doy volunta-
riamente. Tengo poder para darla y poder para volver a tomarla.*[8]
La muerte del hombre se hace libre, y hasta llega a convertirse en
ganancia (Flp 1:21), justamente en la medida —y solamente en esa
medida— en que es expresión del amor. De este modo, por obra
y gracia del amor, el pecado y la muerte han sido total y definitivamente destruidos: *La muerte ha sido absorbida en la victoria.
¿Dónde está, oh muerte, tu victoria? ¿Dónde está, oh muerte, tu
aguijón?*[9] Aunque no se trata aquí, en realidad, de una mera destrucción de la muerte. Porque lo increíble de esto, superior además a
cualquier atrevimiento de la imaginación humana, es el hecho de la
transformación de la muerte en un principio de vida y en una ofrenda amorosa en libertad: lo inenarrable y asombroso que se desprende
de los textos es que la muerte, no solamente ha sido destruida, sino
que ha sido, además, ¡totalmente *absorbida en la victoria...*!

Así se explica que el hombre enamorado de Dios sea capaz de
enfrentarse a la muerte con serenidad y hasta con ilusión, *muriendo
porque no muere*, según la conocida frase de Santa Teresa. Una vez
que ha sido destruido, por virtud del amor, el temor que producía la
muerte (Heb 2: 14–15),[10] puede ya la esposa encararse con ella con
deseos y también con nostalgia:

> *Mas ¿cómo perseveras,*
> *¡oh vida!, no viviendo donde vives,*
> *y haciendo porque mueras*
> *las flechas que recibes*
> *de lo que del Amado en ti concibes?*

---

[8]Jn 10: 17–18; cf vv. 11 y 15.

[9]1 Cor 15: 54–55; cf también 2 Tim 1:10; Heb 2: 14–15.

[10]Cf 1 Jn 4:18.

Así decía San Juan de la Cruz en su *Cántico Espiritual*. San Pablo, por su parte, escribía a los filipenses: *Me siento apretado por ambos lados: por uno deseo quedar desatado para estar con Cristo, que es muchísimo mejor...*[11] Las trasnochadas y falsas ideologías existencialistas estaban sin embargo en lo cierto, aunque en un sentido bien distinto del que podían imaginar, cuando hablaban del hombre como ser–para–la–muerte. La verdad es que el hombre ha sido llamado a participar de una muerte que, lejos de ser un acabamiento en la nada, es más bien la consumación del amor y el comienzo de la verdadera vida: *¿No sabéis que cuantos hemos sido bautizados en Cristo Jesús, en su muerte hemos sido bautizados? Porque hemos sido sepultados con él por el bautismo en la muerte, para que como Cristo fue resucitado de entre los muertos por la gloria del Padre, así también nosotros emprendamos una vida nueva.*[12] De este modo, solamente desde esta perspectiva, es como se hace posible vencer el temor a la muerte, y solamente desde ella es como se puede llegar a pensar que la muerte es hermosa: *Es preciosa ante los ojos del Señor la muerte de sus santos.*[13] Gracias a eso, como ya se ha dicho, llega el cristiano al final de su vida haciendo suya una muerte que es consumación, y no acabamiento: *He luchado el buen combate, he concluido la carrera, he guardado la fe; desde ahora me espera la corona de justicia, que el Señor, justo juez, me entregará en aquel día; y no sólo a mí, sino también a todos los que aman su venida.*[14] La muerte no significa otra cosa, para la esposa enamorada, que la ansiada llegada del Esposo, saludada con clamoreos de júbilo, incluso aunque tal llegada se produzca en la oscuridad de la medianoche

[11]Flp 1:23.
[12]Ro 6: 3–4.
[13]Sal 116:15.
[14]2 Tim 4: 7–8.

que lleva consigo la agonía corporal: *Hacia la medianoche se oyó un clamoreo: "¡Ya está aquí el Esposo! ¡Salid a su encuentro!"*[15] El Esposo, por tanto tiempo esperado con ansias y nostalgia, llega por fin. A nadie puede extrañar la impaciencia de la esposa pidiéndole que se apresure, para que pueda estar junto a ella antes de que se extiendan las sombras de la noche:

> *Corre, amado mío,*
> *corre como la gacela o el cervatillo*
> *sobre los montes de las balsameras.*[16]
>
> . . . .
>
> *Antes de que refresque el día*
> *y se extiendan las sombras*
> *ven, amado mío, semejante a la gacela,*
> *semejante al cervatillo,*
> *por los montes de Beter.*[17]

Ni su impaciencia incontenida por estar junto al Esposo, lo más cerca posible de Él:

> *Ponme como sello sobre tu corazón,*
> *ponme en tu brazo como sello.*[18]

Pero el sentido más profundo de la pugna amorosa no tiene tanto que ver con la cantidad —mayor o menor— de lo que se entrega

---

[15]Mt 25:6.
[16]Ca 8:14.
[17]Ca 2:17.
[18]Ca 8:6.

cuanto con la totalidad, según se desprende con claridad del conjunto de la revelación neotestamentaria. El Señor lo afirma tajantemente, por ejemplo, en la narración de la ofrenda de la viuda pobre en el gazofilacio: *En verdad os digo que esta viuda pobre ha echado más que todos; porque todos esos echaron como ofrenda de lo que les sobraba; en cambio ésta ha echado, en su indigencia, todo lo que tenía para vivir.*[19] Las últimas palabras: *todo lo que tenía para vivir*, confirman que la donación amorosa de la totalidad se refiere a la propia vida del amante que entrega: *Nadie tiene mayor amor que el que da la vida...*[20]

Aunque aquí se impone, sin embargo, una importante precisión: *la entrega amorosa que de la propia vida hace el amante se refiere más a la del amado que a la suya.* Pues la auténtica vida del amante es la del amado, en cuanto que es éste quien constituye verdaderamente *su vida* —la del amante—, como viene a decir el Apóstol: *Pues habéis muerto, y vuestra vida está escondida con Cristo en Dios. Cuando se manifieste Cristo, vida vuestra, entonces también vosotros apareceréis en la gloria con él.*[21] La afirmación de que la vida del cristiano está escondida (o perdida) en Cristo es una clara alusión al intercambio de vidas que el amor ha hecho posible. El que ama verdaderamente hace ya tiempo, en realidad, que entregó su vida a la persona amada: *Quien come mi carne y bebe mi sangre permanece en mí y yo en él. Como el Padre que me envió vive, y yo vivo por el Padre, así quien me coma también él vivirá por*

---

[19]Lc 21: 3–4.

[20]Jn 15:13. En los textos evangélicos que hablan de donar, de entregar, o de perder la vida por amor, se sobrentiende claramente que su significado corresponde a todo absolutamente lo que tiene el donante, incluido lo más preciado e íntimo. Si se habla de *entregar* o de *perder* la vida, es porque se entiende que el don de la vida es lo que más aprecia el hombre y lo que resume y contiene todo lo demás.

[21]Col 3: 3–4.

mí.[22] Así como no se puede entregar lo que no se tiene, debe tenerse en cuenta también que lo único que posee el amante, y aquello en lo que cifra su vida, es precisamente la persona del amado. Es lo que se desprende necesariamente del maravilloso intercambio que el amor, con sus exigencias de absoluta reciprocidad, impone a los amantes. El amor, como se ha dicho repetidamente, y según lo que se desprende de la parábola de los talentos (Mt 25: 14–30),[23] *no solamente supone la entrega de lo propio, sino también la de aquello que se recibe a cambio*: lo cual quiere decir que equivale a la entrega de absolutamente todo lo que se tiene. De no ser así, el amor se quedaría reducido a un simple intercambio de bienes, en el que cada uno vendría a entrar en posesión de lo que era del otro, y que dejaría las cosas, en definitiva, tal como estaban. *Todas las cosas que tiene el Padre son mías*,[24] decía el Señor. Y debe entenderse que lo son en un doble sentido: porque el Padre se las ha entregado al Hijo (por eso ahora son suyas), y porque el Hijo se las ha entregado a su vez al Padre (y se las pudo entregar porque eran propias). Teniendo en cuenta también que la disposición a entregar más de lo que se posee como propio, característica del amor perfecto, adquiere especial relevancia cuando lo que se recibe tiene mayor valor que lo que se entrega. Que es precisamente lo que le sucede al hombre en el amor divino–humano, en el que siempre recibe infinitamente más de lo que da. Sin embargo, debido al hecho de que *la donación divina es auténtica y real*, y de que el hombre, por lo tanto, hace suyo propio lo que recibe, queda éste enriquecido de tal modo que puede ofrendar, a su vez, el corazón de Dios y el infinito Amor que

---

[22] Jn 6: 56–57.

[23] *Señor, cinco talentos me entregaste, he aquí otros cinco más que he ganado*, dice uno de los siervos.

[24] Jn 16:15.

le ha sido entregado. Sólo cuando Cristo llega a convertirse verdaderamente en *su vida*,[25] es cuando el cristiano alcanza la posibilidad de ofrecer a Dios un maravilloso regalo de valor infinito. En el ápice del perfecto amor, en el que todo es recibido al mismo tiempo que todo es entregado, nadie le debe nada a nadie desde el momento en que lo poseído pertenece por igual a los que se aman. Cada uno de los amantes entrega al otro lo suyo propio y lo que recibe del otro: un solo corazón y una sola alma (Hech 4:32). Ahora es cuando el hombre es un verdadero *partner* de Dios.

En la relación de amor divino–humana, lo primero que entrega la criatura es a sí misma en calidad de amante; y solamente después es cuando obtiene la posibilidad de entregar el Amado al mismo Amado, como el más preciado tesoro que posee. Por parte de Dios, en cambio, precede la donación del ser y de la gracia, seguida luego por la generosa oferta de Sí mismo a la criatura en igualdad e intimidad amorosas. Pero de todos modos, y puesto que se trata de un auténtico torneo amoroso, todo sucede como si cada uno de los amantes pugnara por entregar y por ser el primero en hacerlo. Por eso dice la esposa:

> *Amado, he recorrido*
> *de tu huerto de azahares el sendero,*
> *y, luego, me he escondido*
> *detrás del limonero*
> *para poder besarte yo primero.*

A lo que contesta en seguida el Esposo:

---

[25]Cf Ga 2:20.

> *Amada, yo he buscado*
> *de mi huerto de azahares el sendero,*
> *y, luego, te he esperado*
> *detrás del limonero*
> *a ver si te encontraba yo primero.*

Pero la esposa se reconoce vencida al fin. Con alegría, desde luego, pues es realmente adorable que Dios sea Dios. Ella sabe bien que toda la iniciativa es del Esposo: *Nosotros amamos porque Él nos amó primero.*[26] Por eso, y teniendo en cuenta además la posibilidad de no ser fiel al don que ha recibido, dice al Esposo:

> *Si huyera de tu lado*
> *búscame tú de nuevo, compañero,*
> *y luego de encontrado*
> *retórname al sendero,*
> *allí donde me hallaste tú primero.*

La Virgen María, madre y modelo de la Iglesia, ha vivido estos sentimientos al pie de la cruz como ningún otro de los creyentes. Puesto que nadie ha participado jamás en un grado tan elevado como ella de la muerte de su Hijo, la discusión del problema de su muerte corporal pierde relevancia. Es junto a la cruz donde ella muere verdaderamente, aceptando la voluntad del Padre y ofrendando la vida de su Hijo, que es la suya propia. Así se aclara el sentido más profundo de la profecía de Simeón (Lc 2:35): la alusión, aparentemente sin sentido, a una *espada que atraviesa el alma*, no es sino la referencia a una muerte dolorosa y terrible, situada a una distancia tan grande de la muerte corporal, como pudiera serlo la que mediaría entre atravesar el cuerpo o el alma con una espada.

Es posible que este aspecto del misterio del amor, no siempre suficientemente resaltado, pueda facilitar el camino para la solución

---

[26] 1 Jn 4:19.

de algunas aporías y dificultades. A menudo tiende a pensarse, por ejemplo, que los siervos buenos de que habla la parábola de los talentos se limitaron a devolver celosamente lo que habían recibido; cuando la verdad, sin embargo, es que devolvieron el doble: cinco talentos recibidos más otros cinco ganados; dos talentos recibidos más otros dos ganados. De este modo se hace posible que el hombre, por gracia del amor, pueda entregar a Dios infinitamente más de lo que tiene como suyo, a saber: lo propio y lo que ha recibido de Él en donación amorosa.[27] El amor otorga al hombre la posibilidad de darle a Dios algo que jamás hubiera podido poseer ni entregar, puesto que tiene un valor infinito, a saber: el mismo Dios, que es ahora suyo porque se le ha entregado con todo su amor. Ahora ya no existe aquí sombra alguna de aquella condición de subordinación y de desigualdad que algunos veían, no sin cierta preocupación, en la relación amorosa divino–humana.

El hombre moderno, que suele andar siempre angustiado en la difícil búsqueda de sus derechos, ha olvidado enteramente que es mucho mejor perderlo todo. Lo mismo que ha olvidado también las palabras del Señor, según las cuales hay más alegría en dar que en recibir, o las que dicen que los pobres son los únicos realmente bienaventurados. Pero es lo cierto que el amor, induciendo al despojo total del yo, cogido de la mano de la absoluta pobreza, es el único capaz de conducir al hombre a la perfecta alegría. El antiguo mundo de Dios y del hombre ha pasado a ser solamente el mundo del hombre. Sólo que el hombre es ahora puramente un ser abocado a la nada, según aseguran las modernas ideologías, y no encuentra otro horizonte que el que él mismo es capaz de pintar para sí mismo. La

---

[27]Nada se opone a esto el hecho de que el hombre haya recibido de Dios todo lo que tiene. En cierto modo lo posee como propiamente suyo, puesto que Dios dona con verdad; y por serlo podía habérselo quedado y *enterrado* para él, como hizo el mal siervo de la parábola de los talentos. Pero ahora entrega libre y voluntariamente, por amor, lo que tiene como propio y aquello que, siendo propio e íntimo de Dios, le ha sido entregado, además, por el amor divino.

misma Iglesia que, como una moderna Marta, parece andar también demasiado ocupada en las tareas temporales, encuentra ciertas dificultades para recordar y saborear *quæ sursum sunt*. Es posible por lo tanto que, ante la angustia del instante presente, haya llegado el momento de hacer revivir el diálogo entre el Esposo y la esposa y los cantos de amor del pasado. La hora en la que la esposa le diga de nuevo al Esposo:

> *Pasando por los prados,*
> *tus ojos con los míos se encontraron;*
> *miráronse callados,*
> *y heridos se quedaron*
> *en la llaga de amor que se causaron.*
>
> *El sol que se asomaba*
> *despertaba las flores con un beso;*
> *y, al ver que te escuchaba*
> *con un suave embeleso,*
> *decidió demorarse más por eso.*
>
> *Pasaste y me miraste*
> *en rumorosa insinuación de amores,*
> *y herida me dejaste,*
> *buscando por alcores*
> *y aguardándote en vano entre las flores.*
>
> *Iréme presurosa*
> *allí donde tu boca me lo pida;*
> *allí donde, orgullosa,*
> *el águila se anida;*
> *allí donde ya todo nos olvida:*
>
> *Amado, a las brumosas*
> *laderas de montañas escarpadas,*
> *con cuevas de raposas*
> *y simas plateadas*
> *en silencio de nieves olvidadas...*

Quizá se aproxima el comienzo de una nueva Edad para el mundo. Aquella en la que volverá a descubrirse —o a recordarse— que la pérdida de todo es la mejor ganancia, y que la afanosa búsqueda de pretendidos derechos no tiene demasiado sentido. Hay más alegría en dar que en recibir. ¿Quién tiene derecho a ser amado? ¿Cuándo se ha visto al amor echar mano de exigencias? ¿Acaso no se alimenta él de la más pura libertad? Ni siquiera el Sumo Bien constriñe a la criatura para que lo ame, porque el amor ama porque quiere, y solamente es amor en la medida en que es también libertad. Si Dios no le hubiera dado su Amor al hombre *porque quiso*, ¿qué es, entonces, lo que le habría dado? En la nueva Edad del mundo volverá la Iglesia a hablar del amor. Y aparecerán de nuevo los santos, los poetas, los soñadores, los olvidados de sí mismos, los pobres y todos los demás verdaderos amadores. Será la nueva Edad en la que los hombres, cansados de hablar entre sí y consigo mismos, volverán otra vez a hablar con Dios. La vida habrá encontrado su sentido, y el mundo recordará, por fin, aquello para lo que fue creado. Entonces la esposa volverá a oír la voz del Esposo, y reanudará con Él su diálogo de amor. Mientras que las otras cosas creadas, gozosas y envidiosas a la vez, entonarán un cántico que a algunos parecerá queja amorosa y a otros un himno de alabanza:

> *En el hablar callado*
> *de la noche serena, las estrellas*
> *quejáronse al Amado:*
> *que quiso hacerlas bellas,*
> *pero nunca de amor morir por ellas.*

Segunda Parte

"Son tus amores más suaves que el vino"

(Ca 1:2b)

CAPÍTULO I

LA EMBRIAGUEZ DEL AMOR

Con una más que gozosa exclamación, la esposa proclama que
sus relaciones con el Esposo son como una embriaguez de amor,
aunque más intensa y emotiva que la producida por el vino: *Son tus
amores más suaves que el vino...*

La embriaguez es una exaltación de alegría y entusiasmo, que
puede llegar al paroxismo, y que pone al hombre como fuera de sí.
Parece que tiene algo que ver, en cierto modo, o bien con la locura,
o bien al menos con aquellas especies de locura que producen en el
hombre un frenesí de gozo y una visión optimista de la vida.

Es curiosa la coincidencia del sentimiento amoroso con la embriaguez, y a veces también con la locura, en el hecho de sacar al hombre
de su cerrado interior, poniéndolo como fuera de sí, y proporcionán-
dole una visión exultante de la realidad.[1] Con lo que queda, ya de
entrada, planteado el problema de averiguar si esos sentimientos son

---

[1] Cf Hech 2: 12–16.

verdaderamente anómalos, o si no sería más exacto decir que la anomalía consiste en carecer de ellos. Desde luego todo el mundo parece
estar de acuerdo en que existe una cierta *locura de amor* que, en
realidad, es pura normalidad, [2] hasta el punto de que hay quien llega
a decir que el amor, o es embriagador, o no es en absoluto amor.

La creencia de los hombres de todos los tiempos, en efecto, avala
la idea de que el amor es un sentimiento embriagador hasta la exultación, verdaderamente capaz de *desensimismar*[3] al ser humano, y
de elevarlo a alturas increíbles, mediante un potente y misterioso dinamismo que le otorga una nueva vitalidad. También para la Biblia
el amor es siempre y esencialmente verdadera sobreabundancia: *La
víspera de la fiesta de la Pascua, sabiendo Jesús que había llegado
su hora de pasar de este mundo al Padre, como hubiera amado a los
suyos que estaban en el mundo, "los amó hasta el fin".*[4] Del Espíritu
se dice que es dado siempre *sin medida* (Jn 3:34). Y tal vez se deba a
eso el hecho de que el amor sea asociado tan a menudo con las ideas
del vino y de la embriaguez, según el mismo Esposo del *Cantar* le
dice también a la esposa:

---

[2]Según algunos, ésta es una de las muchas bromas propias del idioma. Dentro
de la problemática del amor, tal *locura de amor* tendría que ser considerada como estado normal, mientras que una relación amorosa que no fuera embriagadora
merecería ser calificada como anómala.

[3]Es curiosa la relación entre el concepto de *ensimismar*, que incluye siempre
ideas de embobamiento, de falta de dinamismo, y de cerrazón en sí mismo, con los
textos neotestamentarios que hablan de los que, por no haber entendido nada del
amor, buscan su propia vida y entonces la pierden. La embriaguez, por el contrario,
desensimisma al hombre y lo saca *fuera de sí.* Aquí parecen estar relacionados los
conceptos de egoísmo y ensimismamiento, por un lado, y los de embriaguez y amor
por otro.

[4]Jn 13:1.

> *Más dulces que el vino son tus amores.*[5]

> ....

> *Voy, voy a mi jardín, hermana mía, esposa,*
> *a coger de mi mirra y de mi bálsamo,*
> *a comer la miel virgen del panal,*
> *a beber de mi vino y de mi leche.*
> *Venid, amigos míos, y bebed,*
> *y embriagaos, carísimos.*[6]

Incluso el Señor mismo alude al vino cuando habla del banquete definitivo que tendrá lugar en el Reino: *En verdad os digo que no beberé más del fruto de la vid hasta el día en que lo beba con vosotros, nuevo, en el Reino de mi Padre.*[7]

Bien se puede decir, por lo tanto, que hablar de un amor abundante y ubérrimo, cuya medida no tiene sentido porque siempre llega "hasta el fin", no es otra cosa que hablar simplemente del amor. De tal modo el amor es siempre sobreabundancia exultante y embriagadora que, ni entiende de medidas o plazos,[8] ni de la posibilidad de reservarse nunca nada para sí.[9] En este sentido, la *embriaguez de amor* es una metáfora–realidad tan rica en significado como la de la *muerte de amor*. Y no deja de ser curiosa la observación, a propósito de las metáforas, de que sucede algo en el amor divino–humano que, en cierto modo, es contrario a lo que ocurre en el amor puramente humano: mientras que en éste último las metáforas suelen ir más allá de la realidad, en el primero, en cambio, nunca llegan a lo que

---

[5]Ca 4:10.

[6]Ca 5:1.

[7]Mt 26:29.

[8]Cf Lc 6:38; 1 Cor 13:8.

[9]Cf Mc 10:21; Lc 21: 1–4.

intentan expresar. Son sublimes las estrofas de San Juan de la Cruz, en su *Cántico Espiritual*, que aluden precisamente a la embriaguez de amor:

> *A zaga de tu huella,*
> *las jóvenes discurren al camino*
> *al toque de centella,*
> *al adobado vino,*
> *emisiones de bálsamo divino.*
>
> *En la interior bodega*
> *de mi Amado bebí, y cuando salía*
> *por toda aquesta vega,*
> *ya cosa no sabía,*
> *y el ganado perdí que antes seguía.*

En la primera de estas dos estrofas aparecen tres imágenes de elementos que se dan la mano en la producción de un exceso y de una exaltación amorosos: el toque de centella, el vino adobado y el bálsamo divino. Todos ellos afectan de forma enervante a las jóvenes que discurren por el camino tras las huellas del Esposo. Parece como si el poeta hubiera querido describir el caminar, a la vez ansioso y vacilante, de unas vírgenes que anduvieran en busca del Esposo como entontecidas, a causa de la embriaguez que el amor ha producido en ellas.

La segunda estrofa es aún más expresiva, en el sentido de que habla claramente de una embriaguez que, en este caso, ha sido producida también por el amor. La esposa ha estado bebiendo en la bodega interior del Amado de tal manera que luego, al salir, ha perdido la noción de lo que hacía.

De modo que el amor es sin duda alguna una embriaguez, puesto que causa en el hombre una exaltación y una potenciación de su dinamismo vital que son imposibles de medir. Tal exaltación va acompañada de un sentimiento de alegría —exultación—, paralelo en intensidad, y que pone al hombre como *fuera de sí*. En este sentido el amor produce un efecto contrario al del pecado, puesto que éste último encierra al hombre dentro de su propio yo, *ensimismándolo* e incluso desnaturalizándolo, en cuanto que la criatura humana ha sido creada para salir de sí misma y entregarse. De ahí las palabras del Apóstol: *Ninguno de nosotros vive para sí, y ninguno de nosotros muere para sí. Pues, si vivimos, para el Señor vivimos; y, si morimos, para el Señor morimos. Porque, ya sea que vivamos, o ya sea que muramos, del Señor somos.*[10]

Si es cierto, como parece serlo, que el hombre ha sido hecho para vivir en un estado anímico de constante *exaltación* y exultación, la frialdad de ánimo o tibieza no puede ser calificada sino como anomalía, de consecuencias mucho más graves y peligrosas que las de una simple psicopatía: *Conozco tus obras, y que no eres ni frío ni caliente. ¡Ojalá fueras frío o caliente! Mas porque eres tibio, y no eres ni frío ni caliente, estoy para vomitarte de mi boca...*[11] *Tengo contra ti que has abandonado la primera caridad.*[12]

El Señor, por el contrario, se muestra siempre con un alma tan suficientemente ardorosa como para llevarle a pronunciar palabras vehementes, que a veces parecen de una violencia casi excesiva: *Fuego he venido a traer a la tierra, y ¡qué he de querer sino que arda! He de ser bautizado con un bautismo de sangre, y ¡cómo me consumo hasta que se cumpla! ¿Pensáis acaso que he venido a traer paz a la tierra? Os digo que no, sino división...*[13] *Si alguno tiene sed,*

---

[10]Ro 14: 7–8.

[11]Ap 3: 15–16.

[12]Ap 2:4.

[13]Lc 12: 49–51.

que venga a mí y beba...[14] El Bautista, por su parte, contrapone su propia misión, que es meramente precursora, expiatoria y preparatoria (bautismo de agua), a la del Mesías, la cual, por el contrario, abrasará a todos con el fuego del Espíritu (bautismo de fuego): *Yo ciertamente os bautizo en agua, para que os convirtáis; pero el que viene detrás de mí es más fuerte que yo, y no soy digno ni de llevar sus sandalias. Él os bautizará en el Espíritu Santo y fuego.*[15]

En la actualidad, el alcohol, el sexo y la droga, son algunos de los sucedáneos con los que el hombre trata de saciar, aunque inútilmente, el ansia de *exaltación* y de alegría ardorosa que echa en falta y por cuya ausencia se siente atormentado. El problema estriba en que tal exaltación y embriaguez, producidas y alimentadas en el hombre precisamente por un amor para el cual ha sido creado, solamente pueden ser satisfechas con aquello mismo que las causa. Existe aquí un paralelismo con el hecho, comprobado por los biólogos, de que las ratas utilizadas en el laboratorio, y sometidas a experimentos de avitaminosis, buscan desesperadamente entre sus excrementos aquellos elementos vitales de que son privadas y sin los que no pueden subsistir.

El problema se ha agravado modernamente, después de que el *ardor de la caridad* ha desaparecido como tema de la catequesis eclesial. Es indudable que el amor de Dios y a Dios han pasado a ocupar un más que modesto segundo puesto en la predicación, cuando no han desaparecido de ella por completo. De un modo paralelo, el amor del prójimo ha sido sustituido por una preocupación puramente natural por el hombre que, por mucho que se adorne con una abundante y pomposa terminología —compromiso con los marginados, Iglesia del tercer mundo, opción preferencial por los pobres,

---

[14]Jn 7:37.
[15]Mt 3:11.

sintonía con las clases trabajadoras y oprimidas, encarnación con el mundo—, difícilmente logra disimular su dependencia de ideologías puramente humanas y hasta contrarias a toda forma de transcendencia. Una vez más se ha cometido el error de olvidar que no hay verdadera preocupación por el hombre si no existe previamente una auténtica preocupación por Dios. De ahí la angustiosa sensación de uso y abuso del tópico que, con tanta frecuencia, produce la predicación de moda entre quienes la escuchan.[16] En realidad, el hecho de que el tema del Amor haya desaparecido de los programas de la catequesis eclesial es uno de los fenómenos más notables de los tiempos modernos, solamente paralelo al de la sustitución del tema del pecado por el de las injusticias sociales, o al de la transformación de la escatología en mera preocupación por la edificación de la ciudad terrena. La segunda mitad del siglo XX ha contemplado la aparición de un catolicismo *aséptico*,[17] bastante escaso de contenido religioso, y convertido al final en una especie de Programa benéfico, más bien propio de alguna Organización Mundial para el Desarrollo y Promo-

---

[16]Cuando cierto temor ante el mundo induce a capitular subrayando, por ejemplo, que la teología *es también antropología*, se están poniendo las bases para que algunos se sientan autorizados a sentar la conclusión de que *la teología es antropología*. Y, aunque probablemente se haya querido decir que la teología, como ciencia de la divinidad, se interesa también por el hombre como criatura llamada a mantener unas especiales relaciones con su Creador, de todas formas es indudable que la teología y la antropología son ciencias distintas, como no dudarán en mantener con tesón los verdaderos antropólogos. Lo único cierto aquí es que el hombre, y la ciencia del hombre, dependen enteramente de Dios y de la ciencia de Dios. Es difícil evitar la impresión de que, lo que yace como *background* de todas estas ideas, no es otra cosa que el idealismo rahneriano.

[17]En el Protestantismo la situación había comenzado a descristianizarse mucho antes, y es aún mucho más grave, a excepción de pequeños sectores en los que parece apreciarse una fe más intensa de la que se vive hoy en el catolicismo en general.

ción de los Pueblos. Es evidente que la religión se está convirtiendo en sociología.

Pero ya se ha dicho que el hombre no puede vivir sin el amor y sin el sentimiento de embriaguez que produce el amor. Quizá se deba a eso la aparición, en el seno del catolicismo actual, de un gran número de Movimientos *carismáticos* que recuerdan, en cierto modo, al fenómeno de los *espirituales* de la alta Edad Media y a las iluminaciones de Joaquín de Fiore. Su denominador común se basa, aunque no se diga expresamente, en la idea de que el mundo ha entrado en otra nueva Era del Espíritu. Y, tal como sucede siempre con el trasfondo de los fenómenos históricos, también estos Movimientos aparecen para tratar de satisfacer una apremiante necesidad. Una vez despojado el catolicismo del fuego del Espíritu, para convertirse en una especie de Organización Mundial de Beneficencia y de Promoción sociopolítica, era absolutamente necesario llenar el vacío y satisfacer el hambre religiosa, cada vez más acuciante, de una sociedad desacralizada. De todas formas la situación no deja de ser grave. La pregunta acerca de si tales Movimientos lograrán o no su propósito plantea peligrosos interrogantes para el catolicismo de comienzos del siglo XXI. No parece exagerado pensar que un nuevo fracaso daría lugar a la aparición de una época de mayor materialismo y de un descreimiento casi total. Pero lo que hace que esta cuestión aparezca como extremadamente delicada es el hecho, no siempre suficientemente advertido, de que la legitimación de estos Movimientos de renovación plantea graves problemas, cuyo estudio no es de este lugar. Su solución definitiva solamente puede hallarse si se consigue alcanzar la clarificación y sistematización de una sana *teología carismática*, verdaderamente católica y libre de infiltraciones protestantes. Pueden citarse, si así se desea, algunos ejemplos, solamente a modo de enumeración y como de pasada: La contraposición entre *norma* y *libertad*, planteada por los que reivindican una cierta libertad promovida por la acción del Espíritu, no siempre bien entendida al parecer, y cuya solución definitiva está pendiente de decisiones claras del Magisterio. La autenticación del Espíritu, mediante una clara identificación, y definición, de la acción de los carismas que otorgue la posibilidad de distinguirlos de meras exacerbaciones psicológicas provocadas. La relación entre amor y carismas (o entre caridad y carismas), la cual, si bien había sido definitivamente resuelta por San Pablo, ahora parece haber dado lugar a la aparición de nuevas ambigüedades. Debe añadirse también a todo eso la necesidad urgente de aclarar el pensamiento de estos Movimientos acerca de temas como el sacerdocio (tanto en su vertiente ministerial como en la de los fieles), el laicado y su papel en la comunidad cristiana, los sacramentos (y más concretamente la eucaristía), las relaciones de los simples fieles con la Jerarquía, el papel del Magisterio y sus verdaderas posibilidades normativas ante la pretendida libertad que otorga el Espíritu..., amén de un etcétera bastante largo.

Tal vez algún día se comprenda la necesidad de volver a las fuentes originales de aguas puras. Por eso, volviendo al tema central de este capítulo, o la embriaguez del amor, es animoso advertir que la esposa se siente enamorada ante las gracias y la belleza del Esposo. De ahí su grito de entusiasmo y su exclamación dirigida a Él: *¡Tus amores son mejores que el vino!* El amor del Esposo es más embriagador y enervante que el fruto de la vid porque el Esposo es maravilloso y sublime sobre toda ponderación. Aquí es donde más se hacen patentes, tanto la menesterosidad de un lenguaje que es totalmente insuficiente, como el sentimiento de impotencia de la esposa al comprobar la inutilidad de su intento de describir al Esposo. No es demasiado difícil describir el sentimiento de asombro que invade al hombre ante la percepción de lo bello, pero es en cambio tarea casi imposible pintar los rasgos de la misma belleza. La esposa se vale como puede de las metáforas —quizá una de las herramientas principales de la poesía— ante la necesidad de describir de algún modo al Esposo. En realidad esa es la explicación de que el *Cantar* sea un libro poético. Poema sagrado, pero poema:

> *¡Qué hermoso eres, amado mío, qué agraciado!*[18]
>
> ....
>
> *Como manzano entre los árboles silvestres*
> *es mi amado entre los mancebos.*[19]
>
> ....
>
> *Mi amado es fresco y colorado,*
> *se distingue entre millares.*
> *Su cabeza es oro puro,*
> *sus rizos son racimos de dátiles,*
> *negros como el cuervo.*
> *Sus ojos son palomas*
> *posadas al borde de las aguas...*[20]

La esposa se vale del lenguaje poético porque la poesía es el instrumento que utiliza el ser humano cuando trata de expresar lo inefable. Algo así como un último recurso al que es necesario acudir para paliar la insuficiencia del lenguaje normal. Y, aunque también la poesía se encuentra muy lejos del logro de su objetivo, supone de todos modos un extraordinario avance que la justifica plenamente.

---

[18] Ca 1:16.

[19] Ca 2:3.

[20] Ca 5: 10–12.

En realidad, la insuficiencia de que aquí se habla no es tan imputable a las palabras o a los conceptos cuanto a la misma naturaleza humana. La incapacidad del hombre para captar la totalidad de la Bondad y de la Belleza (y, por lo tanto, para hablar de ellas, tanto a sí mismo como a los demás) no es más que un aspecto de su incapacidad con respecto a la aprehensión íntegra de la infinitud del Ser. No es, sin embargo, la poesía un mero recurso. Pues, así como se dice que la filosofía ha nacido del sentimiento de *admiración* del hombre ante la realidad del ser, igualmente puede decirse que la poesía ha surgido de un sentimiento semejante de admiración ante la realidad de la bondad y de la belleza. Si bien hay que añadir que, cuando se trata de la poesía, la *admiración* debe ser entendida en su grado más alto de sublimación y de intensidad. Pues aquí hay mucho más que una simple admiración. La verdad es que la poesía tiene bastante que ver con una realidad, cual es la del amor, de la que confiesa la esposa del *Cantar* que produce un sentimiento de embriaguez y alegría mucho más intenso que el causado por el vino. Esta explosión de alegría y de entusiasmo es un sentimiento de suficiente fuerza como para sacar al hombre fuera de sí mismo, sobrepasando y superando al estado de embriaguez y, en cierto modo, a la misma locura. La locura de amor no es en modo alguno una simple metáfora, y más todavía cuando está producida, como en este caso, no ya por el encuentro con la belleza o la bondad de las cosas, sino por una cierta aprehensión de la Bondad y de la Belleza sin más.

La pregunta, aparentemente sencilla por lo demás, que el coro del *Cantar* dirige a la esposa es la más difícil de todas las que se ha planteado el hombre a lo largo de su historia. Se refiere nada menos que al problema de *qué* es Dios o de *cómo* es Dios. Tanto es así que toda una importante línea de pensamiento, que va sobre todo desde Dionisio hasta Santo Tomás de Aquino, ha dado por supuesto que

tal pregunta no puede pretender hallar una cierta respuesta si no es
por la vía de la negación:

> *¿Y en qué se distingue tu amado,*
> *oh la más hermosa de las mujeres,?*
> *¿En qué se distingue tu amado,*
> *tú, que de tal modo nos conjuras?*[21]

Pero, como ya se ha dicho, se puede intentar también hablar del
Esposo por medio de la poesía. Prescindir de momento de procedimientos científicos, como el de la vía de la negación, y utilizar en
cambio un camino indirecto: el lenguaje evocador de la belleza. San
Juan de la Cruz, en su *Cántico Espiritual*, trata de hablar poéticamente de la figura del Amado, tal como lo hace el *Cantar*:

> *Mil gracias derramando,*
> *pasó por estos sotos con presura,*
> *y, yéndolos mirando,*
> *con sola su figura*
> *vestidos los dejó con su hermosura.*
>
> *Y todos cuantos vagan,*
> *de ti me van mil gracias refiriendo,*
> *y todos más me llagan,*
> *y déjame muriendo*
> *un no sé qué que quedan balbuciendo.*
>
> *Descubre tu presencia*
> *y máteme tu vista y hermosura:*
> *mira que la dolencia*
> *de amor, que no se cura*
> *sino con la presencia y la figura.*

---

[21]Ca 5:9.

Ya se ve que, a diferencia del *Cantar*, que intenta una descripción del Esposo a base de metáforas (5: 10–16), San Juan de la Cruz se contenta más bien con aludir meramente a la figura del Amado y a sus propias ansias por contemplarla. Como si hubiera renunciado a una empresa que él sabe de antemano que no puede pretender otra cosa que acabar en balbuceos:

> *...y déjame muriendo*
> *un no sé qué que quedan balbuciendo.*
>
> *¡Oh cristalina fuente,*
> *si en esos tus semblantes plateados*
> *formases de repente*
> *los ojos deseados*
> *que tengo en mis entrañas dibujados!*
>
> *Gocémonos, Amado,*
> *y vámonos a ver en tu hermosura*
> *al monte o al collado*
> *do mana el agua pura*
> *entremos más adentro en la espesura.*

Si bien el lenguaje teológico es más exacto y certero, el lenguaje poético, en cambio, evoca sentimientos imposibles de alcanzar por una ciencia que tiene que empezar sentando un principio por lo demás atinado: *Si intelligis non est Deus.* Es evidente que ambas formas de hablar de Dios son tan necesarias como complementarias e insuficientes. En realidad, ni los sabios han de temer nada de los poetas, ni los poetas de los sabios. La verdadera ciencia y la verdadera poesía, como la justicia y la paz de las que habla el salmista, acaban siempre encontrándose y dándose el beso de la amistad. Tan cierto es que la verdadera poesía, en el fondo, acaba siempre hablando de Dios, puesto que su objeto es la Belleza, como que la teología no puede prescindir tampoco de un transcendental que, como todos los demás, en último término se identifica con Dios.[22]

Pero de todos modos, con ciencia o prescindiendo de ella, es indudable que, si alguien se atreviera a hablar de Dios sin dejarse llevar de la mano por el Espíritu —y sin conocer, por lo tanto, el fuego del verdadero Amor—, asumiría la responsabilidad de una empresa bastante arriesgada. Solamente *el Espíritu lo penetra todo, hasta las profundidades de Dios.*[23] Y el Espíritu, que es como el corazón de un Dios que es Amor, es por lo mismo puro Amor. No en vano el primer fruto del Espíritu Santo es la caridad (Ga 5:22).[24]

De ahí la importancia de no confundir la función de la caridad con la de los carismas. San Pablo distingue y delimita cuidadosamente unos y otros (1 Cor 12:28–14:36), poniendo especial énfasis en subrayar tanto la primacía de la caridad como la inutilidad de los carismas cuando no están informados por la caridad. Con todo, la claridad de una doctrina multisecular no ha podido impedir que hayan aparecido, en el seno del catolicismo moderno, dos tendencias que pueden poner en peligro, a la vez, la primacía absoluta del amor y su auténtico y verdadero sentido.

Consiste la primera en el desplazamiento del acento desde la caridad hacia la justicia. Partiendo del gratuito supuesto de que ambas virtudes se oponen, y de que la concepción cristiana de la caridad es un concepto aún más anticuado que obsoleto, se ha pretendido

---

[22]Cf las quejas que formula, en este sentido, Hans von Balthasar en *La Gloria y la Cruz*, donde intenta una sistematización de toda la teología desde el punto de vista de la estética. Que la poesía no tenga nada que ver con el lenguaje científico no quiere decir lo mismo con respecto a la verdad. Aunque la verdad poética posee su propio lenguaje, su objeto no es otro que el ser en cuanto que es bello: la realidad de la belleza *y la belleza de la realidad.*

[23]1 Cor 2:10.

[24]Cf 2 Cor 6:6; 1 Tim 4:12.

ignorar que el verdadero concepto de caridad cristiana ha incluido siempre y necesariamente el de la justicia.[25] Pero suponer que la caridad puede separarse de la justicia es un despropósito semejante al de pensar que puede haber verdadera justicia sin amor.[26] Un fenómeno notable es el de algunas de las así llamadas modernas pastorales del *compromiso* y de las *opciones por los pobres* y marginados, que han escamoteado la proclamación del *mandamiento nuevo* y que parecen presentar con frecuencia sentimientos agresivos. La embriaguez del amor ha sido suplantada, tanto en la catequesis pastoral como en la vida de muchos cristianos, por un sentimiento de odio que se justifica a su vez, según se dice, en reivindicaciones de justicia social y en la inoperancia del concepto de caridad. Ahora la Iglesia es menos una ἐκκλησία de hombres y mujeres que se aman y aman, que una Organización dedicada a la reivindicación de derechos y que ni siquiera excluye el camino de la violencia.

La segunda tendencia, mucho menos crispada pero no menos peligrosa que la primera, opta en cambio por la vía de enfatizar los carismas y de centrar el culto en torno al Espíritu. Un moderno culto que sin embargo recuerda, en cierto modo, a los sueños medievales de los propugnadores de la nueva Era del Espíritu Santo, o aquella que vendría a sustituir a la Edad del Hijo. Aquellos iluminados no tuvieron en cuenta que el Espíritu Santo no ha sido enviado al hom-

---

[25]Dice Gilson, a propósito de un texto de San Agustín, que *el así llamado moderno ideal de la justicia no tiene nada que ver con una justicia en alza, sino con una caridad en baja.* É. Gilson, *Introduction à l'étude de Saint Augustin*, Paris: Vrin, 1982, pg. 179.

[26]En la simplicidad de la esencia divina se confunden en una sola cosa la caridad y la justicia. En el hombre, en cambio, la caridad reclama la justicia al mismo tiempo que la supera. Mientras que la justicia procura la igualdad para el otro, *dándole lo que es suyo*, la caridad, en cambio, desea dar al otro precisamente eso *y todo lo demás.*

bre sino para conducirlo hasta Jesucristo, para que a su vez, desde
Él, pueda llegar definitivamente hasta el Padre. También olvidaron
el hecho fundamental de que, después de la revelación del Dios Uno
y Trino, cualquier culto al Espíritu que no se halle perfectamente
centrado y enmarcado dentro de un contexto trinitario completo, no
tiene sentido alguno: *Nosotros estamos en comunión con el Padre y
con su Hijo Jesucristo*, decía el Apóstol San Juan.[27]

San Pablo, siguiendo una línea doctrinal que, por lo demás, está
bastante clara en el Nuevo Testamento, ya había advertido de la posibilidad de que los carismas, al no estar informados por la caridad,
carezcan de todo valor (1 Cor 13: 1–3). La verdad es que la presencia del Espíritu jamás puede ser autenticada por la presencia de los
carismas, sino solamente por la de los frutos. Lo prueba el hecho de
que el mismo Señor (como después haría también San Pablo) avisa
claramente del peligro de aquellos carismas que, por no tener nada
que ver con la caridad, son totalmente ajenos lo mismo a la presencia
que a la acción del Espíritu: *Muchos me dirán en aquel día: "Señor,
Señor, ¿no profetizamos en tu nombre, y en tu nombre expulsamos
los demonios, e hicimos muchos milagros en tu nombre?" Entonces
yo les responderé: "Nunca os conocí; apartaos de mí los que obráis
la iniquidad."*[28] Es curioso que la respuesta dada por el Señor a los
usuarios e impartidores de carismas que reclaman sus derechos, sea

---

[27] 1 Jn 1:3. El Señor establece claramente una relación directa de los suyos con Él
y con el Padre (Mt 10:40; Lc 10:16). Por otra parte, es importante tener en cuenta
que la fuerza recibida del Espíritu no tiene otro objeto que el de dar testimonio de
Jesucristo (Hech 1:8). Además, el Espíritu, ni habla nunca de Sí mismo (Jn 16:13),
ni se da gloria a Sí mismo, sino solamente con respecto a Jesucristo (Jn 16: 14–15).
El verdadero culto al Espíritu Santo *centra por completo el camino de la vida
cristiana en Jesucristo*, para hacerlo terminar en el Padre: Con Cristo y en Cristo,
por medio del Espíritu Santo, hasta el Padre.

[28] Mt 7: 22–23.

la misma que la que recibieron las vírgenes necias: *En verdad os digo que no os conozco* (Mt 25:12). Si se tiene en cuenta, además, el significado que la Biblia suele atribuir al vocablo *conocer*, quizá se pueda llegar a la conclusión de que esta respuesta tiene mucho que ver con una clara acusación de falta de amor: *Nunca nos conocimos* no puede significar aquí, en realidad, sino que nunca nos amamos, en cuanto que siempre fuimos completamente extraños y ajenos el uno al otro. Sería peligroso olvidar que el demonio, como los sabios y magos del Faraón (Ex 7:11), también es capaz de hacer alarde de ciertos carismas y de llevar a cabo prodigios y portentos.

Todo parece indicar que la moderna fiebre de carismas no es otra cosa que un síntoma más del hambre del verdadero amor. Cuando el hombre se siente falto del verdadero alimento (material o espiritual) busca desesperadamente un sucedáneo. La inflación de doctrina social, y las excesivas tareas y preocupaciones socio–políticas de muchos Pastores, han dejado poco tiempo y espacio para hablar de Dios. Así se ha dado lugar al auge del marxismo y de las religiones orientales primero, y al despertar del fundamentalismo islámico después. Todo lo cual no es sino una parte de las consecuencias que ha traído consigo un cristianismo envejecido que ha dejado enfriar su caridad. Al desplazarse el acento desde la caridad a la justicia —como si pudiera darse la una sin la otra, y hasta como si fueran contrapuestas— se ha dado lugar al olvido de Dios y la doctrina del amor ha perdido su relevancia. Por haberse puesto a pensar que es preciso ser justos antes que amadores, los cristianos han olvidado que la justicia sin la caridad no es sino un fantasma. No se han dado cuenta de que, cuando se pretende dar al otro *lo que es suyo* y no se le ama, se acaba siempre pensando que lo del otro *no es sino lo que a cada cual le resulta imposible hacer suyo.* Así es como la vida humana ha dejado de concebirse como una embriaguez de amor pa-

ra convertirse en una especie de ágora enloquecida, reivindicatoria
de derechos, a la que todo el mundo acude para perorar y reclamar
los propios. La rabia de la crispación ha pasado a ocupar el lugar
del sentimiento de la alegría embriagadora. El problema de la droga, como tantos otros, no es sino otra manifestación de la búsqueda
exasperada de un lenitivo para el vacío que ha dejado la ausencia
de Dios.

Sin embargo, el objeto de la buena nueva del evangelio no era
otro que el de anunciar y proporcionar al hombre la alegría perfecta.
Es por eso precisamente, puesto que tal buena nueva es la buena
nueva del amor, por lo que el éxtasis de la alegría embriagante, que
ahora es consustancial al hombre que ha sido elevado por la gracia,
es vinculado íntimamente al amor por el Señor mismo: *Como el
Padre me amó, así os he amado yo: permaneced en mi amor. Si
guardáis mis mandamientos permaneceréis en mi amor, como yo
he guardado los mandamientos de mi Padre y permanezco en su
amor. Os he dicho estas cosas para que mi gozo esté en vosotros
y vuestra alegría sea completa.*[29] Nada tiene de particular, por lo
tanto, que San Pablo clasifique la alegría como el segundo de los
frutos del Espíritu Santo, a continuación de la caridad (Ga 5:22), ni
que el apóstol San Juan diga, en su primera Carta, que su escrito
no tiene otro objeto que el de compartir con sus discípulos la alegría
completa (1 Jn 1:4).

Cuando estaba casi a punto de terminar su vida terrena, el Señor
habló de este modo a sus discípulos: *En verdad os digo que ya no
beberé más de este fruto de la vid hasta el día en que lo beba con
vosotros, nuevo, en el Reino de mi Padre.*[30] Tales palabras parecen
aludir a algo que ha constituido parte de su vida hasta ahora y que,

---

[29]Jn 15: 9–11.

[30]Mt 26:29.

tras una breve interrupción, se verá continuado con sus discípulos en la consumación definitiva del Reino. Sin duda que la espera no será larga, y seguramente se refiere sólo a los días de su estancia en el sepulcro, puesto que de todos modos Él piensa estar siempre con ellos (Mt 28:20) y no abandonarlos nunca. Todo lo cual parece indicar una total continuidad entre la alegría embriagadora que ha comenzado aquí en la tierra y la que será consumada en el cielo. Escrivá de Balaguer, el fundador del *Opus Dei*, solía decir que *Dios ha reservado la felicidad del cielo para aquellos que han sabido ser felices en la tierra*. De este modo se confirma, una vez más, que la virtud de la esperanza, de la que ahora vive el cristiano, no es en modo alguno una virtud de promesas de futuro y ajena a la alegría. La alegría del cristiano no es una cosa que ha sido *prometida para después*, mientras que él ha de esperar ahora sometido a la resignación —tal como decía la vieja acusación del marxismo—, sino algo *que ya le ha sido dado*, aunque sea en prenda o en arras.[31] Que el cristiano es un ser falto de alegría, que depende de la resignación, es una acusación antigua, aunque parece que fue Nietzsche el primero que la formuló expresamente. El reproche, que no deja de tener un cierto fundamento en la caricatura que, con respecto a su Maestro, presenta la vida de muchos cristianos, supone de todas formas un completo desconocimiento del cristianismo y del verdadero significado de la virtud de la esperanza. La concepción de la existencia que ya presentaba el *Cantar de los Cantares* es completamente diferente. Allí aparece la esposa suplicando al Esposo que la lleve con Él

---

[31]La posesión de la alegría perfecta en prenda o en arras, que es consiguiente a la posesión del mismo modo del Espíritu Santo, se refiere simplemente a que su consumación y estado definitivo tendrán lugar en el cielo. Pero eso no quiere decir que la alegría actual del cristiano sea superficial, y aun ni siquiera mensurable a lo humano. La alegría perfecta del cristiano es por ahora una alegría al modo del presente eón, pero perfecta.

y la introduzca en sus cámaras, que es donde tendrá lugar el gozo consumado. Pero, si se lee el texto con cuidado, es al mismo tiempo evidente que ella está pensando en algo actual, puesto que añade precisamente que la suavidad de los amores del Esposo es mayor que la del vino:[32]

> *Llévanos tras de ti, corramos.*
> *Introdúcenos, rey, en tus cámaras,*
> *y nos gozaremos y regocijaremos contigo,*
> *y cantaremos tus amores,*
> *más suaves que el vino.*[33]

La alegría perfecta de la embriaguez amorosa tendrá su culminación definitiva en el Reino, donde los seguidores del Cordero, según la promesa que se les ha hecho (Mt 26:29), beberán con Él el fruto de la vid:

> *Si vas hacia el otero*
> *deja que te acompañe, peregrino,*
> *a ver si el que yo quiero*
> *nos da a beber su vino*
> *en acabando juntos el camino.*

Pero eso no significa que la embriaguez no haya comenzado ya, mientras se camina. Porque de todos modos el camino se hace de la mano del Amado.

---

[32]El último hemistiquio del verso está puesto en presente.

[33]Ca 1:4.

Amado, caminamos
por las campiñas verdes y serenas;
y, mientras nos miramos,
de flores tú las llenas:
de nardos, de jazmines y azucenas.

Acércate a mi lado
mientras el cierzo sopla en el ejido,
y deja ya el ganado,
y cuéntame al oído
si acaso por mi amor estás herido.

Es la voz de la amada
como un arrullo dulce de paloma,
como un alba rosada
que mil colores toma
cuando el sol por los montes ya se asoma.

Es la voz del Esposo
como la huidiza estela de una nave:
como aire rumoroso,
como susurro suave,
como el vuelo nocturno de algún ave.

CAPÍTULO II

LA ALEGRÍA CRISTIANA

Aunque Chesterton decía que la alegría es el gigantesco secreto del cristiano, pocos se atreverían ahora a darle a esa frase otro contenido diferente del puramente literario. La moderna intelectualidad cristiana no niega claramente tal afirmación de Chesterton —no podría hacerlo—, pero es evidente que tampoco la hace suya abiertamente. Parece como si el tema fuera una de esas cosas que pertenecen definitivamente al pasado y de las que ya no tiene sentido hablar.

Ironías aparte, la pretensión de hablar hoy de la alegría equivaldría a olvidar que el mundo ya no está para bromas. Es como si la vida se hubiera vuelto mucho más seria, en todos los sentidos de la palabra. Los problemas son tantos y tan graves que hasta la misma Iglesia se ha creído en el deber de fruncir el ceño, e incluso ha adoptado a menudo actitudes pastorales que algunos —yendo sin duda demasiado lejos— se han atrevido a calificar de *crispadas*.

Conviene aclarar, sin embargo, que los problemas con los que hoy se enfrenta la Iglesia no son los que algunos ingenuamente creerían. Todavía hay gente que piensa que el principal problema eclesial es la pérdida de Dios, con la consiguiente desacralización del cristianismo. Pero una buena parte de la teología actual se ha esforzado en hacer patente la necesidad de restar importancia a las ideologías de tinte sobrenatural. Si al hombre de hoy solamente le interesa un Dios–para–el–hombre, la consecuencia a la que se llega es la de poner el acento más en la antropología que en la teología. Por otra parte, los *reaccionarios* han demostrado una vez más carecer de capacidad para hacerse cargo de los nuevos planteamientos, y no es de extrañar que alguno de ellos, haciendo alarde de poca seriedad, se haya atrevido a decir que un Dios *económico* no es más que un Dios *abaratado*.

De ahí el cambio de tono en un importante sector de la catequesis eclesial. Según algunos, el mensaje cristiano ha encontrado al fin su cauce de expresión a través de una teología científica, quizá por primera vez verdaderamente adaptada a las necesidades del hombre. Para estos entusiastas han sido definitivamente desterrados, tanto el antiguo lenguaje dulzón, prometedor de futuras bienaventuranzas celestiales, como el fustigador y amenazante cuyos temas principales giraban siempre en torno al pecado y los castigos del infierno. Rescatada así la problemática teológica del ámbito difuminado, etéreo y poco tangible, de lo sobrenatural y una vez centrada en el más real y científico de lo natural, la Pastoral (bien asesorada ahora por las ciencias *humanas*) ha adquirido definitivamente un carácter serio. Por fin ha caído en la cuenta la teología de que, mientras que Dios es un simple tema objeto de discusiones y piruetas especulativas, el hombre en cambio es un ser que está ahí, con toda la desnuda y punzante acrimonia de sus problemas reales y candentes. Y así como los primeros filósofos marxistas vieron la necesidad de convertir la filosofía en acción práctica, de igual manera, y siguiendo el mismo camino, bastantes teólogos modernos han comprendido la urgencia de que la teología aborde por fin los problemas reales, aunque entendiendo por tales aquellos que giran exclusivamente en torno al hombre. Por lo demás, una vez que el pecado personal ha desaparecido del horizonte de las preocupaciones del hombre, ya no puede extrañar, ni que la moral haya quedado reducida a la llamada *doctrina social de la Iglesia*, ni que la caridad haya tenido que ceder su puesto de prioridad a la justicia social.

En el actual momento histórico es interesante constatar la aparición simultánea de dos fenómenos sociales aparentemente contradictorios: de un lado, la hiperexaltación de los derechos del hombre como individuo; y de otro, un auge de lo social como hasta ahora no se había conocido.

El fenómeno de la fiebre por lo social ha repercutido dentro de la Iglesia con especial relevancia. Después del Concilio Vaticano II, por ejemplo, los Consejos Presbiterales y Pastorales, lo mismo que las Conferencias Episcopales, han influido considerablemente en la pastoral de los Obispos y párrocos (aunque, con respecto a estos últimos, el fenómeno haya pasado quizá más desapercibido). Con el resultado de que la labor de los Pastores se ha hecho más solidaria y uniforme, aunque al mismo tiempo también menos personal y responsable.[1] Pero en definitiva, por unas u otras razones, no está del todo claro que las conocidas antinomias de persona–comunidad e individuo–sociedad hayan sido por ahora definitivamente superadas en favor de la persona.

---

[1] Los ejemplos podrían multiplicarse, y los problemas prácticos planteados han sido ya objeto de estudios que no han impedido que el tema siga abierto todavía.

Por institución divina, la Iglesia es a la vez una grey (o rebaño) y un Cuerpo (el Cuerpo de Cristo), según afirman claramente los textos del Nuevo Testamento. Tanto es así que jamás ha existido una agrupación humana en la que el elemento social haya tenido tanta importancia y tan alto grado de consistencia. Claro que, al mismo tiempo, ambas metáforas (la del Cuerpo y la del rebaño) poseen un sentido y una originalidad verdaderamente únicos.

Por lo que respecta a la metáfora del rebaño, hay que hacer notar que, pese a lo que pueda sugerir un cierto sentido peyorativo de la expresión, aquí no se trata de números o meros individuos agrupados, sino de verdaderas *personas* que gozan además de la filiación divina. Las ovejas de este rebaño son conocidas personalmente por el Pastor (que no es precisamente un extraño para las ovejas)[2], hasta el punto de que llama a cada una por su nombre[3] y da la vida por ellas.[4]

Lo mismo ocurre con la metáfora del cuerpo, por lo que hace a los miembros del Cuerpo Místico. La personalidad y dignidad *de cada uno de los miembros* de ese Cuerpo está afirmada por San Pablo en la primera Carta a los Corintios, con textos tan claros como elocuentes: *Vosotros sois cuerpo de Cristo y miembros cada uno por vuestra parte...*[5] *Si todos fueran un solo miembro, ¿dónde quedaría el cuerpo...?*[6] *Y hasta los miembros del cuerpo que parecen más débiles son precisamente los más necesarios...*[7] Etc.

Lo absolutamente cierto, por lo tanto, es que el elemento *personal* tiene en la Iglesia tanta fuerza y prestancia como el elemento *social*.

---

[2]Cf Jn 10:5.

[3]Cf Jn 10: 3.14.

[4]Cf Jn 10:11.

[5]1 Cor 12:27.

[6]1 Cor 12:19.

[7]1 Cor 12:22.

Aunque luego, en la práctica, la perfecta dosificación y equilibrio de los elementos comunidad–persona, dentro del conjunto y en beneficio de la persona, parece que está todavía lejos de ser una realidad para algunos.

La alegría y el sentido festivo de la existencia forman parte de las grandes peculiaridades del cristianismo. Su desaparición, siquiera momentánea, del horizonte de la vida cristiana sería algo muy grave. Pero, durante la segunda mitad del siglo XX sobre todo, la magnitud de los problemas y la denuncia de la injusticia social parecen haber sido la causa de que el tema de la alegría cristiana haya quedado relegado a un segundo plano. La predicación se ha hecho crispada, quizá por haberse centrado casi exclusivamente en temas como el de la llamada *opción por los marginados*. No es extraño que la pretensión de hablar de la alegría cristiana haya sido considerada como anacrónica y fuera de lugar, y hasta como una traición a las más puras esencias del mensaje cristiano. Es de esperar que, después de la caída del comunismo y una vez consumado el descrédito del marxismo, se entre en una era más objetiva y serena que haga posible la vuelta a los auténticos valores sobrenaturales.[8]

Pero sin el anuncio de la Alegría no hay transmisión del mensaje cristiano: *Os anuncio una gran alegría, que es para todo el pueblo: Os ha nacido un salvador, que es el Cristo Señor.*[9] Al fin y al cabo *el reino de Dios no es comida ni bebida, sino justicia y paz y gozo en el Espíritu Santo.*[10] Todas las enseñanzas de Jesús no pretendieron otra cosa: *Os he dicho estas cosas para que mi gozo esté en vosotros*

---

[8]Es bien conocido que el marxismo es incompatible con la alegría. Tal vez por eso la *teología de la liberación*, mientras tuvo vigencia, fue siempre punzante y agresiva.

[9]Lc 2:10.

[10]Ro 14:17.

y para que vuestra alegría sea completa.[11] Él vino para eso y todo va a parar ahí: *Os volveré a ver y se alegrará vuestro corazón, y nadie os quitará vuestra alegría.*[12] La esposa del *Cantar*, tan enamorada del Esposo como conocedora de las alegrías del verdadero amor, lo sabe bien, y por eso exclama, dirigiéndose al Esposo: *Son tus amores mejores que el vino...*

La mejor explicación que se ha dado hasta ahora de la alegría cristiana es quizá la narración contenida en el capítulo VIII de las *Florecillas*:

"Yendo una vez San Francisco desde Perusa a Santa María de los Ángeles con Fray León, en tiempo de invierno y con un frío riguroso que le molestaba mucho, llamó a Fray León, que iba un poco delante, y le dijo:

—Fray León: Aunque los frailes Menores diesen en toda la tierra grande ejemplo de santidad y mucha edificación; escribe y advierte claramente que no está en eso la perfecta alegría.

Y andando un poco más, le llamó San Francisco por segunda vez, diciendo:

—¡Oh fray León! Aunque el fraile Menor dé vista a los ciegos y sane a los tullidos y arroje los demonios y haga oír a los sordos, andar a los cojos, hablar a los mudos y, lo que es más, resucite al muerto de cuatro días; escribe que no está en eso la perfecta alegría.

Después de otro poco, San Francisco levantó la voz y dijo:

—¡Oh, fray León! Si el fraile Menor supiese todas las lenguas y todas las ciencias y todas las escrituras, de modo que supiese profetizar y revelar no sólo las cosas futuras, sino también los secretos de las conciencias y de las almas; escribe que no está en eso la perfecta alegría.

---

[11] Jn 15:11.

[12] Jn 16:22.

Caminando algo más, San Francisco llamó otra vez en alta voz:

—¡Oh, fray León, ovejuela de Dios! Bien que el fraile Menor hable la lengua de los ángeles, y sepa el curso de las estrellas y las virtudes de las hierbas, y le sean descubiertos todos los tesoros de las tierras, y conozca la naturaleza de las aves y de los peces y de todos los animales y de los hombres y las propiedades de los árboles, piedras y raíces y de las aguas; escribe que no está en eso la perfecta alegría.

Y habiendo andado otro trecho, San Francisco llamó alto:

—¡Oh, fray León! Si el fraile Menor supiese predicar tan bien que convirtiese a todos los infieles a la fe de Cristo; escribe que no está en eso la perfecta alegría.

Y continuando este modo de hablar por espacio de más de dos millas, le dijo fray León, muy admirado:

—Padre, te ruego en nombre de Dios, que me digas en qué está la perfecta alegría.

—Imagínate —le respondió San Francisco— que al llegar nosotros ahora a Santa María de los Ángeles, empapados de la lluvia, helados de frío, cubiertos de lodo y desfalleciendo de hambre, llamamos a la puerta de un convento y viene el portero incomodado y pregunta: '¿Quiénes sois vosotros?' y diciendo nosotros: 'Somos dos hermanos vuestros', responde él: 'No decís verdad, sino que sois dos bribones que andáis engañando al mundo y robando las limosnas de los pobres: marchaos de aquí', y no nos abre, y nos hace estar fuera a la nieve, y a la lluvia, sufriendo el frío y el hambre hasta la noche; si toda esta crueldad, injurias y repulsas las sufrimos nosotros pacientemente sin alterarnos ni murmurar, pensando humilde y caritativamente que aquel portero conoce realmente nuestra indignidad y que Dios le hace hablar así contra nosotros; escribe, oh hermano León, que en esto está la perfecta alegría. Y si perseverando nosotros en llamar, sale él afuera airado y nos echa de allí con villanías y a bofetadas, como a unos bribones importunos, diciendo: 'Fuera de aquí, ladronzuelos vilísimos; id al hospital, que aquí no se os dará comida ni albergue'; si nosotros sufrimos esto pacientemente y con alegría y amor; escribe, oh fray León, que en esto está la perfecta alegría. Y si nosotros, obligados por el hambre, el frío y la noche, volvemos a llamar y suplicamos, por amor de Dios y con grande llanto, que nos abran y metan dentro; y él, más irritado, dice: '¡Cuidado si son importunos estos bribones! Yo los trataré como merecen'; y sale afuera con un palo nudoso, y asiéndonos por la capucha, nos echa por tierra, nos revuelca entre la nieve y nos golpea con el palo; si nosotros llevamos todas estas cosas con paciencia y alegría, pensando en las penas de Cristo bendito, las cuales nosotros debemos sufrir por su amor; escribe, oh fray León, que en esto está la perfecta alegría."

Como puede verse, San Francisco no hace consistir la alegría perfecta en la posesión o dominio de las cosas naturales, y aun ni siquiera en algunas sobrenaturales en las que tal vez muchos podrían pensar: "Aunque el fraile Menor conozca el curso de las estrellas y las virtudes de las hierbas, y le sean descubiertos todos los tesoros de las tierras, y conozca la naturaleza de las aves y de los peces y de todos los animales y de los hombres y las propiedades de los árboles, piedras y raíces y de las aguas... Aunque conociera todas las escrituras y supiese profetizar... Aunque resucite al muerto de cuatro días... Aunque supiese predicar tan bien que convirtiese a todos los infieles a la fe de Cristo..."

Muchos cristianos caen en el error de creer que basta con renunciar a las cosas para hallar el camino que conduce a la perfecta alegría. Sin embargo está bien demostrado que la carencia de las cosas —en cuanto mera carencia—, aunque sea voluntaria, no es lo que produce la felicidad. Aquí no se trata de la pobreza, aunque sea libremente abrazada, sino de la *pobreza cristiana*, que es completamente distinta y mucho más radical que la otra. Al joven rico del evangelio se le hace ver que aún le falta algo más, y se le invita a que venda todo lo que tiene y se lo entregue a los pobres, diciéndosele a renglón seguido: *Luego, ven y sígueme.*[13] La pobreza que produce la bienaventuranza no es otra que la pobreza cristiana (Lc 6:20; Mt 5:3), la cual añade un elemento esencial —el amor— a lo que de otro modo sería una simple carencia que no tendría sentido: La invitación está cursada a fin de que se renuncie a la casa, a los hermanos y hermanas, al padre y a la madre, a los hijos y a las tierras, pero *por mí y por el evangelio.*[14] San Francisco de Asís había comprendido bien que el camino de la perfecta alegría es el que lleva a compartir el destino y la vida del Amado, y por eso dice en las *Florecillas*: "Sobre todos los bienes, gracias y dones del Espíritu Santo que Cristo concede a sus amigos, está el vencerse a sí mismo y sufrir voluntariamente, por amor de Cristo, penas, injurias, oprobios y molestias; ya que de todos los otros dones de Dios no podemos gloriarnos, porque no son nuestros, sino de Dios; y por eso dice el Apóstol: '¿Qué tienes tú que no lo hayas recibido de Dios? Y si lo has recibido de Él, ¿por qué te glorías como si fuese tuyo?' Pero en la cruz de las tribulaciones y aflicciones podemos gloriarnos, porque es cosa nuestra; y así dice el Apóstol: 'Yo no quiero gloriarme sino en la cruz de nuestro Señor Jesucristo.'"

---

[13]Lc 18:22. El elemento material de la pobreza (la carencia o desposesión) es también mucho más serio en la pobreza cristiana que en la simple pobreza. No debe olvidarse que la pobreza como virtud sobrenatural exige la entrega y renuncia, por amor, tanto de los bienes naturales como de los sobrenaturales, y aun de aquello que constituye la propia vida. Cf Lc 14:33; 21:4; etc. Cf también A. Gálvez, *El Amigo Inoportuno*, pgs. 113 y ss.

[14]Mc 10:28.

El texto de las *Florecillas*, más que explicar propiamente aquello en lo que consiste la perfecta alegría, se limita a señalar el camino y los medios que conducen a ella. Y no podía hacer otra cosa, desde el momento en que este sentimiento (lo mismo que el del amor, que es su causa más inmediata) es tan inefable como incomunicable: *El que tenga oídos, oiga lo que el Espíritu dice a las Iglesias. Al que venza, le daré del maná escondido; y una piedrecita brillante, y escrito sobre ella un nombre nuevo, que nadie conoce sino el que lo recibe.*[15] Puesto que la única tristeza es la de no ser santos, la única alegría verdadera es la de la santidad, o si se quiere decir de otra manera, no hay conocimiento alguno de la perfecta alegría[16] sin una verdadera participación en los sufrimientos y en la muerte del Señor.

Aquí aparece una vez más el extraño universo de las paradojas cristianas. El camino que conduce al hombre a la perfecta alegría, aquí y ahora, es el del sufrimiento en Cristo, tal como las *Florecillas* contaron de una forma tan poética como certera. *Bienaventurados los que lloran.*[17] Aunque la paradoja se aclara cuando se considera que no se trata tanto del sufrimiento por el sufrimiento cuanto de compartir la existencia y el destino del Amado. Pues la verdadera alegría no es nunca el resultado de la búsqueda del sufrimiento ni de la búsqueda del gozo, sino algo consecuente al hecho de estar junto al Amado, como dijo también el Bautista: *Es Esposo quien tiene esposa; pero el amigo del Esposo, el que está con él y le oye, se alegra*

---

[15] Ap 2:17, citado por Santo Tomás en *Super Evangelium S. Ioannis Lectura*, I, lect. 15. Allí dice el santo, comentando Jn 1:39, que *mystice autem dicit "venite et videte" quia habitatio Dei, sive gloriae, sive gratiae, agnosci non potest nisi per experientiam: nam verbis explicari non potest: Ap II, 17: "In calculo nomen novum, etc." Et ideo dicit "Venite et videte". "Venite", credendo et operando, et "videte", experiendo et intelligendo.*

[16] Un conocimiento que solamente puede ser experimental.

[17] Mt 5:4; Lc 6:21.

mucho con la voz del Esposo. Por eso mi gozo es completo.[18] De ahí que la alegría no es encontrada nunca por el que está interesado en hallarla, sino solamente por los verdaderos enamorados, los cuales no son otros que aquellos que se sienten tan indiferentes y despreocupados ante ella como ansiosos e impacientes por encontrar al que aman. Para el Bautista, como acaba de verse, el secreto consiste en estar con el Esposo (compartiendo, por lo tanto, su destino) y oír su voz, lo mismo que le ocurre a la esposa del *Cantar*:

> *¡La voz de mi amado! Vedle que llega,*
> *saltando por los montes,*
> *triscando por los collados.*[19]
>
> . . . .
>
> *Ven, amado mío, vámonos al campo;*
> *haremos noche en las aldeas.*
> *Madrugaremos para ir a las viñas,*
> *veremos si brota ya la vid,*
> *si se entreabren las flores,*
> *si florecen los granados,*
> *y allí te daré mis amores.*[20]

Y por eso dice también la esposa:

> *Es la voz del Esposo*
> *como la huidiza estela de una nave,*
> *como aire rumoroso,*
> *como susurro suave,*
> *como el vuelo nocturno de algún ave.*

---

[18] Jn 3:29.

[19] Ca 2:8.

[20] Ca 7: 12–13.

Esa es la razón de que no haya otra tristeza para la esposa que la ausencia del Esposo, porque es entonces cuando se apaga la alegría y surge la gran noche del mundo:

> *De noche se marchó hacia la montaña,*
> *de noche se marchó por el sendero,*
> *de noche me quedé, por tierra extraña,*
> *de noche me quedé sin compañero...*

La alegría, en efecto, es algo que se encuentra, más bien que algo que se busca. El verdadero enamorado no pretende tanto su propio bien cuanto estar con la persona amada, y aun, si fuera posible, le importaría menos su propia salvación que el bien del amado: *Pues yo mismo desearía ser anatema por Cristo por el bien de mis hermanos.*[21] El que ama está muy lejos de pretender ante todo la alegría, y por eso elige en su lugar aquello que le acerca al amor del amado, sin dudar un momento y sin temor a los obstáculos: *Miremos a Jesús, el autor y consumador de la fe, el cual, en lugar del gozo que se le proponía, sobrellevó la cruz, sin miedo a la ignominia, y está sentado a la derecha del trono de Dios.*[22] Y no debe olvidarse que la donación total que el amante hace de sí mismo al amado incluye también la entrega de la propia alegría (lo cual equivaldría a una renuncia), recibiendo a su vez la del otro (puesto que el amor conlleva una total reciprocidad), con lo que la alegría se hace así —y solamente así— alegría completa: *Estas cosas las he dicho para que mi gozo esté en vosotros y vuestra alegría sea completa.*[23]

Cuando San Pablo habla de los frutos del Espíritu (Ga 5:22) coloca la alegría en segundo lugar, inmediatamente después de la

---

[21] Ro 9:3.

[22] Heb 12:2.

[23] Jn 15:11.

caridad. Quizá porque el amor es lo primero de todo y la alegría es su consecuencia más inmediata. El hombre no ama porque es feliz, sino que es feliz porque ama. ¿Cómo podría ser feliz sin amor y cuál sería el objeto y el motivo de su felicidad? De este modo el ser humano puede renunciar a la alegría (Heb 12:2), aunque de ninguna manera al amor. Pero al entregar su alegría por amor (único motivo que puede dar sentido a tal renuncia) la encuentra de nuevo (y ahora ya completa), desde el momento en que el amor no existe nunca sin la alegría. Ella es la que da sentido al encuentro nupcial:

> *Salid, hijas de Sión,*
> *a ver al rey Salomón*
> *con la corona con que le coronó su madre*
> *el día de sus bodas,*
> *el día de la alegría de su corazón.*[24]

Según esto, la felicidad (o la alegría perfecta) no es tanto la consecuencia de la visión (o de la contemplación) cuanto de la posesión, aunque de hecho no pueda darse la segunda sin la primera. La contemplación de la verdad (aunque se trate de la Verdad Primera) no alcanza todo su sentido si no es en la posesión del Esposo, y por eso la *visión beatífica*[25] no consiste en otra cosa que en los desposorios consumados y definitivos del cielo. Para el *Cantar*, como se ha visto,

---

[24]Ca 3:11.

[25]Posiblemente una expresión algo pobre y no demasiado afortunada. *Ahora vosotros tenéis tristeza, pero os volveré a ver y se alegrará vuestro corazón; y nadie os quitará vuestra alegría.* Estas palabras del Señor (Jn 16:22) han de ser entendidas necesariamente en el contexto de la vuelta definitiva del Esposo y de su consiguiente posesión por parte de los discípulos. De hecho el Señor añade a continuación: *En aquel día ya no me preguntaréis cosa alguna* (Jn 16:23), lo que hace pensar que se trata de los desposorios consumados y definitivos que tendrán lugar en el Reino.

el día de la alegría del corazón es precisamente *el día de las bodas*, y no otro. De ahí que no se trata solamente de visión, sino de audición, de posesión y de entrega mutua.[26] Por eso el Esposo le dice a la esposa:

> *Dame a ver tu rostro, dame a oír tu voz,*
> *que tu voz es suave, y es amable tu rostro.*[27]

Y la esposa dice también, hablando del Esposo:

> *Le así, ya no le soltaré*
> *hasta entrarle en la casa de mi madre,*
> *en la alcoba de la que me engendró.*[28]

Porque el amor no es solamente visión y contemplación mutuas, sino que es también consumación y posesión:

> *Reposa su izquierda bajo mi cabeza*
> *y con su diestra me abraza amoroso.*[29]

El anuncio de la alegría cristiana no habría de tener miedo de proclamarlo así, pues de otro modo, o no es completo, o no es el verdadero anuncio de la Buena Nueva. Dios es la Suprema Verdad

---

[26] Como se comprende fácilmente no es problema de doctrina, de la que nadie ha dudado nunca, sino de acentuación o nominación. No siempre se consigue que las expresiones sean lo suficientemente afortunadas como para expresar con claridad y precisión lo que se quiere decir.

[27] Ca 2:14.

[28] Ca 3:4.

[29] Ca 2:6.

lo mismo que es también el Supremo Amor. Y si es verdad que el hombre ha sido llamado a la contemplación de la Verdad Primera, también lo es que ha sido hecho por y para el Amor. Jesús vino para dar testimonio de la verdad (Jn 18:37), pero de una verdad que es al mismo tiempo una Persona (Jn 14:6) de la que, por lo tanto, se puede también dar testimonio a su vez (Jn 5:33). Las personas se contemplan mutuamente justo en la misma medida en que se aman y se entregan mutuamente también. Como lo que sucede en el seno de la Trinidad, donde el Hijo es la Idea o *Verbum mentis* del Padre lo mismo que el Espíritu Santo es la *spiratio amoris* que procede del Padre y del Hijo.

CAPÍTULO III

CONTEMPLACIÓN Y POESÍA

La esposa exclama emocionada ante el Esposo que los amores que causa en ella son más suaves que el vino. Con lo que parece dar rienda suelta a un sentimiento de felicidad producido por un amor que, según ella, es más embriagador que el vino. Tal felicidad se concreta en un estado de excitación y exaltación, producido por una cierta exuberancia de vida, que se traduce a su vez en el sentimiento de una plena actuación de todas las potencias vitales y de que se han alcanzado, por fin, los deseos más íntimos y profundos del corazón. No cabe duda de que se trata de sentimientos que responden adecuada y satisfactoriamente al ansia de vivir. Dice el libro del Eclesiástico que *como la vida es el vino para los hombres si se bebe con medida. ¿Qué es la vida sin vino? Pues fue creado para alegrar desde el principio.*[1] La embriaguez que produce el vino es, en

---

[1]Eco 34:27, según la mayoría de las versiones modernas. La Neovulgata trae el texto en 31: 32–33.35, con alguna diferencia de traducción.

cierto modo, como un leve adelanto de la plenitud de la vida eterna, en cuanto que colma[2] de alguna manera el ansia y la nostalgia de amor que el hombre padece. Parece que el Señor alude a la plenitud de una realidad ya comenzada en esta vida cuando, dirigiéndose a sus discípulos, les dice que *ya no beberé más de este fruto de la vid hasta aquel día en que lo beba con vosotros, nuevo, en el Reino de mi Padre.*[3] En cuanto a que el hombre ansía tal estado de plenitud es algo que evidencian, entre otras muchas cosas, el uso inmoderado del alcohol y el recurso a la droga, tan extendidos modernamente a pesar de los efectos devastadores de ambos.

Pero, para la esposa del Cantar, la mejor y la única droga que puede saciar el inquieto corazón humano es el amor. Por lo que parece, el amor es para ella algo maravilloso que, lejos de aniquilar y destruir, es la causa de una vida en plenitud y de todo lo que el hombre puede desear con ella.

Si eso es así, una vez establecido que el amor es mucho mejor que el vino, cabe dirigirse a la esposa para que explique en concreto, de una manera más particularizada, cuáles son, o en qué consisten, esos efectos que produce el amor y que son tan agradablemente perturbadores. La esposa se ha limitado a decir aquí que los amores del Esposo son más suaves que el vino, lo cual es evidente que no basta para saber lo que son esos amores. Aunque se puede decir, ya de antemano, que la respuesta —si es que hay respuesta— no va a ser fácil.

Una posible forma de aproximación al tema sería la de plantearlo en el terreno de la oración, y más concretamente en el de la oración contemplativa. La oración es el lugar más idóneo en el que

---

[2]La expresión correcta sería seguramente la de que calma, si se permite el juego de palabras.

[3]Mt 26:29.

se resuelve el singular combate de amor entre el Esposo y la esposa (Ca 2:4), y donde, por lo general, tienen lugar con mayor frecuencia las relaciones de amor entre ambos. Pero el recurso no proporciona una solución del todo satisfactoria. Porque desgraciadamente, si bien puede hablarse lo que se quiera de la oración ordinaria, no es posible hacer lo mismo con la contemplación, que es precisamente la forma más elevada y propia de la oración. Para explicar lo que es la contemplación habría que echar mano, como siempre, de los conceptos y del lenguaje humanos, que son un medio absolutamente inadecuado para el objeto que se pretende conseguir. Si de todos modos se intenta llevar a cabo la tarea, se corre el riesgo de andar serpenteando en temas marginales y de acabar hablando de cosas que son bien distintas. Que es exactamente lo que le sucede a Santa Teresa en su *Camino de Perfección*.

La santa de Ávila, en efecto, que comete la ingenuidad de empezar su libro diciendo que va a explicar lo que es la contemplación, expone a continuación con amplitud las condiciones que son necesarias para que pueda darse. Las cuales son, según la santa, tanto negativas como positivas. Como puede suponerse, estas últimas consisten en las virtudes propias de la vida cristiana, sin las que no puede ni siquiera concebirse contemplación alguna. Es lógico, por lo tanto, que la mística doctora se aplique a la tarea de explicarlas prolijamente. Por lo demás una tarea tan interesante como insuficiente para el tema en cuestión, puesto que hablar de las condiciones necesarias para que exista una cosa no es explicar lo que es la cosa, sino todo lo más un paso previo.

La virtud cristiana de la obediencia, por ejemplo, no puede ser confundida con la caridad, por más que la verdadera obediencia sea una señal de la presencia de la caridad y, por supuesto, una condición necesaria para que exista esta última. Lo mismo podría decirse de la pobreza,[4] y, en general, de cualquier virtud. Santa Teresa, después de hablar acerca de las virtudes, acaba su libro haciendo unas hermosas consideraciones sobre el Padrenuestro, dejando al lector tan edificado como insatisfecho, puesto que al fin no se le ha explicado lo que se le había prometido.[5]

Más preciso es San Pablo cuando describe la caridad en su famoso capítulo XIII de la primera a los Corintios. Es curioso observar que la argumentación que utiliza el capítulo VIII del libro de las *Florecillas*, que trata de la alegría cristiana,[6] es la misma que la del Apóstol cuando habla de la caridad. La perfecta alegría no consistía para San Francisco en que los frailes menores hiciesen milagros o profecías, ni en que conociesen todas las ciencias de la naturaleza, ni en que convirtieran a todos los infieles, ni en otras cosas semejantes o parecidas. San Pablo, por su parte, que explica al comienzo del capítulo lo que no es la caridad, parece dedicar los dos primeros versículos a los partidarios de una espiritualidad a ultranza y, por lo tanto, descentrada (en la medida en que es desencarnada y no pone sus pies en la tierra).[7] El versículo tercero, en cambio, está aparentemente dedicado a aquellos que, como defensores de una teología

---

[4]San Pablo les decía a los corintios que Jesucristo se había hecho pobre *por ellos* y para que ellos se enriquecieran con su pobreza (2 Cor 8:9).

[5]Las narraciones que hace en su *Vida*, en las que cuenta sus experiencias místicas, tampoco aclaran mucho el problema, en cuanto que los fenómenos místicos no pueden ser confundidos con un amor divino–humano que bien puede darse sin ellos (aunque cuando aparecen, y son auténticos, son una clara señal de la presencia de ese amor). El tema parece estar tratado con más profundidad en *Las Moradas* aunque a primera vista no lo parezca), que es probablemente la más importante de sus obras y el mejor tratado de oración que se ha escrito hasta ahora.

[6]Cf capítulo II de esta segunda parte, *La Alegría Cristiana*.

[7]En esta línea están los que olvidan que Dios se hizo hombre en Jesucristo, para gloria del Padre y bien de toda la humanidad: *El hombre Cristo Jesús*, de 1 Tim 2:5.

horizontalista y puramente humana, son partidarios de convertir a
la Iglesia en una especie de institución social, benéfica, o redentora
de causas políticas.[8] Según esos tres versículos, en efecto, para el
Apóstol el amor no va unido necesariamente a los carismas (ni al
de lenguas, ni al de profecía, ni a ningún otro[9]), ni por supuesto a
la fe (aunque sea tan grande como para trasladar montañas), y aun
ni siquiera a la entrega generosa de los propios bienes o del propio
cuerpo. A continuación pasa San Pablo a exponer en los versículos
siguientes, ahora de forma descriptiva y una vez excluido lo que *no
es* la caridad, algunas de las notas o propiedades[10] del verdadero
amor. Que es sin duda el mejor procedimiento a seguir, en cuanto que es por medio de la explanación y análisis de las principales
cualidades de una cosa como se puede lograr la mejor aproximación
al conocimiento de lo que es esa cosa. Por lo demás, es importante
advertir aquí (sobre todo por lo que respecta a algunas corrientes
de espiritualidad que últimamente han cobrado auge en la Iglesia)
que el Apóstol no olvida insistir también (seguramente para resaltar su inferioridad con respecto a la caridad) en que los carismas
son pasajeros, llamados por lo tanto a desaparecer, y hasta parece

---

[8]Y en esta línea hay que colocar a los activistas políticos de la Iglesia (teologías
liberacionistas, y todas las teologías políticas o sin Dios) así como a un numeroso
grupo de *expertos* y pastoralistas: sociólogos, psicólogos, ecologistas, de gabinete,
catequéticos, del laicado, y un enjambre de manipuladores de carismas, además
de otros muchos. Todos suelen tener en común, además de su entusiasmo por las
disciplinas puramente humanas y el recurso al sentimentalismo psicológico (lo que
les hace utilizar métodos y procedimientos carentes de alcance sobrenatural), una
confianza tan escasa en la vida interior como para descuidar sistemáticamente su
práctica. Si los del apartado anterior, o espiritualistas a ultranza, suelen olvidar
que Jesucristo es Hombre, estos en cambio parecen olvidar que Jesucristo es Dios.

[9]Cf Mt 7: 22–23.

[10]Salta a la vista que el Apóstol no pudo haber tenido la intención de hacer una
lista exhaustiva.

insinuar lo mismo con respecto a las virtudes teologales de la fe y la esperanza.[11]

Este método descriptivo[12] es el que utiliza también la esposa del *Cantar* cuando trata de hacer un bosquejo del retrato del Esposo (5: 10–16). Sea de ello lo que fuere, el camino siempre ha de discurrir aquí dando rodeos, como los cursos de los ríos, que dibujan meandros cuando el terreno que atraviesan no les permite hacer otra cosa. Quizá por eso San Pablo traza un cuadro en el que pinta las cualidades del verdadero amor: *La caridad es paciente y servicial; no es envidiosa, ni jactanciosa, ni se engríe; no es ambiciosa ni busca su propio interés; no se irrita, no piensa mal...* La esposa del *Cantar*, por su parte, acude al recurso de la metáfora para describir al Esposo ante sus compañeras:

> *Mi amado es fresco y colorado,*
> *se distingue entre millares.*
> *Su cabeza es oro puro,*
> *sus rizos son racimos de dátiles,*
> *negros como el cuervo.*
> *Sus ojos son palomas*
> *posadas al borde de las aguas...*[13]

De todos modos pronto se hace patente que, pese a todas las descripciones y metáforas, no es posible llevar a buen término un retrato del Esposo ni explicar lo que es el amor. Lo único que dejan claro tales intentos es que no se consigue sino provocar todavía más

---

[11] Cf para esto último 1 Cor 13:13.

[12] Aquí ya no se trata, como hacían las *Florecillas* hablando de la perfecta alegría, de trazar un camino a seguir para alcanzar algo, sino del intento de explicar *lo que es* ese algo (que en este caso es el amor).

[13] Ca 5: 10–12.

el hambre y los deseos de los ansiosos, como dijo tan bellamente San
Juan de la Cruz en su *Cántico Espiritual*:

> *Y todos cuantos vagan,*
> *de Ti me van mil gracias refiriendo,*
> *y todos más me llagan,*
> *y déjame muriendo*
> *un no sé qué que quedan balbuciendo.*

De manera que *un no sé qué que quedan balbuciendo*. Porque lo
único que puede proferir el lenguaje humano, cuando se encuentra
ante lo inefable y maravilloso,[14] son balbuceos, palabras entrecorta-
das, y quizá un tartamudeo producido por el asombro. Y no puede
ser de otro modo desde el momento en que la relación de amor es
cualquier cosa menos un tema narrativo, listo para ser pregonado
ante la galería. En realidad tal relación tiene lugar en la secreta intimidad que se crea entre un *yo* y un *tú*, la cual transcurre en el
silencio que sigue al alejamiento voluntario con respecto a todas las
otras cosas y a la búsqueda procurada de la soledad. Los amantes lo
encuentran todo en su amor mutuo, y en la recíproca entrega y posesión, y no desean absolutamente nada más. Desde que la relación
de amor es *intraducible* al exterior, y no existe en modo alguno fuera
del binomio del tú y del yo, no puede ser contada con palabras. El
diálogo de amor entre los amantes es secreto por esencia y se agota
en sí mismo, en el sentido de que allí todo lo de cada uno es para el
otro, sin que cuente ya ninguna otra cosa, puesto que las palabras
de amor de cada amante van dirigidas exclusiva y solamente al otro:

---

[14]La construcción más que ingeniosa del último verso de la estrofa —con la
repetición de tres *qué* seguidos y la alusión a un más que misterioso y sugerente
balbuceo— sugiere la idea de un lenguaje tartamudeante y como ebrio, causado
por el asombro y la admiración.

Al que venza le daré del maná escondido, y una piedrecita brillante,
y escrito sobre ella un nombre nuevo, que nadie conoce sino el que
lo recibe.[15]

Y el *Cantar*:

> *Os conjuro, hijas de Jerusalén,*
> *por las gacelas y las cabras monteses,*
> *que no despertéis ni inquietéis a la amada*
> *hasta que ella quiera.*[16]
>
> ....
>
> *Ven, amado mío, vámonos al campo;*
> *haremos noche en las aldeas.*[17]

San Juan de la Cruz glosaba en su *Noche Oscura*:

> *A oscuras y segura,*
> *por la secreta escala, disfrazada,*
> *¡oh dichosa ventura!,*
> *a oscuras, y en celada,*
> *estando ya mi casa sosegada.*

En el *Cántico Espiritual* insiste en la misma idea:

> *En soledad vivía,*
> *y en soledad ha puesto ya su nido,*
> *y en soledad la guía*
> *a solas su querido,*
> *también en soledad de amor herido.*

---

[15] Ap 2:17.
[16] Ca 2:7; 3:5; 8:4.
[17] Ca 7:12.

A la luz de esta doctrina, las palabras que el Señor dirige a sus apóstoles adquieren un relieve insospechado: *Ya no os llamo siervos, porque el siervo no sabe lo que hace su señor; sino que a vosotros os he llamado amigos, porque os he dado a conocer todo lo que he oído a mi Padre.*[18] Con lo que parece indicar que ha hecho a sus discípulos partícipes del misterioso, inefable, y eterno diálogo de amor que tiene lugar entre Él y el Padre. Según esto, les ha dado todo su Amor, o toda la plenitud del Espíritu: *Para que el amor con que tú me amaste, ¡oh Padre!, esté en ellos y yo en ellos,*[19] realizándose así el increíble misterio de que Dios haya otorgado al hombre nada menos que *todo su Amor.* Ahora se comprenden mejor las palabras de Jesús: *Pero os digo la verdad: os conviene que yo me vaya; pues, si no me voy, el Paráclito no vendrá a vosotros; en cambio, si me voy, os lo enviaré.*[20] Si el amor es lo más íntimo y personal que hay en el corazón del ser que ama, nadie puede conocerlo sino él mismo y, por supuesto, aquél que es hecho objeto de ese amor — aquél a quien le es otorgado— en una donación también estrictamente personal y única: *¿Qué hombre conoce lo íntimo del hombre, sino el espíritu del hombre que está en él? Así también, nadie conoce lo que hay en Dios, sino el Espíritu de Dios. Pero nosotros no hemos recibido el espíritu del mundo, sino el Espíritu que procede de Dios, para que conozcamos los dones que Dios nos ha concedido... Pues, ¿quién conoció el pensamiento del Señor para poder instruirlo? Pero nosotros poseemos el pensamiento de Cristo.*[21] ¿Qué significa realmente la misteriosa afirmación, llena de sugerencias, de que *nosotros poseemos el pensamiento de Cristo*?

---

[18] Jn 15:15.

[19] Jn 17:26.

[20] Jn 16:7. Cf Ro 5:5.

[21] 1 Cor 2: 11–12.16.

Las así llamadas *teologías del laicado* se esfuerzan en redimir a los laicos de la situación de sumisión o postración en la que, según algunos, han sido mantenidos hasta ahora por obra de la Jerarquía. No parece sino que los defensores de la *promoción del laicado* se olvidan de que los seglares, como verdaderos miembros del Pueblo de Dios, no necesitan ser puestos en su sitio mediante una nueva redención. Están ya suficientemente redimidos y elevados. Todos los fieles de Jesucristo,[22] sean o no Jerarquía, han sido llamados a gozar desde ahora de la más alta intimidad con Dios. Los partidarios de ciertas *promociones* parecen no tener en cuenta que todo cristiano, por el hecho de serlo, ha sido requerido para los desposorios divino-humanos, los cuales, aunque destinados a consumarse en la Patria, son comenzados y poseídos desde ahora, aunque sea bajo la forma de arras y primicias.

Es una desgracia que los grandes temas de la teología queden a veces marginados. Las *promociones del laicado*, además de parecer olvidar que la jerarquía eclesiástica es de institución divina, suelen estar aquejadas en el fondo de una desafortunada visión del sacerdocio ministerial. Para ellas el sacerdocio ministerial está colocado *arriba*, en una situación de superioridad, mientras que los seglares,

---

[22]Los laicos no necesitan ser *promovidos* a ninguna nueva situación. Son sencillamente las ovejas de Cristo, el Pueblo de Dios que no ha sido constituido en estado jerárquico. Nada más..., y nada menos. Y, aunque se diga que esa es una definición negativa, es probablemente la que explica lo que es el laicado con más precisión y exactitud. Si se prefiere, se puede decir que el laicado es sencillamente el Pueblo de Dios, mientras que los consagrados con el sacramento del orden son los miembros del Pueblo de Dios que *además* han sido constituidos en Jerarquía. Es difícil evitar la impresión de que son solamente algunos clérigos, y no los seglares, los que se empeñan en defender ciertas promociones que, en definitiva, no hacen otra cosa que convertir a los cristianos de a pie en nuevos sacristanes. En el fondo es otra forma de clericalismo, más sutil y disfrazada, que acaba convirtiéndose en una abusiva intrusión en el campo de los laicos.

en cambio, están situados más bien *abajo*, en clara situación de inferioridad. La verdad es que, si bien es cierto que la Jerarquía está integrada por el sacerdocio ministerial (siendo los restantes miembros del Cuerpo Místico los simples fieles), no ha de perderse de vista el concepto neotestamentario de la autoridad cristiana. El sacerdote es un ser *segregado*, más bien que un ser superior: *ex hominibus assumptus et pro hominibus constituitur.*[23] Ha sido puesto para servir a sus hermanos, y con el mandato expreso, además, de considerarse a sí mismo como el último de todos.[24] La Carta a los Hebreos, que reconoce que el sacerdocio es un honor,[25] recuerda sin embargo que, el que ha sido instituido en el orden ministerial, *debe igualmente compadecerse de los ignorantes y extraviados, porque también él está rodeado de flaqueza; y a causa de ella debe ofrecer sacrificios por sus pecados, así como por los del pueblo.*[26] Es difícil evitar la impresión de que, en el fondo de muchas pretensiones de promocionar al laicado, subyace a veces una idea triunfalista y autoritaria del sacerdocio ministerial.

Los sentimientos propios del amor, lo mismo que se vio que sucedía con la alegría perfecta, que es su más directa secuela, son indescriptibles e incomunicables puesto que son del todo inefables. En cuanto al amor divino–humano, si es que no se quiere renunciar a describirlo de alguna manera, quizá sirva de algo echar mano de la poesía (que en este caso sería poesía mística) para hablar de él. Al fin y al cabo *El Cantar de los Cantares* es una obra poética, y es sabido que la poesía, con su capacidad de evocación y de insinuación, puede alcanzar cotas que son inaccesibles para el lenguaje normal.

---

[23]Heb 5:1.

[24]Cf Mt 20: 26–27; Mc 10: 43–45; etc.

[25]Heb 5:4.

[26]Heb 5: 2–3.

Aunque aquí debe tenerse en cuenta que decir poesía mística no es lo mismo que decir poesía religiosa, pues si bien toda poesía mística es poesía religiosa, no toda poesía religiosa es poesía mística. La poesía mística debe ser, ante todo, poesía, y luego, además, poseer los caracteres propios de la mística.

La poesía —que tampoco hay que confundir con el verso— es el último y definitivo esfuerzo del lenguaje para expresar lo inefable. El lenguaje poético, como lenguaje que es tiene que ver con el ser, que aquí es aprehendido como belleza para ser expresado bellamente. La poesía emprende su tarea, como para echar una mano, después de comprobar los esfuerzos realizados por la metafísica para acceder al ser. Visto que resulta imposible para el hombre agotar el ser como realidad, como verdad, y como bondad, ella busca la posibilidad de acercarse a él por el camino de la belleza, expresada esta vez por medio del lenguaje. Aunque es evidente que la poesía, todavía mucho menos que las otras disciplinas que miran al ser, no pretende ser exhaustiva ni andarse con definiciones. Plenamente consciente de sus limitaciones, se contenta con suscitar evocaciones y señalar posibles caminos y horizontes, sin intentar alcanzar metas y alturas que ya han demostrado ser inaccesibles para las ciencias de la exactitud y de la precisión.

Aunque no vaya a pensarse por eso que la poesía nada tiene que ver con la verdad. Si, como acaba de decirse, la poesía mira también al ser, no puede considerarse como ajena a la realidad en modo alguno. La belleza (como la verdad y la bondad) no es más que otro aspecto de una realidad que el hombre no es capaz de agotar, y que, por lo tanto, se ve obligado a intentar abarcar desde distintos ángulos de visión. Sin embargo la poesía tiene su forma peculiar de decir, o si se quiere, de expresar la verdad. Ella no se interesa por el significado de primera intención de unas palabras que, por lo demás, ya se han reconocido a sí mismas como incapaces de expresar lo inefable. Pero si, de todos modos, las palabras en la poesía tienen que ver con la belleza, debe reconocerse que entonces se encuentran también relacionadas con la verdad, y, por lo tanto y en último término, con el ser.

La poesía mística alcanza su punto culminante en el siglo XVI, con San Juan de la Cruz. Cuando los grandes poetas renacentistas, italianos y españoles, introdujeron las nuevas formas poéticas, hubo autores que se dedicaron con afán a la tarea de verter e imitar *a lo divino* los alados versos de Petrarca, Boscán o Garcilaso. Pero solamente el santo de Fontiveros logró poner su poesía mística a la altura de la obra de aquellos gigantes, sin que nadie haya logrado hasta ahora hacerle sombra. Su *Cántico Espiritual*, por ejemplo,[27] más bien que una glosa sistemática del *Cantar de los Cantares*, parece estar compuesto por una serie de estrofas escritas por el poeta en diferentes ocasiones (para solaz y provecho espiritual de sus monjas), que beben efectivamente su inspiración en la fuente del libro sagrado:

> *Pastores los que fuéredes*
> *allá por las majadas al otero,*
> *si por ventura viéredes*
> *Aquel que yo más quiero*
> *decidle que adolezco, peno y muero.*[28]

Es fácil adivinar aquí los versos del *Cantar* que han inspirado la estrofa:

---

[27] *Canciones entre el Alma y el Esposo.*

[28] Los ligeros cambios introducidos en las citas pretenden adaptar el texto, en lo posible, a un castellano más moderno e inteligible, sin modificar sustancialmente el original.

Os conjuro, hijas de Jerusalén,
que si encontráis a mi amado,
le digáis que desfallezco de amor.[29]

....

Dime tú, amado de mi alma,
donde pastoreas, donde sesteas al mediodía,
no venga yo a extraviarme
tras de los rebaños de tus compañeros.[30]

Tanto el autor sagrado como el poeta carmelita parecen aludir aquí a uno de los efectos más peculiares de la pasión del amor: el inexplicable gozo que embarga al enamorado al sentirse morir de amor. El amor es un sentimiento tan fuerte y punzante que hace creer a quien lo *padece* que no va a ser capaz de soportar esa sobreabundancia de alegría y de vida. Aunque, como es propio de las inexplicables y misteriosas paradojas del amor, no es ésta la muerte angustiosa que acaba con la existencia, sino una increíble y como infinita exultación de gozo *que salta hasta la vida eterna.*[31] La mención de la muerte es aquí una alusión de plato fuerte al misterio del tremendo impulso del amor. El *que muero porque no muero*, de Santa Teresa de Jesús y del mismo San Juan de la Cruz,[32] o la expresión corriente de *morir de amor*, son un ejemplo de la extraña asociación que parece existir entre la muerte y el amor: *Nadie tiene mayor amor que el de dar la vida por sus amigos.*[33] Una posible explicación apuntaría quizá al hecho de que el amor siente el irresistible impulso

---

[29]Ca 5:8.

[30]Ca 1:7.

[31]Jn 4:14.

[32]Acerca de la originalidad de este verso, véase Dámaso Alonso, *Poesía Española*, Gredos, Madrid, 1981, pg. 237.

[33]Jn 15:13.

de demostrarse sin dar lugar a la duda (Jn 3:34), y, además y sobre todo, porque se ve animado de la necesidad absoluta de llegar hasta el final (Jn 13:1):

> *Porque es fuerte el amor como la muerte*
> *y son como el sepulcro duros los celos.*
> *Son sus dardos saetas encendidas,*
> *son llamas de Yavé.*[34]

El encendido deseo de hablar de lo inefable conduce a la poesía a utilizar la belleza del lenguaje en un intento de crear sentimientos de misteriosas e inexplicables evocaciones. Es de notar, por ejemplo, en el último verso de la estrofa de San Juan de la Cruz, la maravillosa gradación de sentimientos:

> *decidle que adolezco, peno y muero*

Adolecer o enfermar, penar, y sufrir más todavía, para finalmente llegar hasta la muerte por amor cuando ya no se puede más. No parece sino que, por un momento, han sido rotas las barreras y las limitaciones del lenguaje y que se ha logrado expresar *algo* de lo que es capaz el amor.[35] Y, aunque no puede decirse que eso sea todo lo que habría que decir, y aun ni siquiera mucho, es indudable que se ha producido un cierto avance que ahora es difícil de superar.

Si además se pone atención a los tiempos verbales que el santo utiliza en la estrofa, se observará que sugieren la idea de un cierto

---

[34]Ca 8:6.

[35]Y de ahí, partiendo de la naturaleza de la cosa, o de su modo de operar, para llegar de algún modo a lo que es la cosa en sí.

futuro que, aunque es sin duda condicionado e incierto, es sin embargo muy feliz en el caso de que llegue a producirse, como es de esperar:

Pastores los que fuéredes...

Si por ventura viéredes...

La expresión que significa condicionalidad, con la que la esposa se dirige a los pastores, no puede ser más acertada, y abarca a la vez los dos significados de incertidumbre y de venturosa felicidad:

Si por ventura...

El lenguaje no vacila en utilizar la belleza de los sonidos para intentar hablar de la muerte de amor. Que no es otra que la que es capaz de producir a la esposa enamorada, con la fuerza de su presencia y el consiguiente sentimiento de gozo, el inexplicable y misterioso amor del Esposo. Las palabras evocan como un tintineo de campanas que se escuchan al fondo:

Si de nuevo me vieres,
allá en el valle, donde canta el mirlo,
no digas que me quieres,
no muera yo al oírlo
si acaso tú volvieras a decirlo.

Esta evocación de sonidos tintineantes puede servir también, de alguna manera, para aludir a la intimidad del diálogo amoroso que tiene lugar en la contemplación:

> *Son tus dichos de amores*
> *como una tela de suaves hilos*
> *en un lecho de flores;*
> *ven a mi lado, y dilos*
> *en mi jardín de rosas y de tilos.*

Es conveniente observar que lo importante aquí son *los senti-mientos evocados* por las palabras, y no lo que ellas significan direc-tamente. Lo cual es lo propio y específico de la poesía, y también lo que hace posible que los sentimientos producidos en los diferentes lectores no sean siempre exactamente los mismos, ni de la misma profundidad. Aunque esto está condicionado también, siquiera en parte, por la sensibilidad y las aptitudes del que lee. De ahí la uti-lidad de la poesía. Porque, una vez llegado el momento en el que parece que ya está dicho todo lo que se puede decir (momento que, por lo general, no se hace esperar mucho), entonces es cuando el hombre siente con mayor urgencia el ansia de saber. Y más toda-vía cuando se trata de cosas tan vitales como las que se refieren al amor o a la oración contemplativa. Aquí es donde la poesía es capaz de decir más que la prosa, en cuanto que puede llegar mucho más allá de donde llega el lenguaje normal. Por eso, las *Declaraciones* o explanaciones que San Juan de la Cruz hace de sus propias poesías en su obra en prosa, son tan instructivas como decepcionantes. El lector suele sentir la sensación de no haber encontrado allí todo lo que esperaba. No en el sentido de que la doctrina expuesta en prosa no sea profunda y elevada, sino porque la poesía que la precedió parecía *prometer* mucho más. Y no cabe duda de que así era, puesto que la poesía es mucho más insinuante, sugerente y evocadora, que el lenguaje prosaico. A nadie se le ocurrirá dudar de que el santo *dijo mucho más* en su breve obra poética que en todo el conjunto de sus enjundiosos tratados en prosa.

En cuanto al diálogo en la oración contemplativa, ya se ha visto a la esposa conjurar al Esposo para que acuda a su lado a contarle sus *dichos de amores*. No hace falta insistir en que la oración contemplativa es el lugar ideal donde se lleva a cabo el diálogo de amor entre Dios y el hombre. Ya en la intimidad de ese diálogo, los amadores buscan la soledad y el silencio, pues es sabido que el amor desea agotarse en su totalidad y no ser perturbado por ninguna otra cosa. Por eso el Esposo del *Cantar* conjura a todas las otras creaturas para que no perturben a la esposa en modo alguno, a fin de que ella pueda dedicarse tranquilamente a la tarea de amar con todo su corazón, con toda su mente y con todas sus fuerzas:[36]

> *Os conjuro, hijas de Jerusalén,*
> *por las gacelas y las cabras monteses,*
> *que no despertéis ni inquietéis a la amada*
> *hasta que ella quiera.*[37]

Así es como lo dice, con un verdadero derroche de poesía, *El Cantar de los Cantares*. Todo depende de lo que ella quiera y mientras ella quiera, pues el amor, como siempre, es esencialmente voluntad sumida en libertad. Y, a su vez, San Juan de la Cruz ha glosado esos versos con la genialidad de unas estrofas no superadas por nadie:

> *A las aves ligeras,*
> *leones, ciervos, gamos saltadores,*
> *montes, valles, riberas,*
> *aguas, aires, ardores*
> *y miedos de las noches veladores:*

---

[36] Cf Mt 22:37; Mc 12:30.
[37] Ca 2:7; 3:5.

> *Por las amenas liras,*
> *y cantos de sirenas os conjuro,*
> *que cesen vuestras iras,*
> *y no toquéis al muro,*
> *porque la esposa duerma más seguro.*

Donde es de notar el bello modo de hablar acerca de la intimidad de un diálogo de amor que, por lo demás, transcurre en el silencio y en soledad apartada de todo lo demás. ¿Cómo es posible describir que la contemplación es una increíble exaltación de vida, de donación mutua, de desafío de generosidades, de felicidad indescriptible..., todo lo cual tiene lugar en la exclusión de todo lo que sea ajeno a ello, precisamente porque los que se aman se agotan a sí mismos (nada se reservan, ni apartan la atención a otra cosa) en la entrega total del uno al otro? Que el diálogo y la entrega de amor de la contemplación jamás podrán ser explicados mediante la prosa, y menos aún por la poesía, es cosa sabida. Pero eso no obsta para que el misterioso sentimiento de lo bello, que la poesía causa en el ser humano, produzca algo más que el presentimiento de lo tremendamente maravilloso. La poesía puede suscitar sentimientos más profundos e intensos que la simple prosa. Cualquier técnico literario, con el escalpelo de la crítica en la mano, puede hacer la disección de la primera de esas dos estrofas, por ejemplo, y emitir un veredicto de experto. Probablemente, para él, el poeta ha logrado esa extraña belleza mediante una increíble acumulación de sustantivos, los cuales aparecen como precipitándose unos sobre otros, sin verbos que los espacien o cosas semejantes. Pero, sea de ello lo que fuere, la gran verdad es que la poesía es un misterioso instrumento que sirve para explicar, aunque sea de alguna manera, lo que de por sí es inexplicable. Las reglas más elementales y comunes de la arquitectura gramatical quedan hechas trizas ante el milagro de la poesía. Puede verse esto último, por ejemplo, en la estrofa final de la elegía a Ramón Sijé, de Miguel Hernández, la cual precisamente habla también del diálogo del amor. La curiosidad gramatical y poética consiste aquí en la extraordinaria belleza sobre todo del último verso, conseguida justamente mediante la repetición de una palabra, colocada al principio y a su final:

> *A las aladas almas de las rosas*
> *del almendro de nata te requiero,*
> *que tenemos que hablar de muchas cosas,*
> *compañero del alma, compañero.*

Aunque, como fácilmente se adivina, la belleza es algo más etéreo y misterioso de lo que los meros procedimientos gramaticales son capaces de producir. En esta estrofa hay una extraña evocación, más susceptible de ser comprendida por aquellos que saben amar y no explicable simplemente por el lenguaje, del deseo de *hablar de muchas cosas* con el compañero del alma. Pues es bien sabido que los que se aman desean estar siempre juntos, para hablar y hablar, y para llevar a cabo así el misterioso e íntimo diálogo del amor que al fin se consuma en la entrega mutua.

A la oración contemplativa se le puede aplicar, en cierto modo, lo que San Pablo, citando al profeta Isaías, dijo haber experimentado del cielo: *Lo que ni ojo vio, ni oído oyó, ni llegó al corazón del hombre, eso preparó Dios para los que le aman.*[38] Al fin y al cabo la contemplación es un adelanto del cielo, y por eso aún está por escribirse un auténtico tratado sobre ella.[39]

---

[38] 1 Cor 2:9.

[39] Para algunos, *Las Moradas o El Castillo Interior*, de Santa Teresa de Jesús, es tal vez el mejor tratado de oración que se ha escrito hasta ahora. San Juan de la Cruz aborda más directamente la cuestión en su obra en prosa.

Pero quizá sea conveniente recordar de nuevo, para que nadie se llame a engaño, que la contemplación no es meramente un diálogo. La contemplación es también, sobre todo, la comunión o el intercambio de vidas entre los enamorados, que es otro de los efectos más peculiares e importantes del amor. San Juan de la Cruz lo expresa bellamente, una vez más, en una de las estrofas de su poema de la *Noche Oscura.*

> *¡Oh noche que guiaste!,*
> *¡oh noche amable más que el alborada!,*
> *¡oh noche que juntaste*
> *Amado con amada,*
> *amada en el Amado transformada!*

Dámaso Alonso hizo notar ya la magistral alternancia de la *a* con la *o* en esta estrofa, sobre todo en los dos últimos versos, y los consiguientes y maravillosos efectos de sugerencias que tal recurso produce en el lector. Pero, aparte procedimientos estilísticos (que no se pueden identificar con la poesía misma, como tampoco basta la descripción de un cadáver diseccionado para explicar lo que es un hombre), es evidente la utilidad de la poesía en el intento de decir algo más acerca de una realidad que, si ya en el plano meramente natural es inefable, en el orden sobrenatural (que es del que se trata aquí) es absolutamente transcendente a las fuerzas del hombre, tanto para alcanzarla como para expresarla.

> *Introdúcenos, rey, en tus cámaras,*
> *y nos gozaremos y regocijaremos contigo,*
> *y cantaremos tus amores, más suaves que el vino.*[40]

---

[40] Ca 1:4.

La comunión y el intercambio de vidas, que es el resultado más importante del amor, conduce como es lógico a la posesión mutua. Ambos amadores se entregan en total posesión y absoluta pertenencia al otro:

> *Mi amado es para mí y yo soy para él.*
> *Pastorea entre azucenas.*[41]
>
> ....
>
> *Yo soy para mi amado y mi amado es para mí,.*
> *el que se recrea entre azucenas.*[42]
>
> ....
>
> *Yo soy para mi amado*
> *y a mí tienden todos sus anhelos.*[43]

Es evidente que, ante estas realidades, tan imposibles de describir como que su grandeza transciende a todo lo puramente humano, la poesía puede contribuir a poner las cosas en su sitio. Cuando se vive en un mundo postcristiano que ha olvidado a Dios, y en una Iglesia en crisis que parece haber dado de lado al mundo de lo sobrenatural y permitido que se enfríe la caridad, la poesía trae de nuevo el aliento de una belleza que transciende a todo. Y, junto con esa belleza, llegan también la verdadera bondad y la auténtica verdad. Es entonces cuando el hombre se siente inundado por un escalofrío de emoción, que es lo que ocurre precisamente en el momento en el que se da cuenta de que la realidad del ser (la bondad, la verdad y la belleza) aún existe en el universo y que, después de todo, solamente

---

[41]Ca 2:16.

[42]Ca 6:3.

[43]Ca 7:11.

eso es lo auténtico. Entonces descubre el hombre de nuevo que el mundo no es enteramente el reino de la mentira, y que la alegría perfecta es patrimonio exclusivo de los hambrientos de justicia, de los limpios de corazón, de los pobres, de los que lloran, y de los que llevan la paz en su alma y la difunden. La poesía mística, al hacer que el hombre se eleve por encima de sí mismo, le hace también caer en la cuenta de lo que es realmente el verdadero amor. Porque de lo que se trata es del verdadero amor, que es esa inefable realidad que el hombre, misteriosamente, parece haberse empeñado en destruir. Cierto que a la antigua pregunta, que desde siempre se han planteado los filósofos y teólogos, de: ¿por qué el ser más bien que la nada?, se le podría añadir con toda justicia esta otra de: ¿por qué el odio más bien que el amor, y cómo es posible odiar al amor...? Pero, mientras tanto, Dios y el hombre siguen buscando juntos la soledad y el olvido, a fin de poder entregarse mutuamente en gozosa y total posesión:

> *Amado, yo quisiera*
> *al aire del jardín gustar tu cena,*
> *pues es la primavera*
> *y el monte ya se llena*
> *de romero, tomillo y hierbabuena.*

> *Juntemos nuestras manos*
> *y vámonos a ver los verdes prados,*
> *los huertos de manzanos,*
> *los bosques de granados,*
> *las riberas de chopos plateados.*

> *Mi Amado, subiremos*
> *al monte del tomillo y de la jara,*
> *y luego beberemos*
> *los dos, en la alfaguara,*
> *el agua rumorosa, fresca y clara.*

Lo cual pretende ser un eco de la exclamación que, desde la noche de los siglos, viene pronunciando la esposa del *Cantar*:

> *Ven, amado mío, vámonos al campo;*
> *haremos noche en las aldeas.*
> *Madrugaremos para ir a las viñas,*
> *veremos si brota ya la vid,*
> *si se entreabren las flores,*
> *si florecen los granados,*
> *y allí te daré mis amores.*[44]

El escalofrío que siente el hombre ante la belleza evocada por la poesía no es otra cosa que la embargante emoción ante el misterio del ser, y, en último término, ante el misterio de Dios. Encontrarse con la belleza equivale a encontrarse con la verdad y con el bien, que es lo mismo que decir con el ser, el cual no es otra cosa que Dios cuando el ser posee la plenitud de lo infinito. Una vez alcanzada la cumbre donde se encuentra la belleza en su colmo, es fácil descubrir allí también al bien y a la verdad, a poco que se mire a la derecha o a la izquierda. Lo mismo que esos transcendentales se identifican con el ser, en su grado supremo se confunden con el Ser cuya esencia consiste en existir, el cual los posee a modo de plenitud, o más bien es ellos mismos pero en grado infinito. Por eso a la poesía ni siquiera le hace falta nombrar expresamente a Aquél que, por lo demás, tiene un Nombre sobre todo nombre, y por eso la poesía mística no teme utilizar formas profanas para hablar de la infinita Belleza. Pues el hombre solamente necesita cruzar el umbral del mundo de la belleza para presentir que se encuentra muy cerca de Dios. Como puede verse, por ejemplo, en estos fragmentos del último capítulo de *El Señor de los Anillos*, el gran poema épico de Tolkien:

---

[44]Ca 7: 12–13.

"Había llegado la noche, y las estrellas centelleaban en el cielo del este, cuando los compañeros pasaron delante de la encina seca y descendieron la colina entre la espesura de los avellanos. Sam estaba silencioso y pensativo. De pronto advirtió que Frodo iba cantando en voz queda, cantando la misma vieja canción de caminantes, aunque las palabras no eran del todo las mismas:

> *Still round the corner there may wait*
> *A new road or a secret gate;*
> *And though I oft have passed them by,*
> *A day will come at last when I*
> *Shall take the hidden paths that run*
> *West of the Moon, East of the Sun.*[45]

Y como en respuesta, subiendo por el camino desde el fondo del valle, llegaron voces que cantaban:

> *We still remember, we who dwell*
> *In this far land beneath the trees*
> *The starlight in the Western Seas.*[46]

Frodo y Sam se detuvieron y aguardaron en silencio entre las dulces sombras, hasta que un resplandor anunció la llegada de los viajeros.

---

[45]Quizá todavía esperen detrás del recodo/ un nuevo camino o una puerta secreta;/ y aunque a menudo pasé sin detenerme,/ al fin llegará un día en que yo/ caminaré por los senderos escondidos que corren/ al Oeste de la Luna, al Este del Sol.

[46]Todavía recordamos, nosotros los que vivimos/ bajo los árboles en esta lejana tierra,/ la luz de las estrellas sobre los Mares de Occidente.

Y vieron a Gildor y una gran comitiva de hermosa gente élfica, y luego, ante los ojos maravillados de Sam, llegaron cabalgando Elrond y Galadriel. Elrond vestía un manto gris y lucía una estrella en la frente, y en la mano llevaba un arpa de plata, y en el dedo un anillo de oro con una gran piedra azul: Vilya, el más poderoso de los tres. Pero Galadriel montaba en un palafrén blanco, envuelta en una blancura resplandeciente, como nubes alrededor de la Luna; y ella misma parecía irradiar una luz suave. Y tenía en el dedo el anillo forjado de *mithril*, con una sola piedra que centelleaba como una estrella de escarcha...

Entonces Elrond y Galadriel prosiguieron la marcha; la Tercera Edad había terminado, y los Días de los Anillos habían pasado para siempre, y así llegaba el fin de la historia y los cantos de aquellos tiempos. Y con ellos partían numerosos Elfos de la Alta Estirpe que ya no querían habitar en la Tierra Media; y entre ellos, colmado de una tristeza que era a la vez venturosa y sin amargura, cabalgaban Sam, y Frodo, y Bilbo; y los Elfos los honraban complacidos.

Aunque cabalgaron a través de la Comarca durante toda la tarde y toda la noche, nadie los vio pasar, excepto las criaturas salvajes de los bosques; o aquí y allá algún caminante solitario que vio de pronto entre los árboles un resplandor fugitivo, o una luz y una sombra que se deslizaba sobre las hierbas, mientras la luna declinaba en el poniente. Y cuando la Comarca quedó atrás, y bordeando las faldas meridionales de las Lomas Blancas llegaron a las Lomas Lejanas y a las Torres, vieron en lontananza el Mar; y así descendieron por fin hacia Mithlond, hacia los Puertos Grises en el largo estuario de Lun.

Cuando llegaron a las Puertas, Cirdan el Guardián de las Naves se adelantó a darles la bienvenida. Era muy alto, de barba larga, y todo gris y muy anciano, salvo los ojos que eran vivos y luminosos como estrellas; y los miró, y se inclinó en una reverencia, y dijo:

—Todo está pronto.

Entonces Cirdan los condujo a los Puertos, y un navío blanco se mecía en las aguas, y en el muelle, junto a un gran caballo gris, se erguía una figura toda vestida de blanco que los esperaba. Y cuando se volvió y se acercó a ellos, Frodo advirtió que Gandalf llevaba en la mano, ahora abiertamente, el Tercer Anillo, Narya el Grande, y la piedra engarzada en él era roja como el fuego. Entonces aquellos que se disponían a hacerse a la Mar se regocijaron, porque supieron que Gandalf partiría también.

Pero Sam tenía el corazón acongojado, y le parecía que si la separación iba a ser amarga, más triste aún sería el solitario camino de regreso. Pero mientras aún seguían allí de pie, y los Elfos ya subían a bordo, y la nave estaba casi pronta para zarpar, Pippin y Merry llegaron, a galope tendido. Y Pippin reía en medio de las lágrimas.

—Ya una vez intentaste tendernos un lazo, y te falló, Frodo. Esta vez estuviste a punto de conseguirlo, pero te ha fallado de nuevo. Sin embargo, no ha sido Sam quien te traicionó esta vez, ¡sino el propio Gandalf!

—Sí —dijo Gandalf— porque es mejor que sean tres los que regresen, y no uno solo. Bien, aquí, queridos amigos, a la orilla del Mar, termina por fin nuestra comunidad en la Tierra Media. ¡Id en paz! Y no os diré: No lloréis; porque no todas las lágrimas son malas."

Como puede comprobarse, de nuevo aparecen juntos la belleza, el amor, la muerte, y las despedidas dolorosas y para siempre. La majestuosa y suave belleza del lenguaje poético se une aquí a la belleza, no menos imponente, de la situación que describe el poema.

¿Cuál de las dos es más grandiosa? Difícil sería decidirlo, como difícil sería también decidirlo en otras páginas semejantes de la literatura universal que han alcanzado la inmortalidad. Así sucede en el Cura Rural de Bernanos, cuyas últimas palabras antes de morir, que cierran prácticamente el libro del famoso diario —"Todo es gracia"—, hicieron decir a Charles Moeller[47] que forman la frase más bella que se ha escrito en la literatura del siglo XX. Así ocurre también en la disertación final del cronista Cide Hamete Benengueli en la genial obra cervantina, cuando se dirige a su pluma, después de haber descrito la muerte de Don Quijote, para decirle: "Aquí quedarás, colgada de esta espetera y de este hilo de alambre, ni sé si bien cortada o mal tajada péñola mía, adonde vivirás luengos siglos, si presuntuosos y malandrines historiadores no te descuelgan para profanarte."

Y así igualmente en la Biblia: *Porque os he dicho estas cosas se ha llenado de tristeza vuestro corazón. Sin embargo os digo la verdad: os conviene que yo me vaya. Porque, si no me voy, el Paráclito no vendrá a vosotros; pero, si me voy, os lo enviaré... Un poco más y ya no me veréis; y otro poco más y me volveréis a ver... Ya sé que ahora tenéis tristeza; pero os volveré a ver y se alegrará vuestro corazón, y nadie os quitará vuestra alegría.*[48]

Aunque aquí aparece un elemento nuevo: la increíble novedad del amor divino–humano, que es el único que puede hacer que las despedidas definitivas se conviertan en momentáneas. Porque solamente este amor, y no el puramente humano, es el que dura para siempre (1 Cor 13:8). Así es como la poesía de la Biblia logra añadir algo esencial que, sin embargo, faltaba en el amor y en la literatura puramente humanos: la alegría esperanzada de la perennidad, sin

---

[47]Charles Moeller, *Literatura del Siglo XX y Cristianismo*, vol. I, 3ª parte, cap. III.

[48]Jn 16: 6–7.16.22.

la que la alegría humana nunca hubiera sido ni siquiera alegría. Sin esa alegría esperanzada, la poesía humana hubiera sido una velada sombra, condenada para siempre a intentar disimular y a tratar de ocultar, sin conseguirlo jamás, la amargura del corazón del hombre.

Por eso el autor sagrado echa mano también de la poesía para hacerle decir al Esposo, con toda justicia, hablando de sí mismo:

> *Yo soy la raíz y la descendencia de David,*
> *el lucero radiante de la mañana.*[49]

Un Esposo que se siente tan enamorado de la esposa como para no vacilar en dirigirse a ella y decirle:

> *¡Qué hermosa eres, qué hechicera,*
> *qué deliciosa, amada mía!*[50]
>
> *............*
>
> *Aparta ya de mí tus ojos,*
> *porque me matan de amor.*[51]

He aquí el increíble misterio del amor de Dios por el hombre. Con él a la vista el hombre no hubiera necesitado buscar jamás su propia grandeza, porque nadie como Dios mismo ha hecho nunca un elogio tan encendido, y tan enamorado, del ser humano:

> *¿Quién es esta que se alza como la aurora,*
> *hermosa como la luna,*
> *espléndida como el sol,*
> *terrible como escuadrones ordenados para la batalla?*[52]

---

[49] Ap 22:16.

[50] Ca 7:7; cf 6:4.

[51] Ca 6:5.

[52] Ca 6:10.

Por eso sigue la esposa, y seguirá siempre, sin poder atender a aquellos que la urgen para que dé cuenta de su amor. Se siente incapaz de hablar del amor de su Esposo, de explicar lo que sucede en la intimidad del diálogo de amor que es la contemplación. Por eso tiene que acudir a la poesía, para responder de alguna manera a los ansiosos requerimientos de los que le preguntan:

> *¿En qué se distingue tu amado,*
> *oh la más hermosa de las mujeres?*
> *¿En qué se distingue tu amado?*[53]

Al final, como la mejor de todas las respuestas, sólo le queda a la esposa invitar a sus compañeras para que la sigan. Porque, ante aquello de lo que es imposible hablar, por maravilloso e inefable, solamente cabe la tarea de hacer juntos el camino, para llegar así a la gran meta a la que, en definitiva, todos están llamados. Y las compañeras lo comprenden así:

> *¿Y adónde fue tu amado,*
> *oh tú la más hermosa de las mujeres?*
> *¿Adónde fue tu amado*
> *para que le busquemos contigo?*[54]

Además, el camino se hace más llevadero y agradable cuando los caminantes marchan juntos. Y hasta es posible que no haya otra manera de hacerlo:

---

[53]Ca 5:9.

[54]Ca 6:1.

Si vas hacia el otero
deja que te acompañe, peregrino,
a ver si el que yo quiero
nos da a beber su vino
en acabando juntos el camino.

La mejor forma de recorrer el camino de regreso hacia la casa del Padre es la de hacerlo con los demás, puesto que el cristiano jamás puede dejar de contar con sus hermanos. Como decía el gran Gandalf en la epopeya de Tolkien: "Sí. Porque es mejor que sean tres los que regresan, y no uno solo."

CAPÍTULO IV

CONTEMPLACIÓN Y FE

Dios ha derramado su Amor sobre el corazón humano (Ro 5:5), si bien por ahora el hombre solamente lo posee en forma de arras o primicias (Ro 8:23; 2 Cor 1:22; 5:5). Pero, aunque sea de esa forma imperfecta, lo cierto es que el amor divino–humano es ahora una feliz realidad puesta al alcance del hombre.

De todos modos, si bien el amor divino–humano es por ahora una realidad provisional, imperfectamente poseída, eso es verdad solamente en lo que se refiere a la totalidad que falta todavía, en cuanto que aún no se ha consumado definitivamente. El significado de las arras o primicias no es otro sino el de que algo es poseído parcial e imperfectamente, en referencia siempre a la totalidad que aún falta.[1] Lo cierto es que el amor divino, derramado sobre el hom-

---

[1] El concepto de arras o primicias supone dos ideas de base: la parcidad e imperfección de un presente, por una parte, y la promesa de un futuro de perfección y plenitud, por otra. Lo que sucede es que aquí la parcidad es tan ubérrima y rica que solamente puede ser considerada pequeña cuando es referida a la totalidad cuya definitiva posesión garantiza.

bre, es una realidad capaz de inundar de sentimientos inefables el corazón humano, ya desde ahora. Como dice la esposa del Cantar, hablando en un contexto que evidentemente se refiere también al presente eón: *Son tus amores más suaves que el vino.*

Un amor de perenne ausencia, o de desconocimiento total de la persona amada, es impensable, en cuanto que no se puede amar lo que no se conoce. Pero el amor que aún no ha llegado a su perfección definitiva ha de alimentarse necesariamente de nostalgias y de recuerdos, los que a su vez suponen un trato o amistad previos con el ser amado. Por otra parte, si el misterio de la esperanza como virtud teologal no es sino el misterio de la tensión entre el *todavía no* y el *ya*, es evidente que eso significa también que de momento hay un *ya*. San Juan de la Cruz, el místico de las *Noches* y de las nadas, de la pura fe y de la desnudez espiritual, es también el místico poeta del *Cántico Espiritual*, capaz de escribir en la última estrofa de su *Noche Oscura* aquella despedida casi divina, que él pone en boca de la esposa:

> *Quedéme y olvidéme,*
> *el rostro recliné sobre el Amado,*
> *cesó todo y dejéme,*
> *dejando mi cuidado*
> *entre las azucenas olvidado.*

Para comprender que el amor divino inunda al ser humano de sentimientos inefables basta con leer el *Cantar de los Cantares*. Por lo que hace a los sentimientos de gozo y alegría, puede acudirse, por ejemplo, al sermón de la última cena, donde Jesús dice a sus discípulos, entre otras muchas cosas, que *vosotros ahora tenéis tristeza, pero os volveré a ver y se alegrará vuestro corazón, y nadie os quitará vuestra alegría... Hasta ahora no habéis pedido nada en mi nombre:*

pedid y recibiréis, para que vuestra alegría sea completa.[2] Como dice también el Apóstol, *el reino de Dios no es comida ni bebida, sino justicia y paz, y gozo en el Espíritu Santo.*[3] Pues el amor divino, en efecto, produce en el hombre una increíble sobreabundancia de sentimientos y de vida: *Son frutos del Espíritu la caridad, la alegría, la paz, la longanimidad, la benignidad, la bondad, la fe, la mansedumbre, la continencia: contra estas cosas no hay Ley.*[4] Que es lo que ya decía el mismo Jesús con misteriosas palabras de insospechada profundidad: *Yo he venido para que tengan vida, y la tengan en abundancia.*[5]

El amor puede existir con una mutua presencia de los amantes que no es completa por el momento; o con un conocimiento y una posesión que todavía no son totales, tanto para el uno como para el otro. Pero tal cosa es solamente el camino hacia una realidad que está llamada a consumarse en la perfección: *Al presente conozco sólo parcialmente, pero entonces conoceré como soy conocido.*[6] Con las arras y primicias, que constituyen por ahora la base y el trasfondo del amor divino–humano, ocurre algo semejante a lo que sucede con el problema del conocimiento de Dios que el hombre es capaz de alcanzar en su presente situación. Porque el principio según el cual *si intelligis non est Deus*, que cualifica el conocimiento de Dios por parte del hombre, no pretende hacer hincapié en un pretendido desconocimiento radical de Dios, sino afirmar que es mucho más lo que le falta a ese conocimiento que lo que ya contiene (aparte, claro está, de insistir en la absoluta transcendencia de Dios con respecto al conocimiento humano). Lo cual dice bastante con respecto a lo

---

[2] Jn 16: 22.24.

[3] Ro 14:17.

[4] Ga 5: 22–23.

[5] Jn 10:10.

[6] 1 Cor 13:12; cf 1 Jn 3:2.

que todavía falta, pero ya no tanto en cuanto a la supuesta pequeñez del conocimiento de Dios que ya posee el hombre. Por otra parte, si *ahora vemos como por un espejo y oscuramente, aunque entonces veremos cara a cara,* según el Apóstol,[7] es evidente que el hombre es capaz de ver ya desde ahora, aunque sea de una manera tan imperfecta o como por un espejo y oscuramente.

Quizá la clave del problema se encuentra en lo que dice a continuación el Apóstol: *Ahora permanecen estas tres cosas: la fe, la esperanza y la caridad; pero la mayor de ellas es la caridad.*[8] De donde la caridad es *ya* una realidad, aunque en la medida en que convive con la esperanza y con la fe. Así es reconocida la realidad presente del amor, de momento imperfecta en cuanto que todavía vive de fe y esperanza (por la ausencia del ser amado), y se insinúa al mismo tiempo la expectación de un futuro en el que tendrá lugar la perfecta consumación. En realidad ya antes se ha prometido expresamente ese amor perfecto: *Entonces veremos cara a cara.* De todos modos hay algo que sí queda suficientemente claro, y es que la bella realidad del amor divino–humano vive por ahora alimentándose de esperanza y sumergida en la oscuridad de la fe.

Lo cual podría traducirse, en el orden práctico, en la puesta en guardia contra ciertas actitudes sentimentalistas que tienden a prescindir de elementos esenciales —la fe y la esperanza— en el auténtico amor divino–humano. Se trata de un grave peligro que actualmente está amenazando a la liturgia católica y que se manifiesta a veces a través de fenómenos bastante extraños.

El culto, por ejemplo, ha dejado de mirar *a Dios* como a su objetivo principal y se ha vuelto casi exclusivamente *hacia el hombre.* Ahora ya no se trata de honrar a Dios ante todo, sino de atraer al

---

[7] 1 Cor 13:12.

[8] 1 Cor 13:13.

hombre, o tal vez de entretenerlo. La ceremonia litúrgica ha perdido unción religiosa para dar paso al *show*. Por lo que respecta a la misa, su centro ha sido desplazado de la consagración para ser colocado en las lecturas y concomitancias, al tiempo que se ha enfatizado la multiforme actividad de una legión de *ministros* que se mueven y actúan incansablemente durante la ceremonia, en medio de un tumulto en el que incluso no sería demasiado difícil que el *celebrante principal* desapareciera de la escena sin ser notado.[9] De hecho los fieles se han acostumbrado a darle el mismo valor a una misa que a las llamadas *liturgias de la palabra*. Por otra parte, ahora ya no se trata tanto de participar de cerca en la muerte del Señor cuanto de participar activamente en la ceremonia, lo cual anda muy lejos de ser exactamente lo mismo. Y por la misma razón, ya no es tan importante tomar parte en el banquete del Cuerpo del Señor, aunque haciéndolo dignamente;[10] sino que lo decisivo ahora es tomar parte de la ceremonia en su totalidad, comulgando de todas maneras y como sea, con dignidad o sin ella.[11] Así es como viene sucediendo, por

---

[9]En las antiguas misas solemnes pontificales que solían celebrarse en las catedrales antes del Concilio Vaticano II, y cuyo ceremonial explicaban tan prolijamente manuales como el de Antoñana, también intervenían junto al Obispo un gran número de ministros: Presbíteros Asistentes, Diáconos, Subdiáconos, Asistentes al trono, Ministros de mitra, Maestros de ceremonias, turiferarios, hacheros y ceroferarios, acólitos, etc. Pero siempre quedaba bien patente que la ceremonia, tal como ocurre todavía en las liturgias orientales, poseía una indiscutible unción sagrada, girando siempre en torno a la persona del Obispo y sobre todo de la Eucaristía, a lo que contribuían no poco el latín y el canto gregoriano.

[10]Cf 1 Cor 11: 23–29.

[11]La pérdida de la conciencia de la necesidad de comulgar en gracia de Dios ha contribuido grandemente a la pérdida de la fe en la presencia real eucarística. Y lo mismo podría decirse de la multiplicación indiscriminada, y a menudo innecesaria, de los *ministros eucarísticos*; o del libre y multitudinario acceso a la utilización y manipulación del Sacramento Eucarístico, que ha convertido el sagrario en algo muy parecido a una máquina de *self–service*.

ejemplo, que el libro evangeliario sea conducido procesionalmente, con un boato evocador de lo que serían los traslados del Arca de la Alianza —con el legítimo deseo, sin duda, de subrayar la presencia de Cristo en su Palabra—, y que a continuación, en la misma ceremonia, la eucaristía sea tratada de una manera bastante lastimosa en lo que se refiere a reverencia y respeto. Lo curioso es que el contenido de las homilías no siempre corresponde a la fastuosidad de las ceremonias que las preceden, tal como suele decirse que sucede con las nueces, que producen demasiado ruido aunque sean muy pocas.[12]

No se quiere tener en cuenta que el verdadero amor se fundamenta sobre todo en la fe y en la esperanza (1 Cor 13:13). Y, aunque el Señor advirtió ya contra el peligro de los caminos fáciles (Mt 7: 13–14), sus discípulos parecen haberlo olvidado. La crisis de fe, que ha desencadenado entre los cristianos un feroz hedonismo, ha generalizado el descrédito de los valores sobrenaturales y ha puesto en circulación un cristianismo fácil y sin contenido.[13] En cuanto a los Pastores, muchos de ellos han optado por ignorar los verdaderos problemas, a fin de poder dedicar la atención a aquellas cuestiones

---

[12]Por lo demás, está comprobado que la falta de fe en la presencia real eucarística conduce también infaliblemente a la increencia en la presencia de Cristo en su Palabra.

[13]La legalización *de facto* del divorcio y *de iure* de los anticonceptivos, el olvido de la idea del cuidado providencial de Dios y el consiguiente miedo a la familia numerosa, la disminución y casi desaparición de la práctica de los sacramentos, la disgregación de la familia y la ausencia de educación cristiana de los hijos, el horror a toda idea de sacrificio (con la inmediata consecuencia del escándalo de la cruz), el olvido de la oración y la ignorancia del verdadero significado de la misa, el descrédito de las llamadas virtudes pasivas cristianas (como la humildad, la obediencia o la pobreza), la falta de una verdadera catequesis, o la crisis de confianza en la Jerarquía, no son más que unos cuantos ejemplos. Aunque eso no ha impedido que muchas estadísticas oficiales, de auténtico corte triunfalista, proclamen sin rubor el momento de esplendor por el que la Iglesia atraviesa.

que los *media* y el mundo airean en cada momento, con lo que dan la impresión de que están más preocupados por presentar una imagen de modernidad y sintonía con el mundo que por atender a las necesidades de los fieles. Una vez más se hace patente que la tentación de ofrecer un cristianismo *razonable*, asequible para el mundo —una ilusión que ahonda sus raíces en el misterioso mundo de la gnosis—, es una de las más sutiles que han acechado siempre a los discípulos de Jesucristo.

San Juan de la Cruz, a propósito de un comentario al salmo 19:3,[14] insiste de nuevo en la necesidad de la fe para iluminar y guiar a todo hombre en este mundo. Según el santo, cuando el salmo dice que *et nox nocti indicat scientiam*, se refiere a que la vida en este mundo, la cual es pura noche, es iluminada a su vez por la otra noche oscura, aunque infalible, de la fe. Ésta última, actualizada por la caridad y por las obras (las demás virtudes), es en realidad la que conduce a la participación en la cruz del Señor y a la consiguiente perfección de la vida cristiana.

Hay quien pone demasiado el acento en pretendidos y más o menos espectaculares *carismas*, alardeando de una presencia del Espíritu que no siempre se corresponde con una seria vida de virtudes. Por lo que tal vez sea necesario recordar que, según San Pablo, son frutos del Espíritu *la caridad, la alegría, la paz, la longanimidad, la benignidad, la bondad, la fe, la mansedumbre y la continencia*.[15] Y que el Apóstol añade a continuación que *los que son de Cristo Jesús han crucificado la carne con sus pasiones y concupiscencias*,[16] apos-

---

[14] *Subida al Monte Carmelo*, III, 5.6.

[15] Ga 5: 22–23.

[16] Ga 5:24.

tillando a renglón seguido, en lógica consecuencia, que *si vivimos según el Espíritu hemos de caminar también según el Espíritu.*[17]

Pero es evidente que caminar según el Espíritu no significa en modo alguno caminar por senderos trillados. El camino de la cruz no ha parecido nunca un camino fácil, sobre todo si se tiene en cuenta que la guía más segura para andar por él es la que brinda la noche oscura de la fe: *et nox nocti indicat scientiam.* El olvido del peligro que suponen los caminos fáciles puede colocar a la Iglesia en una situación bastante delicada. Dar de lado a lo difícil, precisamente en un terreno en el que no existe otro camino que el estrecho y empinado de la cruz, puede ser una trampa peligrosa: *Entrad por la puerta estrecha, porque ancha es la puerta y espaciosa la senda que conduce a la perdición, y muchos son los que entran por ella. ¡Qué angosta es la puerta y estrecha la senda que lleva a la Vida, y qué pocos son los que la encuentran!...*[18] *Esforzaos en entrar por la puerta estrecha, porque os digo que muchos intentarán entrar y no podrán.*[19]

La práctica de que los niños *prediquen* la homilía en las misas especialmente dedicadas a ellos, por ejemplo (mediante el procedimiento de ir preguntando a cada uno su opinión sobre la perícopa evangélica del día, u otros semejantes), puede ser una cosa tan novedosa como distraída, además de una ocasión propicia para escuchar ocurrencias divertidas e ingenuas. Lo malo es que, según viene mostrando la experiencia, tales métodos inducen fácilmente a hacer creer en una cierta eficacia garantizada. Y lo peor es que la verdadera eficacia —cuasi *ex opere operato*— de la predicación queda así desplazada por la confianza ciega en una especie de sistema *ex opere*

---

[17]Ga 5:25.

[18]Mt 7: 13–14.

[19]Lc 13:24.

operantis, puramente humano, cuya utilidad es bastante discutible. Al no confiarse mucho en las gracias actuales que puede alcanzar la predicación —que debe ir avalada, a su vez, por la oración y el testimonio de vida del que predica—, se intenta sustituirlas por métodos pedagógicos puramente humanos, sin contenido sobrenatural, pero cuya utilidad y eficacia se supone que están más garantizadas. Por supuesto que las gracias actuales no están reñidas con métodos de enseñanza que pueden facilitar su recepción; pero una cosa es allanar caminos y otra muy distinta invocar conjuros considerados como talismanes infalibles. Poner el énfasis en métodos humanos de contenido sobrenatural escaso o nulo, como si fueran la panacea universal de la eficacia pastoral, es una actitud que está solamente a un paso de la creencia en la inoperancia de lo sobrenatural. Se sabe de pastores, por citar algún ejemplo, que están convencidos de la ineficacia del evangelio como no sea que se le explique a la gente bajo la forma de *revisión de vida*. Por lo demás, y aunque esto pueda parecer extraño, los niños también necesitan practicar una cierta ascética del cansancio, bien que moderada, en las funciones litúrgicas. Verdaderamente no parece razonable el empeño de algunos en sostener a toda costa que, para percibir el sentimiento de lo sagrado, es imprescindible la distracción que proporciona un *entertainment* mejor o peor organizado. La escenificación de la perícopa evangélica del día por los niños a quienes va dirigida —otro método corrientemente utilizado para escamotear la homilía— puede ser una experiencia interesante desde el punto de vista artístico y teatral, pero de dudosa y discutible eficacia pastoral cuando se introduce como parte de la misa. Los niños, como todos los demás fieles, y como ovejas que forman parte del rebaño de Cristo, necesitan oír la predicación de la palabra de Dios —según aquello de *fides ex auditu*— de boca del sacerdote.[20] La realidad es que la preparación y consiguiente predicación de la homilía, sean quienes sean los oyentes, es tarea ardua y difícil que supone, aparte del estudio y de la oración, un compromiso y un testimonio de vida. Es sobre todo por esto último por lo que algunos predicadores no dudan en dar de lado a tales dificultades, y más aún cuando las innovaciones gozan también de la ventaja de proporcionar a quienes las promueven cierta aureola de revolucionarios y avanzados.

Nadie duda de la necesidad y conveniencia de celebrar la misa para grupos especiales de personas en determinadas ocasiones, tal como se hace en las comunidades religiosas, seminarios, colegios, hospitales, concentraciones de tropas, retiros, ejercicios espirituales, y en otras circunstancias que a veces se presentan. Pero en cambio ya no parece tan evidente la ventaja que representa para los niños su participación habitual en celebraciones especialmente diseñadas para ellos. Porque los niños, además de que están llamados a formarse en un hogar cristiano, necesitan sentir igualmente que forman parte de una comunidad o familia religiosa —la parroquia, por ejemplo, y en último término la Iglesia— que, como es notorio, está formada también —como la familia natural— por una providencial y heterogénea agregación de niños, personas maduras y ancianos.[21] Una

---

[20]La homilía (como toda la catequesis) debe ser adecuada a la mentalidad del público a quien va dirigida, que en este caso es el infantil, al mismo tiempo que seria y profunda. La actualización y adecuación del lenguaje evangélico a los oyentes no tiene nada que ver con cosas como la superficialidad, la chabacanería, la sosería y la insulsez: cf Col 4:6.

[21]La epicúrea sociedad moderna, además de haber destruido la familia, se ha empeñado en expulsar del hogar a los ancianos. Pero la figura venerable del abuelo, patriarca, o *paterfamilias* de un hogar, bien que su autoridad fuera meramente moral, no dejaba de ser beneficiosa para los jóvenes y los niños, como parte de un sistema pedagógico y educativo, al fin y al cabo inventado por Dios, en una institución tan natural como es la familia.

familia en la que solamente hubieran niños o solamente ancianos daría la impresión de algo forzado, poco natural, y bastante parecido al ambiente que se respira en un hospicio o en un asilo de la tercera edad.

Es evidente que las misas *adaptadas* para niños —con frecuencia demasiado adaptadas— corren el peligro de difuminar el carácter sagrado y solemne de la liturgia. Además de que el uso extendido de métodos y procedimientos desprovistos de contenido sobrenatural puede llegar a convertirlas en un espectáculo infantil, en el sentido más desgraciado de la palabra. Y todo porque no se tiene en cuenta que los niños gozan de la fe que les fue infundida en el bautismo, carente por lo general de complejos y de dudas, mientras que se da en cambio por sentado que son incapaces de asimilar el rico contenido de las verdades cristianas. Con lo cual se les enseña un cuerpo de doctrina que en realidad no es otra cosa que una religión *para niños*, pero tomando de nuevo la expresión en el peor de sus sentidos.

El montaje de ceremonias *asequibles* a los niños, con la buena intención de facilitarles la participación en ellas, puede también relegar al olvido el carácter sacrificial de la misa. Con lo cual se consigue que la participación en la cruz y en la muerte del Señor aparezca como algo demasiado lejano, cuando no definitivamente olvidado. Así es como los niños ni siquiera llegan a conocer la existencia de esta base fundamental de la vida cristiana (Ga 2:19). El mundo moderno rechaza tajantemente cualquier intento de que los niños asimilen la idea del sufrimiento, por más que se trate del sufrimiento cristiano. Para la actual pedagogía infantil es un axioma indiscutible el de que los niños deben ser apartados, incluso a toda costa, de todo lo que signifique sacrificio; con lo cual se les impide que lleguen a ser verdaderos hombres y auténticos cristianos. Después ya no se concede demasiada importancia al hecho de que, por culpa de la destrucción de la familia, los niños se vean privados de la alegría de vivir en el seno de un verdadero hogar y expuestos además a una multitud de sufrimientos.

La tentación de los caminos fáciles y la búsqueda de Dios que no se considera obligada a recorrer el áspero y oscuro sendero de la fe, aunque han ocurrido siempre, adquieren un cierto énfasis en las épocas en las que se pierde de vista el horizonte de lo sobrenatural. Puede ocurrir entonces que ya no se sepa qué es lo que se busca en realidad, y hasta que los Pastores abandonen los verdaderos problemas para dedicarse a cuestiones que, aunque sean fútiles o marginales, gozan sin embargo de cierto grado de estima y consideración entre la gente.

Hacia las últimas décadas del siglo veinte la Iglesia oficial de los Estados Unidos se ha considerado en la necesidad de enfrentarse con un problema que, aunque extendido por todo el mundo, parece sensibilizar a la sociedad norteamericana de un modo especial. El problema al que aquí se alude es precisamente el conocido con el nombre —tan desagradable pero corriente— de *machismo*, y se refiere a un pretendido y despótico dominio del hombre sobre la mujer. Las Iglesias oficiales suelen estar atentas a los vientos que corren en sus ambientes, por lo que no tiene nada de extraño que la norteamericana en particular haya decidido concentrar sus esfuerzos en la erradicación del llamado machismo. Así es como la Iglesia oficial demuestra una vez más, haciéndose eco de ese tema, tan aireado en todos los medios de comunicación, que se encuentra en sintonía con el mundo moderno o —si es que se prefiere decirlo de otra manera— con el mundo de su tiempo. El bondadoso objetivo perseguido en este caso no es otro que el de colocar a la mujer en el lugar preeminente que sin duda le corresponde.

Pero desgraciadamente no siempre los grandes temas que los medios de comunicación ponen de actualidad son los más importantes, y hasta no parece aventurado pensar que, con frecuencia, el único objetivo perseguido por los *media* no es otro que el encubrimiento de los verdaderos problemas. Como no es éste el lugar apropiado para hacer un análisis sociológico del tema, quizá baste con apuntar la posibilidad de que, si alguna vez se lleva a cabo tal análisis —con la objetividad y con la serenidad necesarias—, tal vez se descubra que la batida contra el fenómeno del machismo no es sino una nueva persecución al estilo de las cazas de brujas.

Por supuesto que nadie va a negar que la sociedad moderna está afectada de la enfermedad del machismo, como está afectada también de otros muchos vicios y defectos. Aunque algunos de ellos son más aireados que otros, aparte de los que son extrañamente silenciados, cuando no ensalzados y defendidos.[22] Pero debe admitirse igualmente que la sociedad moderna, como sucede con toda sociedad en crisis y a pesar de que no se quiera reconocer, está también afectada por el fenómeno de lo que se podría llamar, con cierto eufemismo, sociedad matriarcal o de matriarcado. Lo cual es justamente lo contrario de lo que se pregona a los cuatro vientos.

Porque es evidente que el papel de la mujer en la sociedad es de tal importancia y magnitud que no necesita ser enfatizado. Como tampoco hace falta que la mujer intente hacer suyo todo lo que hasta ahora había hecho el hombre para que sean reconocidas su dignidad y excelencia. Una vez que se ha admitido —por supuesto que sin discusión alguna— que la mujer no es ni inferior ni superior al hombre, ya no es preciso demostrar que la prestancia femenina queda más favorecida, y mejor resaltada, cuando la mujer se muestra

---

[22]Que es lo que está sucediendo ahora con la homosexualidad y el concubinato, por citar algún ejemplo.

como *verdadera mujer*, sin necesidad de que se convierta en juez, en tractorista, o en teniente coronel. Y, aunque es indudable que la mujer es muy capaz de hacer esas cosas u otras semejantes, es igualmente cierto que no las necesita para dejar bien patente su excepcional grandeza. En cambio corre el peligro, cuando dedica su atención a tales menesteres, de abandonar otras tareas mucho más importantes, que solamente ella puede llevar a cabo. De una manera o de otra, el resultado final de la actual caza de brujas contra el *machismo* está produciendo graves repercusiones en el interior de la Iglesia.

Que la Iglesia ha reconocido siempre el papel excepcional que, a lo largo de siglos y siglos, ha desempeñado la mujer dentro de ella y en la sociedad —con la Virgen Santa María a la cabeza, proclamada como el más grande de todos los seres puramente humanos, sean hombres o mujeres— es algo que nadie se atreverá a negar. Son incontables las mujeres que, dentro de la Iglesia y a lo largo de dos mil años, han dedicado su vida a la humanidad, por medio de la oración y de la penitencia o a través de las obras de caridad y especialmente de la enseñanza. Por no hablar del papel desempeñado por la mujer, como educadora y formadora de hijos de Dios, en el seno de los hogares cristianos. Y del hecho indiscutible, por citar solamente un ejemplo de la vida práctica, de que la mujer ha dado siempre lecciones de fortaleza y de espíritu de sacrificio al varón, pese al conocido y falso tópico del *sexo débil*. Además de que nada hay comparable al increíble heroísmo, por lo general ignorado, de tantos millones de madres como ha conocido el mundo. Evidentemente la influencia decisiva de la mujer en la vida de la Iglesia, desde su fundación hasta los tiempos modernos, y en la evolución de la sociedad humana —a la misma altura del hombre—, es un hecho innegable que escapa a la estimación de cualquier estadística.

Todo eso sin embargo está siendo ahora relegado a un oscuro segundo plano, como si se pretendiera que muera en el olvido. Los promotores de la lucha contra el *machismo* pretenden que la mujer realice también tareas dentro de la Iglesia que hasta ahora habían sido consideradas como exclusivas de los hombres. Lo que evidentemente va a acarrear importantes consecuencias. Y quizá también algunos peligros, los cuales no se refieren tanto a que la mujer desempeñe determinadas tareas litúrgicas (como administrar la eucaristía o hacer de lectora o predicadora en la misa),[23] *sino a la posibilidad de que quede marginado, olvidado, y hasta anulado, el decisivo e insustituible papel que ella está llamada a realizar en la Iglesia.* Resulta extraño, por ejemplo, que se pretenda hacer creer que una mujer es más importante cuando administra la eucaristía que cuando se dedica a cosas como son la vida contemplativa, o las obras de caridad y de misericordia, o la educación de sus hijos y el cuidado de su esposo en el seno de un hogar cristiano (el cual, por otra parte, difícilmente o de ninguna manera podría salir adelante sin su abnegada y heroica labor de mujer).

La verdad es que el planteamiento del fenómeno del *machismo* da la impresión de ser un engendro fantasmagórico, creado por el movimiento feminista, y no una verdadera realidad sociológica. Cuyo propósito no es el de dignificar a la mujer, sino el de destruirla como persona y como fundamento esencial de la familia. Y aún es más admirable que muchos eclesiásticos, haciéndose eco ingenuamente de la maniobra, se hayan dejado convencer de la gravedad del *problema.* Tal vez se podría aplicar aquí —puesto que el fenómeno se está convirtiendo en práctica corriente dentro de la Iglesia— lo que

---

[23]Cuando la Iglesia lo considera oportuno, por las circunstancias y necesidades del momento, es evidente que lo hace impulsada por razones que todos los fieles deben respetar.

decía Gilson a propósito de algunos neotomistas que, con respecto al problema crítico del conocimiento, se sentían abrumados por la necesidad —verdaderamente una grave cuestión, según ellos— de conciliar a Santo Tomás con Descartes y Kant: "Desde que Kant, cuya doctrina consiste en la negación radical de su metafísica dogmática, ha exigido la crítica como prolegómeno a cualquier metafísica, estos tales se preguntan a sí mismos cómo su propio dogmatismo podría quedar justificado por una crítica. Se diría que, para ellos, toda la historia de la filosofía es una historia anodina, y que un problema ha de ser planteado universalmente desde el momento en que ha sido planteado en algún lugar. De ahí que veamos a tantos tomistas, y a tantos aristotélicos de intención, esforzarse por obtener de Aristóteles y de Santo Tomás la respuesta a problemas que, en realidad, no han surgido de otra cosa que del abandono del realismo clásico. Por eso se abrazan a lo que podría llamarse un 'realismo ingenuo', cuya prueba suficiente de que el problema crítico está ahí es la de que: *alguien lo ha planteado.*"[24] Con lo cual se llega al punto verdaderamente neurálgico de la cuestión. Porque al dejarse muchos deslumbrar por problemas menos importantes, o que atañen bien poco a su propio campo de actividades —en este caso el eclesiástico—, quedan abandonados los verdaderamente vitales y que no admiten demora. Ante la angustia apremiante de la escasez de sacerdotes, por ejemplo, no tiene sentido discutir sobre la ordenación de mujeres cuando al mismo tiempo no existe una auténtica preocupación por la verdadera situación de los seminarios ni por la formación del clero; o cuando se permite que se destruya la idea del sacerdocio; o cuando no existe un programa verdaderamente sobrenatural que sea capaz de atraer a una juventud que ya no conoce los ideales cris-

---

[24]É. Gilson, *Réalisme Thomiste et Critique de la Connaissance*, Paris: Vrin, 1986, pg. 175.

tianos. Son muchos los que ignoran que los remedios a manera de cataplasmas hace ya bastante tiempo que fueron desechados por la medicina moderna: ¿Tal vez por falta de la valentía suficiente para aportar las verdaderas soluciones, quizá por los inevitables compromisos que tal cosa supondría? La Iglesia norteamericana, lanzada a la quijotesca aventura de erradicar el *machismo*, no ha vacilado en hacerlo tema de estudio de Conferencias y objeto de no pocas exhortaciones luminosas. Con la sana y loable intención, sin duda alguna, de demostrar que se halla en sintonía con el mundo y con un deseo sincero de solucionar los problemas. Pero mientras tanto quedan pendientes las espinosas cuestiones de los odios e injusticias raciales, de los seminarios y las crisis de vocaciones, de la degradación moral del clero, de la deserción de las almas consagradas, de la desorientación y confusión de los religiosos y religiosas, de la anarquía litúrgica, de las misas y de la predicación sin contenido sobrenatural, de la *monetización* de las parroquias, de la trágica disminución de las escuelas católicas y el consiguiente peligro que corre la catequesis, de la pérdida del sentido del pecado y casi desaparición del sacramento de la penitencia, de la desacralización de la Eucaristía, de la crisis de fe, de las corrupciones introducidas en el dogma y en la moral, de la intrusión de la teología protestante, del hedonismo feroz que impregna el ambiente, de las tensiones desgarradoras entre católicos conservadores y liberales, de la pérdida de prestigio de la Jerarquía y del clero en general, y hasta del peligro de cisma dentro de la misma Iglesia nacional, por citar unos cuantos ejemplos.

Quizá por debajo de todo esto se encuentra el hecho innegable de que los cristianos han olvidado que, en la actual condición de Iglesia peregrina en la que ellos se encuentran, *todo amor verdadero es un amor crucificado.* Como se ha dicho más arriba, siguiendo a San Pablo, la verdadera caridad va siempre acompañada, en el presente eón, por la fe y por la esperanza: *Ahora permanecen estas tres cosas: la fe, la esperanza y la caridad; pero la mayor de ellas es la caridad.*[25] Es un hecho claro que por ahora la caridad no puede existir sin la oscuridad de la fe y sin las carencias y ausencias que dan paso a la esperanza. O dicho de otra manera, si se quiere: la participación en la cruz es necesaria para todo discípulo que aspire a enamorarse del Señor. Ya que no se puede hablar de amor si no se quiere participar en el destino de la persona amada. Y, puesto que ése fue el destino del Maestro, el único camino posible para sus discípulos es el de la cruz: *Quien no carga con su cruz, y viene detrás de mí, no puede ser mi discípulo.*[26] El amor es imposible si no media el deseo de permanecer junto a la persona amada, de vivir como ella, e incluso de acabar como ella, haciendo realidad aquello del *yo para ti y tú para mí, puesto que mi vida es tu vida y tu vida es la mía.* Que por eso decía Jesús: *Como el Padre que me envió vive, y yo vivo por el Padre, así quien me come también él vivirá por mí.*[27] Para lo cual es necesario vivir alimentándose de la esperanza y guiándose por la fe, ya que no existe para el cristiano otra forma de salir airoso a través de las vicisitudes de la larga y oscura noche de la peregrinación terrestre. Pues aquí se trata efectivamente de peregrinación —Iglesia peregrina—, y no de una meta ya alcanzada y conseguida. La corona se les da a los vencedores una vez que han superado la lucha. La tentación de elegir los caminos fáciles es el gran peligro que ha acechado siempre a los cristianos, incluso a los de buena voluntad. San Juan de la Cruz resume bellamente esta doctrina en las estrofas de su *Noche Oscura*:

---

[25] 1 Cor 13:13.

[26] Lc 14:27.

[27] Jn 6:57.

> *¡Oh Noche que guiaste!,*
> *¡oh Noche amable más que el alborada!,*
> *¡oh Noche que juntaste*
> *Amado con amada,*
> *amada en el Amado transformada!*

Según esto, para el santo de Fontiveros, la *Noche* no es tan mala. Es indudable que muchos cristianos preferirían tener a mano un cristianismo *prêt à porter* y fácil de vivir, pensando quizá que de ese modo sería también más aceptable para el mundo. El poeta carmelita, por el contrario, está convencido de que la *Noche* es la única guía segura, y la única capaz de juntar al Amado con la amada. Para él, la *Noche*, por ser *más amable que la alborada*, es incluso más llevadera y atractiva que ésta última. Si resulta que el santo estaba en lo cierto habría que concluir que son muchos los que ahora están equivocados. Lo cual explicaría a su vez el rechazo del mundo al insulso sucedáneo de cristianismo que le está siendo ofrecido.

La fe —con su oscuridad— es tanto más segura cuanto que la búsqueda del Amado ha de ser llevada a cabo durante la *Noche*. En la Jerusalén celestial ya no existirá la noche: *No vi templo alguno en ella, pues el Señor Dios omnipotente y el Cordero es su templo. La ciudad no necesita sol ni luna que la iluminen, pues la gloria de Dios la ilumina, y su lámpara es el Cordero... Sus puertas no se cerrarán durante el día, ya que allí no habrá noche... No habrá noche nunca más...*[28] Pero mientras tanto no existen caminos trillados, alegremente iluminados para una búsqueda fácil:

---

[28] Ap 21: 22–23.25; 22:5.

> *En el lecho, entre sueños, por la noche,*
> *busqué al Amado de mi alma,*
> *busquéle y no le hallé.*[29]

El cristianismo de los caminos fáciles y de las sendas anchas (aquellas que según el Maestro conducen a la perdición) es el cristianismo de las gnosis. La auténtica verdad es que la esposa jamás encontrará al Amado sino a través de no pequeñas dificultades, y solamente después de una azarosa búsqueda que, incluso durante largo tiempo, parecerá muchas veces imposible y hasta carente de sentido:

> *Me levanté y recorrí la ciudad,*
> *las calles y las plazas,*
> *buscando al Amado de mi alma.*
> *Busquéle y no le hallé.*
> *Encontráronme los guardias*
> *que hacen la ronda en la ciudad:*
> *¿Habéis visto al Amado de mi alma?*[30]

Como decía San Juan de la Cruz en su *Cántico Espiritual*:

> *¿A dónde te escondiste,*
> *Amado, y me dejaste con gemido?*
> *Como el ciervo huiste*
> *habiéndome herido;*
> *salí tras Ti clamando, y eras ido.*

---

[29] Ca 3:1.

[30] Ca 3: 2–3.

Y por supuesto que nadie puede pretender, estando todavía en
este mundo, que ya ha consumado la búsqueda. El Espíritu es demasiado grande y demasiado transcendente como para que alguien
sea capaz de imaginar que lo tiene ya dentro de su bolsillo: *El espí-*
ritu sopla donde quiere, y oyes su voz, pero no sabes de dónde viene
ni a dónde va.[31] El Espíritu es soberanamente libre (2 Cor 3:17), y
de ahí que nadie pueda jactarse de que ya lo ha hecho suyo: *Mirad*
que os lo he avisado. Por tanto, si os dicen: "Mira que está en el
desierto", no salgáis; o "ahí en un lugar escondido", no los creáis.[32]
La búsqueda será siempre dolorosa, y tendrá que llevarse a cabo a
través del camino de la cruz y con la única guía de la fe: *¡Pobre de*
mí! ¿Quién me librará de este cuerpo de muerte?...[33] *¿No sabéis que*
los que corren en el estadio, aunque todos corren, sólo uno recibe
el premio? Corred de modo que lo consigáis. Los que compiten se
abstienen de todo, y eso para alcanzar una corona corruptible; pero
nosotros por una incorruptible. Yo, por tanto, corro, no como a la
aventura; peleo, no como quien da golpes al aire, sino que castigo mi
cuerpo y lo esclavizo...[34]

Como el amor es comunión de vidas, el seguimiento del Amado
no puede ser otra cosa que la vivencia de su mismo destino. Lo cual
significa que el discípulo ha de seguir el camino de la cruz, para
compartirla: *Para ir a donde yo voy, sabéis el camino... Yo soy el*
camino, la verdad y la vida.[35] Por eso dice de nuevo el *Cantar*:

---

[31] Jn 3:8.

[32] Mt 24: 25–26.

[33] Ro 7:24.

[34] 1 Cor 9: 24–27.

[35] Jn 14: 4.6.

> *Me levanté para abrir a mi amado...*
> *Abrí a mi amado,*
> *pero mi amado se había ido, desaparecido.*
> *Le busqué, mas no le hallé.*
> *Le llamé, mas no me respondió.*
> *Encontráronme los guardias que rondan la ciudad,*
> *me golpearon, me hirieron,*
> *me quitaron el velo*
> *los centinelas de las murallas.*[36]

Ahí está resumido, en forma poética pero precisa, lo que es la vida del verdadero discípulo,[37] el cual se verá obligado a vivir siempre y solamente de esperanza y a acostumbrarse a las llamadas sin respuesta:

> *Mi amado se había ido, desaparecido.*
> *Le busqué, mas no le hallé.*
> *Le llamé, mas no me respondió.*

Y no es solamente eso. Porque, junto a la amargura interna por la ausencia del Amado y el aparente fracaso de la búsqueda, están también las pruebas y sufrimientos exteriores:

> *Encontráronme los guardias que rondan la ciudad.*
> *me golpearon, me hirieron,*
> *me quitaron el velo.*[38]

---

[36] Ca 5: 5–7.

[37] 2 Tim 3:12: *Todos los que quieran vivir piadosamente en Cristo padecerán persecución.*

[38] Por eso podía decir el Apóstol, con toda razón: *Padecimos todo tipo de tribulaciones: por fuera, luchas; por dentro, temores* (2 Cor 7:5).

Aunque es indudable que, entre las pruebas, la mayor de todas es para la esposa la ausencia del Amado, que es precisamente la que le hace sentirse morir:

> *Os conjuro, hijas de Jerusalén,*
> *que si encontráis a mi amado,*
> *le digáis que desfallezco de amor.*[39]

Y aún es mayor su tristeza cuando sabe que es ella misma la culpable de la ausencia del Amado. *No hay más que una tristeza: la de no ser santos...* Aunque quizá exista para el hombre una tristeza aún mayor, cual es precisamente la de no sentir la tristeza por la ausencia de Dios. La triste nostalgia por la ausencia de la persona amada es todavía un sentimiento, y un sentimiento hermoso; mientras que la frialdad de un corazón que se siente indiferente ante el amor, o ante la ausencia del amor, no es sino el adelanto de una futura condenación.

En este sentido, de una manera o de otra, debe reconocerse que es triste la condición del hombre sobre la tierra, o *este valle de lágrimas*. Por eso la esposa, que sabe bien que es muy capaz de abandonar al Esposo, le ruega anticipadamente con lágrimas para que Él mismo la busque, llegado el caso, y la traiga de nuevo al redil:

> *Si huyera de tu lado,*
> *búscame tú de nuevo, compañero,*
> *y habiéndome encontrado*
> *devuélveme al sendero,*
> *allí donde me hallaste tú primero.*

---

[39]Ca 5:8.

Así es, en efecto. Porque el Esposo, aún más enamorado que la esposa, es el primero que se apresura para emprender ansiosamente la búsqueda de ella (Lc 15: 4–6; Mt 18: 12–14). Y hay aquí algo maravilloso (como es maravilloso todo lo que se refiere al amor) que por eso mismo es capaz de borrar la tristeza por la ausencia del Amado: Pues, siendo la reciprocidad un constitutivo de la esencia del amor, he aquí que la búsqueda es una tarea que también ha de emprender el Amado. Lo que no ha de parecer extraño si se cae en la cuenta de que, si la esposa no posee plenamente aún al Esposo, tampoco éste posee en plenitud todavía a la esposa. De donde también el Esposo ha de sentir ausencias y pasar por la *Noche*, como lo da a entender bellamente el *Cantar*:

> *Es la voz del amado que me llama:*
> *Ábreme, hermana mía, esposa mía,*
> *paloma mía, inmaculada mía.*
> *Que está mi cabeza cubierta de rocío*
> *y mis cabellos de la escarcha de la noche.*[40]

Y así es como se viene a desembocar de nuevo en aquello que constituye la auténtica vocación del cristiano: compartir la cruz de su Señor: *¿No sabéis que cuantos hemos sido bautizados en Cristo Jesús, en su muerte hemos sido bautizados?*[41] Por eso el Esposo hasta llega a pedirle a la esposa, con voz trémula y anhelante, que le abra, *porque está su cabeza cubierta de rocío y sus cabellos de la escarcha de la noche.* Pues compartir no es otra cosa que tener lo mismo, vivir lo mismo, sufrir lo mismo, y gozar lo mismo: *Pues si*

---

[40]Ca 5:2.

[41]Ro 6:3.

hemos sido injertados juntamente con Él, por una muerte semejante a la suya, también con Él resucitaremos.[42]

La búsqueda del amor, en el presente eón, no es sino el seguimiento del camino de la cruz. Lo cual vale tanto para la esposa como para el Esposo, porque en el amor todo es común y recíproco, y la consumación del amor perfecto no tiene lugar sino cuando se llega definitivamente a la Patria: *A donde yo voy tú no puedes seguirme ahora..., pero me seguirás más tarde.*[43] De ahí la advertencia del Señor contra el peligro de los caminos fáciles, que no son otra cosa que falsos caminos. Y por eso mismo también la contemplación, por ahora, no tiene lugar sino en la fe y a través de la fe; pues siempre hay algo que todavía se interpone entre el Esposo y la esposa: las ventanas, las celosías, o el velo mismo de la esposa:

> *Es mi amado como la gacela o el cervatillo.*
> *Vedle que está ya detrás de nuestros muros,*
> *mirando por las ventanas,*
> *atisbando por entre las celosías.*[44]

> ....

> *¡Qué hermosa eres, amada mía,*
> *qué hermosa eres!*
> *Son palomas tus ojos a través de tu velo.*[45]

Y no puede ser de otro modo, pues ni la misma esposa lo desearía: si sufrió el Esposo, también ella desea sufrir y morir, para compartir del todo el destino de Él. En realidad la *Noche* de la fe de esta vida no

---

[42]Ro 6:4.

[43]Jn 13:36.

[44]Ca 2:9.

[45]Ca 4:1; cf 4:3; 6:7.

tiene otro sentido. Solo que entonces esa Noche se hace *más amable que la alborada*, pues va siempre acompañada de la esperanza y alentada por el amor. De ahí que las teologías que escamotean la cruz no son verdaderas teologías, y de ahí también que la contemplación que, de una manera u otra, prescinde de la oscuridad —¡y por eso mismo del *riesgo!*— de la fe no es sino un engaño. Pero la Noche de la fe se puede convertir en una Noche dichosa, si está animada y guiada por el fuego de un amor que por ahora tiene que ser ante todo búsqueda:

> *En la Noche dichosa*
> *en secreto, que nadie me veía,*
> *ni yo miraba cosa,*
> *sin otra luz ni guía,*
> *sino la que en el corazón ardía.*[46]

Pero ni las oscuridades de la noche, ni las ventanas o celosías, ni los velos o las lejanías, son capaces de ahogar por completo la voz del Esposo. Una voz que no deja de escucharse, como lamento de verdadero enamorado, hasta cuando parece que el Esposo se halla más lejano:

> *Es la voz del Esposo*
> *como la huidiza estela de una nave:*
> *como aire rumoroso,*
> *como susurro suave,*
> *como el vuelo nocturno de algún ave.*

> *Acércate a mi lado*
> *mientras el austro sopla en el ejido,*
> *y deja ya el ganado*
> *y hagámonos un nido*
> *de lirios y de rosas florecido.*

---

[46] San Juan de la Cruz, *Noche Oscura*.

CAPÍTULO V

CONTEMPLACIÓN Y FELICIDAD

La esposa se siente tan feliz por el amor que le profesa el Esposo que exclama alborozada: *Son tus amores más suaves que el vino*, sin vacilar en utilizar una comparación en la que se adivina el sentimiento de que para ella se trata de un amor absolutamente embriagador.

> *Introdúcenos, rey, en tus cámaras...*
> *y nos gozaremos y regocijaremos contigo,*
> *y cantaremos tus amores,*
> *más suaves que el vino.*[1]

Ella comprende ahora claramente que ha sido hecha para eso, así como que la felicidad es el objeto y el fin de su existencia. Tal como Jesús se lo hace saber también a sus discípulos: *Esto os lo he dicho para que yo me goce en vosotros y vuestro gozo sea completo...*[2] *Pero ahora, Padre, yo voy a ti, y he hablado estas cosas en el mundo para*

---

[1]Ca 1:4.
[2]Jn 15:11.

que tengan mi gozo completo en sí mismos.[3] Es evidente que, para
la esposa, la felicidad total es el Esposo y solamente el Esposo: Él
es el todo para ella y el objeto constante de sus sueños:

> *Es mi amado para mí bolsita de mirra*
> *que descansa entre mis pechos.*
> *Es mi amado para mí racimito de alheña*
> *de las viñas de Engadí.*[4]

Y es que la felicidad, en efecto, es el fin de la existencia del
hombre, que ha sido creado para poseerla. Una afirmación que a su
vez pone sobre el tapete la formulación de la pregunta acerca del
cómo y de la manera: ¿En qué consiste propiamente la esencia de la
felicidad a la que ha sido llamado el ser humano?

Existe una gran corriente de doctrina multisecular que parte
de Aristóteles[5] y que, pasando por San Agustín[6] y Santo Tomás[7]

---

[3]Jn 17:13.

[4]Ca 1: 13–14.

[5]Sobre Aristóteles puede verse, por ejemplo, la *Ética a Nicómaco*, X, 6 y 7.

[6]"Neque enim et nos videndo angelum beati sumus; sed videndo veritatem, qua
etiam ipsos diligimus angelos, et his congratulamur" (*De vera religione*, 55, 110).
Pueden encontrarse abundantes citas y matizaciones sobre este punto, además de
interesantes consideraciones acerca del llamado *intelectualismo agustiniano*, en É.
Gilson, *Introduction à l'étude de Saint Augustin*, cap. I, Paris: Vrin, 1982. Pieper
no está de acuerdo con Gilson en cuanto al primado agustiniano de la voluntad en
este punto, y defiende más bien el intelectualismo del santo por lo que hace a la
esencia de la vida feliz (Josef Pieper, *El Ocio y la Vida intelectual*, Rialp, Madrid,
1962, pg. 289).

[7]"Beatitudo est bonum perfectum naturæ intellectualis, apprehensum per inte-
llectum" (*S. Th.*, Iª, q. 26, a. 1); "Visio Dei per essentiam est tota essentia beatitudi-
nis" (*S. Th.*, Iª, q. 1, a. 4); "Beatitudo nihil aliud est, quam gaudium de veritate" (*S.
Th.*, Iª–IIæ, q. 3, a. 4); "Beatitudo consistit in contemplatione veritatis et maxime
Dei" (*S. Th.*, IIª–IIæ, q. 176, a. 1, ad 1); "Felicitas contemplativa est actus sapientiæ
acquisitæ" (*II Sent.*, d. 41, a. 1).

llega hasta la época actual, según la cual la felicidad consiste en la contemplación saciativa de la verdad. Una contemplación que, como es lógico, no significa otra cosa que la visión de la Suprema Verdad.[8]

Es evidente que, sin la contemplación de Dios como suprema Verdad —quizá alguno preferiría decir también más simplemente: sin la contemplación del Esposo—, no puede haber felicidad para la esposa, pues Dios es en efecto la Suprema Verdad. El amor es impensable sin la contemplación de la persona amada, desde el momento en que es precisamente por ahí por donde *empieza* el amor[9]:

> *Mi amado es fresco y colorado,*
> *se distingue entre millares.*
> *Su cabeza es oro puro,*
> *sus rizos son racimos de dátiles,*
> *negros como el cuervo...*[10]

> ....

> *¡Qué hermoso eres, amado mío, qué agraciado!*
> *Nuestro pabellón verdeguea ya.*[11]

---

[8]Santo Tomás, como es costumbre en él, matiza su pensamiento en otros lugares: "Beatitudo est fruitio Dei" (*S. Th.*, Iª, q. 95, a. 4); "Ad beatitudinem tria requiruntur: scilicet visio Dei, comprehensio, et delectatio" (*S. Th.*, Iª–IIªᵉ, q. 4, a. 3). Quizá cabría profundizar más acerca de lo que entiende el santo por tal *fruitio* y por tal *comprehensio*: ¿Se trata de una *fruitio* y de una *comprehensio veritatis*? ¿Tal vez de una *fruitio* y una *comprehensio Dei ut Veritas*? ¿O simplemente de una mera *fruitio* o una *comprehensio Dei*?

[9]Ya puede suponerse que esta última afirmación (según la cual la contemplación no es sino el paso inicial para el amor) adelanta el enfoque que se va a intentar aquí del problema.

[10]Ca 5: 10–11.

[11]Ca 1:16.

No se puede desear (amar) sino lo que es deleitable, y no se aprecia algo como deleitable si no se contempla. No hay *fall in love* si no existe previamente la piedra de tropiezo maravillosa capaz de hacer caer al posible amante, que queda así prendido y confundido ante el encanto y el hechizo que se ofrecen ante él. De ahí que lo primero en el amor es la contemplación admirada de la hermosura de la persona amada:

> *Mil gracias derramando,*
> *pasó por estos sotos con presura,*
> *y yéndolos mirando,*
> *con sola su figura*
> *vestidos los dejó de su hermosura.*[12]

El amor sólo se consuma en perfección mediante la contemplación perfecta y total: *Ahora vemos como por un espejo y confusamente; pero entonces veremos cara a cara. Ahora conozco parcialmente, pero entonces conoceré como soy conocido...*[13] *Queridísimos: Ahora somos hijos de Dios, aunque todavía no se haya manifestado lo que seremos. Sabemos que, cuando se manifieste, seremos semejantes a él, porque le veremos como es.*[14] Sin la visión del Esposo no hay felicidad posible para la esposa, y de ahí la dolorida queja con la que San Juan de la Cruz comienza su *Cántico Espiritual*. Hasta llega a pensar el santo que el Esposo se ha escondido, desde el momento en que le falta su presencia, lo cual le hace sentirse herido y salir en angustiosa búsqueda hasta donde se encuentra su corazón:

---

[12]San Juan de la Cruz, *Cántico Espiritual*.

[13]1 Cor 13:12.

[14]1 Jn 3:2.

> *¿A dónde te escondiste,*
> *Amado, y me dejaste con gemido?*
> *Como el ciervo huiste*
> *habiéndome herido;*
> *salí tras ti clamando, y eras ido.*

Según se desprende de la doctrina de la *beatitudo* como contemplación saciativa de la verdad, si la contemplación se refiere a la Suprema Verdad —la cual se identifica con Dios—, debe concluirse que su objeto no es otra cosa sino Dios. Aunque, una vez establecido que se trata en todo caso de la contemplación de la divinidad, cabe todavía intentar una mayor concreción conceptual que puede llevarse a cabo mediante la formulación de una serie de preguntas: ¿Se refiere aquí la doctrina a la contemplación de Dios como Verdad Suprema o a la contemplación de Dios simplemente? ¿Qué se puede decir, dentro de una posible línea de carácter más místico, con respecto a la contemplación del Esposo por parte de la esposa? Por otra parte, ¿cuál es la razón de la insistencia de la doctrina clásica en que la contemplación saciativa, en la que consiste la *beatitudo*, se refiere a Dios como Suprema Verdad? ¿Por qué dice Santo Tomás que la *beatitudo* consiste en el gozo de la verdad y que, en definitiva, es un bien perfecto de naturaleza intelectual captado por el entendimiento? Y todavía una pregunta más: En el caso de que se llegue a establecer que la *beatitudo*, o felicidad suprema para el hombre, radica en el amor total, ¿es suficiente el concepto de visión (o contemplación) como constitutivo del amor consumado y perfecto, o hace falta además el concepto de posesión? O dicho de otra manera: El concepto de contemplación saciativa, ¿incluye o no incluye el concepto de posesión? Punto clave, este último, que ha de tenerse en cuenta si se admite que la felicidad consiste en el amor consumado, para el cual es esencial la (mutua) posesión.

Es indudable que la visión beatífica, o bien significa por sí misma para el hombre la *beatitudo*, o bien lo conduce a ella. Pero lo que se trata de saber ahora es si la mutua y recíproca entrega entre Dios y el hombre —amor consumado y perfecto entre uno y otro—, que parece ser para este último la fuente de la *beatitudo*, se explica suficientemente con el concepto de visión (contemplación) o si hace falta además el de posesión. Pues si bien parece claro, siquiera a primera vista, que el concepto de posesión supone necesariamente el de visión (no hay posesión amorosa, ni por lo tanto amor, sin la visión o contemplación de la cosa poseída), ya no es tan evidente que el concepto de visión exija necesariamente el de posesión.

El punto clave del problema surge en cuanto se tiene en cuenta que el hombre no es solamente inteligencia, sino también voluntad —o, si se prefiere, corazón—. Por otra parte, puesto que el hombre ha sido hecho a imagen y semejanza de Dios, y dado que Dios es Amor (1 Jn 4:8), parece legítimo pensar que el ser humano ha sido creado por el Amor para amar y para ser amado.[15] Y desde luego nadie ama con la mera inteligencia. Ni cabe pensar que el Esposo o la esposa del *Cantar* se vayan a sentir saciados hasta que cada uno de ellos consiga la posesión del otro:

Yo soy para mi amado y mi amado es para mí.[16]

---

[15]El verdadero significado de la doctrina de la imagen y semejanza del hombre con respecto a Dios es un problema arduo y complicado, del que se han dado soluciones no siempre muy convincentes. Se puede aceptar, por ejemplo, que el hombre es semejante al Dios uno y trino por las tres facultades de su alma (memoria, inteligencia y voluntad), pero es difícil huir de la impresión de que esa explicación no hace otra cosa que eludir el tema. En cambio la semejanza del hombre con Dios a causa del amor parece una idea más firme y fundada.

[16]Ca 6:3; cf 2:16; 7:11.

Por lo que hace a la contemplación saciativa de la verdad, dice Santo Tomás que la *beatitudo* no puede consistir en la mera visión de la humanidad de Cristo.[17] Dando por seguro que el santo tiene razón una vez más, cabe pensar que su afirmación ha de estar fundada en el hecho de que, una vez que el hombre ha sido elevado al orden sobrenatural, ya no puede existir para él la felicidad perfecta sin la contemplación de Dios. Aunque es posible, sin embargo, que el tema sea capaz de admitir todavía nuevos intentos de profundización.[18] La visión de la humanidad de Cristo no es suficiente para la *beatitudo* porque no hay felicidad perfecta sin amor perfecto. Y la humanidad de Cristo no es la Persona del Verbo, aunque esté unida hipostáticamente a ella. Pero el amor tiene siempre como objeto y término a una persona, distinta en cuanto tal de la persona que ama. Nadie se enamora jamás de un cuerpo o de un alma, y ni siquiera de ambos en conjunto, sino de esa entidad sutil y difícil de calificar que es precisamente la persona. Con todo, como el hombre no es capaz de percibir la persona si no es a través del cuerpo y del alma de esa misma persona, de ahí la transcendencia de que gozan, con respecto a este punto, los dos elementos fundamentales que componen el ser humano. De todos modos, el término u objeto del amor que es siempre la persona es indefectiblemente considerada por el *yo* que ama como *el otro*, en una cierta relación de oposición.[19] Según esto,

---

[17]"Beatitudo non consistit in visione humanitatis Christi": *I Sent.*, d. 1, q. 1, 3m.

[18]El intelectualismo del mundo antiguo ha marcado profundamente todo el pensamiento posterior. Ya se sabe que el hombre perfecto para Aristóteles es solamente el sabio, mientras que para Platón únicamente los filósofos son capaces de gobernar los pueblos.

[19]En el amor juegan siempre un papel fundamental tanto la unidad (o identidad) como la distinción. El amor tiende a hacer una sola cosa de personas que, como tales, son totalmente distintas. Y el amor participado o creado es reflejo e imagen de lo que sucede en el seno del Amor Infinito, el Dios Trinitario y Uno.

a través de (en) la Persona de Cristo es como el hombre llega a la divinidad —*Por Cristo, con Cristo y en Cristo*—, y hasta la Persona misma del Padre, según dice el Maestro mismo a sus discípulos: *Yo soy el camino, la verdad y la vida. Nadie va al Padre sino por mí. Si me habéis conocido a mí conoceréis también a mi Padre. Desde ahora le conocéis y le habéis visto... El que me ve a mí ve al Padre.*[20]

Si se está dispuesto a admitir que el hombre percibe al *otro* a través de la corporalidad y del alma —del otro, desde luego, pero también de las propias[21]—, lo que parece bastante evidente, se puede llegar a comprender mejor la necesidad de la humanidad de Cristo, una vez que Dios ha determinado libremente la elevación de la naturaleza humana al plano sobrenatural. Por eso en el caso de que, como dice Duns Scoto, el decreto de la Encarnación fuera anterior a la previsión del pecado del hombre, la Encarnación del Verbo ya no dependería tanto del pecado —con la necesidad de la

---

[20] Jn 14: 6–7.9. ...*Ni la altura, ni la profundidad, ni criatura alguna, podrá separarnos del amor de Dios 'que está en Cristo Jesús, Señor nuestro'* (Ro 8:39). La Biblia española de Cantera–Iglesias hace una traducción no muy afortunada de este último texto en la que introduce, además, unos corchetes: *Ni el [alto] cielo ni el [abismo] profundo, ni ninguna otra criatura podrá (sic) separarnos del amor que Dios [nos tiene] en Cristo Jesús, Señor nuestro.* La *Bible de Jérusalem* traduce mejor: ...*Ne pourra nous séparer de l'amour de Dieu manifesté dans le Christ Jésus notre Seigneur.* E igualmente la traducción inglesa de *The New Jerusalem Bible*, de Doubleday: ...*Will be able to come between us and the love of God, known to us in Christ Jesus our Lord.* Por último, la Biblia *Neovulgata* traduce el texto con precisión: ...*Poterit nos separare a caritate Dei, quæ est in Christo Iesu Domino nostro.*

[21] Las almas de los bienaventurados, a pesar de que gozan ya de la visión beatífica, no se encuentran todavía en una situación definitiva, al menos en el sentido de que aguardan la resurrección de los propios cuerpos para llegar a la consumación plena del amor perfecto.

consiguiente Redención— cuanto del puro Amor.[22] El Verbo se hace carne para redimir al hombre, pero también para que éste sea capaz de amarlo sobrenaturalmente y, además, del modo que es conforme a la naturaleza humana (aunque elevada).

Puesto que el hombre ha sido creado a imagen y semejanza del Dios que es Amor —lo cual equivale a decir que ha sido hecho para amar y para ser amado—, parece legítimo concluir que no puede alcanzar la beatitud de su último fin sino a través de la consumación de un perfecto amor. El corazón humano no se va a sentir saciado hasta que llegue el momento de consumirse en el fuego de un Amor infinito para el cual ha sido creado. Por eso decía San Agustín que, habiendo sido hecho el hombre para Dios, no puede sentir su corazón tranquilo hasta que descansa en Él. Pero el amor tampoco se sacia con la contemplación de la persona amada, pues lo que anhela el amante es la posesión del amado. Y aún más todavía ser poseído por él, puesto que, como viene a decir el mismo Señor, la entrega (donación) es mejor que la recepción (Hech 20:35). Así como en el seno de la Trinidad, o Amor substancial, el Espíritu Santo es esencialmente Don, como donación mutua que es entre Personas —*Qui ex Patre Filioque procedit*—, del mismo modo el amor participado tiene que consistir en una mutua y recíproca entrega que también tiene lugar entre personas. Y, si bien la contemplación cabe ser imaginada meramente como recepción, el amor en cambio no puede

---

[22]Se suele aducir, como razón de la permanencia de los justos del Antiguo Testamento en el seno de Abraham, la necesidad de una Redención que aún no se había llevado a cabo. Pero esta explicación, aunque verdadera, adolece sin embargo por sí sola de un cierto tinte jurídico, cuando en realidad sus raíces más profundas se afianzan en una razón ontológica: sin la humanidad de Cristo, según lo que acaba de decirse, no hay posibilidad de *beatitudo* sobrenatural para el hombre. Solamente la Persona del Verbo, con y a través de su humanidad asumida, es la que puede abrir para el hombre las *Portæ Æternales*.

ser entendido esencialmente sino como donación.[23] Tanto el Esposo
como la esposa del *Cantar* ensalzan encendidamente la gloria y la
hermosura que cada uno de ellos *contempla* en el otro. Pero incluso
la más superficial de las lecturas pone pronto de manifiesto que el
poema gira más en torno a una mutua posesión que a una recíproca contemplación. Por otra parte, esa supuesta mera contemplación,
según se desprende también obviamente de la lectura del *Cantar*, sería algo completamente ajeno y extraño tanto a la mentalidad como
a la intención del autor.

Por supuesto que la esposa está ansiosa por ver al Esposo para
gozar de su contemplación. ¿Acaso significaría algo un amor que no
deseara ardientemente la contemplación de la persona amada...? San
Juan de la Cruz habla del tema en algunas de las más bellas estrofas
de su *Cántico*:

> *Apaga mis enojos,*
> *pues que ninguno basta a deshacellos,*
> *y véante mis ojos,*
> *pues eres lumbre de ellos,*
> *y sólo para Ti quiero tenellos.*
>
> *Descubre tu presencia,*
> *y máteme tu vista y hermosura,*
> *mira que la dolencia*
> *de amor, que no se cura*
> *sino con la presencia y la figura.*

Pero en modo alguno basta con la contemplación, pues el amor
no se sacia si el amante no se entrega enteramente a la persona

---

[23]Aunque, como todo en el amor es recíproco, la donación de sí, por parte de
cada uno de los amantes, se convierte necesariamente en su recepción por parte del
otro.

amada y la posee además en reciprocidad. Sin esa mutua entrega, o no hay amor, o tal vez se trata de algo tan imperfecto que apenas merece ese nombre. Y si no hay amor no existe tampoco ninguna posibilidad de felicidad completa para el hombre. Ni parece que el concepto de contemplación incluya algo tan esencial al amor como es la reciprocidad, de la que sin embargo hablan los textos con tanta claridad como elocuencia:

> *Ven, paloma mía,*
> *tú que anidas en las hendiduras de las rocas,*
> *y en las grietas de las peñas escarpadas.*
> *Dame a ver tu rostro, dame a oír tu voz,*
> *que tu voz es suave, y es amable tu rostro.*[24]

Como se ve, también el Esposo busca ansiosamente y por su parte a la esposa —en las hendiduras de las rocas, en las grietas de las peñas escarpadas, o mirando a través de las ventanas y de las celosías—, pues también Él anhela y desea con grandes ímpetus ver el rostro de su amada y oír su voz. ¿Y cómo podría ser de otra manera?

> *Voy, voy a mi jardín, hermana mía, esposa,*
> *a coger de mi mirra y de mi bálsamo;*
> *a comer la miel virgen del panal,*
> *a beber de mi vino y de mi leche...*
>
> *............*
>
> *Ábreme, hermana mía,*
> *esposa mía, paloma mía, inmaculada mía.*
> *Que está mi cabeza cubierta de rocío*
> *y mis cabellos de la escarcha de la noche.*[25]

---

[24] Ca 2:14.

[25] Ca 5: 1–2.

Y también para el Esposo es la búsqueda dolorosa y difícil, al tiempo que apasionada. Ahí están para demostrarlo las parábolas o alegorías de la oveja perdida y del Buen Pastor,[26] además del misterio de la cruz. Por eso se queja tan amargamente a la esposa, y por eso le cuenta sus tribulaciones: *Que está mi cabeza cubierta de rocío y mis cabellos de la escarcha de la noche...*

Vale la pena comprobar que, en la parte final y culminante del sermón de la última cena —sermón de despedidas y de consignas definitivas—, en la oración sacerdotal dirigida al Padre, las palabras del Señor muestran un planteamiento de la cuestión maravillosamente equilibrado: *Esta es la vida eterna: que te conozcan a ti, único Dios verdadero, y a tu enviado Jesucristo...*[27] *Yo en ellos y tú en mí, Padre, para que sean consumados en la unidad, y el mundo sepa que tú me has enviado y que los has amado como me amaste a mí. Quiero, Padre, que los que tú me diste estén también conmigo, donde yo estoy, para que contemplen mi gloria: la que tú me has dado, puesto que me amaste antes de la creación del mundo... Yo les he manifestado tu nombre, y se lo manifestaré, para que el amor con que tú me amaste esté en ellos y yo en ellos.*[28] De ahí que el santo poeta de Fontiveros cante también en su obra al amor que adolece hasta la muerte por la ausencia del Esposo y la nostalgia de la unión con Él:

---

[26] Cf Mt 18: 12–14; Lc 15: 4–6; Jn 10: 1–17.

[27] Jn 17:3. Parece que este versículo intenta resaltar el aspecto contemplativo del amor, y sobre todo de la *beatitudo*.

[28] Jn 17: 23–24.26. En cambio es en el verso 24 principalmente donde parece que se quiere subrayar tanto el aspecto contemplativo como el de mutua posesión: el Señor desea que los discípulos contemplen su gloria, pero estando juntamente con Él: *Quiero que estén también conmigo, donde yo estoy.* Por su parte el verso 23 alude a una consumación del mutuo amor en la unidad, mientras que el 26 se refiere a la fusión de un amor unitivo que hace de los amantes una sola cosa en mutua y recíproca posesión.

> *Pastores los que fuerdes*
> *allá por las majadas al otero,*
> *si por ventura vierdes*
> *Aquel que yo más quiero,*
> *decidle que adolezco, peno y muero.*[29]

Lo cual no es sino un eco lejano de un antiguo verso del *Cantar* que, después de haber venido resonando a través de los siglos, ha sido ahora recogido y hecho suyo por el poeta:

> *Dime tú, amado de mi alma,*
> *dónde pastoreas, dónde sesteas al mediodía,*
> *no venga yo a extraviarme*
> *tras los rebaños de tus compañeros.*[30]

Lo único que puede conducir al hombre a la verdadera *beatitudo*, después de haber sido elevado por gracia al orden sobrenatural, es el amor perfecto participado de la misma vida divina, y no la simple contemplación.[31] Las exigencias del corazón humano no pueden quedar satisfechas por los planteamientos de un mero intelectualismo ni por los de un simple voluntarismo. Es el hombre completo —por lo tanto con su inteligencia y con su voluntad— el que ha sido hecho por el Amor para amar y para ser amado. El desplazamiento del acento hacia cualquiera de los extremos, enfatizando alguno de los

---

[29]San Juan de la Cruz, *Cántico Espiritual*.

[30]Ca 1:7.

[31]Que la contemplación saciativa de la que habla la doctrina, o la *visión beatífica* de los bienaventurados, suponen el amor es cosa de la que no se duda. Pero aquí se pretende llamar la atención sobre la necesidad de precisar y de acentuar bien los conceptos, ante el temor de posibles lamentables desenfoques en el tratamiento de los problemas.

aspectos del problema en detrimento del otro, puede redundar en consecuencias nefastas para la ascética y para la pastoral cristianas. Un excesivo voluntarismo despoja al amor de contenido, mientras que un exagerado intelectualismo desemboca en un amor sin objeto. La doctrina de la contemplación saciativa de la verdad ha de tener en cuenta que ahora la Verdad es una Persona (Jn 14:6; 17:17; 5:32), la cual ha hecho suya además una naturaleza humana para poder ser amada de la única manera según la cual el hombre es capaz de amar. A su vez la persona no puede ser considerada meramente como objeto último de contemplación, sino como el término final de la posesión y de la entrega. La capacidad de contemplar a *otra* persona —y de ser contemplado también por ella— culmina con la capacidad de poseerla —y de ser poseído igualmente por ella—. El Dios que es Amor se conoce y se ama a sí mismo, aunque de tal manera que en su absoluta simplicidad se identifican la Inteligencia y la Voluntad infinitas; por lo cual el Padre no es Padre sin el Hijo (*generatio intellectualis*), ni ambos lo son sin el Espíritu Santo (*spiratio amoris*). De parecida manera el hombre, hecho por Dios a imagen y semejanza suyas, ha sido dotado por lo mismo de una inteligencia capaz de conocer... y de una voluntad capaz de amar lo conocido. Y en este caso lo conocido y lo amado es precisamente Dios, o el objeto definitivo y el fin último del conocimiento *y del amor* humanos. Decir que no hay amor sin inteligencia y sin voluntad es lo mismo que decir que no hay amor sin contemplación y sin recíproca entrega y posesión. De ahí que, puesto que el hombre ha sido hecho para el amor, no puede alcanzar su beatitud final sin entregarse al objeto de ese amor y sin poseerlo a su vez.[32] El proceso discurre de manera que primero ha de tener lugar el conocimiento

---

[32]El infierno no consiste fundamentalmente en la privación absoluta de conocimiento de Dios, sino en la carencia total de amor de Dios.

de la cosa digna de ser amada, y solamente después es cuando surge el amor a esa cosa. Y sin que importe aquí mucho que la prioridad sea temporal, atemporal, o meramente de razón o de naturaleza. De este modo puede concluirse, con bastantes visos de aproximación a la verdad, que lo que realmente aparece *al final* de todo —o el fin verdaderamente único— es el amor, y no la mera contemplación.

Aunque todo el mundo parezca estar de acuerdo en cuanto a las conclusiones, hay que insistir en la necesidad de delimitar los conceptos y no dejar en la sombra o en el olvido aspectos importantes de alguna cuestión.[33]

No cabe duda, por ejemplo, de que el seguimiento de Jesucristo, se hace más atrayente cuando se parte de que el amor perfecto es la fuente de la felicidad última del hombre. Siempre es fácil seguir a la persona de quien se está profundamente enamorado, vaya donde vaya. Y el amor —conviene decirlo una vez más— solamente se da entre personas, lo que equivale a decir que es un maravilloso intercambio entre un *yo* y un *tú* que se entregan y se poseen mutuamente. La verdad puede ser objeto de amor, y aun de especial amor, pero nadie se *enamora* de ella, a no ser que sea percibida también como *persona*. Lo cual únicamente se ha dado en Jesucristo, el testigo fiel (Ap 1:5) que pudo decir de sí mismo que Él era la Verdad (Jn 14:6) y que había venido al mundo para dar testimonio de ella (Jn 18:37). El mundo antiguo no pudo nunca sospechar que la Verdad fuera capaz de hacerse carne (Jn 1:14) para demostrar su amor a los hombres y poder ser amada por ellos. Dios sabe que el hombre, si bien no

---

[33]El escamoteo es uno de los métodos que utiliza el Sistema cuando quiere deshacerse de una doctrina. Si una cosa no se puede negar abiertamente se pasa en silencio. También cabe extender sobre ella la sombra de la duda, deslizando por ejemplo la insinuación de que el tema *está abierto a la discusión*. Últimamente no resulta difícil descubrir este procedimiento, de antecedentes típicamente rahnerianos, incluso en documentos oficiales de algunas Curias eclesiásticas.

suele ofrecer el corazón a una mera abstracción, puede entregarlo en cambio a otra persona que va a dar también el suyo en reciprocidad. De este modo llegan ambos amantes, mediante la mutua entrega, a la alegría perfecta de la beatitud total. El hombre necesita contemplar en Jesucristo a la vez al Dios verdadero y al Hombre verdadero. Pues sin la divinidad del Señor desaparecería su Persona, y el amor quedaría privado de su objeto propio. Y sin su humanidad desaparecería para el hombre toda posibilidad de amar, en cuanto que ya no podría dejarse seducir y atrapar por otro *corazón* (Flp 3:12) que a su vez ha sido también atrapado: ¿En qué otra cosa podría consistir el amor para el ser humano? Cuando Santo Tomás dice que la contemplación de la Humanidad de Cristo no constituye para el hombre el objeto de la *beatitudo*, es porque está pensando que el corazón de carne —humano— de Jesucristo pertenece a una Persona que en realidad es divina. Mientras que el amor, que es la única cosa que puede hacer al hombre completamente feliz, tiene siempre como objeto y término a otra persona. La cual es divina cuando se trata del amor sobrenatural, perfecto y definitivo, completo y total, al que el hombre ha sido llamado y elevado. Pero al hombre no le resulta posible acceder hasta la divinidad de esa Persona, de la que se enamora, sino a través del corazón humano y de carne de esa misma Persona, dada la única forma de amar que le es factible.[34] Y así es como queda el camino recorrido y el ciclo por fin completado: a través de la naturaleza humana del Señor, dejándose guiar de la mano del Espíritu, hasta la Persona de Cristo, a fin de alcanzar por ella a la divinidad y en ella al Padre.

La teología de la oración resulta también favorablemente afectada con este planteamiento del problema. Puesto que la oración es el

---

[34]Aquí es donde quizá se podría encontrar un buen cauce para una fundamentación de la teología del Corazón de Jesús.

lugar más adecuado para el trato íntimo con el Señor, debe tenerse
en cuenta que la intimidad de amistad se fundamenta y se hace posible en un amor que solamente tiene lugar entre personas. El diálogo
y el encuentro amorosos, en los que viene a resolverse la oración,
culminan en una entrega recíproca para cuya efectividad es preciso
que el hombre vea a Dios como el *otro*, al que ama y por el cual es
amado. Lo sustancioso de la cuestión está en que el hombre, para
poder amar, necesita ver a la persona amada, hablarla, escucharla,
acariciarla, y hasta contender con ella también en bastantes ocasiones.[35] Y todo discurriendo en absoluta reciprocidad y de una manera
totalmente extraña y lejana a lo que sería la mera contemplación.
De ahí que todas las formas de meditación o de autoconcentración
oriental, que algunos quieren introducir en el cristianismo como métodos de oración, están destinadas al fracaso. Parten de un concepto
erróneo de la oración cristiana y tienen muy poco que ver con ella.
En la oración sobrenatural el hombre no intenta introducirse en sí
mismo para encontrarse a sí mismo, sino que busca justamente lo
contrario: salir de sí mismo para encontrar a la Persona amada. El
solipsismo de la reflexión o autoconcentración es lo más opuesto a
la búsqueda apasionada del otro, que es en lo que consiste en definitiva el proceso en el que se resuelve el amor. La esposa del *Cantar*,
que sabe muy bien de los verdaderos caminos del amor, ha llegado
a convencerse de que no encontrará su verdadera felicidad si no sale
de sí misma para estar con el Esposo. Y desde ese momento ya no
desea otra cosa sino estar junto a Él. No estar consigo misma, ni
encontrarse a sí misma, sino estar con el Esposo y poseer al Esposo.
Por lo cual decía San Juan de la Cruz en su *Cántico Espiritual*:

---

[35]Cf Ca 2:4. Acerca de la oración como una lucha puede verse Spicq, *Théologie
Morale du Nouveau Testament*, I, pg. 217, nota 3, Paris, Gabalda, 1970. Cf también
M.D. Molinié, *Le Combat de Jacob*, Cerf, Paris, 1967.

¡Ay quién podrá sanarme!
Acaba de entregarte ya de vero;
no quieras enviarme
de hoy ya más mensajero,
que no saben decirme lo que quiero.

¿Por qué, pues has llagado
aqueste corazón, no le sanaste?
Y pues me le has robado,
¿por qué así le dejaste,
y no tomas el robo que robaste?

La esposa ya no se aquieta ni se satisface con mensajeros ni noticias, sino que desea ardientemente la presencia y la entrega de su propio Esposo. Los mensajeros son incapaces de decirle lo que ella quiere oír..., porque en realidad su anhelo está puesto en escucharlo de la boca misma del Esposo:

Que no saben decirme lo que quiero.

Aunque los mensajeros sean totalmente diligentes, y aunque las noticias sean abundantes y prolijas. Así y todo no logran otra cosa que alimentar más el ansia, la nostalgia y la inquietud de la Esposa. A mayor abundancia de noticias sobre el Esposo, y a medida que la esposa lo va conociendo mejor, mayor es su hambre por estar junto a Él. Porque de todos modos, como dice ella misma tratando de explicar su insatisfacción:

Y déjame muriendo
un no sé qué que quedan balbuciendo.

En las cosas que se refieren al Esposo siempre es más lo que queda por decir que lo que ya se ha dicho. Más hermoso lo que falta por ver que lo que ya se ha contemplado. Y bastante más atrayente el camino que aún no se ha andado que el que ya se ha caminado con Él. Cuanto más se goza del amor del Esposo y más se recibe de Él —arras o primicias por ahora— más se conoce y más se desea lo que aún falta por poseer: *El fuego nunca dice: "Basta"*,[36] y Dios es un verdadero *fuego devorador*.[37]

En los versos del poeta de Fontiveros, y lo mismo a lo largo del *Cantar* y de todo el Nuevo Testamento, las relaciones de amor entre Dios y el hombre —y la consiguiente beatitud final para éste— no se conciben sino a través de relaciones de mutua entrega y posesión. Relaciones que conducen infaliblemente, no ya a una mera unión de ambos en cuanto amantes —estar juntos—, sino a una verdadera comunión y un auténtico intercambio de vidas.[38] De ahí que la esposa del *Cantar* exprese con versos encendidos su deseo de estar junto al Esposo:

> *Llévanos tras de ti, corramos.*
> *Introdúcenos, rey, en tus cámaras,*
> *y nos gozaremos y regocijaremos contigo,*
> *y cantaremos tus amores, más suaves que el vino.*[39]

El Esposo es absolutamente todo para ella. Su vida misma. Por eso ella no imagina su existencia sino estando junto a Él y con Él.

---

[36] Pr 30:16.

[37] De 4:24.

[38] Cf Jn 6: 56–57; Ga 2:20. Aquí se está ya muy lejos de lo que sería una mera contemplación, la cual en nada satisfaría a la esposa.

[39] Ca 1:4.

Para entregarse a Él y para poseerlo. ¿Cómo podrían ambos amantes satisfacerse con la mera contemplación del otro?:

> *Es mi amado para mí bolsita de mirra*
> *que descansa entre mis pechos.*
> *Es mi amado para mí racimito de alheña*
> *de las viñas de Engadí.*[40]

El amor que la esposa siente por el Esposo está muy lejos de quedar saciado con la mera contemplación. Por eso dice ella también, hablando de su Esposo:

> *Reposa su izquierda bajo mi cabeza*
> *y con su diestra me abraza amoroso.*[41]

Y el Esposo, que siente lo mismo por ella, le corresponde y le habla de la misma manera, en perfecta reciprocidad:

> *¡Qué dulces son tus caricias, hermana mía, esposa,*
> *Dulces más que el vino son tus amores.*[42]

Lo mismo viene a decir San Juan de la Cruz en su *Cántico*, también con poéticas y encendidas palabras:

---

[40] Ca 1: 13–14.

[41] Ca 2:6.

[42] Ca 4:10.

Entrádose ha la esposa
en el ameno huerto deseado,
y a su sabor reposa,
el cuello reclinado
sobre los dulces brazos del Amado.

En la interior bodega
de mi Amado bebí, y cuando salía,
por toda aquesta vega,
ya cosa no sabía,
y el ganado perdí que antes seguía.

Dice que *ya cosa no sabía*, después de haber bebido *en la interior bodega del Amado*, aludiendo a la infinita e inexpresable embriaguez que produce el amor perfecto, la cual, según dice también el *Cantar*, es más suave y mejor que la que produce el vino: *Son tus amores más suaves que el vino.*

Por lo tanto, y según lo que parece desprenderse de lo que se ha dicho, el destino final del hombre no es la contemplación, y ni siquiera la *beatitudo* o *fruitio*,[43] sino el amor que se sacia con la posesión de Dios. Solamente así es inundado el hombre de una felicidad completa que ni siquiera le importaría tanto como la misma posesión de Dios. De ahí que ambos —Dios y el hombre— se busquen mutuamente, como el Esposo y la esposa del *Cantar*, a fin de ofrecerse cada uno al otro como manjar y comida amorosos. Lo único que le importa al amante es la persona amada, y únicamente entonces, cuando ya al fin la posee, es cuando se siente feliz. Esto es lo que insinúa delicadamente la esposa del *Cantar*, refiriéndose al Esposo:

---

[43]Santo Tomás reserva el término *beatitudo* para designar exclusivamente la felicidad divina y diferenciarla de la meramente humana.

> *A su sombra anhelo sentarme*
> *y su fruto es dulce a mi paladar.*[44]

Por su parte el Esposo dice lo mismo de la esposa:

> *Yo me dije: Voy a subir a la palmera*
> *a coger sus racimos.*
> *Sí, sean tus pechos racimos para mí.*
> *El aliento de tu boca es aroma de manzanas.*[45]

> *Voy, voy a mi jardín, hermana mía, esposa,*
> *a coger de mi mirra y de mi bálsamo,*
> *a comer la miel virgen del panal.*
> *Venid, amigos míos, y bebed,*
> *y embriagaos, carísimos.*[46]

Son tus amores más suaves que el vino, le dice la esposa al Esposo. André Gide decía en su *Diario* que *lo terrible es que uno no puede nunca embriagarse suficientemente.* Y sin embargo la suma embriaguez es posible para el hombre, aunque sólo cuando es el amor el que la produce. Y no solamente eso, sino que la gran embriaguez de felicidad y de completa alegría, comenzada ya en este mundo, es precisamente el fin para el que está destinado. La culminación tendrá lugar después, cuando la esposa beba en el Reino el vino de la bodega del Esposo, después de que ambos hayan recorrido juntos el camino de la peregrinación terrena:

---

[44]Ca 2:3.
[45]Ca 7:9.
[46]Ca 5:1.

> *Amado, subiremos*
> *al monte de la ruda y del comino,*
> *y cuando al fin lleguemos,*
> *cumplido ya el camino,*
> *alegres beberemos de tu vino.*

¿Acaso podría vivir el hombre sin ese amor...? Tal vez sí, pero sólo para ver transcurrir su existencia en la suma tristeza. La que sería sin duda la más grande de las tristezas, no ya por tratarse de la carencia de felicidad, sino por consistir precisamente en la falta de la suma felicidad. La felicidad que siente la esposa del *Cantar*, y el deseo de verla enteramente consumada, la ponen en el trance de penar, adolecer y desear la muerte, según decía San Juan de la Cruz:

> *Decidle que adolezco, peno y muero.*

El amor es siempre sentimiento, emoción, ternura, temblor, encanto, arrebatamiento, locura y alegría. ¿Y cómo sería posible que el amor sobrenatural, o el amor divino–humano, carezca de las cualidades que ya de por sí posee el mero amor humano? La gracia supone la naturaleza: la utiliza, la sana y la eleva sin destruirla nunca. Por eso la esposa desea los besos de la boca del Esposo: *Béseme con besos de su boca.* Sí, porque ni siquiera la muerte le va a importar si a través de ella va a lograr, ya para siempre, el definitivo beso de amor del Esposo:

> *Subí hasta las estrellas,*
> *consumido de amor en dulce fuego,*
> *por, si te hallaba en ellas,*
> *pedirte en suave ruego:*
> *¡Dame un beso de amor, muera yo luego...!*

CAPÍTULO VI

VIVIR LA VIDA DEL OTRO

Según el Señor, la vida eterna consiste para el hombre en conocer al Padre, único Dios verdadero, y a su enviado Jesucristo: *Ésta es la vida eterna: que te conozcan a ti, único Dios verdadero, y a Jesucristo, a quien tú has enviado.*[1] Tal conocimiento está ordenado al amor (divino–humano) y a la posesión mutua, conforme a lo que se ha dicho en el capítulo precedente: *Yo les he dado a conocer tu nombre, y se lo daré a conocer, para que el amor con que tú me amaste esté en ellos y yo en ellos.*[2]

Para alcanzar esta vida eterna es necesario comer la carne del Señor y beber su sangre: *En verdad os digo que si no coméis la carne del Hijo del hombre, y no bebéis su sangre, no tendréis vida en vosotros. Quien come mi carne y bebe mi sangre tiene la vida eterna, y yo lo resucitaré en el último día. Porque mi carne es verdadera*

---

[1]Jn 17:3.
[2]Jn 17:26.

comida, y mi sangre es verdadera bebida.[3] Con lo cual se produce un misterioso intercambio por el que Dios y el hombre viven cada uno en el otro. Según dice el Señor, *el que come mi carne y bebe mi sangre permanece*[4] *en mí y yo en él... El que me come vivirá por mí.*[5] San Pablo también insiste en esa misteriosa presencia de Dios en el hombre: *¿No sabéis que sois templo de Dios y que el Espíritu de Dios habita en vosotros...?*[6] *El amor de Dios se ha derramado en nuestros corazones por el Espíritu Santo que nos ha sido dado.*[7] Aunque en realidad se trata de una presencia mutua que desemboca en un no menos misterioso intercambio de vidas.

La profundidad de los problemas que se plantean aquí solamente pasaría desapercibida a quien lea los textos superficialmente. De ahí que, con respecto a los interrogantes que pueden surgir, ya puede decirse de antemano que no van a tener respuesta fácil. Así por ejemplo: ¿Qué es lo que significan expresiones como las de vivir por el otro o vivir la vida del otro...? ¿Cuál es el verdadero sentido del llamado intercambio de vidas...? ¿A qué se alude cuando se habla de perder la propia vida, por amor, o de renunciar a la propia vida, también por amor...?[8] ¿Cómo es que cada uno de los amantes se transforma en el otro, y hasta qué punto conservan ambos —si es que la conservan— su propia identidad...? ¿A qué se refiere San Pablo

---

[3] Jn 6: 53–55.

[4] El verbo griego μένω significa permanecer o estar fijo en un lugar, con idea de duración. *The New Jerusalem Bible*, de Doubleday, traduce aquí por *to live in*, aunque admite que también podría utilizarse la expresión *to be in*. La Neovulgata traduce el verbo griego por *maneo* (permanecer).

[5] Jn 6: 56–57. Cf también Col 3:4.

[6] 1 Cor 3:16.

[7] Ro 5:5. Cf 1 Cor 6: 15–20; 1 Jn 3:24; 4:9; 4:13.

[8] Cf Mt 10:39; 16:25; Mc 8:35; Lc 9:24; Jn 10: 11.15, etc.

cuando dice a los colosenses que Cristo es para ellos su vida...?[9] ¿Qué sentido tiene aquí la reciprocidad como exigencia fundamental del amor...?

Dejando aparte la ligereza de pensar que no se trata aquí sino de meras formas de hablar, y admitido que el lenguaje tiene un sentido y un significado propios, fácilmente se concluye que estas cuestiones entran de lleno en la problemática del amor. Tampoco es difícil darse cuenta de que forman la estructura interna de todo el Nuevo Testamento y son las bases de la espiritualidad cristiana.

La trasfusión de vidas, y la transformación en el otro que el amor lleva a cabo, fueron resumidas poéticamente por San Juan de la Cruz en una de las estrofas de su *Noche Oscura*. Las palabras del santo proporcionan luminosas pistas, a la vez que plantean interesantes problemas:

> *¡Oh noche que guiaste!,*
> *¡oh noche amable más que el alborada!,*
> *¡oh noche que juntaste*
> *Amado con amada,*
> *amada en el Amado transformada!*

Conviene poner atención a la expresión que el santo utiliza. Dice *amada en el Amado transformada*, y no al contrario, porque tal cosa no tendría sentido. Aunque de todos modos esta idea también requiere ciertas explicaciones y matizaciones, como después habrá de verse con más amplitud. Ante todo es necesario dejar bien establecido que esta transformación no significa la pérdida de la personalidad de ninguno de los amantes. Sería algo que atentaría contra la esencia misma del amor. La inviolabilidad e independencia del yo de cada

---

[9]En Col 3:4.

uno de los que se aman es condición necesaria para la existencia del amor. Como se ha venido diciendo repetidamente en capítulos anteriores, el yo se define siempre como tal en la *contraposición* al tú que es el otro,[10] y por eso puede decirse con seguridad que nunca ha existido un yo en solitario. En cuanto a la posibilidad de entregarse, la persona la posee precisamente porque *es ella*, y solamente mientras sea ella, pues el amor se da siempre y necesariamente entre seres personales que se tratan mutuamente de *yo* y de *tú*. La llamada *incomunicabilidad* de la persona es una referencia a su total independencia y autonomía —ausencia de mixtura— con respecto a los otros, que es lo que hace posible que pueda relacionarse con ellos como ser completo y racional. Así puede decirse que cada persona es un universo completo (o cerrado), pero con todas las posibilidades, por eso mismo, para abrirse voluntariamente a los otros universos. Tal independencia es precisamente la que la define como libre y la que le permite darse y entregarse si así lo desea, puesto que solamente un yo es capaz de entregar libremente. La persona, en efecto, puede entregarlo todo y renunciar a todo..., a excepción de esa misma posibilidad de entrega que fluye esencial y necesariamente de su condición de ente personal. Así es como el amor, no solamente no implica fusión en un todo, con la pérdida de la personalidad de cualquiera de los amantes, sino que —muy al contrario— se teje siempre sobre el cañamazo de una cierta *oposición*. En él hay dos personas que se enfrentan como un *yo* y un *tú* en reciprocidad, en una relación que incluso posee cierto carácter de *combate* o contienda, si bien con características absolutamente singulares:

---

[10]En el Amor sustancial, cada una de las Personas posee en absoluta plenitud la única esencia divina. Sin embargo, como tales divinas Personas, ni el Padre sería el Padre sin el Hijo, ni el Hijo sería el Hijo sin el Padre, ni ambos sin un Espíritu Santo que tampoco sería tal sin el Padre y el Hijo.

> *Me ha llevado a la sala del festín*
> *y la bandera que ha alzado contra mí es bandera de amor.*[11]

Tal combate no tiene nada que ver con una lucha de carácter conflictivo entre voluntades que, por no estar de acuerdo, persiguen intereses opuestos o distintos. Y, dado caso que lo que aquí sucede es precisamente todo lo contrario,[12] cabe preguntar si acaso se trata de una mera oposición, aunque de carácter especial, entre dos voluntades. A lo que hay que responder que no necesariamente entre dos voluntades, sino entre un yo y otro yo que, como tales, son absolutamente distintos: *Como el Padre tiene vida en sí mismo, así también dio al Hijo tener vida en sí mismo.*[13]

La *incomunicabilidad* o independencia de la persona hace que el amor se resuelva en último término en la relación *yo–tú*,[14] en absoluto olvido de las otras cosas, *como si* solamente ambos amantes existieran en el universo. Lo cual no es sino una consecuencia del hecho de que cada uno de ellos lo entrega todo al otro. Como dice San Juan de la Cruz en la última estrofa de la *Noche Oscura*:

> *Quedéme y olvidéme,*
> *el rostro recliné sobre el Amado,*
> *cesó todo y dejéme,*
> *dejando mi cuidado*
> *entre las azucenas olvidado.*

---

[11]Ca 2:4.

[12]Recuérdese la lucha de Jacob contra el ángel (Ge 32: 25–33).

[13]Jn 5:26. En cambio es fácil de comprender que, cuando es la criatura la que ama o la que es amada, siempre existen dos voluntades distintas.

[14]En el amor, debido a la reciprocidad, cada yo es a su vez un tú para el otro. El yo, contemplado *desde enfrente* por el otro, se convierte como consecuencia en un tú.

Según enseña el Apóstol, en la exposición de su doctrina sobre el Cuerpo Místico, *todos los miembros del cuerpo, a pesar de ser muchos, forman un solo cuerpo.*[15] Aunque de todas maneras dice también que *el cuerpo no es un miembro, sino muchos,*[16] añadiendo además que *Dios ha dispuesto cada uno de los miembros del cuerpo como ha querido,*[17] y que *vosotros sois cuerpo de Cristo y miembros cada uno por su parte.*[18] Del libro del Apocalipsis se deduce que el premio consiste en un maná que está *escondido* para todos los que no sean el mismo vencedor y el Espíritu, además de un nombre nuevo que solamente ambos pueden conocer: *Quien tenga oídos que escuche lo que el Espíritu dice a las Iglesias: Al que venza le daré del maná escondido; y una piedrecita blanca, sobre la que estará escrito un nombre nuevo que nadie conoce sino el que lo recibe.*[19] El caso es que en el amor todo sucede de tal manera que al final solamente quedan el amante, el amado y el amor que mutuamente se profesan. En su *Cántico Espiritual* el santo poeta de Fontiveros insiste bellamente en esta idea:

> *En soledad vivía,*
> *y en soledad ha puesto ya su nido,*
> *y en soledad la guía*
> *a solas su querido,*
> *también en soledad de amor herido.*

---

[15] 1 Cor 12:12. Aquí no se pretende poner en duda la unidad y solidaridad de todos los cristianos en el Cuerpo Místico de Cristo (Ro 12:5), sino de intentar profundizar en la esencia del amor divino–humano, o del amor simplemente. El único Cuerpo Místico de Cristo está formado por miembros individuales que son personas.

[16] 1 Cor 12:14.

[17] 1 Cor 12:18.

[18] 1 Cor 12:27.

[19] Ap 2:17.

> *Gocémonos, Amado,*
> *y vámonos a ver en tu hermosura*
> *al monte y al collado*
> *do mana el agua pura;*
> *entremos más adentro en la espesura.*
>
> *Y luego a las subidas*
> *cavernas de la piedra nos iremos,*
> *que están bien escondidas,*
> *y allí nos entraremos,*
> *y el mosto de granadas gustaremos.*

Aunque el Apóstol dice de sí mismo: *Vivo, aunque no yo, sino que es Cristo quien vive en mí,*[20] es evidente que no se refiere a la pérdida de su ser en la divinidad. En realidad más bien subraya la oposición de personalidades, puesto que, aparte de que acaba de decir que está crucificado *con Cristo,*[21] puntualiza claramente que es el Maestro quien vive en él: *es Cristo quien vive "en mí".* Lo que trata de decir el Apóstol es que su vida se ha transformado en la de Cristo, sin pretender dar a sus palabras otro sentido que el que había señalado ya antes el Señor.[22] Por otra parte, la reciprocidad como cualidad del amor exige también la especificación o individualidad de los que se aman, que es lo más lejano que cabe imaginar a la pérdida o fusión del amante en el amado, o viceversa. Es importante caer en la cuenta de que, sin el perfil definido del yo de cada amante, no puede existir el amor.

La reciprocidad en el amor (incluido el divino–humano) coloca a los que se aman en una situación que tiende a ignorar las posi-

---

[20]Ga 2:20.

[21]Ga 2:19.

[22]En Jn 6: 56–57. Queda ahora por explicar el verdadero significado de la transformación de vidas.

bles diferencias existentes entre ellos. El amor, al mismo tiempo que mantiene inalterado el yo de uno y otro amante, se consuma en la entrega que cada uno de ellos hace de sí mismo al otro. Entrega que, por ser *recíproca* a la vez que *total*, sitúa a los amantes en el plano lógico de igualdad al que conduce la mutua posesión: puesto que cada uno le entrega al otro *lo que tiene*, y más aún y principalmente *lo que es*, de ahí que tiendan a hacerse en cierto modo iguales. Solamente el amor puede obrar el prodigio de armonizar la identidad con la distinción: la identidad, en la medida en que los amantes tienden a hacerse una sola cosa, por la atracción del amor; y la distinción, porque cada uno de ellos no es tal amante sino en cuanto que ve al otro como *otro* y se define a sí mismo como *yo*.[23] Aunque solamente en el Amor substancial coexisten la perfecta identidad de naturaleza de los amantes y la total distinción de las Personas.

La reciprocidad como cualidad del amor puede suscitar problemas en lo que se refiere a la explicación del intercambio de vidas. Desde el momento en que alguno de los amantes vive la vida del otro (o vive por el otro), ¿qué significado puede tener todavía la reciprocidad? Si el amor divino–humano supone que la criatura vive la vida de Cristo, mediante la transformación en Él, ¿cómo es posible

---

[23]Por eso el amante sale de sí mismo para ir hacia el otro. El aislamiento voluntario del egoísmo solipsista es justamente lo contrario del amor. Mientras que las expresiones *yo te amo* o *te amo* tienen pleno sentido, no ocurre lo mismo con la de *yo amo*, la cual no significa prácticamente nada por sí sola. Los conceptos del amor a sí mismo, del amor a los enemigos, y el del amor a las cosas, no son sino manifestaciones del sentido omniabarcante y extensivo de un amor divino y participado que no sabe imponerse limitaciones a sí mismo. Como dice el libro de los Proverbios, el fuego nunca dice *¡Basta!* (Pr 30:16). El que ha caído apresado en las redes del amor ama todas las cosas, y, además, siempre, puesto que ve en todas ellas vestigios y presencias de la persona amada. Dar la vida por los enemigos es una inmensa demostración de amor (Ro 5:8), aunque no tan grande como la que manifiesta el que la entrega por sus amigos (Jn 15:13).

seguir hablando de un intercambio de vidas, el cual, según parece, siempre ha de tener lugar en un cierto plano de igualdad?

Evidentemente, en esta singular relación de amistad que Dios ha querido establecer con el hombre, es la criatura la destinada a ser elevada y a compartir la vida divina (2 Pe 1: 3–4). Es mediante la incorporación a Cristo como el ser humano nace a la vida sobrenatural y se robustece en ella.[24] Pero eso no significa que el hombre no tenga nada que dar, y que no le quede otra cosa que hacer sino dejarse absorber por la divinidad. Si bien el hombre no puede dar a Dios algo positivo que Él no posea, goza por gracia de la posibilidad de hacer fructificar los dones recibidos y de entregarlos generosamente. Las parábolas de los talentos y de las minas son bien sugerentes al respecto.[25] De ellas parece deducirse que la gracia hace capaz al hombre de entregar más de lo que ha recibido. Desde luego puede entregar a Dios su voluntad y su amor, desde el momento en que le ha sido otorgado *realmente* el don de la libertad, sin el que no podría amar. Una vez que el hombre ha sido creado por Dios como persona y como ser libre, ha recibido también con ello la posibilidad de entregarse a sí mismo. Pero además de eso, puesto que toda relación de amor consiste en una mutua entrega y recepción (con la particularidad de que es justamente el aspecto de donación el considerado como el más importante[26]), aún cabe preguntar si el hombre posee algo que

---

[24]Cf Ro 6: 3–11; Ga 3: 27–29; 2 Pe 1: 3–4.

[25]Mt 25: 14–30; Lc 19: 12–27. Según ellas, los que han recibido los talentos o las minas no se limitan a llevar a cabo una estricta devolución, sino que entregan justamente el doble, como un producto de su propia negociación: —*Cinco talentos me entregaste, he aquí "otros cinco que he ganado"*—. Por eso son recompensados, mientras que es condenado en cambio el que se limita a devolver estrictamente el talento o la mina recibidos. Pues una estricta justicia sin amor no vale nada en un ser que ha sido creado para amar.

[26]Cf Hech 20:35.

pueda ser entregado como específicamente suyo: ¿Existe realmente alguna cosa que el hombre no haya recibido de Dios y que pueda presentar, por lo tanto, como exclusivamente suya? Y la respuesta, aunque parezca extraño, es sorprendentemente afirmativa. Porque el hombre, en efecto, posee la posibilidad de entregar su miseria y su nada como cosas específicamente suyas y solamente suyas. En cuanto a que Dios está dispuesto a hacerse cargo de la miseria y del pecado humanos, y que de hecho ya los ha recibido y aceptado como suyos, lo demuestran la agonía del Huerto y la pasión y la muerte del Señor.[27] Según el Apóstol, a Aquél que no conoció el pecado Dios *le hizo pecado por nosotros, para que nos hiciéramos justicia de Dios en él.*[28] Jesucristo hizo suyos el pecado y la miseria humanos al asumirlos voluntariamente: *Quod non est assumptum non est sanatum.* Por otra parte, el hecho de que el hombre se hubiera desprendido sin más de su pecado y de su miseria, en el caso de que hubiera podido hacerlo, tal vez no habría sido la solución mejor. Como tampoco la de que Dios los hubiera destruido simplemente, por un decreto de su voluntad. Convenía más al plan de salvación que fuera *entregado* libremente lo que había sido buscado y querido libremente. Y, dado que nada puede ser entregado en libertad si no existe alguien dispuesto a recibirlo de la misma manera, de ahí la intervención de Dios por medio de Jesucristo. En Él recibe Dios los pecados de la humanidad y en Él se hace posible, mediante su entrega voluntaria, que el hombre pueda desprenderse de su miseria, entregándola por amor y liberándose de ella. Sólo en Aquél que posee el Espíritu en

---

[27]El bautismo de Jesús en el Jordán, de manos del Precursor, tiene el mismo significado, como se deduce de Mt 3: 13–17 y los restantes sinópticos. La resistencia del Bautista a bautizar al Mesías es muy significativa, dado que el suyo es un bautismo de penitencia y de arrepentimiento público de los pecados y Jesús aparecería así como pecador.

[28]2 Cor 5:21.

plenitud, por ser verdadero Dios y verdadero Hombre, pueden unirse perfectamente la recepción total y la entrega absoluta. Por eso dice el Profeta, hablando del Mesías, que *ha llevado nuestros sufrimientos y ha cargado con nuestros dolores... Traspasado por causa de nuestros pecados y molido por nuestras iniquidades. Recayó sobre él el castigo y por sus heridas hemos sido curados... Dios hizo recaer sobre él la culpa de todos nosotros.*[29]

Esta doctrina, sin embargo, tan fundamental en la espiritualidad cristiana, parece haber sido arrinconada en la actualidad. La actitud del Señor, cargando con unas culpas que no ha cometido y haciéndose responsable de ellas, contrasta con las orientaciones de una buena parte de la pastoral católica actual. Suele estar de moda lo que alguien podría llamar técnicamente el desplazamiento de la culpa, que no es otra cosa que la vuelta de espaldas al sentimiento de la culpa personal. Aunque son muchos los que aún siguen reconociendo la existencia del pecado, es bastante general la tendencia a considerarlo siempre como cometido por *los otros.* Los predicadores y conferenciantes, por no hablar de los redactores de documentos en los laboratorios de alquimia de las oficinas eclesiásticas, acostumbran a lanzar imputaciones y anatemas que no suelen ir dirigidas, por lo general, ni a ellos mismos (lo que sería desagradable) ni a quienes los escuchan (lo que sería, además, comprometedor). Dígase lo que se quiera, la predicación y las enseñanzas de parte del clero, e incluso de algunos organismos eclesiásticos, son las que han fomentado esta situación. El cambio de rumbo con respecto a la doctrina revelada es bastante patente. Mientras que Jesucristo consiente en hacerse a sí mismo pecado por los hombres, apareciendo como pecador, muchos predicadores modernos tratan a sus auditorios como si fueran cristianos irreprochables, sujetos de derechos inalienables

---

[29]Is 53: 3–6.

y víctimas casi siempre de las injusticias de los demás.[30] El mundo vuelve a dividirse en compartimientos estancos de buenos y malos, según criterios maniqueístas de medida en los que los culpables son siempre los del grupo que conviene: burgueses y clase obrera, cristianos comprometidos y cristianos no comprometidos, conservadores y progresistas, beligerantes y pacifistas, capitalismo y tercer mundo, países ricos y países oprimidos (o países del norte y países colonizados), etc. Cuando se aplican convenientemente estos sistemas de clasificación, es suficiente que alguien pertenezca a una determinada estructura para que se convierta automáticamente en bueno o en malo. Aunque en realidad la demagogia de estos pastoralistas llega más adelante, pues suelen partir del supuesto de que sus oyentes son siempre buenos y los otros los malos, o bien son las estructuras las culpables.

Así es como desaparecen juntamente los sentimientos de culpa, los de arrepentimiento y los de amor a Dios, como estados de ánimo personales. Una vez que se ha decidido que los responsables son siempre los otros o las estructuras, el *yo* personal queda liberado y ya no necesita sentirse culpable de nada. Con lo cual queda destruida toda posibilidad de amar a Dios, si es que ha sobrevivido alguna después de haber desarraigado por completo cualquier vestigio de sentimientos personales.

Sin embargo es tarea vana intentar que la espiritualidad cristiana deje de ser eminentemente *personal*, puesto que está fundada

---

[30]Esta pastoral, de fondo demagógico y politizado, suele practicarse sobre todo en algunos países de Europa e Hispanoamérica en los que la herencia marxista aún tiene raigambre (sobre todo entre el clero). En cambio lo que predomina en países como los Estados Unidos de América es, por una parte, el concepto de las parroquias como unidades económicas empresariales (aunque no se quiera reconocer así), y por otra la banalidad y la sosería en la predicación. Lo que tiene en común todo esto es la desaparición del sentido del pecado como culpa personal.

esencialmente en relaciones de amor. Y si se quiere insistir todavía más en la reciprocidad como cualidad del amor, conviene hacer
notar que, por lo que respecta al amor divino–humano, son abundantes los textos escriturísticos que aluden al tema. Para el *Cantar*,
por ejemplo, es nota dominante, aunque la acentúa especialmente
en algunos lugares:

> *Mi amado es para mí y yo soy para él.*[31]
>
> ....
>
> *Yo soy para mi amado y mi amado es para mí.*[32]
>
> ....
>
> *Yo soy para mi amado*
> *y a mí tienden todos sus anhelos.*[33]

La misma disposición del libro, en forma de un diálogo en el que
alternan el Esposo y la esposa con ligeros contrapuntos del coro,
esboza el telón de fondo de una situación de igualdad de los amantes en cuanto amantes. La esposa, por ejemplo, busca anhelante al
Esposo:

> *Me levanté y recorrí la ciudad,*
> *las calles y las plazas,*
> *buscando al amado de mi alma.*[34]

---

[31]Ca 2:16.

[32]Ca 6:3.

[33]Ca 7:11.

[34]Ca 3:2.

Su búsqueda es tan ansiosa que incluso siente el temor de extraviarse y de no llegar a encontrar al Esposo. Por eso pide ayuda al mismo Esposo para que la guíe y la conduzca hasta donde Él se encuentra:

> *Dime tú, amado de mi alma,*
> *dónde pastoreas, dónde sesteas al mediodía,*
> *no vaya yo a extraviarme*
> *tras los rebaños de tus compañeros.*[35]

Pero, a su vez, el Esposo también busca de la misma forma a la esposa:

> *Levántate ya, amada mía,*
> *hermosa mía, y ven...*[36]
>
> . . . .
>
> *Ábreme, hermana mía, esposa mía,*
> *paloma mía, inmaculada mía...*[37]

El Nuevo Testamento, por su parte, es bastante explícito y abundante en testimonios: *Mira que estoy a la puerta y llamo. Si alguno oye mi voz y abre la puerta, entraré a él y cenaré con él y él conmigo...*[38] *Permaneced en mí y yo en vosotros...*[39] *El que permanece en mí, y yo en él, da mucho fruto...*[40] *Ya no os llamo siervos, porque el siervo no sabe lo que hace su señor; sino que a vosotros os*

---

[35]Ca 1:7.
[36]Ca 2:10.
[37]Ca 5:2.
[38]Ap 3:20.
[39]Jn 15:4.
[40]Jn 15:5.

llamo amigos, porque os he dado a conocer todo lo que he oído de mi Padre...[41] *Si el mundo os odia, sabed que me ha odiado a mí antes que a vosotros...*[42] *Si a mí me persiguieron también os perseguirán a vosotros. Pero si guardaron mi palabra, también guardarán la vuestra...*[43] Y más claramente todavía en la oración sacerdotal de Jesucristo al Padre: *Que ellos sean uno; como tú, Padre, en mí y yo en ti, que también ellos sean uno en nosotros...*[44] *Quiero, Padre, que los que me diste estén también conmigo, donde yo estoy...*[45] O bien las extrañas y profundas palabras que pronuncia el Señor en otro lugar: *El discípulo no está por encima de su maestro, ni el siervo está por encima de su señor. Le basta al discípulo ser como su maestro, y al siervo ser como su señor.*[46]

Pero en definitiva, ¿qué es lo que significan exactamente las misteriosas expresiones vivir en el otro y vivir por el otro? Ante todo debe tenerse en cuenta que casi todo el mundo es capaz de intuir de algún modo las cosas que se refieren al amor, y que las verdaderas dificultades no comienzan hasta que llega el momento de buscar explicaciones. Sea de ello lo que fuere, es evidente que aquí existe una comunión de vidas y de bienes que va mucho más allá de lo que sería una mera coparticipación. Lo cual, dicho sea de paso, tampoco es decir demasiado.

Dice el Señor en la oración sacerdotal, dirigiéndose al Padre, que *todo lo mío es tuyo, y lo tuyo es mío.*[47] Lo que se puede aplicar sin duda al amor humano y con mayor propiedad al divino–humano, teniendo siempre en cuenta la analogía. Hasta aquí el tema parece

---

[41] Jn 15:15.

[42] Jn 15:18.

[43] Jn 15:20.

[44] Jn 17:21.

[45] Jn 17:24.

[46] Mt 10: 24–25.

[47] Jn 17:10.

presentar menos dificultades que la idea de vivir por el otro, o la no menos peregrina de vivir en el otro. Que lo que posee cada uno de los amantes pertenezca al otro no es demasiado difícil de entender, puesto que, como se sabe, el amor es siempre mutua donación y entrega. Sin embargo debe advertirse en seguida que no se trata aquí meramente de una voluntaria coposesión de bienes, sino de una donación total en la que son los mismos amantes los que se entregan sin reservas el uno al otro:[48]

Mi amado es para mí y yo soy para mi amado.[49]

Los amantes se entregan mutuamente, no sólo *todo lo que tienen*, sino también *todo lo que son*. Por lo que se puede decir con propiedad que cada uno de ellos se entrega al otro, dando paso así a la idea de una cierta inmanencia mutua. Debido a que los textos hablan claramente de que cada uno de ellos está en el otro, o de que uno vive por el otro, no parece que se pueda reducir el amor a una simple y recíproca posesión de la persona del otro (en el sentido de yo te pertenezco y tú me perteneces): *Permaneced en mí y yo en vosotros. Como el sarmiento no puede dar fruto por sí mismo si no permanece en la vid, así tampoco vosotros si no permanecéis en mí. Yo soy la vid y vosotros los sarmientos. El que permanece en mí, y yo en él, da mucho fruto; porque sin mí no podéis hacer nada.*[50]

Con todo, ¿qué es lo que significa realmente *permanecer en*, o qué sentido tiene esa pretendida inherencia mutua? Descartadas la fusión y mezcla de naturalezas,[51] y mantenida intacta la individualidad de

---

[48]En el seno de la Trinidad se trata de la misma e idéntica naturaleza divina, la cual es comunicada al Hijo por el Padre.

[49]Ca 2:16. Cf 6:3; 7:11; 8:6.

[50]Jn 15: 4–5. Cf 1 Jn 4: 9.16.

[51]La unicidad de naturaleza con la distinción de Personas solamente se da en Dios.

las personas, es evidente que las soluciones tendrán que ser buscadas por otro camino.

Puede tenerse por seguro que ciertas expresiones no son meras formas de hablar. Por ejemplo, las siguientes: Cristo como vida del discípulo (Col 3: 3–4), el discípulo viviendo por Cristo (Jn 6:58), y ambos permaneciendo el uno en el otro. Lo menos que aquí se afirma es que el discípulo hace suya la vida del Maestro, en cuanto que ajusta su conducta —hechos, palabras, pensamientos— a la de Él: *Quien dice que permanece en Él, debe vivir como Él vivió.*[52] Si el amor produce una comunión de afectos y de ideas —consecuencia de la recíproca entrega de los que se aman—, tiene que conducir también a una identidad de conducta, amén de a una identidad de destino: *Como el Padre me envió a mí, así os envío yo a vosotros.*[53] El que está enamorado no solamente desea estar con la persona amada, sino también y sobre todo ser como ella (que aquí significa obrar como ella):[54]

> *Llévanos tras de ti, corramos.*
> *Introdúcenos, rey, en tus cámaras,*
> *y nos gozaremos y regocijaremos contigo.*[55]
>
> ....
>
> *Ven, amado mío, vámonos al campo;*
> *haremos noche en las aldeas.*[56]

---

[52] 1 Jn 2:6.

[53] Jn 20:21. Cf Ro 6: 3–5.

[54] Lo que no excluye en modo alguno el sentido prístino de *ser como ella.* El enamorado desea hacer suya la belleza que contempla en la persona amada, y en ese sentido parecerse a ella y hasta identificarse con ella en la medida de lo que es posible. Por lo demás, también aquí tiene aplicación el principio de que el obrar sigue al ser.

[55] Ca 1:4.

[56] Ca 7:12.

Estar juntos, desde luego. Sin vacilar para ello en correr en busca del Esposo, lo mismo que el Esposo corre también en busca de la esposa. Aunque la esposa no se detiene ahí, sino que desea, además y sobre todo, *ser como el Esposo*:

> *¡Oh Noche que guiaste!,*
> *¡oh noche amable más que el alborada!,*
> *¡oh noche que juntaste*
> *Amado con amada,*
> *amada en el Amado transformada!*[57]

En este sentido es como se dice con razón que el cristiano es otro Cristo. La identificación de vidas no es una copia o imitación de acciones y pensamientos, y lo que Dios desea en realidad no es que el mundo vea en el discípulo un ser cuyo comportamiento es semejante al de Cristo, sino al mismo Cristo. El plan de Dios consiste en que la Persona y la vida de Jesús resplandezcan en el alma y en el cuerpo del discípulo, y no solamente en sus hechos: *Para que la vida de Jesús se manifieste en nuestro cuerpo. Pues nosotros, los que vivimos, estamos continuamente entregados a la muerte por causa de Jesús, para que también la vida de Jesús se manifieste en nuestra carne mortal.*[58] La meta del discípulo, por lo tanto, consiste en ser como Él era, que es todavía más que *vivir como Él vivió*.[59] Lo cual significa que el discípulo, no solamente actúa y siente en todo como Jesús (Flp 2:5; 1 Cor 2:16), sino que todo su ser (cuerpo y alma) está

---

[57]San Juan de la Cruz, *Noche Oscura*.

[58]2 Cor 4: 10–11. Cf Flp 1:20; 1 Cor 6:20.

[59]1 Jn 2:6. Es evidente que, para San Juan, vivir como Jesús y permanecer en Jesús son la misma cosa: si alguno vive como Él, permanece en Él.

poseído y movido por el Espíritu del mismo Jesús: *Cuantos habéis sido bautizados en Cristo, estáis revestidos de Cristo.*[60]

Debido a que el Espíritu del Señor es el eje de toda su existencia, el discípulo aparece ante el mundo como otro Cristo, puesto que ambos viven exactamente la misma vida: *Porque yo vivo y vosotros también viviréis.*[61] El discípulo aparece por lo tanto como Cristo, aunque siendo otro: en realidad como *otro* Cristo.[62] Si, por una parte, el amor exige la perfecta distinción de personas, por otra el testimonio no tiene otro sentido que el de hacer referencia a *otro*, que es de quien se testifica. La prueba está en que el verdadero discípulo —el santo— evoca en su persona la presencia de Dios, ante la cual la suya propia queda más bien como desdibujada. Por eso el auténtico testimonio cristiano se da con la vida más bien que con la palabra, puesto que su verdadero objetivo es poner a la vista una existencia personal, y no meramente informar sobre ella. El testimonio no consiste principalmente en una transferencia de conocimientos o de noticias, sino en la presentación y transmisión dinámica de una vida —en este caso la de Jesús— a fin de que sea compartida, para lo que es necesario que esa testificación vaya animada por la fuerza del Espíritu (Hech 1: 7–8).[63]

Si el discípulo vive por Cristo y está revestido de Cristo es que vive realmente *en* Cristo. Lo que equivale a decir, ateniéndose a

---

[60]Ga 3:27.

[61]Jn 14:19.

[62]El idioma inglés, más preciso en esto que el español, diría aquí *another* Cristo (en el sentido "uno más"), en vez de *other* Cristo (en el sentido de "diferente").

[63]San Juan insiste en que el testimonio cristiano no es simplemente una relación de sucesos, sino algo que gira alrededor de alguien que ha sido visto, oído y palpado, por los que ahora se lo dan a otros. No ya meramente para que lo conozcan, sino para que lo compartan y lo gocen con ellos en comunión y con la misma e idéntica alegría (1 Jn 1: 1–4).

los textos, que Cristo vive realmente *en* él. Dando por supuesta la absoluta diferenciación de personas,[64] y rechazada como absurda cualquier mixtura de naturalezas, hay que reconocer en el amor divino–humano una presencia o inherencia real de Jesús (e incluso de toda la Trinidad) en el discípulo.[65] Según el Señor, *si alguno me ama guardará mi palabra, y mi Padre lo amará, y vendremos a él y haremos en él nuestra morada.*[66] San Pablo se hace eco de la doctrina del Señor: *¿No sabéis que vuestros cuerpos son miembros de Cristo?... ¿No sabéis que vuestro cuerpo es templo del Espíritu Santo, que está en vosotros y habéis recibido de Dios, y que no os pertenecéis?*[67] En cuanto a las profundas palabras del Apóstol, en Ga 6:17, *Por lo demás que nadie me moleste, pues llevo en mi cuerpo las señales (stigmata) de Jesús,* sea cual fuere su estricto significado, es evidente que se refieren a una especial presencia del Señor en el alma del discípulo que se hace patente incluso en el cuerpo.[68] Hablar de la presencia de Dios y de su Amor en el discípulo no es utilizar metáforas ni referirse a meros sentimientos, sino aludir a un tipo de realidades que el hombre por sí solo nunca hubiera podido imaginar: *El amor de Dios se ha derramado en nuestros corazones*

---

[64]Conviene insistir una vez más en que este punto es esencial en el amor. Sin el misterioso diálogo e inefable transferencia que enfrentan al *yo* y al *tú* el amor no tiene sentido, y ni siquiera puede ser imaginado.

[65]La dificultad de explicar a fondo esta cuestión es otra consecuencia de la imposibilidad de conocer de forma exhaustiva lo que es el Amor esencial y su participación por la criatura (el analogado divino–humano).

[66]Jn 14:23. Cf Jn 6:56; etc.

[67]1 Cor 6: 15.19. Cf Ga 2:20.

[68]*Si tu ojo es sencillo todo tu cuerpo estará iluminado* (Mt 6:22). Parece ser la aplicación más lógica de este difícil versículo. La palabra *ojo* estaría utilizada aquí como sinónimo de espíritu o de alma, según parece confirmar Mt 20:15. Esta trascendencia *corporal* indica bien claramente que la presencia del Señor en el discípulo está lejos de ser algo meramente moral.

por el Espíritu Santo que nos ha sido dado.[69] Puesto que la antropología cristiana es comprensiva tanto del alma como del cuerpo, la presencia de Dios en su criatura no significa una presencia en el alma solamente —reducción que nunca ha estado avalada por los textos—, sino en el hombre completo: *Llevamos siempre y en todas partes en el cuerpo la muerte de Jesús para que también la vida de Jesús se manifieste en nuestro cuerpo. Pues nosotros, los que vivimos, estamos de continuo entregados a la muerte por causa de Jesús, para que también la vida de Jesús se manifieste en nuestra carne mortal.*[70] Por lo demás, según las exigencias de la lógica del amor, el que ama desea estar en y con la persona amada, y no meramente con su alma o con su cuerpo.

El olvido de esta doctrina ha dado lugar a demasiadas interpretaciones *espiritualizantes* del *Cantar de los Cantares.* Las teologías de tinte platónico, siempre dispuestas a escandalizarse ante lo corporal, han venido adoptando posiciones que en realidad están alejadas de una auténtica interpretación *sobrenatural* del *Cantar.* Pero si se admite que el libro sagrado es un canto a los amores entre Dios *y el hombre,* como sin duda lo es, no puede parecer extraño que se exprese como lo hace.

Lo mismo puede decirse con respecto a la pretensión, defendida por muchos, de que el libro no es sino un canto a las relaciones de Cristo con su Iglesia. Lo cual parece ser poco menos que una logomaquia cuando se piensa que, al fin y al cabo, la Iglesia está formada por hombres individuales, que son los únicos que existen en el orden de la realidad. Por lo demás, cuando se trata del amor verdadero y perfecto, como es el caso del amor divino, ¿qué puede significar el amor a una colectividad? Es evidente que ese amor,

---

[69]Ro 5:5.

[70]2 Cor 4: 10–11.

o bien se traduce en último término en un verdadero sentimiento afectivo —con entrega real— hacia *cada una* de las personas que componen la colectividad, o bien hay que reconocer que no significa nada.

La gran desgracia de la teología católica es que se ha visto aquejada a la vez por dos graves enfermedades, sin duda estrechamente relacionadas: la invasión de la teología protestante y la reducción de la teología a sociología.[71] El subjetivismo individualista es el causante de que la realidad y entidad objetivas de la gracia, con la consiguiente presencia verdadera del Señor en el cristiano, hayan sido sustituidas por sentimientos. Así es como se ha dado lugar, por ejemplo, a que se difiera indefinidamente la administración de sacramentos tan importantes como la confirmación y el bautismo, con el pretexto de que el candidato debe poseer la suficiente madurez

---

[71]Por los días en que se redactaba este escrito hubo ocasión de escuchar en la emisora estatal española (propiedad del gobierno socialista), durante la emisión de cierto programa radiofónico *religioso*, estas palabras que al parecer pretendían ser una bondadosa exhortación:

—Amigo, puede usted tener creencias o no tenerlas; pero trate de comprender a su vecino.

Es evidente que, aparte de que la frase suena a cursi, lo primero que viene a la mente es la dificultad con la que se va a tropezar si se intenta comprender al vecino cuando no se tienen creencias: ¿Qué razón puede haber entonces para comprenderlo, y sobre todo en el caso en que se da por supuesto que es un indeseable? Claro que, como es lógico también, antes de llegar a ese punto sería necesario saber con exactitud el significado que tiene para el locutor (eclesiástico en este caso) lo de *comprender al vecino*. Se trata, una vez más, del conocido tema de la generalidad y la ambigüedad de los tópicos. Por supuesto que, en este caso, tal vez no había otra cosa que un problema de fonología, ocasionado porque el vecino tenía dificultades de pronunciación, por ejemplo. Pero, aparte de esto, lo más importante es que ha sido suprimida la teología para sustituirla por una extraña sociología: lo verdaderamente decisivo aquí ya no es tener o no tener creencias, sino comprender al vecino.

para *conocer* lo que va a recibir y *pedirlo por sí mismo*. Con ello desaparecen de un golpe largos siglos de doctrina católica sobre los sacramentos de iniciación cristiana. Una vez que han quedado atrás las doctrinas sobre la realidad objetiva de la gracia y la eficacia de los sacramentos *ex opere operato*, lo único que importa ahora es lo que el sujeto conoce, desea, y dispone con respecto a sí mismo y por sí mismo. En cuanto a la eucaristía, cuando lo único que queda de ella no es otra cosa que puro subjetivismo, tampoco importa ya mucho recibirla en cualquier disposición de alma; sobre todo cuando se da por supuesto que no es más que un símbolo cuyo sentido no es otro que el de fomentar sentimientos comunitarios.

Pero la vida de Cristo en el discípulo —que supone a su vez que el discípulo vive en Cristo y por Cristo— lleva consigo otra implicación más, igualmente derivada de la lógica del amor. Lo que esto significa es que el discípulo no puede vivir sin Jesús, por la razón de que el Señor es para él toda su vida y el único sentido de su existencia. San Juan de la Cruz alude al tema en su *Cántico Espiritual*:

Mas ¿cómo perseveras,
oh vida, no viviendo donde vives,
y haciendo porque mueras
las flechas que recibes,
de lo que del Amado en ti concibes?

¿Por qué, pues, has llagado
aqueste corazón, no le sanaste?
Y pues me le has robado,
¿por qué así le dejaste,
y no tomas el robo que robaste?

El discípulo enamorado piensa tanto y tan continuamente en el Amado que se olvida de sí mismo, hasta el punto de que *ya no vive*

su propia vida, sino que vive más la del otro que la suya. En realidad
habría que decir que la vida del otro es su única vida: *Él murió por
todos para que no vivan ya para sí los que viven, sino para Aquél
que murió y resucitó por ellos.*[72] San Juan de la Cruz, como acaba
de verse, lo expresa poéticamente diciendo que su propia vida ya no
vive donde vive:

> *Mas ¿cómo perseveras,*
> *oh vida, no viviendo donde vives?*

Y más todavía cuando *el Otro* le está robando continuamente la
vida, de tal manera que hasta llega a causarle la muerte de amor:

> *y haciendo porque mueras*
> *las flechas que recibes,*
> *de lo que del Amado en ti concibes?*

Que es el mismo sentimiento que experimentaba la esposa del
Cantar:

> *Confortadme con pasas,*
> *recreadme con manzanas,*
> *porque desfallezco de amor.*[73]

Lamentos y quejas de amor absolutamente incomprensibles, por
otra parte, para el que no sabe amar y no ha experimentado nunca estos sentimientos. ¿Son lamentos de dolor o de gozo? ¿Son las

---

[72]2 Cor 5:15.
[73]Ca 2:5. Cf 5:8.

quejas causadas por la pena o es la pena de que la herida y el dolor no sean aún mayores? ¿Es el dolor del que se siente morir a causa del amor, o tal vez el llanto porque no muere más todavía y tan pronto como él quisiera? Los hagiógrafos y los santos intentaron describir poéticamente estos sentimientos, o bien echaron mano de giros o palabras cuyo sentido más profundo permanecerá para siempre inexplicado. ¿Y acaso se puede hablar de esto de otro modo? Los textos del Nuevo Testamento están ahí, para que cada cual los entienda hasta donde sea capaz de llegar conducido por la luz del Espíritu. En cuanto a la poesía... Siempre será un recurso, aunque insuficiente, pero capaz por lo menos de insinuar —como en susurro— lo que jamás podrá ser pronunciado ni menos aún explicado... Pero sí comprendido por los verdaderos enamorados, siquiera en la misma medida que sea capaz de abarcar su corazón. Que también en este caso se puede decir que el corazón tiene razones que la mente no entiende. Esta muerte de amor y transformación en el Amado la reconocía San Pablo con respecto a sí mismo: *Y vivo, aunque no yo, sino que es Cristo quien vive en mí.*[74] Y también con respecto a los demás, con palabras asombrosamente bellas: *Ninguno de nosotros vive para sí y ninguno de nosotros muere para sí. Si vivimos, para el Señor vivimos; y si morimos, para el Señor morimos. Pues, ya sea que vivamos o ya sea que muramos, del Señor somos.*[75] Todo lo cual —lo del Viejo y lo del Nuevo Testamento— no es sino un reflejo de la doctrina del Maestro: *Quien encuentre su vida, la perderá; mas quien pierda su vida por mí, la encontrará.*[76] Porque la esposa, en efecto, de tal manera siente que su vida es el Esposo, que hasta teme

---

[74]Ga 2:20.

[75]Ro 14: 7–8.

[76]Mt 10:39. Cf Mt 16:25; Mc 8:35; Lc 9:24; Jn 12:25.

que las mismas palabras que el Esposo le dirige puedan ser la causa
de su muerte de amor:

> *Si de nuevo me vieres,*
> *allá en el valle, donde canta el mirlo,*
> *no digas que me quieres;*
> *no muera yo al oírlo*
> *si acaso tú volvieras a decirlo.*

Como siempre sucede, y según lo exige la reciprocidad del amor,
el Esposo participa de los mismos sentimientos por la Esposa. Por
eso se dirige a ella para decirle:

> *Aparta ya de mí tus ojos,*
> *que me matan de amor.*[77]

El hecho de que el discípulo enamorado no pueda vivir sin su
Maestro, puesto que al enajenar en favor de Él su propia vida se ha
quedado sin ella, permite comprender mejor la advertencia de San
Pablo a los colosenses. El Apóstol les dice que aprendan a saborear
las cosas del cielo, señalándoles una razón: *Pues habéis muerto, y
vuestra vida está escondida con Cristo en Dios.*[78] Si los colosenses
han renunciado a su vida —o la han perdido— por amor es lógico
que estén muertos. Sólo que esta muerte, al contrario de lo que
se podría pensar, es justamente el camino que conduce a la vida
verdadera. Por eso el Apóstol recuerda a sus discípulos que, lejos de
haber terminado con su vida, es ahora cuando comienzan a poseerla
en toda su plenitud: su vida está en Cristo, aunque escondida.

---

[77] Ca 6:5.

[78] Col 3:3.

¿Y por qué precisamente *escondida*? Para intentar explicar estas palabras del Apóstol habría que recorrer seguramente todos los recovecos del amor, puesto que parecen estar aquí contenidas muchas de las notas que son propias de su esencia. El amor divino–humano, como todo verdadero enamoramiento, permanece ignorado para los extraños —al menos en sus entresijos más profundos—, aunque sea también verdad que el amor nunca pasa totalmente desapercibido. Los enamorados suelen ir buscando la soledad y los lugares escondidos, porque solamente ahí es donde se hace realmente posible el misterio del diálogo y la entrega mutua entre el *yo* y el *tú*:

> *Ven, amado mío, vámonos al campo;*
> *haremos noche en las aldeas.*
> *Madrugaremos para ir a las viñas,*
> *veremos si brota ya la vid,*
> *si se entreabren las flores,*
> *si florecen los granados,*
> *y allí te daré mis amores.*[79]

Y San Juan de la Cruz, en su *Cántico Espiritual*:

> *Gocémonos, Amado,*
> *y vámonos a ver en tu hermosura*
> *al monte y al collado*
> *do mana el agua pura;*
> *entremos más adentro en la espesura.*

> *Y luego a las subidas*
> *cavernas de la piedra nos iremos,*
> *que están bien escondidas,*
> *y allí nos entraremos,*
> *y el mosto de granadas gustaremos.*

---

[79]Ca 7: 12–13.

La intimidad más profunda del misterio del amor solamente es abarcada en su totalidad por ambos amantes: *Quien tenga oídos que oiga lo que el Espíritu dice a las Iglesias: Al que venza yo le daré del maná escondido y una piedrecita blanca; y escrito sobre ella un nombre nuevo, que nadie conoce sino el que lo recibe.*[80] Por más que, en el misterio del amor divino–humano, la búsqueda de la soledad no significa la exclusión de los otros ni el desprecio de las demás cosas creadas. Todo lo contrario. La procuración de la soledad no es aquí otra cosa que el deseo de ambos amantes de poseerse mutuamente en totalidad, junto con el sentimiento de que es así —únicamente así— como alcanzan el colmo de la plenitud:

> *Quedéme y olvidéme,*
> *el rostro recliné sobre el Amado,*
> *cesó todo y dejéme,*
> *dejando mi cuidado*
> *entre las azucenas olvidado.*[81]

Vivir por el Amado, o vivir en el Amado, es pensar como Él, sentir como Él, y actuar como Él. Pero ya se puede suponer que no es solamente eso, sino que es también *estar con Él*, en el más estricto sentido de la frase. Por fin puede decirse que el amor, después de tantas vicisitudes, de tantas búsquedas, y de tantas esperas, ha logrado su objetivo supremo, tan ardientemente deseado: la unión de los amantes, que es en realidad la única cosa que ellos han deseado. Ahora ya no es cuestión de correr tras el Amado, por una y otra parte, en azarosa y prolongada búsqueda. Ni de tener que resignarse

---

[80] Ap 2:17.
[81] San Juan de la Cruz, *Noche Oscura*.

a recibir noticias suyas a través de intermediarios, incapaces siempre de trasmitir con fidelidad lo que los amantes quieren decirse y escucharse mutuamente:

> *Llévanos tras de ti; corramos.*
> *Introdúcenos, rey, en tus cámaras...*[82]
>
> ....
>
> *Os conjuro, hijas de Jerusalén,*
> *que si halláis a mi amado,*
> *le digáis que desfallezco de amor.*[83]

San Juan de la Cruz lo decía, de nuevo bellamente, en su *Cántico Espiritual*:

> *¡Ay quién podrá sanarme!*
> *Acaba de entregarte ya de vero;*
> *no quieras enviarme*
> *de hoy ya más mensajero,*
> *que no saben decirme lo que quiero.*
>
> *Y todos cuantos vagan,*
> *de ti me van mil gracias refiriendo,*
> *y todos más me llagan,*
> *y déjame muriendo*
> *un no sé qué que quedan balbuciendo.*

Y, como ocurre siempre con todos los caminos, eso no era más que una etapa a cubrir, previa a la meta. El amor no entiende de

---

[82]Ca 1:4.
[83]Ca 5:8.

separaciones, y no tiene otro objetivo que el de unir para siempre a los amantes. Por eso las palabras del Señor deben ser entendidas en un sentido ontológico, y no meramente dinámico o afectivo: *Como el Padre me amó, así os he amado yo. Permaneced en mi amor. Si guardáis mis mandamientos permaneceréis en mi amor, lo mismo que yo he guardado los mandamientos de mi Padre y permanezco en su amor.*[84] Donde ya no se trata de mantener inalterados unos sentimientos, sino de permanecer dentro de un Amor que, por ser una entidad absolutamente real, abarca por igual en la unidad a ambos amantes, justamente como si fueran una misma cosa. Ya no son dos con unos mismos sentimientos, sino dos *en un mismo amor.* Sólo que al ser tal amor una entidad real, e incluso una Persona, se hace posible el misterio de que los dos amantes, manteniendo la inviolabilidad de su singularidad personal, se unan como en uno solo,[85] como resultado de la entrega *total* de cada uno de ellos al otro: *El Espíritu de verdad, al que no puede recibir el mundo, porque no lo ve ni le conoce. Vosotros le conocéis, porque permanece con vosotros y estará en vosotros.*[86] En realidad todos los *como si*, de los que constantemente hay que echar mano para intentar explicar este misterio, no son sino la consecuencia de las limitaciones de un lenguaje que es incapaz de expresar realidades que transcienden a todo lo imaginado por el hombre. ¿Cómo podrá el hombre imaginar con su entendimiento, o expresar a través de su lenguaje, todo lo que es el misterio del Amor? Conviene decirlo de nuevo: Lo que hay aquí no es mera confluencia o convergencia de sentimientos, sino un estado permanente y estable que convierte de algún modo a los dos

---

[84] Jn 15: 9–10.

[85] No debe olvidarse que aquí se está hablando del amor divino–humano, que por parte del hombre es también un amor participado. En el Amor subsistente los Amantes y su Amor forman una sola naturaleza.

[86] Jn 14:17.

amantes en uno. Ya no son simplemente dos en una sola carne, como decía el libro del Génesis, sino que ahora son dos en un mismo amor, y además haciéndose como una sola cosa en el seno de la misma vida divina: *Como tú, Padre, en mí y yo en ti, que también ellos sean uno en nosotros, para que el mundo crea que tú me has enviado.*[87] Unidos ahora para siempre en el banquete del Reino que no acabará nunca:

> *Me ha llevado a la sala del festín*
> *y la bandera que ha alzado contra mí es el amor...*
> *Reposa su izquierda bajo mi cabeza*
> *y con su diestra me abraza amoroso.*[88]

Por eso cantaba el santo poeta de Fontiveros:

> *Entrádose ha la esposa*
> *en el ameno huerto deseado,*
> *y a su sabor reposa,*
> *el cuello reclinado*
> *sobre los dulces brazos del amado.*

Como cualquiera se habrá dado cuenta en seguida, el tema que anunciaba este capítulo ni siquiera ha sido comenzado. En realidad hubiera sido difícil, por no decir imposible, pretender otra cosa. El mejor modo de tratar las cuestiones que se refieren al amor —y tal vez el único— es el de intentar abrir caminos con el ánimo y la esperanza de que conduzcan a alguna parte. Todo el mundo sabe que el amor —al menos por ahora— está mucho más dispuesto a dejarse

---

[87]Jn 17:21.
[88]Ca 2: 4–6.

comprender que a dejarse explicar. *Si intelligis, non est Deus.* Y,
sin embargo, los verdaderos enamorados siempre estarán dispuestos a jurar que saben bien lo que quieren. ¿Cómo iba a ser de otro
modo, y cómo si no iban a sentirse enamorados? Algo, o quizá bastante, deben saber ellos del Amado cuando tan enamorados de Él
se sienten: *Yo les he manifestado tu nombre, y se lo manifestaré,
para que el amor con que tú me amaste, Padre, esté en ellos y yo en
ellos.*[89] Ciertamente el demonio y el pecado consiguieron introducir
la fealdad y el dolor en el mundo, pero no en tal grado como para
desterrar definitivamente de él la belleza y la alegría (Ca 8:7). Por
eso sigue existiendo para los hombres, ya desde ahora, la posibilidad
de ser felices. Al menos desde que, en el sermón del monte, fueron
promulgadas las bienaventuranzas y desde que fueron abiertos de
nuevo, y ahora definitivamente, los caminos del amor.

---

[89]Jn 17:26.

Tercera Parte

"El aroma de tus perfumes es exquisito.
Tu nombre es ungüento derramado:
Por eso te aman las doncellas"

(Ca 1:3)

CAPÍTULO I

EL PERFUME DEL ESPOSO

In fragrantiam unguentorum tuorum optimorum. Siempre es agradable percibir el aroma que exhala un perfume, y más todavía cuando se trata del perfume de la persona amada. Al desprenderse de las cosas de su uso, y al hacer patente su recuerdo cuando no se encuentra ante los ojos de quien la ama, actualiza de alguna manera su presencia: *Es el olor de mi hijo como el olor de un campo al que ha bendecido Yavé.*[1] Entonces ya no importa tanto la fragancia del perfume cuanto la evocación de la persona amada. Una fragancia que es más agradable que nunca a los sentidos por ser la de su propio perfume —el de la persona amada— y su inconfundible sello personal.

***

---

[1] Ge 27:27.

Pero antes de emprender el desarrollo del tema conviene hacer algunas puntualizaciones importantes. El comentario sobre estos versículos del *Cantar* puede ser calificado de antemano como labor espinosa y dura. Aunque de todos modos cualquiera podría decir, con toda razón, que comentar la Biblia o una parte de ella es siempre difícil y arriesgado. El que se atreve a intentar la tarea descubre pronto su miseria espiritual y se ve obligado a enfrentarse con su própia verdad: *La palabra de Dios es viva, eficaz, y más tajante que una espada de dos filos. Penetra hasta la división del alma y del espíritu, hasta las coyunturas y la médula, y discierne los pensamientos y las intenciones del corazón.*[2] Si el que escribe se compromete con la verdad aún más que el que habla —por aquello de que *scripta manent*—, el que comenta la Palabra de Dios se compromete más gravemente todavía. Ni siquiera la presencia de una gran dosis de buena voluntad es aquí una atenuante tranquilizadora. El comentarista tropieza desde el principio con la propia indigencia, que tiende a situarse inexorablemente en primer plano imponiéndose a cualquier otro sentimiento. La realidad es de tal manera que el contraste entre las riquezas de la Palabra de Dios y la miseria humana no tarda en aparecer. Hasta el punto de que no basta el convencimiento de que la Palabra ha sido pronunciada y escrita para bien del hombre, y hasta para su alegría y consuelo,[3] pues el comentarista conoce la distancia que media entre ella y la realidad de la propia vida. De ahí el grave riesgo de descorazonamiento. Es un hecho comprobado que, cuanto más se profundiza en el contenido de lo que Dios ha revelado, más lejano parece el ideal allí propuesto con respecto a la vida cotidiana del hombre. Y si lo que se propone el que comenta es ofrecer un testimonio —según lo que parece más normal—, puede

---

[2]Heb 4:12.
[3]Cf Ro 15:4.

llegar un momento en el que la tarea parezca imposible. El que se atreve a emprenderla se siente pronto desplazado de su cometido, por buena voluntad que posea y a pesar de ella: *Y dije: ¡Ah, Señor, Yavé! No sé hablar. Soy todavía como un niño.*[4] Por eso las palabras que San Pedro dirige al Señor, precisamente en el momento en que iba a ser llamado al apostolado, parecen tan lógicas como oportunas: *Apártate de mí, Señor, que soy un hombre pecador.*[5]

Es verdad que al cristiano, y sobre todo al apóstol, le queda siempre el recurso de pensar que su papel es semejante al del puente —*Omnis namque pontifex...*[6]—, que es un instrumento utilizado meramente para pasar de un lado a otro. En este caso desde Dios hasta la gente y desde la gente hasta Dios. Ahora bien, es un hecho que nadie suele fijarse en un medio utilizado solamente para transitar, desde el momento en que lo único que realmente importa es cruzar y estar en una parte o en la otra.

Pero el apóstol sabe bien que las cosas suceden de modo diferente y que los demás acaban siempre por fijarse en él. Lo que no puede ser de otra manera, puesto que se trata de un testimonio, el cual, por su propia naturaleza, es eminentemente personal y cualificado: *Vosotros sois la luz del mundo. No puede ocultarse una ciudad situada en la cima de un monte; ni se enciende una lámpara para ponerla bajo el celemín, sino sobre el candelero, a fin de que ilumine a todos los que están en la casa. Brille por lo tanto vuestra luz ante los hombres, para que vean vuestras buenas obras y glorifiquen a vuestro Padre que está en los cielos.*[7] Es imposible separar el testimonio de la persona que lo ofrece. La gloria y la tragedia del apóstol, e

---

[4] Je 1:6.

[5] Lc 5:8.

[6] Heb 5:1.

[7] Mt 5: 14–16.

incluso de todo cristiano, se fundamentan justamente en eso, y de ahí el grito conmovedor del Apóstol: *Si evangelizo no tengo por qué gloriarme. ¡Ay de mí si no evangelizara! Si lo hiciera por mi propio gusto tendría derecho a recompensa; pero si lo hago por fuerza, cumplo con una misión que se me ha confiado.*[8] De lo cual se deduce que, para San Pablo, la única cosa que justifica la incongruencia que aquí se produce es la exigencia del mandato recibido: *¡Ay de mí si no evangelizara...!* El verdadero apóstol, que se siente con toda razón pobre entre los pobres, es paradójicamente enviado para que enriquezca a muchos.[9] Y hasta se le hace saber, mediante una advertencia que desborda toda lógica puramente humana, que la situación de pobreza —verdadera pobreza— en la que se encuentra es condición indispensable para que su trabajo fructifique: *No llevéis oro ni plata, ni dinero en vuestras fajas; ni alforjas para el camino, ni dos túnicas, ni zapatos, ni bastón, porque el obrero merece su sustento.*[10] De este modo la urgencia y la obligación del testimonio descubren la miseria del apóstol, no sólo ante sí mismo, sino también ante los demás: *¿Dónde está el sabio? ¿Dónde el escriba? ¿Dónde el escrutador de este mundo? ¿No convirtió Dios en locura la sabiduría de este mundo? Pues ya que el mundo, por su propia sabiduría, no conoció a Dios en su divina sabiduría, quiso Dios salvar a los creyentes por la locura de la predicación... Mirad, si no, hermanos, vuestra vocación. Pues no hay entre vosotros muchos sabios según la carne, ni muchos poderosos, ni muchos nobles. Dios eligió más bien lo necio del mundo para confundir a los sabios, y lo débil del mundo para confundir a los fuertes.*[11] Por eso la predicación del

---

[8] 1 Cor 9: 16–17.

[9] Cf 2 Cor 6:10.

[10] Mt 10: 9–10. Cf Mc 6:8; Lc 9:3; 10:4; Hech 3:6. Es posible que el texto definitivo sobre este tema sea el de 2 Cor 6: 3–10.

[11] 1 Cor 1: 20–21.26–27.

mensaje evangélico ha de ser propuesta a la vez como meta y como esperanza, tanto para aquéllos a quienes va dirigido el testimonio como para el que lo da.

De lo que se deduce que solamente están habilitados para aportar el testimonio cristiano los que están convencidos de que son incapaces de hacerlo. El testimonio cristiano no se legitima en la sobreabundancia personal del testigo,[12] sino en la obediencia a un mandato. Puesto que el apóstol es consciente de que no es maestro ni jefe, sabe también del mismo modo que no existe nada sobre lo cual pueda enseñar o mandar (Mt 23: 8–10). Y tampoco puede dar nada puesto que nada posee, desde el momento en que, tal como se supone, es un buen discípulo del Señor (Lc 14:33).

Sin embargo en eso precisamente está su fuerza. Porque al ser enviado de ese modo, y hasta con el encargo expreso de no llevar *ni oro ni plata, ni cobre para el cinto, ni alforja para el camino, ni dos túnicas, ni sandalias, ni bastón,*[13] no corre el peligro de aportar algo que por ser propio pueda traicionar el Mensaje que le ha sido confiado. Así es como la Pobreza cristiana, una vez que ha sido asumida amorosamente por el apóstol, capacita para hablar de Dios, removiendo impedimentos y proporcionando al mismo tiempo lo necesario para que el testimonio sea eficaz: *Y les dijo: Cuando os envié sin bolsa, sin alforjas ni sandalias, ¿os faltó alguna cosa? Y dijeron ellos: Nada.*[14] De todos modos el apóstol se ve enfrentado a la obligación de obedecer el mandato y de cumplir la misión que le ha sido confiada: *Id pues y enseñad a todas las gentes, bautizándolas en el nombre del Padre y del Hijo y del Espíritu Santo, enseñándo-*

---

[12]Sólo Jesucristo es verdaderamente el *testigo fiel* (Ap 1:5; cf 1 Tim 6:13).

[13]Mt 10: 9–10.

[14]Lc 22:35.

les a guardar todo lo que os he mandado.[15] Jesús eligió *a los que Él quiso*[16] y les confió el decisivo papel de continuar su propia misión: *No me habéis elegido vosotros a mí, sino yo a vosotros; y os he destinado para que vayáis, para que deis fruto, y para que vuestro fruto permanezca.*[17]

Sin embargo son muchos en la actualidad los que, influenciados por la teología protestante y afectados por la crisis de fe a la que ha dado lugar el neomodernismo, tratan de atentar contra la misión del apóstol. Abandonando, como obsoletas y nefastas, las que ellos llaman *concepciones medievalistas de la pastoral*,[18] han elaborado una serie de especulaciones teológicas que giran en torno a doctrinas tan curiosas como la llamada *madurez de los seglares*, por citar un ejemplo. Así se explica que las Facultades de Teología católica dediquen ahora con frecuencia su atención a temas de estudio realmente peregrinos y de ingenuidad clamorosa.

Uno de esos temas, que puede bastar como botón de muestra, es el que suele ser denominado pomposamente como el *Del predominio pastoral del clero a la madurez de los seglares*. Nada más y nada

---

[15]Mt 28: 19–20.

[16]Mc 3:13.

[17]Jn 15:16. Cf Jn 15:19; Lc 6:13.

[18]Una denominación que no es sino uno de los muchos tópicos con los que se pretende desprestigiar, sin aducir prueba alguna, instituciones del pasado que han gozado siempre de alto prestigio y de la bendición de la Iglesia. Estas corrientes neomodernistas son precisamente el resultado al que se ha dado lugar después de haber dado de lado a *concepciones medievalistas* de reconocido valor. El abandono de venerables instituciones medievales como la teología y la filosofía de Santo Tomás de Aquino, con la metafísica tomista del ser, ha tenido como consecuencia la aparición de fenómenos como el idealismo (con multitud de nefastas secuelas, entre las que pueden contarse el marxismo, el existencialismo, y los relativismos filosófico y teológico, por citar algunas), cuyos resultados más patentes son la crisis de fe que hoy sufre la Iglesia y el mismo neomodernismo actual.

menos. Un tema, sin duda, ante cuya enunciación es difícil reprimir de entrada dos sentimientos de emoción diferentes. El primero de ellos es un sentimiento de admiración, de asombro y de sorpresa, por el tema en sí. El segundo es un penoso sentimiento de carencia y de falta, o de nostalgia si se quiere, ante el hecho lamentable de que el *Enchiridion Symbolorum* no contenga condenaciones contra las simplezas.

Para alguien que fuera capaz de examinar la cuestión despaciosa y serenamente, ¿qué es lo que podría significar el enunciado del *predominio pastoral del clero*? Si se quiere decir con eso que siempre ha habido clérigos que han usado mal de sus atribuciones, debe reconocerse que se trata de algo absolutamente cierto. Es una consecuencia natural de la debilidad de la naturaleza humana y lo que ha ocurrido siempre en todas las instituciones y clases sociales. También entre gobernantes, políticos, profesionales de la enseñanza, escritores, militares, médicos, y tantos otros, ha sucedido lo mismo. Puesto que siempre y en todas partes ha habido buenos y malos, es evidente que sería injusto generalizar y condenar en bloque a un determinado estamento o clase social. Al menos hasta aquí no hay ningún descubrimiento nuevo. Pero, si lo que realmente se quiere decir es que el clero ha procedido pastoralmente con autoridad, con respecto a los seglares, la afirmación es grave desde el momento en que no es otra cosa que un desaguisado mayúsculo. Porque fue el mismo Jesucristo el que, al instituir la Jerarquía en la Iglesia, otorgó autoridad a algunos de los miembros de su grey para que enseñaran y gobernaran a los demás. Si se quiere llamar *predominio* a una efectiva desigualdad, por la que algunos tienen funciones y atribuciones que no tienen otros, y cuyo fundamento además es de institución divina, debe reconocerse entonces un predominio pastoral del clero. Pero en ese caso hay que subrayar que se trata de un predominio ordenado y dispuesto por el Fundador mismo de la Iglesia. Es evidente que, dada la actual situación, es necesario y urgente adquirir conciencia de la necesidad de tratar con cuidado cuestiones tan delicadas como ésta, pues de otro modo puede ponerse en peligro la misma estructura orgánica de la Iglesia, entre otras cosas.

Por otra parte, ¿qué significado lógico puede atribuirse a la idea de la *madurez de los seglares*? Hay que apresurarse a decir que el pretendido problema es bastante reciente, pues a nadie se le había ocurrido hasta ahora que los seglares pudieran encontrarse en situación de *inmadurez*. Durante veinte siglos en los que fueron considerados como seres responsables y adultos, tanto en la fe como en la vida ordinaria, nadie pensó que los seglares tuvieran necesidad de independizarse de niñeras usurpadoras o de ayas espirituales. El clero y los seglares ejercían sus propias funciones cada cual por su parte, sin perjuicio de que de vez en cuando, aquí y allá a lo largo de la Historia, se llevaran a cabo intromisiones injustificadas de unos o de otros en campo ajeno. Es bien sabido que los clericalismos y las regalías han existido siempre, tanto en forma de Papas y obispos políticos, como de gobernantes o reyes sacristanes. Lo interesante del fenómeno, sin embargo, es el hecho curioso de que el clero, verdadero descubridor de la enfermedad, no haya sido consciente hasta ahora de la *inmadurez* en la que han vivido los seglares durante tanto tiempo.[19] Hay quien ha llegado a pensar que el mal no fue denunciado porque en realidad no existió nunca. Aunque otros más sensibilizados afirman, sin embargo, que todo se debe a que el clero no había sentido antes la necesidad de proclamar la *madurez* del

---

[19]Tal vez se trate de una de esas enfermedades, como el cáncer o el sida, que sólo recientemente han sido descubiertas. Con la diferencia de que el cáncer o el sida son enfermedades de reciente aparición, mientras que la niñez de los seglares, aunque solamente ahora haya podido ser diagnosticada y tratada, parece haber existido siempre. O al menos así lo piensan ciertos *expertos* pastoralistas.

seglarado. Para el clero antiguo los seglares eran adultos sin más, lo mismo que la noche viene después del día y viceversa: simplemente era un hecho que estaba ahí, como tantos otros. En cambio el moderno clero progresista piensa que deben ser reconocidas la situación de madurez de los seglares y la consiguiente necesidad de ascenderlos de estado y de categoría.

Lo más probable, sin embargo, es que la nueva situación no haya nacido del deseo de colocar las cosas en su sitio, como algunos podrían pensar, sino del prurito producido por el mismo complejo de inferioridad que mueve a los débiles a ensalzar a los que consideran poderosos. En último término, se trataría menos del reconocimiento de la madurez de un determinado estamento ajeno que de la crisis de identidad del propio. Decía C.S. Lewis, hablando precisamente del complejo de inferioridad, que "el sentimiento al que me estoy refiriendo es el mismo que induce a un hombre a decirle a otro *soy tan bueno como tú*. La primera y más evidente ventaja de este sentimiento es la de inducirle a entronizar en su vida una útil, fuerte y clamorosa falsedad. No hablo simplemente de que tal afirmación sea falsa de hecho; que la bondad, honradez y sentido común de ese hombre sean tan distintos de los demás como su estatura o la medida de su cintura. Lo que quiero decir es que ni él mismo cree en esa afirmación. En realidad nadie que dice *soy tan bueno como tú* puede creerlo. Si lo creyera, no lo diría. El perro San Bernardo no se lo dice jamás al perro de juguete, ni el sabio al ignorante, el laborioso al holgazán o la mujer bella a la que es fea. Lo que expresa la afirmación es la dolorosa, hiriente y atormentadora existencia de una inferioridad que no quiere aceptar el que la padece. Justamente por eso es por lo que se agravia. De ahí que sienta resentimiento ante cualquier clase de superioridad de los demás; y por eso la desacredita y desea aniquilarla. Hasta sospecha que las simples diferencias no son sino exigencias de superioridad por parte de los demás. Nadie debe ser diferente de él mismo: ni por la voz, vestimenta, modos o maneras, diversiones o gustos culinarios. 'Alguien habla español más claramente y mejor que yo —se dice a sí mismo—. Seguro que se trata de una afectación malvada, orgullosa y cursi. Ese individuo dice que no le gustan los perritos calientes. Pero es porque se considera demasiado bueno para comer tal cosa. Otro no ha puesto el tocadiscos. Debe tratarse de uno de esos intelectuales que no desean sino presumir. Es indudable que, si fueran como deben ser, serían como yo. No tienen derecho a ser diferentes: es algo antidemocrático' ".[20] Hay que apresurarse a advertir, sin embargo, que el complejo de inferioridad del que habla Lewis no es exactamente el mismo que padece el clero. No es un caso idéntico, puesto que aquí no se trata de negarse a reconocer la superioridad de los otros, sino de algo mucho más refinado y sutil. Lo que impulsa a los modernos clérigos a ensalzar a los seglares no es algo nacido de las exigencias de una hipotética justicia, sino del pernicioso deseo de verse a sí mismos en un estadio más bajo. El problema, por lo tanto, más bien que centrarlo en una pretendida exaltación del laicado, hay que hacerlo girar en torno al lastimoso desprecio que el clero siente hacia sí mismo. Aunque tampoco puede excluirse en absoluto, como consecuencia puramente lógica, un sentimiento paralelo de envidia ante el laicado.

Si por *madurez de los seglares* se entiende la elevación de los laicos a un estadio superior al que han tenido hasta ahora, con el fin de equiparar sus funciones a las de los clérigos, el despropósito no puede ser mayor. Basta con recordar la doctrina tradicional para comprenderlo. Los fieles de la Iglesia de Jesucristo, si bien todos

---

[20]C. S. Lewis, *Screwtape proposes a toast and other pieces.*

forman parte de la grey del *gran Pastor de las ovejas*,[21] están clasi-
ficados por institución divina en dos estados diferentes, a saber, el
de Pastores y el de simples ovejas. En un rebaño real de ovejas cada
una de ellas evoluciona, a través de las diversas fases de su desarrollo, hasta llegar al estado adulto: nacen, crecen hasta valerse por sí
mismas dentro del rebaño, aumentan su producción de leche y de
lana..., pese a todo lo cual siguen siendo ovejas; adultas pero ovejas,
destinadas como tales a ser conducidas por un pastor durante toda
su vida, puesto que la madurez no las hace cambiar ni de género ni
de especie. Todos los fieles de la grey de Jesucristo, tanto Pastores
como simples fieles u ovejas, están destinados a llegar a la madurez:
*Hasta que lleguemos todos a la unidad de la fe y del conocimiento
del Hijo de Dios, al hombre perfecto, a la madurez de la plenitud de
Cristo.*[22] Pero ese proceso se lleva a cabo *según la actividad propia
de cada miembro*,[23] lo cual significa que tiene lugar dentro del estado
propio de cada uno.[24] La madurez de los laicos, tan deseable como

---

[21]Heb 13:20. Textos como éste, o el de Jn 10:16, no oscurecen la doctrina de
la estructuración orgánica de la Iglesia en Pastores y simples fieles, por lo demás
claramente revelada y repetidamente definida. Contra la idea de la inexistencia
de Pastores en la Iglesia, dotados de verdadera potestad de regir y enseñar, cf,
entre otros, Hech 20:28, Jn 21: 15–17, 1 Pe 5:4, Heb 5: 1–5, 1 Cor 4, y Ef 4: 11–12,
además de las Cartas a Timoteo y a Tito, etc.

[22]Ef 4:13.

[23]Ef 4:16.

[24]Otra cosa conduciría al llamado *cambio sustancial*, que es justamente lo que
venía a decir el viejo chascarrillo:

En cierta ocasión en que se encontraron dos hombres por la calle, uno de ellos
se apresuró a saludar efusivamente al otro.

—¡Hola, Pepe, cuánto has cambiado...!

—Perdone, amigo —respondió el aludido—, pero creo que se equivoca. Yo no
soy Pepe.

Ante lo que insistió el primero, con más énfasis todavía:

—¡Pues más a mi favor, caramba; más a mi favor...!

la de cualquier cristiano desde el momento en que se trata de una meta que todos deben alcanzar, nunca podrá cambiar su condición de tales laicos. Ni tiene por qué hacerlo. La condición de amables o apetecibles que poseen las cosas brota de ellas en la medida en que son como Dios las ha hecho. Y en este sentido es evidente que los seglares se encuentran felices dentro de su propia condición, con el suficiente número de responsabilidades y de problemas como para sentirse entretenidos y en modo alguno disminuidos. Por otra parte, su peculiar vocación y su específico camino de santidad están bien trazados y son perfectamente conocidos: se santifican en medio del mundo cumpliendo sus tareas y deberes profanos. Tareas y deberes que solamente ellos pueden realizar, puesto que constituyen el objeto de su peculiar vocación. La inmensa mayoría de los seglares no había pensado nunca en *subir* dentro del escalafón eclesial —o mejor, eclesiástico—, y fueron muy pocos los que se sintieron con vocación de sacristanes.[25] Pero ahora ha sido abierto, entre lo clerical y lo laical, un inmenso campo o tierra de nadie por el que transita un gran número de gente cuya cualidad característica es el hibridismo. ¿Qué significa el hecho de que los seglares lleven a cabo casi todos

---

[25]Los sacristanes a la antigua usanza fueron muy diferentes de los que ahora forman la nueva ola de modernos *sacristanes*. El oficio de sacristán, que fue durante siglos una profesión propia de seglares, estuvo siempre desempeñado por hombres beneméritos que, en infinidad de templos e iglesias de pueblos y ciudades, colaboraron y ayudaron notablemente en las tareas del culto divino. Su secularidad nunca fue puesta en duda: un oficio más, tan honrado como pudiera serlo el primero. En la actualidad los antiguos sacristanes han sido sustituidos por un enjambre de hombres y mujeres que desempeñan un complejo mosaico de oficios llamados *ministerios*. Sin embargo su aparición ha suscitado un problema que no deja de ser real por el hecho de que nadie quiera hablar de él. Se trata del peligro de que la figura y el papel del sacerdote se difuminen, al no estar ya los campos claramente delimitados, además del riesgo de que los seglares se vean apartados del cumplimiento de las tareas que constituyen su vocación específica.

los ministerios propios del sacerdote? ¿Se trata de una solución de urgencia ante el grave problema de la escasez de clero? Los teólogos de avanzada negarían rotundamente esta última explicación. No se trata, según ellos, de una cuestión de primeros auxilios, *sino de la promoción de un laicado que ha llegado a su madurez*. Para la moderna teología la nueva situación no debe ser considerada en modo alguno como un remedio, sino como un logro feliz al que tenía que haberse llegado mucho antes.

Lo que sería suficiente para inundar al mundo de dicha... si no fuera por la presencia de molestas y engorrosas objeciones que se empeñan en aparecer aquí y allá. Por desgracia la cuestión se enreda tan endiabladamente que se hace casi ininteligible. Ahora resulta que, después de haber estado criticando durante muchos años la conocida definición de la Acción Católica formulada por Pío XI,[26] y después de haber insistido el Concilio Vaticano II en el *status* propio de los seglares —recalcando hasta la saciedad que los laicos gozan de un campo propio de acción, específico y bien determinado—, ahora resulta, por uno de esos extraños y misteriosos giros de la Historia, que los laicos son elevados para llevar a cabo los menesteres propios del oficio sacerdotal. Y además bajo el título de gloria de que han alcanzado la suficiente madurez para realizarse a sí mismos y para liberarse de la condición de sometimiento en la que se encontraban con respecto a los clérigos. De ahí la extraña antinomia de que los laicos necesitan dejar de ser laicos para ser verdaderamente laicos. Por si esto fuera poco, y a fin de complicar más las cosas, los clérigos que exigen el ascenso de los laicos en el escalafón eclesial y eclesiástico son los mismos que se esfuerzan en vivir y aparecer como laicos, dando incluso la sensación de que se avergüenzan de su condición

---

[26]Pío XI definió el ahora prácticamente muerto Movimiento de Acción Católica como *la participación de los seglares en el apostolado jerárquico de la Iglesia.*

clerical.[27] Todo un enorme y complicado galimatías cuya solución, si es que existe, debe ser bastante difícil de encontrar.

Cabría formular aquí una serie de interesantes preguntas. ¿De dónde nace tanto interés en proclamar la madurez de los seglares? ¿Cuál es la razón que induce a creer, con tan inusitado empeño, que los laicos han vivido en situación de inferioridad espiritual durante veinte siglos? Desde luego no se puede decir que se trata de una cuestión de reivindicaciones, puesto que no han sido los laicos, sino los clérigos, los que han planteado estas exigencias. Ni del justo reconocimiento de una situación de opresión por parte de los clérigos hacia los laicos, pues más parece un intento de difuminar y rebajar el estado sacerdotal que de ensalzar a los seglares, como se ha visto más arriba. Es bastante probable que la actual *rabies theologica* contra una institución tan gloriosa como es el sacerdocio católico sustente sus raíces en aguas bastante turbias y profundas. Indudablemente hay que contar con la crisis de fe y con los movimientos de ideas que se han venido gestando desde el Siglo de las Luces e incluso antes, que son los que han dado lugar a ella. Henry de Lubac hablaba ya[28] de la *sospecha contra el padre*, difundida universalmente por mentes tan retorcidas como la de Freud. Y debe tenerse en cuenta que el sacerdote, justamente porque es un Buen Pastor, es también un

---

[27]Alumnos de cierta Facultad de Teología de la Iglesia, aspirantes al sacerdocio, informaron al autor de este libro acerca de un profesor clérigo de dicha Facultad al que oían repetir con frecuencia el estribillo de que *en el fondo todos somos laicos.* Aparte de su falsedad —un clérigo no es un laico ni en el fondo ni en la superficie, si las palabras tienen algún sentido y si el Derecho tiene algún significado— la frase parece una expresión de aspiraciones, más o menos reconocidas, por parte de clérigos que miran al laicado como la cúspide del organismo eclesial. Ya no queda sino averiguar la causa de estos contrasentidos. ¿Sentimientos de nostalgia y de envidia con respecto al estado seglar? ¿Acaso una actitud de desprecio hacia el propio estado clerical? Todo parece apuntar a que se trata de ambas cosas a la vez.

[28]En su libro *El drama del humanismo ateo.*

Padre que cuida de las ovejas que le han sido encomendadas. Sin embargo el empeño en destruir las ideas de dependencia, de filiación, de sumisión y de ovejas del rebaño de Cristo, desemboca en la supresión de las ideas correspondientes de paternidad o de pastoreo. Ahora las ovejas se han hecho adultas y ya no necesitan ni la voz ni el cayado del Pastor, así como los Pastores han abandonado también sus deberes y atribuciones para poder mezclarse y confundirse con ellas.[29]

Es absolutamente falsa la acusación de predominio prepotente que se formula contra los Pastores. Puesto que la tarea del sacerdote consiste en continuar la misión de Jesucristo, su misión no es otra que la del Buen Pastor: *Como el Padre me envió, así os envío yo a vosotros.*[30] El demonio ha trabajado bastante para difundir la idea de que el ejercicio de la autoridad, por parte de los Pastores, equivale a la tiranía. La verdad es precisamente lo contrario: *El Hijo del Hombre no ha venido a ser servido, sino a servir.*[31] Las ideas de Jesucristo respecto a las reacciones del mundo hacia los discípulos que serían enviados por Él eran bien distintas, y las expresó bien claramente para que sus discípulos no se llamaran a engaño: *Mirad que os envío como corderos en medio de lobos.*[32] Su doctrina acerca del ejercicio de la autoridad apostólica es una de las más claras del evangelio: *Cuando terminó de lavarles los pies tomó su manto, se*

---

[29]Es de notar la curiosa vehemencia con la que el clero se ha apresurado en los tiempos actuales a adquirir las costumbres, modos y maneras de los seglares, incluso utilizando el disimulo y hasta el disfraz para ocultar la propia condición. Aunque sin conseguirlo en la mayoría de las ocasiones, como es lógico. Porque, así como suele decirse que el hábito no hace al monje, del mismo modo es igualmente cierto que no bastan una chaqueta y un pantalón para hacer un seglar.

[30]Jn 20:21; cf 17:18.

[31]Mt 20:28; cf Flp 2:7.

[32]Lc 10:3; cf Mt 10:16; 2 Cor 6: 3–10.

puso de nuevo a la mesa y les dijo: "¿Comprendéis lo que he hecho con vosotros? Vosotros me llamáis Maestro y Señor, y decís bien, porque lo soy. Pues si yo, que soy el Señor y el Maestro, os he lavado los pies, vosotros también debéis lavaros los pies unos a otros. Os he dado ejemplo, para que como yo he hecho con vosotros, así lo hagáis también vosotros. En verdad os digo que no es el siervo más que su señor, ni el enviado más que quien lo envía".[33] Donde aparecen dos cosas con toda evidencia: la existencia de la autoridad, como principio indiscutido e indiscutible, y el servicio de amor a los otros como único modo posible de ejercerla. Algo semejante hay que decir al referirse a los otros textos en los que el Maestro insiste en esta misma doctrina: *Quien quiera ser grande entre vosotros, que sea vuestro servidor; y quien quiera ser el primero entre vosotros, que sea vuestro siervo. Del mismo modo que el Hijo del hombre no ha venido a ser servido, sino a servir y a dar su vida en redención por muchos.*[34] Los textos no dejan ninguna puerta abierta, ni aun el más pequeño resquicio, por los que pueda introducirse la más leve forma de tiranía.[35] Si se lee con atención el capítulo X del evangelio de San Juan, donde se expone la alegoría del Buen Pastor, la doctrina se perfila de forma más luminosa todavía: *En verdad os digo que quien no entra por la puerta en el redil de las ovejas, sino que salta por otro lado, es un ladrón y un salteador. Pero quien entra por la puerta es pastor de las ovejas. A éste le abre el portero, y las ovejas*

---

[33]Jn 13: 12–16.

[34]Mt 20: 26–28; cf Mc 10: 42–45.

[35]Puede haber quien se sienta inclinado a pensar que la discusión no se centra en torno a la doctrina, que es clara y evidente, sino en el hecho de que los Pastores han abusado de su autoridad sobre los seglares. Sin embargo no se trata de eso. Lo que aquí se da por sentado no es una cuestión de hecho *sino de derecho*, puesto que se pretende elevar a los seglares a un estado que, según se dice, les corresponde legítimamente conforme a su condición.

oyen su voz. Llama a las ovejas propias por su nombre y las saca fuera. Cuando las ha sacado todas va delante de ellas, y las ovejas le siguen, porque conocen su voz... Yo soy el buen pastor. El buen pastor da su vida por las ovejas. El asalariado, el que no es pastor, de quien no son propias las ovejas, ve venir al lobo y las deja y huye; y el lobo las arrebata y dispersa... Yo soy el buen pastor: conozco a mis ovejas y mis ovejas me conocen a mí.[36] El cariño y respeto del pastor hacia sus ovejas, junto con la intimidad en que vive con ellas, aparecen aquí bien patentes: conoce a cada una de ellas, las llama por su nombre, va delante de todas, las conduce a buenos pastos, y en el momento de peligro está enteramente dispuesto a defenderlas con su vida. Conoce a sus ovejas tan bien como ellas le conocen a él: *Conozco a mis ovejas y mis ovejas me conocen a mí...* Si a alguien incumbe aquí por oficio la obligación de preocuparse y de sacrificarse es al pastor, y no a las ovejas. En cuanto a que el conocimiento de las ovejas, del que habla aquí el Maestro, está lejos de ser meramente superficial, es algo que se desprende con claridad de los versículos 14 y 15, que aparecen inmediatamente entrelazados y relacionados: *Yo soy el buen pastor: conozco a mis ovejas y mis ovejas me conocen a mí. Como mi Padre me conoce, también yo conozco al Padre y doy mi vida por mis ovejas.* Según lo cual existe un paralelismo, entre el conocimiento y la entrega íntimos que median entre el Padre y el Hijo, y el conocimiento y la entrega entrañables del Hijo hacia sus ovejas.[37]

La prepotencia y el predominio pastoral del clero están en los antípodas de todo esto. Ubicados quizá sólo en la mente de los que no han sido capaces de comprender la grandeza del sacerdocio cristiano.

---

[36] Jn 10: 1 y ss.

[37] Una vez más habrá que tener en cuenta la analogía, pero sin que la fuerza del argumento disminuya por eso en lo más mínimo.

En cambio es evidente que, a aquéllos que conciben su sacerdocio como una actitud de servicio y de entrega amorosos, hasta el olvido de sí mismos y con la decidida voluntad de dar la vida por los otros, jamás se les ocurre pensar, ni siquiera por un momento, en el *predominio pastoral del clero.*

A partir de la clausura del Concilio Vaticano II, la sospecha contra la autoridad en la Iglesia desembocó en una campaña de altos vuelos cuyos resultados, si bien pueden ser considerados como bastante efectivos, no son menos sorprendentes y curiosos desde el punto de vista histórico. Todo el mundo sabe que el Concilio Vaticano II se celebró bajo el aura de ser el Concilio de los Obispos, del que iba a salir suficientemente incrementada y afianzada la autoridad episcopal.[38] Las resultados no se hicieron esperar y fueron realmente espectaculares. Aunque con matices bien distintos del que los ingenuos hubieran podido esperar, pues lo que sucedió en realidad fue que la autoridad de los Obispos no quedó reforzada sino mermada. Seguramente por obra y gracia de unas circunstancias que, si bien se desencadenaron de un modo imprevisible, no dejaban de responder a la lógica. El principal producto aquí obtenido, como fruto de los buenos deseos de los Padres del Concilio, fue el de las Conferencias Episcopales. Organismos cuya creación estuvo avalada por un conjunto de argumentos que, si por una parte gozaban de suficiente justificación, por otra quizá no tuvieron en cuenta todos

---

[38] Aunque es un tema de estudio histórico para las futuras generaciones es evidente que, en el ambiente que se respiraba en demasiados círculos por aquellos años, flotaba la dialéctica autoridad papal–autoridad episcopal. El objetivo a conseguir, más o menos reconocido y declarado, no era otro que el de acentuar y afianzar la autoridad de los Obispos, sobre todo frente al Papa. Previamente se había insistido bastante en la necesidad de abrir las ventanas del Vaticano, de manera que la atmósfera estaba bien preparada.

los datos del problema. Entre ellos el peligro de manipulación que se cernía sobre los nuevos y flamantes entes de gobierno eclesiástico.

Es evidente que es más fácil, para los grupos de presión ideológicos, manipular un Organismo —Conferencia, Comisión o grupos de Comisiones— que manejar a cada uno de los Obispos por separado. Lo tiene demostrado con creces la experiencia. Una vez que determinados grupos ideológicos de presión logran hacerse cargo del control de las Conferencias Episcopales, como ha venido sucediendo con frecuencia, ya no es difícil para ellos influir sobre los Obispos. Por más que teóricamente se reconozca la autonomía de los Obispos en sus propias diócesis, ¿cuál de ellos se va a oponer a los acuerdos de un Ente colectivo del que él mismo forma parte? Si la Conferencia Episcopal de un determinado país, por ejemplo, ha concertado acuerdos, conocidos o secretos para el gran público, con el Gobierno de turno —cuya ideología puede dejar bastante que desear— es difícil que un Obispo, en su propia diócesis, tome decisiones que contradigan de algún modo tales acuerdos, por más que a él le parezcan justas y pastoralmente necesarias.

Y sin embargo, dada la estructura orgánica que Jesucristo otorgó a su Iglesia, la función de gobierno que cada Obispo ha de ejercer en su diócesis es esencial. El Cuerpo único de la Católica está formado por el conjunto de las diversas Iglesias, gobernada cada una de ellas por su Obispo propio, y cuyo vínculo de unión es el Papa como Cabeza visible del Organismo. La verdad dogmática de que el Papa es efectivamente el Pastor Supremo, y no un *Primus inter pares*, no puede ser relegada al olvido. Pero una vez aseguradas la sumisión al Romano Pontífice y la unión, a través de él, con todo el Colegio Apostólico, la autoridad y la función de gobierno de cada uno de los Obispos al frente de su diócesis es algo que no admite dudas. Las normas dictadas por el Espíritu en el Apocalipsis son específicas y particulares para *cada uno de los siete ángeles* que gobiernan cada una de las siete iglesias de Asia.[39] Por otra parte, la conveniencia de que las normas eclesiales dictadas para cada nación[40] tengan que ser aprobadas democráticamente por los Obispos del área es harto dudosa, y ni puede ni debe ignorar la estructura orgánica otorgada a la Iglesia por su mismo Fundador.

La Iglesia del último tercio del siglo XX ha dado con frecuencia la impresión de falta de seriedad. Demasiado influenciada por el humanismo pagano, tarada de desconfianza con respecto a los valores y medios sobrenaturales, paralizada de palurdo asombro ante los pretendidos logros de las ciencias físicas y sociopolíticas, y asustada sobre todo ante los avances y el poderío de un Sistema que ella considera arrollador e irreversible, se ha puesto en actitud de escucha ante el mundo y le ha rendido pleitesía.

Si quiere sobrevivir —como efectivamente sucederá— tendrá que emprender la vuelta a la verdadera Teología y a la Sagrada Escritura leída y predicada como Sagrada Escritura. Deberá predicar el dogma en su totalidad. Habrá de plantear otra vez las exigencias y grandezas de la auténtica moral cristiana, claramente y con integridad. Será necesario que coloque de nuevo la misa como el centro del culto y aun de la vida cristiana, de tal forma que ya no aparezca más como un mero *show* de valores y de contenido puramente humanos, sino como el Sacrificio renovado de la cruz y como el Banquete en el que se come y se bebe el Cuerpo y la Sangre de Cristo. Comprenderá la urgencia en la que se encuentra de ejercer las necesarias funciones de su Magisterio, para hablar con claridad y firmeza y apuntar hacia los verdaderos problemas que afectan a la salvación. Se preocupará

---

[39] Cf Ap 2–3.

[40] O quizá para cada región. Otro punto dudoso, capaz de suscitar graves y delicadas discusiones en los lugares donde aparecen fenómenos independentistas.

de revalorizar y fomentar las espiritualidades recias y serias, a fin de hacer posible la vuelta a las auténticas virtudes de la vida cristiana y dar de lado definitivamente a las componendas y arreglos que no tienen otro objeto que el de agradar al mundo.

Un cierto sector del catolicismo actual tiende a convertir las virtudes cristianas en caricaturas. Para fomentar la devoción al Papa, por ejemplo, hay quien suele echar mano de piadosas falsedades que, en el mejor de los casos, son inoportunas. En el ambiente oficial y de los *mass media* clericales y afines es normal la utilización de ciertos *slogans* que son constantemente pregonados. Uno de ellos se refiere al Papa que ocupe de momento la sede de Pedro, sea quien fuere, y consiste en dar por establecido que *el Pontífice reinante es un genio*. Sin embargo no es necesario ser un erudito para saber que la Historia ha conocido Papas que no han sido genios. Lo que no legitima precisamente la falta de fidelidad hacia ellos de la que han hecho gala tantos católicos a lo largo de los siglos. Después, lo que todo el mundo sabe: cuando muere un Pontífice todo queda en el juicio que de él hace la Historia, al mismo tiempo que la cualidad de genial pasa automáticamente al que lo sustituye. Afortunadamente un hijo no necesita que su padre sea un genio para amarlo y reverenciarlo: le basta sencillamente con que sea su padre. De ahí que tratar de fomentar sentimientos y convicciones importantes sobre fundamentos que no son verdaderos es, por lo menos, una grave imprudencia que puede conducir al derrumbamiento del edificio que se quiere levantar. Hoy es frecuente escuchar, de labios de los miembros de cierta encumbrada Familia religiosa de actualidad, la atrevida afirmación de que *si el Papa se equivoca, nosotros estamos dispuestos a equivocarnos de buena gana con el Papa*. Pero una vez que se admite, por hipótesis, que el Papa está en un error, y alguien admite igualmente que, a pesar de ello, estaría dispuesto también a abrazar ese error, es evidente que ese tal está a su vez en otro error, y no ya por hipótesis. Por la sencilla razón de que *estar con el error es estar en un error.*[41] De todo lo cual se deduce la necesidad de plantear la fidelidad al Papa de manera más fundada, verdadera y seria, sin vacilar en cerrar el paso a intenciones y manejos demagógicos, los cuales no parecen tener otro objeto que el de hacer ruido para atraer a unos y contentar a otros. Es evidente que las devociones y las ideas sólidas han de ser edificadas sobre fundamentos no menos sólidos, aunque procurando hacerlo de tal modo que sea siempre la verdad el primero de todos ellos.

Algo parecido, aunque más grave, sucede con la virtud de la pobreza, actualmente tan aclamada... y también tan proclamada. A ello ha contribuido sin duda el hecho de que la pobreza es uno de los conceptos más anfibológicos que existen. Su *riqueza* de significados es una de tantas ironías del lenguaje, pero que en este caso particular ha dado lugar a infinidad de equívocos e interminables discusiones.[42] Considerada desde siempre como una de las peores desgracias que han aquejado a la humanidad, fue elevada sin embargo por Jesucristo a la categoría de bienaventuranza. El Maestro no tuvo inconveniente en nacer y vivir en la más absoluta pobreza, incluso hasta desposarse definitivamente con ella en la cruz, según el conocido dicho de San Francisco de Asís. Y fue a partir de ese momento cuando muchos hombres y mujeres dejaron de huir de ella, y hasta empezaron a amarla y a buscarla ardorosamente para incorporarla a su vida.

---

[41]Si se dice que aquí no se trata sino de meras formas de hablar, o de meras hipótesis que no tienen consistencia real, es obligatorio añadir entonces que se trata igualmente de meras formas erróneas de hablar, o de meras hipótesis erróneas sin consistencia real.

[42]El pensamiento del autor sobre este tema está expuesto con amplitud en *El amigo inoportuno*, III parte, Murcia, 1990.

Aunque no por eso quedaron las cosas claras para siempre. Contrariamente a lo que cabía esperar, se complicaron mucho más. Basta recordar, para convencerse de ello, el hecho de que todavía los exegetas siguen discutiendo acerca de quién es el intérprete más auténtico de la bienaventuranza de la pobreza: si San Mateo o San Lucas. El principal problema se plantea con respecto a la distinción entre la pobreza real y la pobreza de espíritu, que parecen ser dos especies distintas de pobreza.[43] El tema ha dado lugar a una discusión que ha durado siglos y que indudablemente puede ser calificada, de manera indulgente, como baladí y trivial. Pues es evidente que cualquier pobreza cristiana ha de ser tan *real*, si quiere ser pobreza, como *de espíritu*, si quiere ser virtud. No existen dos modos distintos o dos versiones diferentes de la pobreza, sino que la pobreza cristiana es una y única. Todo parece deberse a una lamentable confusión de términos, y tal vez también al deseo de complicar cosas que de por sí son simples y sencillas. De todos modos, y puesto que el tema fue definitivamente resuelto por Santo Tomás de Aquino entre otros,[44] no es necesario abordarlo aquí extensamente como problema, siendo suficiente con anotar de pasada algunas de sus incidencias más actuales.

Para que se entienda con claridad lo que se dice a continuación, y a fin de evitar explicaciones que no son de este lugar, quizá sea conveniente simplificar provisionalmente la cuestión. Ateniéndose a ello, la pobreza podría ser encasillada dentro de tres categorías diferentes: pobreza oficial, pobreza material, y pobreza real. Una vez que se ha insistido en que se trata de una clasificación puramente

---

[43]Cf Mt 5:3; Lc 6:20.

[44]Por lo que sería inútil prolongar una discusión que, por otra parte, podría producir la falsa impresión de que no tiene salida. Cf la nota número 42 de este mismo capítulo, donde se cita la obra que contiene las necesarias referencias.

provisional y simplista, es necesario apresurarse a decir que, aunque las tres parecen poder aspirar a encarnar el prototipo de la verdadera pobreza, sus contenidos sin embargo son absolutamente diferentes, como podrá verse a continuación.

Una de las características más sobresalientes que cabe señalar en la pobreza *oficial* es su facilidad en ser reconocida y proclamada por todos con entusiasmo. Algo lógico y nada extraño desde el momento en que se considera que, al fin y al cabo, se trata de la pobreza *oficial*. Para facilitar la comprensión de la estructura y funcionamiento de esta clase de pobreza se puede echar mano de un ejemplo simple. En el moderno catolicismo gozan de buena prensa las *monjas pobres* o los *curas pobres*, por citar algún caso, mientras que andan muy lejos de gozar de la misma prerrogativa las *pobres monjas* o los *pobres curas*. Lejos de tratarse de una broma o de un mero juego de palabras, si se examina el tema con cuidado, pronto se descubre que la distinción tiene una gran importancia práctica, con resultados muy diferentes en uno y otro caso. Como todo el mundo sabe, existen en el catolicismo Instituciones y Familias religiosas que, gracias al marchamo de su pobreza oficial, gozan de tal influencia y de tan extraordinaria abundancia de medios, que bien podrían ser calificadas de empresas multinacionales. Por otra parte abundan también los apóstoles individuales que, valiéndose del clima de confusión del momento, utilizan hábil y oportunamente la bandera de la pobreza oficial para conseguir pingües beneficios, tanto económicos como de influencia y poder. En realidad unos y otros se aprovechan de que los modernos católicos han olvidado el hecho incontestable de que, cuando se trata de la auténtica pobreza, nadie hace caso de ella. Jamás se ha visto que los pobres verdaderos sean aplaudidos y considerados. Algo muy distinto de lo que sucede con la pobreza oficial, siempre y en todas partes tan conocida, estimada y aplaudida, y con influencia, poder, y alcance tan considerables.

La realidad de la auténtica pobreza es diferente. Los que conocen bien esta virtud saben que es necesario ser un verdadero *pobre hombre* antes de ser un auténtico *hombre pobre*. Por fortuna existen en el mundo bastantes hombres y mujeres, de los que nadie hace caso, prácticamente desconocidos puesto que no cuentan para nadie, y cuya influencia es enteramente nula. Hombres y mujeres que, a pesar de que conocen muy bien y por experiencia el sufrimiento, las angustias y las privaciones, no son aplaudidos por nadie ni son considerados nunca como héroes. Naturalmente que es entre ellos donde hay que buscar a los verdaderos pobres.

Aunque la *pobreza material*, o simple privación de todo, está más cerca de la verdadera pobreza, sería aventurado afirmar que coincide con el concepto evangélico de la susodicha virtud. La similitud que muchos encuentran entre la pobreza material y la pobreza franciscana,[45] si bien posee un cierto fundamento, es inexacta y corta de alcances. La que aquí se ha convenido en llamar pobreza material, además de ser difícilmente practicable como ideal de vida, está lejos de identificarse con el concepto evangélico de pobreza. En realidad la pobreza ha de estar animada por la caridad si pretende ser considerada como virtud verdadera, tal como sucede exactamente con las otras virtudes, aunque este detalle no suele ser tenido muy en cuenta cuando se trata de la pobreza, no se sabe por qué. La compleja historia del franciscanismo demuestra que los *Moderadores* de la Orden, que lo fueron en tiempos de San Francisco —Papas, Cardenales protectores y diversos miembros cualificados de la Familia franciscana—, tuvieron que esforzarse no poco para hacer *descender*

---

[45] Aquí se entiende por pobreza franciscana la practicada por San Francisco de Asís y sus verdaderos discípulos, hayan sido o no contemporáneos del santo.

a San Francisco al mundo de la realidad.[46] No había transcurrido mucho tiempo cuando San Buenaventura se vio obligado a utilizar su ingenio y su enorme personalidad para poner orden: reglas de conducta, normas sobre libros y bibliotecas, sobre los estudios, y un poco de la organización que se hacía tan necesaria. Sazonado todo ello con las dosis convenientes de sentido común y aplicado a detalles bien concretos y prácticos. Por ejemplo: nada de prestar libros a los amigos, porque luego se queda uno —decía el santo— sin libros y sin amigos.[47] Pues ya se sabe que San Francisco no quería para su Orden nada que se pareciera a grandes edificios, a estudios, a libros, o en general a cualquier cosa que pudiera despertar el instinto de posesión. Así como tampoco era partidario de Reglas prolijas que pudieran poner en peligro la sencillez y claridad de las páginas del Evangelio.

Pero la verdadera pobreza franciscana, al menos en su espíritu y en sus objetivos, se identifica plenamente con la pobreza evangélica. Pues, aunque es verdad que coincide con la pobreza material en la práctica externa —que es justamente lo que tiene de inviable—, en realidad va mucho más allá de ese concepto simplista de la pobreza.

Es justamente esto último lo que la hace diferenciarse de la pobreza tal como suele ser hoy entendida en muchos medios católicos, aún impregnados de marxismo e incapaces de comprender el verdadero sentido evangélico de esta virtud. La pobreza como fenómeno social es para tales medios la situación *miserable y condenable* en la que viven los países pobres o marginados. Como fenómeno personal

---

[46]De nuevo la eterna lucha, tan repetida en la Historia de la Iglesia, entre el carisma y la *realidad*. Tal vez cabría preguntar aquí si se trata de la realidad de las cosas o de la realidad de la mediocridad de los hombres. Y, aunque es probable que la respuesta exacta solamente sea conocida por Dios, ¿quién sabe si no apuntará, en todo o en parte, hacia ambas cosas a la vez?

[47]Étienne Gilson, *La Philosophie de Saint Bonaventure*, París: Vrin, 1943.

es una actitud o forma de vida testimonial, *crispada e iracunda*, asumida voluntariamente por algunos que dicen solidarizarse con esos países. El resultado práctico de todo ello es que, de una manera o de otra, la pobreza como virtud ha desaparecido del horizonte de la vida cristiana.[48]

Otra situación también grave es la originada en el catolicismo al depreciarse el concepto de caridad en favor del de *beneficencia*. A pesar de que la caridad o la *agape*[49] están lejos de identificarse con la mera beneficencia, gran parte de la Pastoral católica de los últimos tiempos se ha centrado exclusivamente en la ayuda a los marginados. La actividad de numerosas Familias religiosas dentro de la Iglesia no tiene hoy otro objetivo. A lo que hay que añadir la influencia ejercida por una nube de documentos emanados de Congresos, Encuentros y Conferencias, en los que Obispos y teólogos *expertos* elaboran orientaciones de carácter más sociopolítico que religioso, y en los que el horizonte de lo sobrenatural —por no hablar del Amor, con mayúscula o con minúscula— se ha perdido de vista por completo.

El amor a Dios se proyecta y se hace extensivo en el amor al prójimo, según una doctrina bien segura que ahonda sus raíces en lo más profundo del Nuevo Testamento y en las enseñanzas más directas del mismo Jesucristo.[50] Nada tiene de extraño, por lo tanto, que el ejercicio de las obras de caridad y beneficencia haya sido

---

[48]La pobreza, para los que todavía creen en las bienaventuranzas, es la virtud más próxima a la caridad. Consiste en el voluntario desprendimiento de todo —y no meramente de las cosas materiales— en reciprocidad de puro amor. Es lo que haría la esposa del *Cantar* para hacer realidad su entrega al Esposo.

[49]Bien que sean cosas distintas, o bien que la *agape* consista más bien en el amor al prójimo, que es el aspecto horizontal de la caridad.

[50]No hay necesidad de insistir en esto. Cf por ejemplo, como textos clásicos que pueden servir de referencia, 1 Jn 4: 20–21; San 2: 14–16.

una práctica multisecular y constante en la Iglesia. El problema se plantea cuando se olvida que las *obras de caridad* no son la caridad, sino una mera y posible manifestación de ella.[51] San Pablo habla de la existencia de actos heroicos de beneficencia que no tienen nada que ver con la caridad (1 Cor 13:3). Y, por lo que hace a los demás Apóstoles, tuvieron cuidado de aclarar que no estaban dispuestos a dedicarse al servicio de las mesas abandonando el de la Palabra (Hech 6:2), lo que hace pensar que esta clase de obras no constituía para ellos el núcleo esencial de la vida cristiana. Si a todo eso se añade que el pretendido amor a los pobres y marginados se convierte con frecuencia en crispación politizada, se puede asegurar que, donde eso ocurra, ya no es la caridad —en su doble vertiente, vertical y horizontal— la ley suprema que rige el Cuerpo Místico de Jesucristo.

***

Por eso es necesario volver a hablar del verdadero Amor. Ahora más que nunca. De Cristo y del buen olor de Cristo, ya que eso es, y no otra cosa, el perfume que se desprende del Esposo. Y habrá que hacerlo seria y sinceramente, sin las melosidades de demagogias publicitarias ni la vaciedad de discursos prefabricados en laboratorios de Pastoral. Aunque haya que hacer callar primero a los *expertos pastoralistas* que fabrican doctrinas sin contenido, a los Pastores políticos y demagogos que manipulan por su cuenta la palabra de

---

[51]Por más que la caridad *las exija*, como así es, aunque eso mismo demuestra que ya no pueden identificarse con la caridad. Por eso las obras benéficas por sí solas tienen un sentido ambiguo, en cuanto que lo mismo pueden ser proyección y manifestación de la caridad que de otras distintas intenciones.

Dios (2 Cor 2:17), y a todos los que, en general, han pactado con el mundo de una manera o de otra. En su lugar será mejor dejar hablar a los que buscan a Dios ansiosamente a través de su vida de sacrificio y por medio de la oración. Los cuales no son otros sino los que aman de corazón a Jesucristo, los auténticos pobres, los verdaderos olvidados del mundo...

> *El aroma de tus perfumes es exquisito.*
> *Tu nombre es ungüento derramado:*
> *Por eso te aman las doncellas.*

La lectura de este texto del *Cantar* puede ser buena ocasión para recordar un interesante fragmento de San Pablo: *Gracias sean dadas a Dios, que nos hace participar constantemente[52] del triunfo de Cristo, y que, por medio nuestro, extiende por todas partes el perfume de su conocimiento. Pues somos para Dios el buen olor de Cristo, tanto para los que se salvan como para los que se pierden. Para los unos, olor de muerte que conduce a la muerte; para los otros, olor de vida que conduce a la vida. ¿Y quién es capaz de esto?[53] Nosotros no somos como la mayoría, que adulteran la palabra de Dios; sino que, con toda pureza, como enviados de Dios y ante Dios, hablamos en Cristo.[54]*

De manera que, según San Pablo, Dios se vale de los verdaderos discípulos para extender por todas partes el perfume del conocimiento de Cristo: *Por medio nuestro se extiende por todas partes el perfume de su conocimiento.* Lo que significa que, según el plan de Dios, Cristo ha de ser manifestado a través de sus discípulos. Si se echa mano del lenguaje del *Cantar* habrá que decir que el Esposo ha de ser conocido por medio y a través de la esposa. El Señor

---

[52]Otra posible lectura: *siempre.*

[54]2 Cor 2: 14–17.

por su parte lo declaró explícitamente: *Recibiréis la fuerza del Espíritu Santo, que descenderá sobre vosotros, y seréis mis testigos en Jerusalén, en toda Judea y Samaría, y hasta los confines de la tierra.*[55]

Que el perfume del que habla el Apóstol es el del Esposo está dicho claramente: *el buen olor de Cristo.* San Juan de la Cruz no duda de que es el perfume que exhala el bálsamo del Esposo el que atrae a las vírgenes que discurren tras sus huellas a lo largo del camino:

> *A zaga de tu huella*
> *las jóvenes discurren al camino*
> *al toque de centella,*
> *al adobado vino,*
> *emisiones de bálsamo divino.*[56]

El *Cantar* trata de describir con profusión lo que es el perfume embriagador que se desprende del Esposo:

> *¿Qué es aquello que sube del desierto,*
> *como columna de humo,*
> *como humo de mirra e incienso,*
> *y de todos los perfumes exquisitos?*[57]

En otro lugar es el Esposo mismo quien se atribuye la propiedad y el origen de los bálsamos y las esencias que producen tales aromas,

---

[55]Hech 1:8.

[56]San Juan de la Cruz, *Cántico Espiritual.*

[57]Ca 3:6. Estas palabras, que algunos ponen en boca del coro y otros en la del autor del poema, no parecen haber sido pronunciadas por ninguno de los dos amantes. De todos modos, aparte problemas exegéticos que no son de este lugar, es evidente que la descripción puede ser referida con toda propiedad al Esposo.

aunque reconociendo que los perfumes inundan el huerto de la esposa y que, por lo tanto, la envuelven también a ella.

> *Voy, voy a mi jardín,*
> *hermana mía, esposa,*
> *a coger de mi mirra y de mi bálsamo;*
> *a comer la miel virgen del panal...*[58]
>
> ....
>
> *Eres jardín cercado, hermana mía, esposa,*
> *eres jardín cercado, fuente sellada.*
> *Es tu plantel un bosquecillo*
> *de granados y frutales exquisitos;*
> *de alheñas y de nardos.*
> *De nardos y azafrán, de canela y cinamomo,*
> *de todos los árboles de incienso;*
> *de mirra y áloe,*
> *y de todos los más selectos bálsamos.*[59]

Si la esposa ha de ser siempre *y por todas partes* el buen olor de Cristo, o del Esposo, es evidente que ha de estar completamente empapada del perfume que de Él emana, pues nada hay más efímero, pasajero y delicado, que un delicioso aroma. Por eso el Apóstol no se limita a decir que los discípulos trasmiten el buen olor de Cristo, sino que afirma atrevidamente que *son el buen olor de Cristo.* Que es algo muy distinto y, sin duda alguna, la primera regla —prácticamente la única— que ha de tener en cuenta la pastoral cristiana. San Francisco de Asís, que la conocía muy bien, predicaba a veces mediante el sencillo procedimiento de dejarse ver de la

---

[58]Ca 5:1.
[59]Ca 4: 12–14.

gente y sin pronunciar una palabra, con lo que ponía en práctica un método de indudable raigambre evangélica: *Brille vuestra luz ante los hombres de manera que vean vuestras buenas obras y glorifiquen a vuestro Padre que está en los cielos.*[60]

Pero si la esposa está tan empapada del perfume del Esposo, hasta el punto de quedar convertida ella misma en el buen olor del Esposo, es porque existe entre ambos intimidad suficiente como para dar lugar a un intercambio de vidas. El bálsamo, el perfume y los aromas son del Esposo y proceden de Él, aunque ahora pertenecen también a la esposa:

> *Es mi amado para mí bolsita de mirra*
> *que descansa entre mis pechos.*
> *Es mi amado para mí racimito de alheña*
> *de las viñas de Engadí.*[61]

Ahora lo que es del Esposo pertenece a la esposa, y lo que pertenece a la esposa es también del Esposo. Tal comunidad de bienes es el resultado de una entrega recíproca y total, la cual da lugar a una sobreabundancia que hace posible llamar a todos para que participen de ella:

> *Voy, voy a mi jardín,*
> *hermana mía, esposa,*
> *a coger de mi mirra y de mi bálsamo,*
> *a comer la miel virgen del panal,*
> *a beber de mi vino y de mi leche.*
> *Venid, amigos míos, y bebed,*
> *y embriagaos, carísimos.*[62]

---

[60]Mt 5:16.
[61]Ca 1: 13–14.
[62]Ca 5:1.

De nuevo la regla de oro de la Pastoral. La única capaz de convocar con éxito a unos y a otros para que vengan a comer y beber, hasta hartarse, en el banquete divino–humano. Se trata de la sobreabundancia de un amor, por supuesto correspondido, que se consuma en un verdadero intercambio de vidas. De ahí la última exclamación de la estrofa: *Venid, amigos míos, y bebed; y embriagaos, carísimos.* La cual parece ser un eco anticipado de las invitaciones y llamadas que se hacen en el evangelio: *Decid a los invitados: Mirad, mi banquete está preparado; han sido muertos mis toros y reses cebadas, y todo está a punto. Venid a las bodas... Id a las encrucijadas de los caminos, e invitad a la boda a cuantos encontréis...*[63] *Y dijo el señor al criado: Sal a los caminos y a los cercados y oblígalos a entrar, para que se llene mi casa de invitados.*[64]

Porque es Cristo el que atrae irresistiblemente, y aquí se trata sin duda de la embriaguez producida por el aroma, el perfume, y el buen olor de Cristo. Sin embargo el discípulo enamorado está tan identificado con Él, por obra y gracia del amor, que puede suplantarlo y hacer sus veces: *Vivo pero no yo, sino que es Cristo quien vive en mí.*[65] Puede decirse, dando un paso más, que el plan divino no consiste simplemente en que el discípulo pueda hacer las veces del Maestro, *sino en que las haga efectivamente*, puesto que el testimonio es el único modo eficaz de que los hombres conozcan a Jesucristo. Por eso no es extraño que las amigas que acompañan a la esposa le pidan que les describa al Esposo y les hable de Él:

> *¿Y en qué se distingue tu amado,*
> *oh la más hermosa de las mujeres?*[66]

---

[63] Mt 22: 4.9.

[64] Lc 14:23.

[65] Ga 2:20.

[66] Ca 5:9.

Ni que le pregunten con insistencia acerca del camino, a fin de ir con ella para buscar y encontrar todas juntas al Esposo:

> *¿Y adónde fue tu amado,*
> *oh la más hermosa de las mujeres?*
> *¿Adónde fue tu amado*
> *para que le busquemos contigo?*[67]

Ambas preguntas —cómo es el Esposo, y cuál es el camino que conduce a su encuentro— están tan lógicamente relacionadas que la segunda depende de la primera. Pero conviene examinar más atentamente el tema.

Ya se ha visto que las compañeras insisten ansiosamente ante la esposa para que les describa al Esposo:

> *¿Y en qué se distingue tu amado,*
> *oh la más hermosa de las mujeres?*

Responder a la pregunta mediante una descripción del Amado, tal como hace la esposa (Ca 5: 10–16), es la tarea de la Pastoral, de la Cristología y, en general, de toda la Teología.[68]

No es difícil comprender, sin embargo, que estas descripciones no son sino balbuceos insuficientes. No es de admirar que la esposa del *Cantar* no pueda hacer otra cosa que yuxtaponer una serie de metáforas poéticas. Por lo tanto, si bien es cierto que *fides ex auditu*,[69] se impone la necesidad del testimonio visual aportado precisamente por la propia vida del testigo: *Brille vuestra luz ante los*

---

[67]Ca 6:1.

[68]Cristo es el único camino y el único medio para conocer al Padre y llegar hasta Él (Jn 14: 5–11). Toda auténtica Teología (a excepción de la Teodicea) ha de partir de la Cristología y fundamentarse noéticamente en ella (Jn 1:18).

[69]Ro 10:17. Cf Ro 10: 14–18.

hombres, para que vean vuestras buenas obras y glorifiquen a vuestro Padre que está en los cielos.[70] Puede decirse que el testimonio proporcionado por la vida del discípulo se encuentra, con respecto a la predicación, en una relación que es en cierto sentido análoga a la de la fe y la visión: *Aunque hablara las lenguas de los hombres y de los ángeles, si no tengo caridad soy como bronce que suena o címbalo que retiñe.*[71] De ahí la necesidad de que la vida de Jesús se manifieste en la del discípulo,[72] que es lo que hace que la belleza y hermosura del Esposo se refleje en la esposa, tal como lo reconocen sus propias compañeras:

¡Oh tú, la más hermosa de las mujeres![73]

Con lo que se llega a la conclusión de que el buen olor de Cristo no es otra cosa que la vida misma de Cristo reflejada en el discípulo. Aunque, si bien se considera, la expresión a utilizar aquí sería la de *ser*, más bien que la de *aparecer*. El testimonio hace referencia a otro, en efecto, pero haciéndolo presente de alguna manera en la vida misma del que lo ofrece. Dos vidas en una por obra y gracia del amor. Sólo queda por advertir que en la discusión del tema han de

---

[70]Mt 5:16.

[71]1 Cor 13:1. El plan de Dios consiste en que ambas cosas aparezcan ensambladas, como viene a decir el mismo Apóstol en el texto citado más arriba: *Nosotros no somos como la mayoría, que adulteran la palabra de Dios, sino que, con toda pureza, como enviados de Dios y ante Dios, hablamos en Cristo.*

[72]La expresión es muy pobre y queda muy lejos de la realidad. La verdadera relación que existe entre ambos es la de un intercambio de vidas que acaban convirtiéndose en una sola (Jn 6: 56–57).

[73]El tema de la hermosura de la esposa está tan presente en el *Cantar* como el de la belleza del Esposo. Cf Ca 1:5; 1:8; 1:15; 2:2; 4: 1–15, etc. Algo lógico si se considera que el amor tiende a igualar y a hacer de los dos amantes como una sola cosa.

quedar intactas la integridad e individualidad de las personas, pues de otro modo no sería posible la presencia del amor: *Y vivo, pero no yo, sino que es Cristo quien vive en mí.*[74] San Juan de la Cruz también toca este tema en su *Cántico*:

> *Cuando tú me mirabas,*
> *su gracia en mí tus ojos imprimían:*
> *por eso me adamabas,*
> *y en eso merecían*
> *los míos adorar lo que en Ti vían.*
>
> *No quieras despreciarme,*
> *pues si color moreno en mí hallaste,*
> *ya bien puedes mirarme,*
> *después que me miraste,*
> *que gracia y hermosura en mí dejaste.*

Sin embargo, así como la esposa habla del Esposo, el testimonio ofrecido por el discípulo se refiere al Maestro. Hablan de Él, señalan hacia Él, y caminan tras Él. Ni la esposa se confunde con el Esposo ni el discípulo es Jesucristo. Lo que queda claro al final, tanto para las compañeras de la esposa como para los que reciben el testimonio del discípulo de Jesús, es que tanto unos como otros han de ponerse en marcha para alcanzar al Señor:

> *¿Y adónde fue tu amado,*
> *oh tú, la más hermosa de las mujeres?*
> *¿Adónde fue tu amado,*
> *para que le busquemos contigo?*[75]

---

[74]Ga 2:20.
[75]Ca 6:1.

Y lo mismo San Juan de la Cruz en su *Cántico*:

> *A zaga de tu huella*
> *las jóvenes discurren al camino,*
> *al toque de centella,*
> *al adobado vino,*
> *emisiones de bálsamo divino.*

Pero las ansias por seguir al Esposo, o por encontrar a Cristo, jamás hubieran sido sentidas por nadie si la esposa no hubiera cantado las excelencias del Esposo, o si el discípulo no hubiera dado un verdadero testimonio capaz de convencer. Y puesto que el plan de Dios consiste en que el aroma del Esposo, o el buen olor de Cristo, sean previamente percibidos a través de la esposa o de los discípulos, de ahí la necesidad del testimonio: *Por medio nuestro se extiende por todas partes el perfume de su conocimiento. Pues somos para Dios el buen olor de Cristo, tanto para los que se salvan como para los que se pierden.* Testimonio que, por ser un testimonio de vida y referirse además al que es la misma Vida, no puede ser otra cosa que un testimonio viviente: *Y vivo, pero no yo, sino que es Cristo quien vive en mí.*[76]

No es de admirar que, ante la magnitud del empeño, el mismo San Pablo se pregunte con asombro: *¿Y quién es capaz de esto?*[77] La respuesta que el Apóstol se da a sí mismo es tan sorprendente que cabe la duda acerca de si es extraña o es demasiado profunda: *Nosotros no somos como la mayoría, que adulteran la palabra de Dios, sino que, con toda pureza,*[78] *como enviados de Dios y ante*

---

[76] Ga 2:20.

[77] O también: *¿Quién está capacitado para esta tarea?*

[78] O *integridad*, que es lo que significan propiamente, tanto el vocablo *sinceritas* que emplea la Neovulgata, como el utilizado por el texto griego.

Dios, hablamos en Cristo. Sea cual fuere el significado que San Pablo atribuya al hecho de ser el buen olor de Cristo —o el modo en que ha de darse el testimonio de Jesús—, es evidente que ha de consistir en algo totalmente contrario a lo que hacen los que adulteran o manipulan la palabra de Dios. El texto contrapone dos modos de actuar y los hace aparecer como absolutamente incompatibles. Es indudable, por lo tanto, que el verdadero testimonio cristiano —del cual es parte la predicación— hay que situarlo en algún lugar que está en los antípodas de aquél en el que se ubican la manipulación o adulteración de la palabra de Dios.[79]

Una vez que se ha llamado la atención acerca del contenido negativo de la respuesta, queda todavía por explicar la parte más difícil. Ahora hay que analizar la doctrina de San Pablo referente al modo de llevar a cabo el testimonio cristiano —cómo se puede ser el buen olor de Cristo—, y concretamente en lo que se refiere a la predicación: *Nosotros... con toda integridad, como enviados de Dios y ante Dios, hablamos en Cristo.* Naturalmente que la exégesis tendría que ser extensa, aunque aquí no cabe hacer otra cosa que analizar brevemente esas tres frases del Apóstol.

Lo primero que exige San Pablo es la integridad, que aquí también puede traducirse sin duda como santidad de vida. Y puesto que es lo primero que contrapone el Apóstol a los que adulteran la palabra de Dios, cabe pensar legítimamente que la predicación sincera y auténtica de la Palabra exige cierta santidad o integridad de vida.

---

[79]Ya se sabe que las formas de adulterar la palabra de Dios son incontables. La más comúnmente practicada en la actualidad es la que consiste en escamotear u omitir el contenido de la revelación neotestamentaria, para lo cual se insiste en temas que, o bien son ajenos al mensaje evangélico, o bien son completamente incidentales (problema ecológico, lucha por la democracia, consumismo, derechos de las minorías...), al mismo tiempo que se da de lado a los problemas y temas de contenido sobrenatural.

Pues parece imposible, en efecto, llevar a cabo una predicación sincera de *todo* el contenido del mensaje evangélico si no existe de por medio, por parte del que testimonia, un esfuerzo serio para vivirlo. Y no se trata ya de la posibilidad de que alguien pueda predicar correctamente aun sin estar convencido, puesto que la experiencia de cada día se encarga de demostrar que tal cosa es absolutamente inviable. Lo que realmente sucede, cuando falta esa integridad, es un fenómeno que se ha hecho universal en el catolicismo actual: la tendencia a derivar el contenido de la predicación hacia temas ajenos al mensaje evangélico, o al menos fútiles e intranscendentes, en el mejor de los casos.[80]

La segunda parte del pensamiento paulino en este punto contiene en realidad dos afirmaciones, y se refiere al hecho de que los que testimonian de Cristo, o aquellos que son realmente el buen olor de Cristo, hablan siempre *como enviados de Dios... y ante Dios.*

Es indudable que el que testimonia ha de comportarse *como enviado de Dios*, con plena conciencia de lo que hace y ateniéndose fielmente al oficio recibido. Lo que tiene especial relevancia cuando el testigo es una persona consagrada a Dios, o un apóstol al que le ha sido conferido un ministerio específico. Como dice el Apóstol en una advertencia que se adivina en seguida como de fundamental importancia: *Es preciso que los hombres nos consideren como servidores de Cristo y administradores de los misterios de Dios. Ahora bien, lo*

---

[80]Lo expuesto por San Pablo en Flp 1: 12–20 no se opone a lo que se dice aquí. Afirma el Apóstol que, no solamente no le importa que Cristo sea predicado con falta de sinceridad, o incluso hipócritamente, sino que hasta se alegra de ello *con tal de que Cristo sea anunciado.* Pero el motivo de su gozo no se deriva en modo alguno del resultado de una predicación que, aunque viciada en sí misma, al fin y al cabo ha sido fructuosa. Si se alegra es simplemente porque tales cosas que, según dice él mismo, *añaden tribulación a sus cadenas... le aprovechan para la salvación.* Y apostilla además que por ellas Cristo será glorificado en su cuerpo, ya sea por su propia vida o ya sea por su muerte.

que se pide a los administradores es que sean fieles.[81] Según lo cual el testigo —sobre todo si se trata de un apóstol consagrado— ha de aparecer ante los hombres como servidor de Cristo y administrador de los misterios de Dios, con total fidelidad a la misión recibida. *Es preciso* que sea así absolutamente, viene a decir el Apóstol. No puede ocuparse por lo tanto de problemas que sean ajenos a su misión, ni aportar soluciones —por buenas que puedan parecer, tal vez desde un punto de vista puramente humano— que no se ajusten estrictamente a las instrucciones recibidas. Puesto que es un administrador de los *misterios de Dios*, su cometido ha de estar siempre ubicado en el ámbito de lo sobrenatural. No puede, por ejemplo, proponerle a la juventud como meta de ideales los contenidos de tal o cual Constitución o Carta Fundamental, por perfecta que pueda parecer.[82]

Además el testigo ha de ser consciente de que el testimonio que ofrece a los hombres ha de ser llevado a cabo *ante Dios*. Lo que probablemente significa que el cristiano tiene siempre a su Dios y Señor ante sus ojos y en su pensamiento. Que todo lo hace por Él y para Él.

---

[81]1 Cor 4: 1–2.

[82]Como se hizo en el Encuentro Mundial de la Juventud, celebrado en Denver (Colorado, USA) los días 14 y 15 de Agosto de 1993. Ninguna Carta Fundamental elaborada por los hombres es perfecta, ni menos aún puede colmar los ideales humanos. No hace falta comparar tales Cartas o Declaraciones con el contenido de la revelación del Nuevo Testamento para darse cuenta en seguida de lo mucho que les falta, así como también de lo que les sobra. Incluso desde el punto de vista de una ética meramente natural, por no pasar a considerar valores más elevados. Uno de los graves peligros que encierran estas actitudes es el de inducir a los hombres a creer que ahí está todo lo que el apóstol tiene que decirles, puesto que no existen al parecer instancias sobrenaturales a las que acudir. Con lo que el pretendido administrador de los misterios de Dios queda reducido a la condición de *manager*, o tal vez mero portavoz, de una gran multinacional de beneficencia o de asuntos sociales.

Ni se busca a sí mismo al dar su testimonio (2 Cor 4:5) ni pretende agradar a los hombres: *¿Acaso busco yo el favor de los hombres o el de Dios? ¿O es que deseo agradar a los hombres? Pero si yo tratara de agradar a los hombres no sería siervo de Cristo.*[83] La Iglesia y el mundo están necesitados de Pastores —Obispos y sacerdotes— dispuestos a dar su testimonio ante los hombres con conciencia de que lo hacen *ante Dios.* Sin que les importe ninguna otra cosa, ya que sus ojos habrán de estar puestos solamente en Cristo. Pastores cuyo corazón sea semejante al de la esposa del *Cantar,* que vivía en ansiedad por la presencia del Esposo y con graves nostalgias de la voz amada:

> *Yo duermo, pero mi corazón vela.*
> *Es la voz del amado que me llama.*[84]

La solución a los problemas del mundo presente la tiene solamente la Iglesia, aunque no precisamente en su Doctrina Social, que es lo que muchos piensan equivocadamente. A su vez, la solución a los problemas de la Iglesia sólo se hallará por medio de Pastores santos. Aunque al parecer nadie piensa hoy día en esta clase de soluciones, las cuales incluso suenan a risa para muchos. Y sin embargo es una verdad fundamental. La Iglesia no está tan necesitada de Pastores políticos y sociólogos cuanto de Pastores enamorados de Jesucristo, pese a que esta última expresión ya raramente se escucha. Necesita urgentemente Pastores —y también simples fieles, aunque la necesidad de Pastores santos se haga sentir con mayor gravedad— que sientan en su corazón las mismas ansias de las que hablaba el santo poeta de Fontiveros en su *Cántico:*

---

[83]Ga 1:10. Algo que parecen haber olvidado los numerosos Pastores del Pueblo de Dios que con tanta frecuencia predican con vistas a la galería.

[84]Ca 5:2.

Descubre tu presencia,
y máteme tu vista y hermosura;
mira que la dolencia,
de amor, ya no se cura
sino con la presencia y la figura.

Y finalmente el testigo no dará nunca un testimonio válido ante Dios si no lo hace también en *Cristo,* tal como dice San Pablo: *Nosotros... como enviados de Dios y ante Dios, hablamos en Cristo.* La razón es fácil de comprender para aquél que ha entendido el contenido del Nuevo Testamento: porque es imposible amar a Dios sin amar a Jesucristo. O dicho con más propiedad todavía: sin enamorarse de Jesucristo y sin vivir su misma vida, según el trueque y la reciprocidad de entregas que exige el amor. Tal como lo decía la esposa del *Cantar*:

Yo soy para mi amado y mi amado es para mí,
el que se recrea entre azucenas.[85]

Solamente así puede ser el testigo el buen olor de Cristo, y solamente así el perfume y los aromas valen como testimonio convincente y seductor. Sólo cuando el testigo pueda decir también, uniendo su voz a la de la esposa del *Cantar*:

Levántate, cierzo; ven también tú, austro.
Oread mi jardín, que exhale sus aromas.[86]

---

[85]Ca 6:3.
[86]Ca 4:16.

Es indudable que hay quienes piensan que todo esto no es otra cosa que poesía y agua pasada. Otros en cambio viven de nostalgias y creen que el catolicismo ha cambiado, no meramente en cuestiones accidentales o marginales, sino incluso en muchas que tocan a la fe y a la moral; según ellos el catolicismo ya no es el mismo que se predicaba y se practicaba hace cincuenta años. Y hasta hay quien avanza un paso más y dice que la Iglesia, que en algún momento de la antigüedad se sorprendió de sí misma al verse repentinamente arriana, puede sufrir algún día otro nuevo y terrible sobresalto al descubrirse atea. ¿Puede haber algo de cierto en todo esto...?

Es indudable que el mundo se enfrenta a un número de graves cuestiones que posiblemente van a quedar relegadas al juicio de Dios. El que tendrá lugar cuando la Historia se convierta en metahistoria, después de haber llegado a su cumplimiento definitivo. Mientras tanto el cristiano cree en las promesas de Jesucristo sobre la perennidad de su Iglesia, al mismo tiempo que vive de esperanza y con la plena seguridad de que la *Unam Sanctam, Catholicam et Apostolicam* sólo desaparecería si desapareciera el Amor. Pero no hay cuidado. Porque el amor, como ya se sabe, y tal como está escrito desde hace tanto tiempo,

> *No pueden aguas copiosas extinguirlo*
> *ni arrastrarlo los ríos.*[87]

---

[87]Ca 8:7.

CAPÍTULO II

DE LA CONTEMPLACIÓN Y DE LA HUMANIDAD DEL SEÑOR

Cuenta la fábula que andaba un ciego a lo largo de un camino, con pasos inseguros, en una fría tarde otoñal. El infeliz se ayudaba de un bastón, con el que tanteaba el terreno para evitar los peligros, mientras luchaba para vencer las dificultades que le oponía el fuerte viento que soplaba. De pronto un remolino rodeó su figura con un revoloteo de hojas secas y polvo. Una hoja que giraba chocó contra su rostro y apenas si tuvo tiempo de atraparla con la mano. El ciego se detuvo un momento, suspiró profundamente, y aspiró con ansia el leve y agradable perfume que aún exhalaba la hoja.

—¡Oh...! —dijo— ¿Eres una rosa...?

—No; no lo soy—, contestó la hoja. —Pero fui hoja de un rosal, y he vivido tanto tiempo junto a la rosa que he conservado hasta ahora algo de su perfume.

A pesar del tiempo transcurrido allí estaba presente todavía el perfume de la flor. Y gracias a él fue posible que una simple hoja seca, arrastrada por el viento y confundida con una rosa en una tarde triste del otoño, alegrara por un momento los pasos de un ciego caminante.

Tal como sucede en la vida cristiana, cuyo ideal, para cualquier fiel, no puede ser otro que el de hacer propiamente suya la vida del Señor, hasta el punto de dar paso a la posibilidad de ser confundido con Él. Como dicen que fue el caso de *el Poverello* de Asís; o como el de San Pablo, que pudo decir de sí mismo: *Yo vivo, aunque no soy yo quien vive, sino que es Cristo el que vive en mí.*[1] La parábola del ciego caminante podría ser glosada de forma parecida:

—¿Eres tú Jesucristo...?

—No. Yo no soy Jesucristo... Pero he vivido tanto tiempo junto a Él que ahora conservo su perfume...

> *El aroma de tus perfumes es exquisito.*
> *Tu nombre es ungüento derramado:*
> *Por eso te aman las doncellas.*[2]

El autor inspirado echa mano del instrumento de la poesía para expresar sus sentimientos; o al menos para intentar expresarlos. Porque es indudable que el Esposo es para él superior a lo más bello y sublime que pueda ser imaginado, y por eso dice que el aroma de su perfume es exquisito. Que no es sino una forma poética de manifestar lo que siente. La exquisitez del aroma se fundamenta, a su vez, en el hecho de que el perfume emana de Él, delatando su presencia. Es *su aroma*, y eso significa que Él está ahí, por fin. *El Maestro está ahí* es una frase evangélica que aún suena mejor

---

[1] Ga 2:20.
[2] Ca 1:2.

cuando es comunicada en secreto, o *al oído*.[3] Lo que no es obstáculo para que otras veces, como sucede en la parábola de las vírgenes, la llegada y la presencia del Esposo sean la ocasión obligada para prorrumpir en exclamaciones de alegría: *¡Ya está aquí el Esposo! ¡Salid a su encuentro...!*[4]

> *¡La voz de mi amado! Vedle que llega,*
> *saltando por los montes,*
> *triscando por los collados.*[5]

> ....

> *Yo duermo, pero mi corazón vela.*
> *Es la voz del amado, que me llama.*[6]

Para el autor del *Cantar*, el nombre del Esposo es un *ungüento derramado*. Lo cual es una forma poética de expresar su convencimiento entusiasmado de que el Esposo es maravilloso. Inefablemente maravilloso, en efecto, que es como si dijera: de tal modo y en tal grado como nadie ha podido ni podrá expresar nunca. Después de eso no tiene nada de extraño que añada a renglón seguido que *por eso te aman las doncellas*.

La metáfora poética tiene en cuenta en este caso un conocido esquema bíblico, bastante frecuente, en el que la alusión al *nombre* equivale a la designación de una persona determinada (Hech 4:12). Cuando se aplica a los animales, el nombre expresa con propiedad *lo que es* específicamente cada uno (Ge 2:20), mientras que, cuando se

---

[3] Jn 11:28.

[4] Mt 25:6.

[5] Ca 2:8.

[6] Ca 5:2.

refiere a las personas, designa *quién es* una de ellas bien determinada. De ahí que, si bien en el primer caso apunta siempre a géneros y especies y tiene un sentido más bien colectivo, en el segundo en cambio es exclusivamente individual, singular y personal. En los seres racionales el nombre designa por lo tanto a la persona,[7] y su carácter de singularidad sirve para distinguirla como tal..., mientras se siga realizando como persona, como ahora se dirá.

De todos los seres que existen en el universo, la persona es el más cerrado sobre sí mismo, el más autónomo e independiente,[8] capaz de obrar libremente, y a quien corresponde con más propiedad

---

[7]De ahí que, para los que carecen de toda posibilidad de conocer la esencialidad, o las propiedades características, de un determinado ser personal, el nombre de éste es inexpresable (Ju 13:18).

[8]La substancia individual de naturaleza racional, que decía Boecio. Para Santo Tomás, la persona es la substancia completa, subsistente en sí misma, con independencia de todo otro sujeto (IIIª, q. 16, a. 12, ad 2); según el Santo, una cosa subsiste cuando tiene en sí misma su existencia, con entera independencia de otro sujeto y con absoluta incomunicabilidad (*De Pot.*, q. 9, a. 2, ad 6). Muy acertadamente Santo Tomás se vale, una vez más, de la analogía para explicar el concepto de persona, según que se aplique a Dios o a las creaturas. Distingue entre un concepto común de persona, que es análogo a Dios y a las creaturas, y un concepto propio en cada uno de los analogados. El concepto común de persona posee dos notas esenciales, cuales son la *substancialidad* y la *incomunicabilidad*. Estas dos notas, sin embargo, se encuentran de manera muy distinta en las Personas divinas y en las creadas. Lo que hace que el concepto objetivo de persona, que es común a Dios y a las creaturas, no sea unívoco ni equívoco, sino análogo. Hay que tener en cuenta que las dos notas provienen en las creaturas de la substancia o de los principios esenciales, lo que hace que el concepto de persona signifique en ellas algo substancial absoluto. Lo que de ninguna manera ocurre en Dios, puesto que en Él, la distinción e incomunicabilidad de las personas proviene de las relaciones, las cuales se identifican realmente con la esencia divina; lo que hace que sean también substanciales y que posean las dos notas esenciales constitutivas de la persona. Por eso las personas en Dios vienen a significar las relaciones; aunque no en cuanto tales, pues de ese modo solamente dicen orden a su correlativo y no serían subsistentes, sino como idénticas con la divina esencia. De donde las personas en Dios son las relaciones subsistentes o substanciales.

la posibilidad de abrirse por entero a los otros seres racionales. Su universo de autonomía, singularidad y unicidad, definidor de su carácter de persona, es el que hace posible a la vez, por extraña aporía, sus relaciones de apertura a los otros seres personales. Dios, que es Amor, creó al hombre a su imagen y semejanza y lo dotó de la capacidad de amar como fin suyo propio, peculiar y último. Si, a pesar de eso, el hombre no ama, se cierra sobre sí mismo y pierde en cierto modo su esencialidad —o la orientación a la que fundamentalmente está destinada su naturaleza—, quedando reducido a una condición que ya se hace definitiva cuando la imposibilidad de amar es para siempre, como es el caso de los condenados o de los demonios en el infierno.[9] A los cuales no les corresponde ya propiamente el carácter de persona ni la posesión de un nombre individual y único, y sí más bien un nombre colectivo o multitudinario, propio y característico de una *massa damnata* que se ha apartado a sí misma, voluntariamente y para siempre, de cualquier posibilidad de amar: *Mi nombre es Legión, porque somos muchos*, contesta el espíritu inmundo a Jesús cuando éste le requiere para que le diga su nombre.[10]

---

[9]Con esto no se afirma que los condenados en el infierno han perdido su condición personal. Pero el destino de la persona consiste en abrirse a los demás en donación de amor, lo cual es ya imposible para el condenado, que se ha encerrado en sí mismo en una soledad que es ya para siempre. Como consecuencia de ello, la personalidad del condenado, más bien que aniquilada, se encuentra rota y partida, dividida y ahogada en una especie de inimaginable esquizofrenia que se desgarra a sí misma al contemplar el fracaso de su existencia.

[10]Mc 5:9. Es curioso observar, acerca de la exégesis de este episodio evangélico, que el autor de la narración habla del demonio en singular, con la única excepción del verso 13 y tal vez la del 15; mientras que Jesús habla siempre en singular cuando amonesta al demonio, sin excepción alguna. El texto paralelo de San Lucas (8: 27–33) es algo más vacilante, y el narrador habla unas veces en singular y otras en plural, a diferencia de Jesús, que no duda nunca. Las leves vacilaciones del texto tal vez puedan explicarse por la misma singularidad del hecho, tan asombrosamente extraño para los cronistas. Textos aún más claros en este sentido son el de Mc 1: 21–28 y su paralelo Lc 4: 31–37.

De ahí que el nombre de la persona, en cuanto que la designa con inconfundible determinación, se confunde con ella misma y adquiere sus mismas cualidades (Flp 2: 9–11). Su evocación posee la virtud de actualizar la presencia de la persona a quien pertenece, bastando su mera pronunciación para que aparezcan los mismos sentimientos que produciría la presencia personal: amor u odio, alegría o dolor, y hasta lágrimas de dulzura o de pena. La esposa del *Cantar* expresa con ternura los sentimientos que experimenta ante la evocación del nombre del Esposo:

> *Tu nombre es ungüento derramado.*[11]

La simple mención del nombre del Esposo provoca en ella un alud de entusiasmo. Están tan embargados sus sentimientos, por lo que significa para ella la Persona del Esposo, que no encuentra la manera de expresar su admiración, su entusiasmo y su amor. El Esposo es la belleza, la bondad y la verdad desbordantes, percibidas y aprehendidas como una asombrosa epifanía del ser. Por eso es imposible describirlo; ni para sí misma ni para el propio Esposo, y menos aún para los extraños:

> *¡Qué hermoso eres, amado mío, qué agraciado!*[12]
>
> ....
>
> *Como manzano entre los árboles silvestres*
> *es mi amado entre los mancebos.*[13]

La proclamación de que el Esposo es sencillamente *único* no es sino una forma más de intentar decir algo de lo que ella siente por Él:

---

[11]Ca 1:3.

[12]Ca 1:16.

[13]Ca 2:3.

> *Mi amado es fresco y colorado,*
> *se distingue entre millares.*[14]

Esta última exclamación es muy semejante a otra en la que el Esposo expresa sentimientos paralelos a los de la esposa. Y es lógico que el mismo amor provoque estados de alma semejantes, y hasta situaciones idénticas, en ambos amantes:

> *Porque es única mi paloma, mi perfecta;*
> *la única hija de su madre,*
> *la predilecta de quien la engendró.*
> *Viéronla las doncellas y la aclamaron,*
> *y las reinas y las concubinas la loaron.*[15]

Así es como el amor se convierte en el sentimiento más dulce, y la fuerza más poderosa, que existen en el universo. Hasta el punto de que parece ser él la única fuente de energía que lo mueve todo:

> *l'Amor che move el sole e l'altre stelle.*[16]

Como el Amor es en último término el mismo Dios (1 Jn 4:8), se identifica por lo tanto con la plenitud del Ser. Por eso el Amor es inefable en la misma medida en que lo es el Ser. Y el amor humano, a su vez, no es otra cosa que una participación real en la vida divina (2 Pe 1:4), que es lo mismo que decir en el misterio del Amor, a los que el hombre ha sido llamado desde el momento en que ha sido elevado, por donación graciosa, al orden sobrenatural.

De esta forma queda patente que el Amor es el último fin del hombre. Lo cual ha de entenderse, según lo dicho, del Amor infinito

---

[14]Ca 5:10.

[15]Ca 6:9.

[16]Dante, *La Divina Comedia*, final.

o Amor con mayúscula, que es al que ha sido orientada la naturaleza humana después de haber sido elevada gratuitamente al orden sobrenatural. La realidad circundante, sin embargo, con la que todo hombre ha de enfrentarse constantemente, parece contradecir tal ordenación.[17] El hecho innegable de que frecuentemente el hombre no ama, o ama mal, hace posible el planteamiento de preguntas que, además de no tener respuesta fácil, ponen en entredicho el buen éxito del destino de la naturaleza humana. Por ejemplo: ¿Cómo es posible que lo que constituye la orientación esencial de la naturaleza humana desemboque tan a menudo en el fracaso? ¿Cómo se explica el hecho de que la fragancia de los perfumes del Esposo, con ser tan exquisita, no siempre sea percibida? ¿Cuál es la causa de que muchos hombres, entre los que pueden contarse a no pocos cristianos, no lleguen a conocer nunca el verdadero amor a Jesucristo?

El misterio de la respuesta indiferente, o incluso negativa, a la llamada del amor[18] tiene mucho que ver con el misterio del pecado. Scheeben decía que el pecado es un misterio *sui generis*, y hasta un verdadero *mysterium iniquitatis*.[19]

---

[17]Lo que tenía que haber sido fácil y consecuente se hizo difícil a causa del pecado. Desde entonces la vida del hombre sobre la tierra es milicia, y aun dura milicia.

[18]El constante tropiezo con las dificultades del lenguaje es inevitable. Probablemente hubiera sido más propio escribir aquí la palabra amor con mayúscula, lo mismo que en otros casos. Pero, aparte de que buscar una precisión lingüística suficientemente técnica estaría fuera de lugar en este escrito, conviene recordar que lo que aquí se pretende ante todo es esbozar una consideración sobre el amor, para lo cual es necesario hablar de Dios como la infinitud y la primera fuente de esa realidad.

[19]Scheeben, *Los Misterios del Cristianismo*, IV, § 38. Scheeben aplicaba justamente al pecado esta última expresión haciéndose eco de las palabras de San Pablo en 2 Te 2:7. Explicar el misterio del desamor supondría explicar el misterio de la defectible libertad humana, aquejada y debilitada además por cierta inclinación al mal, como consecuencia del pecado.

La posibilidad de que los aromas del Esposo sean falsificados está también relacionada con el misterio del pecado. No debe olvidarse que el tema del demonio disfrazado de ángel de luz es bien conocido por la literatura espiritual cristiana. Por lo que respecta a la contemplación, es forzoso admitir que, debido al ambiente de maldad y clima de horizontalismo con los que la Iglesia se enfrenta en la actualidad, su falsificación es un hecho frecuente. Facilitado además por la gran sutilidad de la contemplación, que hace de ella una realidad inefable, difícil de alcanzar y casi imposible de explicar.

El primer problema que cabría plantear aquí es el de la razón por la que se lleva a cabo tal falsificación. Pero, dado que no es éste el lugar idóneo para hacerlo, bastará con anotar de pasada alguna observación con respecto al problema. Pocos serán los que se atrevan a negar la probabilidad de que el demonio se encuentre satisfecho con la marcha de los acontecimientos, vista la forma en que se desarrollan en estos últimos años del siglo XX. La gravedad de la crisis que sufre el cristianismo, tanto en el ámbito del catolicismo como en el de las demás Iglesias cristianas, es bien patente, a pesar de los esfuerzos que se hacen para disfrazarla y disimularla. La misma profundidad del fenómeno es la que ha impulsado a mucha gente, de la que aún tiene fe, a buscar con ansia algo *auténtico* a lo que asirse como tabla de salvación. La falta de un Magisterio firme y decidido, amén de una excesiva tolerancia fundada en extraños motivos de respeto a todas las ideas,[20] han facilitado la ambigüedad en el dogma y en la moral, por no mencionar la anarquía en la liturgia. El resultado ha sido un clima de relajación y de confusionismo que ha difuminado las fronteras doctrinales entre el catolicismo y el protestantismo, y

---

[20]La moderna Pastoral católica ha confundido el respeto a las personas con el respeto al error. Cf É. Gilson, *Dogmatism and Tolerance*, International Journal, Toronto, 8 (1952), pgs. 7–16.

hasta las que separan el cristianismo de los sistemas de pensamiento puramente mundanos. No es extraño, por lo tanto, que la gente de buena fe se esfuerce por encontrar certezas y seguridades, ni que luche a la desesperada para escapar de un panorama en el que sólo se encuentra la vacilación, la duda, la inseguridad, y la práctica negación de todo lo que posea carácter sobrenatural. Así es como se da lugar a la existencia de un terreno abonado en el que los mercaderes de la mentira ofrecen con toda libertad sus productos..., entre los que se encuentra también, por increíble que parezca, la misma oración contemplativa. No deje de advertirse, sin embargo, a pesar de lo dicho más arriba sobre la buena fe de la gente, que el engaño cuenta siempre también con cierta complicidad por parte de los que caen en sus redes; Dios no permite nunca que sean víctimas de la mentira —al menos no por mucho tiempo— los que buscan la verdad con sinceridad y con entera buena fe. Por muy doloroso que resulte reconocerlo, hay que admitir que la aceptación de ciertas aberraciones supone siempre la existencia de algún rincón oscuro en el corazón de los que las acogen.

La oración contemplativa es una realidad de la que hay que hablar *cum timore et tremore*.[21] No puede ofrecerse como mercancía en los mercados del mundo, por la misma razón por la que no puede venderse ni comprarse el amor (Ca 8:7). Y aquí se trata precisamente de la intimidad de la entrega amorosa, que tiene lugar siempre en el ámbito exclusivo y único de un *yo* y un *tú* (Ap 2:17), como culminación y ápice de lo que constituye una relación personal. Ahora bien, y puesto que la oración contemplativa es el lugar propio donde se consuma en este eón la perfecta relación de amor divino–humana, puede asegurarse con certeza que escapa enteramente a cualquier posibilidad de manipulación por parte del hombre.

---

[21]Cf 1 Cor 2: 3–5.

La oración contemplativa es algo tan sutil y elevado, y también tan inasequible a las meras fuerzas humanas, que no cabe imaginar la posibilidad de que sea ofrecida a los que se inscriban en un cursillo para adquirirla. Por poner un ejemplo cuya vulgaridad es sólo comparable con la actualidad de que goza. Los nuevos y flamantes *cursillos* teórico–prácticos, o como se les quiera llamar, destinados a aprender la práctica de la contemplación, no son otra cosa, en el mejor de los casos, que una ridícula pretensión y una estafa palmaria. A pesar de lo que pretenda la moda del momento, es evidente que no se puede adquirir el amor divino —y aun ni siquiera el amor humano— pagando el precio de una matrícula. La audacia y la desvergüenza de las que hacen gala los embaucadores sólo son comparables, en este caso, a la inconmensurable ingenuidad de los infelices que se dejan engañar.

El amor, y más todavía el amor divino–humano, es algo mucho más serio que todo eso. Y debe desconfiarse de los supuestos maestros de la vida contemplativa que pretenden poseer la suficiente experiencia de ella como para poder enseñar a otros a *practicarla*.[22] Lo menos que se puede decir acerca de un horario, por citar otro ejemplo, en el que se establece que de tal hora a tal hora se va a practicar la oración contemplativa, es que se trata de una bufonada rayana en lo sacrílego. ¿De qué oración contemplativa se trata aquí? Porque la verdadera contemplación, que siempre va acompañada, como es lógico, de una vida de purificación y de gran afinidad con Jesucristo, solamente se da *allí donde Dios quiere, cuando Él quiere y como Él quiere*. Y desde luego es completamente inútil pretender señalarle a Dios un horario. Si ya el amor es esencialmente

---

[22] El hecho de no tomar muy en serio la oración contemplativa indica una ignorancia supina respecto al tema, en el mejor de los casos. Entre la inmensa bibliografía sobre este problema, puede consultarse, por ejemplo, Jean Baruzi, *Jean de la Croix et le problème de l'expérience mystique*, Presses Universitaires de France, Paris.

libertad, ¿qué se puede decir cuando el que actúa es el puro Amor, o Amor infinito? *El espíritu sopla donde quiere, y oyes su voz; pero no sabes de dónde viene ni adónde va...*[23] *Donde está el Espíritu del Señor, allí está la libertad.*[24] Los *businessmen* de la contemplación, auténticos mercachifles de lo sobrenatural y de las cosas más elevadas, ignoran por completo, con respecto a este punto —¿y cómo podrían saberlo?—, que una cierta y extraña *veleidad* es consustancial al comportamiento del Esposo, según lo que se desprende de la Sagrada Escritura en general (en ambos Testamentos) y del *Cantar de los Cantares* en particular. Aparente *veleidad* que, en el fondo, solamente pueden comprender de algún modo los pocos que están al tanto de los entresijos del verdadero amor: *El hombre animal no capta las cosas del Espíritu de Dios. Son para él necedad, y no las puede entender.*[25] Y constituye, además, uno de los más profundos y curiosos misterios del amor:

> *Dime tú, amado de mi alma,*
> *dónde pastoreas, dónde sesteas al mediodía,*
> *no venga yo a extraviarme*
> *tras los rebaños de tus compañeros.*[26]

> ....

> *Es mi amado como la gacela o el cervatillo...*
> *Vedle que llega,*
> *saltando por los montes,*
> *triscando por los collados.*[27]

> ....

---

[23] Jn 3:8.

[24] 2 Cor 3:17.

[25] 1 Cor 2:14.

[26] Ca 1:7.

[27] Ca 2: 8–9.

> *En el lecho, entre sueños, por la noche,*
> *busqué al amado de mi alma,*
> *busquéle y no le hallé.*[28]

> ....

> *Abrí a mi amado,*
> *pero mi amado se había ido, desaparecido.*
> *Le busqué, mas no le hallé.*
> *Le llamé, mas no me respondió.*[29]

El Nuevo Testamento por su parte, bastante singular al respecto, plantea el tema de un modo que bien merecería un estudio atento y reposado. Los textos son muy variados: *Como tardaba el Esposo en llegar, les entró sueño a las vírgenes y se durmieron. Hacia la medianoche se oyó un gran griterío...*[30] *Estad atentos y vigilad, porque no sabéis cuándo será el momento. Es como un hombre que, al marcharse lejos, dejó su casa y dio atribuciones a sus siervos, a cada uno su trabajo, encargando también al portero que velase. Velad, pues, porque no sabéis cuándo volverá el señor de la casa: si por la tarde, o a la medianoche, o al canto del gallo, o a la madrugada...*[31] *Vosotros sabéis bien que el día del Señor vendrá como el ladrón en la noche.*[32] Como puede verse, el Esposo tarda en llegar, y hasta parece que su demora es bastante intencionada. Nunca se conoce el momento de su venida, aunque sí se puede asegurar que será en el momento más inesperado; como llega siempre el ladrón, cuando más descuidados se encuentran los de la casa.

---

[28] Ca 3:1.

[29] Ca 5:6.

[30] Mt 25: 5–6.

[31] Mc 13: 33–35.

[32] 1 Te 5:2. Cf también Lc 17: 26–35, etc.

Según esto, todo indica que es a la esposa a quien le corresponde esperar y buscar al Esposo, el cual no llega sino cuando Él quiere y como Él quiere:

> *En el lecho, entre sueños, por la noche,*
> *busqué al amado de mi alma;*
> *busquéle y no le hallé.*
> *Me levanté y recorrí la ciudad,*
> *las calles y las plazas,*
> *buscando al amado de mi alma...*
> *¿Habéis visto al amado de mi alma?*[33]

Al menos eso es lo que se desprende de unos textos que, a su vez, parecen ser un eco de otro muy primitivo: *A la mujer le dijo... Buscarás con ardor a tu marido, el cual te dominará.*[34] El tema es tanto más interesante cuanto que parece confirmar la propiedad con que se atribuye a Dios el carácter de Padre, más bien que el de Madre, y la vanidad de los sueños de algunos *antimachistas* que pretenden reivindicar el sacerdocio para las mujeres.[35]

Sea de ello lo que fuere, todo parece indicar que la aparente *versatilidad* del esposo forma parte de las leyes más profundas del amor. Un estudio detenido —aunque difícil— sobre el tema demostraría quizá que la pretendida iniciativa, y el indudable papel activo de Dios en la contemplación, de los que tanto se ha hablado, tienen

---

[33]Ca 3: 1–3.

[34]Ge 3:16.

[35]Aunque el problema merecería un estudio detallado, contemplado desde esta óptica, que conduciría sin duda a conclusiones curiosas e interesantes, no es de este lugar. Basta con indicar aquí de pasada que el Verbo hizo suya la naturaleza humana en el sexo masculino, y que el sacerdote actúa siempre *in persona Christi.* Puede consultarse con provecho Aidan Nichols, *Holy Order,* Veritas Publications, Dublín, 1990, pgs. 144 y ss.

mucho que ver con el problema.[36] Es evidente la imposibilidad de que la creatura pueda *provocar* a su arbitrio la oración contemplativa, como si pudiera citar a Dios a estrados a la hora y en el lugar en que a ella le conviniera. Tan absurda pretensión no puede provenir sino de malicia o de un alto grado de ignorancia, y no tiene nada que ver con la verdadera oración contemplativa. Lo que sí puede hacer la esposa es esperar al Esposo y buscarlo a su manera:

> *Dime tú, amado de mi alma,*
> *dónde pastoreas, dónde sesteas al mediodía...*
>
> ....
>
> *Si no lo sabes,*
> *¡oh la más hermosa de las mujeres!,*
> *sigue las huellas del rebaño*
> *y apacienta tus cabritos cabe las majadas de los pastores.*[37]
>
> ....

---

[36]Como es lógico, no se trata aquí meramente de la indiscutible necesidad de la gracia, y aun de especiales gracias sobrenaturales, para que pueda darse la contemplación; un ingrediente que parece haber sido olvidado por los expendedores *al detall* de la vida contemplativa. Aquí se trata más bien del papel del Esposo *como esposo*, en el que una cierta y aparente preeminencia con respecto a la esposa parece ser el resultado de una ley del amor en general, con validez también, por lo tanto, para el amor divino–humano. Mientras que a la esposa le corresponde buscar y esperar, sin conocer nunca el momento, parece que incumbe al esposo la posibilidad de llegar, aparecer, y actuar a su arbitrio. Queda claro también de todos modos que, si bien la iniciativa y las decisiones corresponden más bien al Esposo, el papel de la esposa está lejos de limitarse a una actividad puramente pasiva: ha de llevar a cabo, por lo menos, una búsqueda del esposo que el libro del Génesis no vacila en calificar de *ardorosa*. Lo que no deja de tener importancia a la hora de estudiar el misterio de la contemplación. Sin que sea necesario añadir que todo esto no supone menoscabo para la dignidad de ninguno de los sexos. El tema de la indudable igualdad esencial de ambos sexos no debe ser confundido con el misterio del mecanismo del amor.

[37]Ca 1: 7–8.

> *Me levanté y recorrí la ciudad,*
> *las calles y las plazas,*
> *buscando al amado de mi alma.*[38]

Lo curioso del caso es que los textos parecen indicar que el Esposo no llega *sino cuando Él quiere*, muy intencionadamente, después de haberse hecho esperar y buscar por parte de la esposa:

> *¡La voz de mi amado! Vedle que llega,*
> *saltando por los montes,*
> *triscando por los collados.*
> *Es mi amado como la gacela o el cervatillo...*[39]

Así es el Esposo. Ligero, ágil, veloz, escurridizo, inasible e imprevisible en sus movimientos y en cuanto al momento de su aparición, como la gacela y el cervatillo. Lo cual no obsta para dar paso también al hondo misterio de reciprocidad y de igualdad que supone la mutua entrega, porque así es el amor. De ahí que también el Esposo se avenga a implorar a la esposa, llamando a su puerta, para que ella abra cuando quiera y como quiera, ya que hasta eso llega la esencial e inexplicable libertad del amor. Libertad y reciprocidad que quedan profundamente compenetradas en la intimidad de un *tú* y un *yo* que se entregan en totalidad el uno al otro:

> *Ábreme, hermana mía,*
> *esposa mía, paloma mía, inmaculada mía.*
> *Que está mi cabeza cubierta de rocío*
> *y mis cabellos de la escarcha de la noche.*[40]

---

[38] Ca 3:2.

[39] Ca 2: 8–9.

[40] Ca 5:2.

La pretensión de *manipular* al Esposo, mediante el intento de practicar la contemplación al arbitrio de la creatura, además de suponer un desconocimiento total de los mecanismos del amor, es el resultado de la crisis de horizontalismo (fruto a su vez del olvido de los valores sobrenaturales) que azota en la actualidad a la Iglesia. Es la lógica consecuencia de un profundo alejamiento de la auténtica vida sobrenatural y de la ignorancia acerca de la estructura y génesis del amor.

Lo dicho hasta ahora hay que hacerlo extensivo al uso de instrumentos y técnicas especiales para *practicar* la oración contemplativa, como el cojín zen o la banqueta carmelitana, por nombrar algunos artilugios. Sin olvidar mencionar, siquiera de pasada, la introducción de técnicas orientales en la oración cristiana, ampliamente difundidas en estas últimas décadas.[41] El problema con el que se tropieza es siempre el mismo: el empleo de ciertas técnicas —como, por ejemplo, la de utilizar adecuadamente la respiración, a fin de conseguir una profunda concentración— puede ser quizá un instrumento de gran eficacia psicológica, pero tiene muy poco que ver con la oración cristiana, y menos aún con la contemplación, que es un acto eminentemente sobrenatural; a lo que hay que añadir el peligro de que tales procedimientos contribuyan aún más a difuminar los valores sobrenaturales, en la medida exacta en que ponen el acento en lo puramente natural.

Por eso parece más interesante continuar con la tarea de trazar un bosquejo, bien que modesto, de los mecanismos del amor, según lo que se desprende del versículo del *Cantar* al que se dedica el comentario de esta tercera parte:

---

[41]Los jesuitas son quizá, dentro del catolicismo, los que más se han esforzado en propagar estos métodos. Sería interesante elaborar un estudio acerca de la relación —caso de que exista alguna— de estas técnicas con el método ignaciano de oración, así como de la razón de que hayan sido tan bien acogidas por la Compañía de Jesús precisamente.

El aroma de tus perfumes es exquisito.
Tu nombre es ungüento derramado:
Por eso te aman las doncellas.

Es evidente que el amor aparece siempre en un entorno en el que ha lugar un exuberante festival de los sentidos. En este texto concretamente se habla del olfato y del tacto: *El aroma de tus perfumes es exquisito... Tu nombre es ungüento derramado...* Si el aroma que exhalan los perfumes del Esposo es realmente exquisito, extraordinariamente agradable al olfato, el ungüento derramado evoca a su vez la suave sensación de un sentido del tacto dulce y finamente excitado, tal como ya lo había dicho el salmista: *Como el óleo finísimo derramado sobre la cabeza, que desciende sobre la barba —la barba de Aarón—, y baja hasta la orla del vestido.*[42] Pero el *Cantar*, en realidad, es un desbordante y calidoscópico cuadro en el que quedan incluidos todos los sentidos, de tal modo que puede decirse, con toda justicia, que es un auténtico esbozo pictórico del amor vivido a través de todos ellos. La vista, por ejemplo:

¡Qué hermosa eres, amada mía,
qué hermosa eres!
Son palomas tus ojos a través de tu velo.[43]

....

Prendiste mi corazón, hermana, esposa,
prendiste mi corazón en una de tus miradas,
en una de las perlas de tu collar.[44]

---

[42]Sal 133:2.

[43]Ca 4:1.

[44]Ca 4:9; cf 1:5; 1:10; 1:15; 2:14; 6:5.

Y también el oído:

> *¡La voz de mi amado! Vedle que llega,*
> *saltando por los montes,*
> *triscando por los collados.*[45]

> …………

> *Ven, paloma mía,*
> *que anidas en las hendiduras de las rocas,*
> *en las grietas de las peñas escarpadas.*
> *Dame a ver tu rostro, dame a oír tu voz,*
> *que tu voz es suave, y es amable tu rostro.*[46]

Además del olfato:

> *El olor de tus ungüentos es más suave que el de todos los*
> *bálsamos.*[47]

Y, por supuesto, el tacto:

> *Reposa su izquierda bajo mi cabeza*
> *y con su diestra me abraza amoroso.*[48]

¿Qué sentido tiene todo esto…? Es indudable que ha de tener alguno, puesto que, según la doctrina del mismo San Pablo, *cuantas cosas fueron escritas en el pasado, para nuestra enseñanza fueron*

---

[45]Ca 2:8.

[46]Ca 2:14; cf 5:2; 8:13.

[47]Ca 4:10; cf 1: 3.12–14; 2:13; 3:6; 4: 11.13–14.16; 5:1; 7:9.

[48]Ca 2:6; cf 1:2; 4:10; 8: 1.3.

escritas.[49] Aunque todo depende, por supuesto, del valor que se le atribuya al *Cantar de los Cantares*: si es un mero canto epitalámico; o un conjunto de metáforas o dichos poéticos dedicados al amor carnal, o a un amor idealizado o tal vez puramente espiritual (los conocidos desposorios de Cristo con su Iglesia); o quizá contenga algún significado que sea distinto de todo eso.

Con lo que se imponen, de momento, una serie de preguntas: El llamado amor carnal, ¿es verdadero amor o es más bien la satisfacción de un apetito egoísta? En cuanto al amor puramente espiritual, ¿qué sentido tiene para un ser, como el hombre, que está compuesto de materia y espíritu?[50]

---

[49]Ro 15:4.

[50]Por lo que hace a los amores entre Cristo y su Iglesia, debe tenerse en cuenta que el Cuerpo Místico, que es la Iglesia, está compuesto por miembros individuales que poseen el carácter de personas (1 Cor 12: 12–31). En cuanto al amor platónico (del que se suele considerar prototipo el de Dante por Beatriz), es necesario reconocer que no es un concepto sobrado de claridad: ¿No se estará confundiendo el amor limpio y puro con el *puramente espiritual*? ¿Estaba Dante, por ejemplo, meramente enamorado del alma de Beatriz o más bien de Beatriz, por más que su amor fuera por entero desinteresado con respecto al trato carnal? El problema sería susceptible de una mayor profundización, devolviéndolo al plano puramente teológico, con cuestiones tan poco estudiadas como ésta: ¿Estaba San José enamorado de la Virgen María o la amaba con un amor puramente espiritual? O dicho de otra manera: ¿Amaba San José el alma de la Virgen María o amaba a la Virgen María, por más que su amor fuera completamente ajeno a todo trato carnal —no ya como el de Dante por Beatriz, sino santificado en este caso por una verdadera virtud de castidad perfecta—? Es indudable que se desprenden de aquí dos conclusiones, por lo menos, que pueden ser consideradas como suficientemente claras: La primera se refiere al hecho de que un amor absolutamente puro y limpio (incluso sobrenaturalizado) tiene por objeto y término, como siempre, a la persona amada, y no meramente a su alma. La segunda tiene que ver con los problemas que se suscitan, y que se hacen prácticamente insolubles, cuando no se considera al hombre como un verdadero compuesto de materia y espíritu en unidad substancial.

El significado y el sentido, que sin duda los tiene, del polícromo y ubérrimo cuadro amoroso que ofrece el *Cantar* deben ser absolutamente inteligibles para el hombre. Al fin y al cabo se trata de un libro divinamente inspirado, con todas las consecuencias que ello comporta, ya que, de otro modo, ¿qué objeto puede tener un libro revelado? Y todo parece indicar que lo que intenta describir el libro es el amor *humano* por más que divinizado; por lo que puede decirse también que se trata del amor divino–humano mutuamente correspondido. Aunque sin atisbo alguno, ni de escrúpulos maniqueos hacia la materia (jamás conocidos por el Antiguo Testamento o por la literatura Neotestamentaria), ni de remilgos platónicos contra la corporalidad.

El fenómeno de la enorme influencia que el platonismo y el neoplatonismo han ejercido en el cristianismo, a lo largo de toda la historia de este último y hasta el momento actual, es bien conocido. El mismo San Agustín, que no estuvo precisamente exento de ese influjo, decía que *Deum et animam scire cupio... Nihil amplius.*[51] A lo cual añadía que *el hombre, tal como aparece al mismo hombre, es un alma racional que usa de un cuerpo mortal y terreno.*[52] Por más que se intente restar importancia a esas y otras afirmaciones del genial Obispo, ahí están sin embargo, absolutamente cónsones con una tradición que dura mucho más de veinte siglos. La raíz del problema es bien conocida: la sospecha contra la materia y, por lo tanto, contra la corporalidad del ser humano, desde el momento en que la perfección solamente se da en el reino de las ideas puras. Para los docetas, por ejemplo, la Encarnación es solamente una apariencia; Spinoza llega más allá, y la considera una idea contradictoria y absurda en sí misma. Y de todos modos, para los platónicos y neoplatónicos,

---

[51] *Soliloquios*, 1,2,7.
[52] *De moribus Ecclesiæ*, 1,27,52.

dígase lo que se diga, la Encarnación no puede ser otra cosa que una *caída*, más o menos reconocida o disimulada como tal. De ahí la doctrina de la necesidad de desprenderse del cuerpo, mantenida a través de una larga tradición. Desde el Pseudo Dionisio hasta hoy,[53] pasando por Eckhart y los demás místicos alemanes, (con la teoría del alma sola y del ápice del alma para encontrar a Dios), y hasta por San Juan de la Cruz (con su aniquilación de sentidos), por citar solamente a unos cuantos, una gran parte de la doctrina parece no haber encontrado, con respecto a la búsqueda de Dios, el lugar exacto de ubicación del cuerpo humano. Con la lógica depreciación del misterio de la Encarnación, por no hablar del consiguiente peligro de que el hombre no encuentre el recto camino en su ascensión a Dios.

Sin embargo el *Cantar de los Cantares*, en lo que se refiere al amor humano, parece apostar en favor del hombre completo, incluida por lo tanto su corporalidad. Lo que significa una doctrina mucho más consonante con todo lo que se desprende del contenido de ambos Testamentos. Para San Pablo, por ejemplo, que cantó como nadie el destino y las excelencias del cuerpo resucitado (1 Cor 15), ni el cuerpo humano ni la entera creación están destinados a la aniquilación; en todo caso a su glorificación, aunque a través de su purificación y redención: *La creación espera expectante la manifestación de los hijos de Dios. Porque, aunque ahora se ve sometida a la vanidad —no por su voluntad, sino por el que la sometió—, vive con la espe-*

---

[53]Esto no significa, por otra parte, que se vaya a desconocer el cúmulo de valores con que el neoplatonismo, con el Pseudo–Dionisio a la cabeza, ha contribuido al correcto entendimiento y formulación de la doctrina en este punto. Es simplemente un problema de luces y sombras. A propósito de esto dice Delacroix que el doctor por excelencia del misticismo, el Pseudo–Dionisio, resumió de manera definitiva, en tres caracteres, la experiencia mística: Pasividad, Obscuridad y Desapropiación (citado por Baruzi, *op. cit.*, IV, II, not. 46).

ranza de que será liberada de la servidumbre de la corrupción a fin de participar en la gloriosa libertad de los hijos de Dios. La creación entera gime y sufre dolores de parto hasta el presente; como también nosotros gemimos en nuestro interior, esperando la adopción como hijos, la redención de nuestro cuerpo.[54]

Von Balthasar[55] fue uno de los que advirtieron la contradicción, o al menos la disonancia, que existe en este punto entre los dos místicos cimeros del Renacimiento, San Juan de la Cruz y Santa Teresa de Jesús. La Santa de Ávila ve transcurrir su vida mística entre locuciones y visiones de la Humanidad de Cristo; San Juan de la Cruz, por el contrario, dedica toda su obra pedagógica a desterrar de la vida contemplativa todo lo que suene a datos, o bien provenientes de la imaginación y de los sentidos, o bien de las diversas facultades del alma, sin excluir a los fenómenos extraordinarios que tengan origen sobrenatural,[56] según su famosa doctrina: *Por la nada, al todo.* El problema es de por sí bastante complejo, y, si además se le añade el hecho de que ambos místicos son Doctores de la Iglesia, se desemboca fácilmente en dos conclusiones bien patentes: por un lado es evidente que el tema sigue abierto a la discusión; por otro —dicho sea esto de paso, a título de consoladora y admirable curiosidad— queda clara también la enorme capacidad de comprensión de la Iglesia, al admitir como tales las que todavía son *quæstiones disputatæ.*

---

[54]Ro 8: 19–23.

[55]En *La Gloria y la Cruz.*

[56]En la *Subida al Monte Carmelo*, lib. I cap. 5, por ejemplo, dice el Santo que *es suma ignorancia del alma pensar podrá pasar a este alto estado de unión con Dios, si primero no vacía el apetito de todas las cosas naturales y sobrenaturales que le pueden impedir.*

Sea de ello lo que fuere, es evidente que una auténtica espiritualidad cristiana no puede prescindir del cuerpo,[57] lo cual vale por igual para ambos amantes, y de ahí la necesidad de la Humanidad de Cristo y la oportunidad de la Encarnación.[58] En el amor humano, bien sea puramente humano o divino–humano, es el hombre completo el que ama y es amado. Una verdad fundamental que, sin embargo, ha sido olvidada, o al menos difuminada, con demasiada frecuencia a lo largo de la historia de la espiritualidad cristiana.

Es evidente que el Cristo resucitado pone especial empeño en demostrar a sus discípulos que su cuerpo glorioso es realmente *su mismo cuerpo*, en modo alguno distinto del que ellos percibieron y trataron con sus sentidos, y no un ser etéreo o astral.[59] Lo que induce a pensar que la posibilidad de una aproximación íntima a la Humanidad de Cristo, por parte del hombre —la posibilidad de *disponer*

---

[57]Al fin y al cabo el hombre fue creado como realidad substancial compuesta de cuerpo y de alma, materia y espíritu: *Formavit Dominus Deus hominem pulverem et inspiravit in nares eius spiraculum vitæ, et factus est homo in animam viventem* (Ge 2:7).

[58]Admitida la realidad de la escatología intermedia, es de fe que las almas bienaventuradas contemplan y aman a Dios en el cielo, a pesar de que, por estar momentáneamente separadas de sus cuerpos (a los que se unirán de nuevo llegado el momento de la resurrección), no son personas (Santo Tomás, *Summa Theologica*, Iª, q. 75, a. 4, ad 2) aunque sí realidades subsistentes. De todos modos, y puesto que no corresponde a este lugar examinar un problema teológico tan delicado, baste con decir que se trata de las almas *de los bienaventurados*, las cuales alcanzarán su modo perfecto de amar cuando reciban otra vez la última perfección del ser, cual es la personalidad, al unirse de nuevo a sus cuerpos. Cf *Summa Theologica*, Iª, q. 75, a. 2, ad 2.

[59]Come varias veces con los discípulos y les muestra las heridas del costado y extremidades. No solamente está dispuesto a que el incrédulo Tomás toque sus llagas con las manos, sino que invita a los otros apóstoles a que lo hagan también (Lc 24: 38–40). Permite que las santas mujeres se arrojen a sus pies y los abracen... El mismo San Lucas indica expresamente el error en que incurren los discípulos al creer que se trataba de un espíritu (Lc 24:37).

de ella—, era uno de los fines más importantes pretendidos por el decreto de la Encarnación: *Lo que existía desde el principio, lo que hemos oído, lo que hemos visto con nuestros ojos, lo que contemplamos y palparon nuestras manos acerca de la Palabra de Vida..., lo que hemos visto y oído, os lo anunciamos también a vosotros, para que también vosotros estéis en comunión con nosotros.*[60] A pesar de lo cual nada ha podido impedir que una serie de avatares azarosos[61] haya dado al traste con un punto tan fundamental de la fe y de la espiritualidad cristianas: *Se han llevado a mi Señor y no sé dónde lo han puesto,*[62] decía María Magdalena mientras buscaba el cuerpo de Jesús. La pérdida del sentido real y de la presencia inmediata de la Humanidad de Cristo, con su consiguiente *disponibilidad* para el creyente, ha supuesto una desgracia irreparable para la espiritualidad cristiana. A propósito de lo cual puede ser interesante aportar algunos ejemplos de última hora que manifiestan el fenómeno. Es

---

[60]1 Jn 1: 1–3. Obsérvese la acumulación de expresiones referentes a percepciones sensoriales. La insistencia de San Juan, al subrayar el hecho de que los discípulos tuvieron ocasión de ejercitar todos sus sentidos sobre el Cuerpo del Señor, parece tener por objeto dejar bien patente la *realidad* de una Humanidad de Cristo que ahora está *disponible* para los creyentes.

[61]El tema de la progresiva *volatilización* de la Humanidad de Jesucristo, ocurrida desde la fundación de la Iglesia hasta ahora, podría ser objeto de una importante monografía que completara la historia de la espiritualidad cristiana. No cabe duda de que la devoción a la *Persona* de Cristo como Verbo Encarnado se ha ido difuminando, a lo largo de la historia del Cristianismo, como torrente que se ramifica en riachuelos cada vez más pequeños, en una multitud de *devociones* que ya no han enfocado tanto su atención en lo esencial. A pesar de que lo esencial en el amor es evidentemente *la persona amada* como tal, sin ninguna otra cosa, por más que pertenezca a ella o forme parte de su entorno. Devociones como la de las Cinco llagas o la del Corazón de Jesús (por citar algún ejemplo entre tantas), aunque sean ortodoxas y recomendables, pueden encerrar el peligro de desviar la atención desde el todo a la parte.

[62]Jn 20:13.

un hecho el oscurecimiento de la fe en la presencia real eucarística, por más que se trate de algo que se pretende disimular y de lo que no se desea hablar; casi todas las Facultades de Teología Católica presentan como problemático el dogma de la presencia real eucarística, si es que no lo niegan abiertamente, sin que apenas se conozcan hasta ahora intervenciones claras del Magisterio o de la disciplina eclesiástica para impedirlo. Otro indicio elocuente es el que ofrecen algunas de las redacciones de los nuevos cánones de la misa: ¿qué es lo que significa, por ejemplo, en el canon II del sacrificio eucarístico, en las palabras inmediatamente anteriores a la consagración que se refieren a los dones ofrecidos que van a ser consagrados, la expresión de que tales ofrendas van a ser *para nosotros* Cuerpo y Sangre del Señor? ¿Se trata de proclamar la utilidad de una realidad objetiva, reconocida como tal, o se trata más bien de dar entrada en la creencia de los fieles a que aquello no es otra cosa que una mera subjetividad? Es necesario reconocer que la expresión es, por lo menos, bastante ambigua.[63]

La naturaleza humana es de tal manera que el hombre necesita de la realidad física del *corpus* para amar. Del suyo propio y del que pertenece a la persona amada, por supuesto. Pues no debe olvidarse que el objeto del amor es efectivamente una persona, pero percibida siempre a través de su tangible humanidad. Lo que equivale a decir que la persona es aprehendida a través de un alma y de un cuerpo; o, si se quiere decir mejor, de dos almas y de dos cuerpos, puesto que se

---

[63] Otro nuevo indicio, de mucha menos importancia aunque no deja de ser expresivo, está íntimamente relacionado con el anterior, y tiene que ver con la fiesta del *Corpus Christi*, ahora prácticamente desaparecida. Trasladada al domingo siguiente en el cual se diluye, suprimidos los desfiles procesionales eucarísticos más la obligación del precepto en su día propio, y desaparecido el ruidoso y alegre esplendor de la fiesta, el pueblo cristiano se ha quedado sin otra de sus devociones más preciadas, brillantes y festivas, y más centradas en lo nuclear de la fe.

trata a la vez, tanto de la naturaleza completa del que conoce y ama, como de la naturaleza íntegra del que es conocido y amado. No puede ser de otra manera en lo que respecta a la creatura humana. Sin olvidar tampoco que, según la ley de reciprocidad vigente siempre en el amor, cada uno de los amantes es a su vez amante y amado.[64]

Entre las narraciones de los sucesos acaecidos a partir del domingo de Pascua, hay un texto muy expresivo que apunta a la vez a la realidad del cuerpo del Señor y al modo humano de amar: *Partieron ellas (las santas mujeres) a toda prisa del sepulcro, llenas de temor y de gran alegría, y corrieron a dar la noticia a los discípulos. Les salió de pronto Jesús al encuentro y les dijo: "Dios os guarde". Entonces ellas se acercaron, le abrazaron los pies y le adoraron.*[65] La sencillez espartana de la narración es suficiente, sin embargo, tanto para captar la ternura y la emoción que se desprenden de la situación, como para mostrar, en una breve pincelada, lo peculiar del carácter femenino: las mujeres le abrazaron los pies y le adoraron *llenas de temor y de gran alegría* a la vez. No cabe duda de que *El Cantar de los Cantares* es susceptible de ser considerado, si así se quiere, como un poema inspirado y lleno de metáforas que encubren realidades puramente espirituales. Sin embargo el problema se plantea acremente desde el momento en que se intenta concretar con exactitud el contenido de esas realidades *meramente espirituales.* Las preguntas se amontonan en tropel, tantas cuantas se quieran,

---

[64]No corresponde a este lugar, sino a los tratados y ensayos de teología dogmática, hablar del delicado problema del modo de conocimiento (aunque también podría incluirse el modo de amar) de las almas separadas, del cual decía Santo Tomás *quod ista quæstio dificultatem habet* (Iª, q. 89, a. 1). Pueden consultarse, además de las qq. 89 y 90 de Iª, *Magister Sententiarum* 3, d. 31, q. 2, a. 4; *De Veritate* q. 19, a. 1; *Contra Gentes* 2,81; *Quæstio de Anima* a. 15; *Quodlibetales* 3 q. 9, a. 1.

[65]Mt 28: 8–9.

y todas ellas esperando una respuesta de la que puede decirse por anticipado que no va a ser ni fácil ni pronta: ¿Puede darse en el ser humano un amor puramente espiritual...? ¿Acaso el amor no es siempre una cuestión *bipersonal* cuyo *full play* se desarrolla siempre entre un tú y un yo...?[66] ¿Cuál es en realidad el modo propio de amar del hombre?... Santo Tomás, que se encontró aquí con una difícil cuestión según él mismo reconoce, recuerda a este propósito que el *modus operandi uniuscuiusque rei sequitur modum essendi ipsius*,[67] con lo que no hace sino repetir una doctrina bastante general.[68] Porque, una vez establecido que cada cosa actúa según su naturaleza —elevada, si se quiere, pero no destruida—, es forzoso reconocer que el hombre ha de amar siempre como tal ser completo; o, si se quiere decir de otro modo, con su alma y con su cuerpo. Por lo menos habrá que admitir que ese, y no otro, es su modo más propio y perfecto de participar de esa misteriosa realidad que es el amor. Gracias a la *verdad*, o al realismo, de la Encarnación (cuyos fines nunca fueron meramente los de redimir al hombre del pecado) y de la Resurrección, las santas mujeres pudieron abrazar

---

[66]En el Amor perfecto e infinito, como consecuencia de la estructura lógica de las relaciones intratrinitarias, existen tres Personas, absolutamente distintas como tales, pero que se identifican realmente con la esencia divina: los dos Amantes y el Amor con que se aman. Mientras que para entender el amor en los seres creados, o en aquellos que han sido llamados a vivir de las realidades divinas por participación, es necesario acudir siempre a la analogía, donde la desemejanza es siempre mayor que la semejanza.

[67]Iª, q. 89, a. 1.

[68]Es interesante observar, sin embargo, que el Doctor Angélico parece verse forzado en este punto a admitir en el alma humana dos modos distintos de conocer, aunque conformes ambos con su naturaleza, según que se encuentre unida al cuerpo o separada de él (cf el texto citado en la nota anterior, *Respondeo dicendum* y *ad* 3). Para explicar la posibilidad de que el alma separada pueda conocer a los ángeles llega incluso a admitir imágenes especiales infundidas por Dios (Iª, q. 89, a. 2, ad 2).

afectuosamente los pies del Señor, ahora ya en estado glorioso, pero en la realidad de su verdadera carne y de su verdadera alma: *¿Por qué os turbáis, y por qué surgen dudas en vuestros corazones? Ved mis manos y mis pies. Soy yo mismo. Palpadme y ved.*[69] El Nuevo Testamento no siente escrúpulo alguno en admitir que los discípulos llegan al convencimiento de la verdad de la Resurrección, y a la ternura del amor perfecto al Señor, mediante el procedimiento de ver y palpar. Y, si bien es verdad que son declarados bienaventurados los que sin ver creyeron (Jn 20:29), no es menos cierto que tal fe se fundamenta, a su vez, en el testimonio de los que han visto, oído, y palpado con las propias manos (1 Jn 1: 1–3).

> *¡Béseme con besos de su boca!*
> *Son tus amores más suaves que el vino.*[70]

> . . . .

> *Reposa su izquierda bajo mi cabeza*
> *y con su diestra me abraza amoroso.*[71]

> . . . .

> *¡Qué hermosa eres, qué hechicera,*
> *qué deliciosa, amada mía.*[72]

> . . . .

> *Ven, amado mío, vámonos al campo;*
> *haremos noche en las aldeas.*[73]

---

[69]Lc 24:38.

[70]Ca 1:2.

[71]Ca 2:6; 8:3.

[72]Ca 7:7.

[73]Ca 7:12.

Supuesta la realidad de la Encarnación, de la Resurrección, y de la Presencia Eucarística, es lógico admitir que las expresiones del *Cantar* son algo más que metáforas que apuntan a realidades meramente espirituales. Si este libro sagrado tiene algún sentido, puede darse por cierto que el hombre es capaz de sentir por su Dios, hecho carne en Jesucristo, algo que, además de tener muy poco que ver con un amor desencarnado o puramente espiritual, no es sino auténtica ternura ardorosa y sangre enardecida por los latidos entusiasmados de un corazón enamorado. Tan cierto como que el hombre no sabe amar de otra manera, es también el hecho de que en este caso la Persona amada, o el objeto de su ardiente amor, es absolutamente perceptible por todos los sentidos: *Los espíritus no tienen carne y huesos, como veis que yo tengo.*[74] Sin que obste en absoluto el hecho, igualmente cierto, de que el cristiano vive ahora bajo el régimen de la fe.[75] Para el Nuevo Testamento, la irrupción del Reino de los Cielos, siquiera sea en forma de arras o primicias es *ya* una realidad para los creyentes: desde ahora están siendo ya iluminados, gustando del don celestial y del Espíritu Santo, y saboreando la palabra de Dios con todas las maravillas del mundo que ha de venir (Heb 6: 4–5).[76]

---

[74]Lc 24:39.

[75]Cf 1 Cor 13:10; 13:12. Pero las exigencias de la fe solamente introducen un régimen especial, y no anulan en modo alguno las leyes del amor.

[76]Cf Lc 10:9; 17:21. Algunos textos de San Pablo son muy significativos a este respecto, como el de Col 2:12: *Al haber sido sepultados con Él en el bautismo, fuisteis también resucitados con Él por la fe en el poder de Dios que lo resucitó de entre los muertos.* El Apóstol establece un paralelismo perfecto entre la participación por el cristiano en la muerte de Cristo, de una parte, y la participación en su Resurrección, de otra. Y supone ambos hechos como *ya realizados.* Además es lógico que, si la participación en los sufrimientos y en la muerte del Señor es ya una realidad para los creyentes (como es obvio para todo el mundo), sea igualmente ya una realidad la participación en su Resurrección y en su gloria. Al menos eso es lo que, sin lugar a dudas, se desprende del texto.

A la exégesis hecha arriba sobre el texto de Mt 28:9 puede parecer que se opone otro texto de San Juan. Se trata esta vez de la narración de la aparición a María Magdalena: *Le dijo Jesús: "María". Volviéndose ella le dijo en hebreo: "Rabboni", que quiere decir "Maestro". Jesús le dijo: "No me toques, porque todavía no he subido al Padre..."*[77] Es bien sabido, sin embargo, que los textos no se contradicen, sino que se complementan, y el de San Mateo es suficientemente claro a este respecto. Tal vez se encuentre la clave en el hecho de que San Juan intenta transmitir una enseñanza mucho más profunda de lo que puede parecer a primera vista: Jesucristo no ha subido aún al Padre... y por lo tanto todavía no ha sido enviado el Espíritu Santo.[78] Pero el contacto físico y la intimidad con el Señor requieren necesariamente un amor purificado en el crisol abrasador del Espíritu Santo; pues solamente el fuego arrollador del Espíritu es capaz de capacitar al creyente para adentrarse en los profundos y maravillosos misterios del Corazón de Jesucristo. Y, desde luego, es evidente que la intimidad física no tiene sentido en el amor sin que exista previamente una comunión de ideas, de afectos, de sentimientos, y de vida, entre ambos amantes.[79]

Todo el problema del que aquí se viene hablando se centra, en último término, en el papel y en la realidad que se le reconozcan a la Humanidad de Jesucristo; o a su naturaleza humana si se quiere,

---

[77] Jn 20: 16–17.

[78] Jesucristo relaciona siempre su subida al Padre con el envío del Espíritu Santo: *Os digo la verdad: os conviene que yo me vaya. Pues, si no me voy, el Paráclito no vendrá a vosotros; pero, si me voy, os lo enviaré* (Jn 16:7; cf Jn 14:26; 15:26; 16:14).

[79] La unión carnal del amor humano no es sino un analogado lejano de la entrega absoluta, total y recíproca, que los amantes llevan a cabo en el verdadero amor (de ahí el carácter de aberrante caricatura de la mera unión carnal). En el amor divino–humano, y dada la condición del Amante divino, el afecto de la criatura hacia su Dios no puede ser otra cosa que un amor absolutamente divinizado.

compuesta de cuerpo y alma y que ha sido asumida como propia por la Persona del Verbo. El problema, que formulado de manera sencilla se referiría al papel realmente desempeñado por la Humanidad de Cristo en la economía de la salvación, remite directamente una vez más a los fines y a la realidad de la Encarnación: ¿Cuáles son, y que prioridad guardan entre sí, los fines de la Encarnación? O bien se puede decir de otra manera echando mano de la fórmula clásica: *Cur Deus Homo?* Porque, una vez admitida la importancia que tienen los otros posibles fines de la Encarnación, aparte del plan de la Redención de la humanidad, ¿es lícito decir que ha de llegar un momento para el hombre, en su camino de ascenso hasta Dios, en el que pueda (o incluso deba) prescindir de la Humanidad de Cristo?

Por lo que se refiere a la teología mística, existe una multisecular línea de pensamiento, alimentada por profundas raíces platónicas y neoplatónicas,[80] que tiende a ignorar, o al menos a subestimar, la realidad y el papel de la Humanidad de Cristo. En el fondo se trata de la negativa, más o menos consciente, a admitir las consecuencias que se derivan del realismo, o de la realidad, de la Encarnación. Una negativa que se fundamenta, a su vez, en las sospechas maniqueas contra la materia y en la supervaloración platónica de las ideas puras. En último término, trasladado el problema al ámbito de la teología, se trata de una extraña resistencia a reconocer, tanto la esencia de la naturaleza humana tal como fue creada por Dios, como el hecho de que Dios se hiciera realmente hombre. Así es como se ha llegado a conclusiones tan absurdas como la de distinguir entre el Verbo Encarnado y un extraño y misterioso Dios apofático, absolutamente distinto, desligado y muy por encima de cualquier otra cosa que suene a materia o a algo creado, incluida por supuesto la Humanidad de Cristo. Con lo que se legitima la sospecha de que los

---

[80]Parte sobre todo del Pseudo Dionisio y llega hasta la época actual.

fines de la Encarnación están siendo recortados, y de que con ello se está privando al hombre de la única vía de acceso a Dios que le ha sido otorgada. Se tiende a olvidar que el Dios que es Absolutamente Uno y Transcendente, que está por encima de todos los conceptos, números, géneros y especies, es el mismo que tomó una naturaleza humana en Jesucristo, y que no hay desde entonces para el hombre otro camino de acceso al Padre: *Nadie va al Padre sino por mí.*[81] El mismo Baruzi, en su imponente obra sobre San Juan de la Cruz, llega a decir que *con el estado teofático al que se nos conducirá no vamos a descubrir a un Dios apenas desprendido de la experiencia humana. No se sumirá Juan de la Cruz en el Dios hombre, sino, en la medida en que su cultura metafísica lo permita, en el Dios incomprensible y sin límites. Cualesquiera que sean sus afirmaciones, los místicos que, como Santa Teresa, se vieron con un Señor dueño de su actividad y ordenador de su pensamiento, se sitúan en un plano distinto; un plano humano a su pesar.* Y en nota a pie de página añade: *G. Belot observa con razón que lo mejor sería distinguir si los estados de los místicos se relacionan con Dios o con Cristo. Por lo que hace a Juan de la Cruz, y con los matices que tratamos de anotar en el parágrafo VI del presente capítulo, la respuesta no es dudosa.*[82]

De nuevo cabe formular la pregunta: *Cur Deus homo...?* ¿Por qué el Verbo se hizo carne...? ¿Para qué tomó una carne tangible —carne y sangre, corazón que late como el de cualquier ser humano, manos que bendicen y abrazan y que han sido realmente taladradas, ojos verdaderos que miran enamorados— si luego el creyente ha de prescindir de ella para llegar hasta el Dios innominable...? Para salvar al hombre de la miseria del pecado y reconciliarlo con Dios,

---

[81] Jn 14:6.

[82] Jean Baruzi, *op. cit.*, IV, II.

desde luego. Pero, por más que eso sea ya más que suficiente, es lícito insistir: ¿Y para nada más...? Por otra parte, no tiene nada de extraño que pensadores de la talla de Baruzi, y teólogos eminentes como von Balthasar —entre tantos otros—, se hayan sentido perplejos ante la figura de San Juan de la Cruz en particular y ante el problema de la mística cristiana en general. En cuanto a esto último, forzoso es reconocer que solamente a los verdaderos místicos les queda abierto el camino que puede conducir a una mayor profundización del misterio —entiéndase bien que se trata únicamente de un camino, y no de una solución para ahora—, sin que eso signifique que a los estudiosos de a pie se les vede andar por otras sendas o vericuetos; que siempre se puede buscar agua en el arroyo si es que no se puede llegar hasta el río caudaloso. En cuanto a San Juan de la Cruz, hay que confesar que se unen en su persona, además del misterio inexplicable de su vida azarosa y de su casi arcana doctrina, el enigma que ya de por sí envuelve la vida de cualquier santo: en este caso concreto, el santo de las noches y de las nadas, de la negación de todo lo sensible y del despojo y del desasimiento totales, ¿acaso no es también el santo que canta a la naturaleza y a las cosas creadas, con poesía casi divina, y el que habla del Esposo, glosando *El Cantar de los Cantares*, con el mismo lenguaje casi afrodisíaco que el libro sagrado?

El problema, sin duda tan difícil como punzante, será siempre un tema disponible para ser estudiado en profundidad por los eruditos, con tal de que no sean demasiado sensibles al vértigo de las profundidades abisales. Pero aquí debe dejarse constancia de la necesidad de una Humanidad de Cristo, *percibida* por el creyente, como único medio de llegar a la Persona del Verbo y, a través de ella, hasta el Padre. Es indudable que esa percepción habrá de tener lugar a través de la fe durante el peregrinaje terrestre, pero sin que eso suponga trabas u obstáculos que impidan el acceso, de algún modo, a la Persona del Señor, y precisamente a través de su Humanidad glorificada, captada como algo real en su misma realidad. La gracia perfecciona y eleva la naturaleza, pero no la destruye; y la naturaleza humana, para poder amar, necesita la *presencia real* de la persona amada, percibiéndola y *aprehendiéndola* según su modo propio de proceder: a través del espíritu, de la mente, y de los sentidos. El amor es inimaginable sin la presencia y el contacto de los amantes,[83] cuyo único deseo es precisamente el de estar juntos: *Quiero, Padre, que aquellos que me diste estén también conmigo, donde yo estoy; para que contemplen mi gloria, la que tú me has dado, puesto que me amaste antes de la creación del mundo...*[84] *No os dejaré huérfanos: volveré a vosotros. Todavía un poco y el mundo ya no me verá; pero vosotros me veréis, porque yo vivo y vosotros viviréis también. Aquel día comprenderéis que yo estoy en mi Padre, y vosotros en mí, y yo en vosotros.*[85] Además, el Cristo resucitado y glorioso no ha prescindido en modo alguno de su corporalidad: *Ved mis manos y mis pies: Soy yo mismo. Palpadme y ved.*[86] Siendo esto así, ¿por qué iba a desear el discípulo prescindir de la Humanidad de Cristo para llegar a la divinidad...? Cuando, por otra parte, es imposible imaginar el modo de alcanzar esa meta sin pasar por el único camino que llega hasta ella: *Yo soy el camino, la verdad y la vida. Nadie va al Padre sino por mí.*[87]

Sería un desatino creer que San Juan de la Cruz o los místicos neoplatónicos ignoran la belleza de la creación:

---

[83]La teología trinitaria asigna al Espíritu Santo, entre otros, los nombres de *Nexus duorum* y *Osculum suavissimum.*

[84]Jn 17:24.

[85]Jn 14: 18–20.

[86]Lc 24:39.

[87]Jn 14:6.

¡Oh bosques y espesuras,
plantadas por la mano del Amado!
¡Oh prado de verduras,
de flores esmaltado,
decid si por vosotros ha pasado!

Mil gracias derramando,
pasó por estos sotos con presura,
y yéndolos mirando,
con sola su figura
vestidos los dejó de hermosura.[88]

Pero ¿se trata de la hermosura que conduce hasta el Amado, o es más bien algo que está ahí para ser ignorado, y hasta negado y aniquilado, en lo que tiene de percepción? ¿Podría compararse esa hermosura a una serie de peldaños, que sirven para ascender hasta la Belleza increada, o quizá mejor a un lastre del que es necesario prescindir para llegar hasta el Absolutamente Transcendente? La última estrofa de la *Noche Oscura*, de sublime e increíble belleza poética, parece dar a entender que toda la indudable belleza de las cosas creadas no ha sido dispuesta para otra cosa que para ser olvidada o superada; tal vez para prescindir de ella, mediante la más radical de las negaciones, como medio único de llegar hasta el Amado:

Quedéme y olvidéme,
el rostro recliné sobre el Amado,
cesó todo, y dejéme,
dejando mi cuidado,
entre las azucenas olvidado.

---

[88] *Cántico Espiritual.* Con aspiración de la *h* en la última palabra de esta estrofa; o quizá la transcripción debería decir *fermosura*, según el castellano antiguo.

No tendría sentido plantear estas hipótesis si no existieran los comentarios en prosa del Santo, en los que tan prolija y radicalmente expone su doctrina del despojo total. Y de nuevo en el *Cántico*, después de describir, en versos casi divinos, la obra del Amado y el ambiente que precede al feliz momento del encuentro con Él,

> *Mi amado, las montañas,*
> *los valles solitarios nemorosos,*
> *las ínsulas extrañas,*
> *los ríos sonorosos,*
> *el silbo de los aires amorosos.*
>
> *La noche sosegada*
> *en par de los levantes de la aurora,*
> *la música callada,*
> *la soledad sonora,*
> *la cena que recrea y enamora.*

añade inmediatamente otra estrofa en la que habla de la necesidad de apartarse de las cosas, a fin de sumergirse en el silencio de la soledad total y poder encontrar al Amado, escuchando su voz:

> *Cazadnos las raposas,*
> *que está ya florecida nuestra viña,*
> *en tanto que de rosas*
> *hacemos una piña,*
> *y no parezca nadie en la montiña.*

Y no parezca nadie en la montiña. Soledad total y despojo completo, absolutamente necesarios para que aparezca el Esposo. La última estrofa, como siempre, es una paráfrasis del conocido pasaje del *Cantar*:

¡Ah! Cazadnos las raposas,
las raposillas pequeñitas,
que destrozan las viñas,
nuestras viñas en flor.[89]

Como el mismo Santo explica, con extraordinario pormenor y gran amplitud, se trata de los famosos *apetitos*, que tanto daño pueden hacer al alma, impidiéndole llegar hasta Dios. El mismo Esposo, según la paráfrasis y la exégesis que el poeta de Fontiveros hace del *Cantar*, está también a favor de que el bullicio de las cosas no estorbe a la esposa:

A las aves ligeras,
leones, ciervos, gamos saltadores,
montes, valles, riberas,
aguas, aires, ardores,
y miedos de las noches veladores:

Por las amenas liras,
y cantos de sirenas os conjuro,
que cesen vuestras iras,
y no toquéis al muro,
porque la esposa duerma más seguro.

Que no es sino un eco de los versos, no menos bellos, del *Cantar de los Cantares*:

Os conjuro, hijas de Jerusalén,
por las gacelas y las cabras monteses,
que no despertéis ni inquietéis a la amada
hasta que ella quiera.[90]

---

[89]Ca 2:15.
[90]Ca 2:7; cf 3:5; 8:4.

Ahora bien, ¿de qué silencio se trata? ¿Del silencio de las cosas que pasan a un segundo término, como sirviendo de telón de fondo a una escena de desposorios, y de las que aún se escucha el susurro, como señal de que están ahí, olvidadas quizá y superadas, pero nunca aniquiladas? ¿O se trata tal vez del silencio y del descanso que experimenta el caminante que se libera de un peso muerto que queda atrás, abandonado para siempre por inservible? Es indudable que los requiebros del Esposo no pueden ser escuchados sino en medio del silencio de las cosas, después de haber renunciado a ellas, entregándolas como prueba y señal del amor. Pero, ¿se trata de aniquilar o quizá de ofrendar? ¿De destruir o tal vez de entregar? ¿De dejarlas atrás, como carga que molesta y estorba, o de hacerse acompañar por ellas, hasta el lugar mismo donde aguarda el Amado, para entregárselas a Él...? En el epílogo del *Cantar de los Cantares*, ya casi en su final, el poeta inspirado hace pronunciar a la esposa unas palabras, dirigidas al Esposo, que suenan como el canto de una ofrenda. Una ofrenda para el Esposo, y otra también generosa para todas las creaturas, unas y otras, que de una manera o de otra, han allanado los caminos para que ella llegue hasta el Esposo. Porque parece claro, en efecto, que las cosas, o bien pueden servir de pesado estorbo..., o bien pueden convertirse en sendero luminoso que conduzca hasta el Monte Santo en el que tienen lugar los desposorios divino–humanos:

> *Mi viña la tengo ante mis ojos.*
> *Para ti, Salomón, esos mil siclos,*
> *y doscientos más para los que la guardan.*[91]

¿Qué haría el hombre cuando ya no dispusiera de la sagrada Humanidad del Señor ni encontrara por ninguna parte su santa cor-

---

[91]Ca 8:12.

poralidad? ¿Es cierto que sería más fácil para él enamorarse de un Dios que es Ser transcendente por encima de todo nombre, puro Espíritu sin una carne como la suya, sin un corazón como el suyo, y sin un alma llena de ternura como la suya? Porque ahora, con Jesucristo, se trata de un Dios que ha tomado un cuerpo y un alma humanos, a los que el hombre puede, por lo tanto, mirar, oír y abrazar, sabiendo que es el mismo Dios a quien mira, oye y abraza. Un Dios con ojos de carne capaces de derramar lágrimas, y con un corazón de carne susceptible de sentir, y de provocar, una ternura cuasi infinita. ¿Qué haría el hombre sin ese Cristo que es para él su propia vida?[92] ¿Acaso no se ve obligado a dirigirse a Él, una vez y otra, hambriento de ternura e intranquilo, después de haber vivido la insuficiencia de las cosas, para decirle como San Pedro: *Señor, ¿adónde iríamos? Tú tienes palabras de vida eterna.*[93]

---

[92]Cf Col 3:4.
[93]Jn 6:68.

CAPÍTULO III

EL PERFUME DEL ESPOSO Y LA PASTORAL CRISTIANA

Según el *Cantar*, el aroma que exhalan los perfumes del Esposo es exquisito. Y, puesto que es lo más agradable y atrayente que puede encontrarse en parte alguna, y lo único capaz de seducir por entero al hombre, la Pastoral cristiana no necesita hablar de otra cosa, si es que realmente desea dar un testimonio auténtico y eficaz de Jesucristo. Ni lo necesita ni puede obrar de otro modo, puesto que, si quiere cumplir estrictamente el mandato del Señor, su objetivo no puede ser otro que el de dar testimonio de Él y de su doctrina: *Id, pues, y haced discípulos a todos los pueblos, bautizándolos en el nombre del Padre y del Hijo y del Espíritu Santo; enseñándoles a guardar todo cuanto os he mandado...*[1] *Recibiréis la fuerza del Espíritu Santo, que descenderá sobre vosotros, y seréis mis testigos en Jerusalén, en toda Judea y Samaría, y hasta los confines del*

---

[1]Mt 28: 19–20.

mundo.[2] Puede darse por descontado que el mundo, que de ningún modo desea que le hablen de Jesucristo y menos aún de Jesucristo crucificado, esperará otra cosa. Lo cual supondrá una tentación para el cristiano, y más todavía para el apóstol, cuya gravedad sólo puede parangonarse con la urgente necesidad de vencerla. De ahí que San Pablo, con sana y gloriosa desvergüenza, se preciara de proclamar por todas partes que *aunque los judíos piden milagros y los griegos buscan sabiduría, nosotros predicamos a Cristo crucificado, por más que sea escándalo para los judíos y locura para los gentiles.*[3]

Cualquier sentimiento de extrañeza ante la posibilidad de que la Pastoral extravíe sus objetivos, o de que el testimonio cristiano se desvirtúe, supondría una gran ingenuidad, puesto que es un hecho que está sucediendo con normalidad todos los días. Las razones no hay que buscarlas más allá de la debilidad de la naturaleza humana, agravada en tiempos recientes por la crisis de fe que la Iglesia y el mundo padecen. El mismo San Pablo creyó necesario, ya en su tiempo, advertir convenientemente a su discípulo Timoteo: *No te avergüences de dar testimonio de Nuestro Señor, ni de mí, que soy su prisionero;*[4] a pesar de que el apóstol estaba al corriente de la valiente profesión de fe que, ante muchos testigos, había llevado a cabo su hijo espiritual (1 Tim 6:12). Y es que la vergüenza y el miedo ante el mundo, con la consiguiente posibilidad de permitir que se difuminen los criterios estrictamente sobrenaturales para dar paso a los naturales, son realidades punzantes que están ahí. Ante el hecho, bastante probable, de que la montaña nunca venga hasta Mahoma, no faltará gente simple dispuesta a pensar en la conveniencia de que sea Mahoma quien vaya a la montaña. Siendo eso así, dicho sea

---

[2] Hech 1:8.

[3] 1 Cor 1: 22–23; cf 1 Cor 1:18.

[4] 2 Tim 1:8; cf Ro 1:16.

a modo de ejemplo, no tiene nada de particular que la Iglesia se
sienta obligada alguna vez a proclamar, ante los foros del mundo,
que cree en la validez de los derechos humanos: una declaración
sumamente extraña a todas luces, porque de la misma manera y por
la misma razón podría proclamar también que cree en la utilidad de
la tabla de multiplicar. Es evidente que la Iglesia no puede dudar de
la conveniencia de ambas cosas, por más que sean distintas. Bastante
más efectivo sería el procedimiento de rechazar la validez de tales
derechos, si es que se trata de causar sensación, pues es indudable
que así quedaría mucho mejor garantizada la reacción tumultuosa
de los medios de comunicación.

Si la Pastoral no tiene otro objetivo que el de difundir por todo
el mundo el aroma del perfume del Esposo, o *el buen olor de Cristo,*[5]
es necesario reconocer que no siempre parece ser así. Aun dando por
asegurada la bondad de las intenciones, es evidente que no siempre
se puede decir lo mismo por lo que respecta a la licitud, o al menos
a la oportunidad, de los medios empleados. El tema de la posible
justificación de los medios, en atención al fin bueno perseguido, es
tan viejo como la humanidad,[6] aunque nadie lo ha zanjado de una
manera tan clara y terminante, por lo que respecta al cristianismo,
como el Apóstol San Pablo: *Y así, ¿por qué no hacer el mal para*

---

[5]2 Cor 2:15.

[6]Maquiavelo, en su famoso *Príncipe,* decía, a propósito de la necesidad de la
ética, que *si todos los hombres fueran buenos esto sería un precepto; pero, puesto que existen los malos, dispuestos a no guardar una promesa, por eso mismo
tampoco necesitas verte obligado a guardar la tuya. Y no le faltarán a un príncipe
razones legítimas con las que disimular su mala fe.* El éxito de su libro, aparecido
en pleno Renacimiento, indica claramente, a pesar de algunos escándalos más o
menos farisaicos, que respondía a un estado de opinión ya bastante generalizado.
En la actualidad el libro ha dejado de ser un escandaloso manual de instrucción,
dedicado a políticos sin escrúpulos, para convertirse más bien en código obligatorio
de conducta a utilizar por todos los que deseen triunfar en la vida.

conseguir el bien? Como algunos, calumniándonos por cierto, ase-
guran que decimos. Su condenación es justa.[7] Si bien es cierto que,
en este caso, el problema se complica más todavía, porque ya no se
trata —al menos aparentemente— de hacer el mal para conseguir
un bien, sino de utilizar los medios que se consideran más oportunos
para conseguir un fin bueno..., abstracción hecha de que sean efectivamente los más acordes con la revelación neotestamentaria.[8] Es
posible incluso que no sea muy exacto hablar aquí de abstracción,
puesto que los medios se presentan siempre, en el planteamiento de
esta cuestión, como que son los mejores y más adecuados para conseguir un fin que indudablemente es honesto y loable. En realidad
aquí ni siquiera se plantea el problema de la posibilidad de que los
medios no sean moralmente buenos, desde el momento en que quien
los utiliza parece estar convencido de que lo son. Pese a lo cual hay
que reconocer que ciertos procedimientos, empleados a menudo en la
evangelización, se caracterizan por una incongruencia con el espíritu
del Nuevo Testamento que puede pasar inadvertida hasta para las
mentes más esclarecidas. Lo que solamente puede suscitar extrañeza
hasta cierto punto. Pues hay que contar con la naturaleza humana
caída y debilitada por el pecado, por una parte; y con la sublimidad
y elevación de la revelación neotestamentaria, por otra. Decir, por
ejemplo, que son bienaventurados los pobres, o los que lloran; o que

---

[7]Ro 3:8.

[8]La tesis de Maquiavelo no tiene nada que ver con la norma de que *el fin justifica
los medios*, la cual todavía responde a unos planteamientos éticos, aunque sean
erróneos. La doctrina maquiavélica solamente pretende que el príncipe consiga los
fines perseguidos, abstracción hecha de toda ética y dejándose guiar con frecuencia
por criterios puramente mundanos. Rechazada la ética sobrenatural, e incluso la
natural, se desemboca en una corrupción de los conceptos y del lenguaje en la
que los vocablos bueno o malo, y sus conceptos correspondientes, pueden significar
cualquier cosa, según el arbitrio con el que cada cual se construya su propio sistema
axiológico.

incluso los enemigos deben ser amados, puede parecer demasiado, aun contando con la restauración operada por la gracia.

La adquisición de poder y de influencia, por parte de las Familias espirituales, es un ejemplo revelador que aclara suficientemente lo que se dice aquí. El tema, grave y delicado por cierto, ha tenido a lo largo de la Historia, y sigue teniendo todavía, enorme actualidad y gran transcendencia. El problema que se plantea responde a una tentación tan fuerte y tan sutil que bien puede decirse que es casi imposible evitarla, y aun descubrirla, sin ayudas especiales del Cielo. Los que caen en ella pretenden utilizar el poder y la influencia, dentro y fuera de la Iglesia, para hacer el bien única y exclusivamente, y nunca para otra cosa. Parten del presupuesto, demasiado conocido y bastante extendido como criterio normal, de que la capacidad de influir, junto con las posibilidades que ofrece el dinero, son las que abren las puertas a un inmenso abanico de actuaciones que facilitan grandemente la propagación del Evangelio. En realidad exactamente lo mismo que lo facilitarían para cualquier otra cosa, según el conocido dicho de Quevedo: *Poderoso caballero es Don Dinero*; o el no menos celebrado de Maquiavelo, según el cual *quien posee el oro es quien establece las reglas*.

Dichas así las cosas suenan a demasiado burdas. Y ya se sabe que casi nadie está dispuesto a admitir las verdades punzantes, y ni siquiera las que parecen molestas, por muy verdades que sean. De ahí la costumbre, tan extendida modernamente, de desvirtuar el lenguaje y de multiplicar los eufemismos, por lo que no en balde se puede llamar ahora, por ejemplo, *compañera sentimental* a una persona que siempre fue conocida con el nombre de *barragana*. Por eso puede asegurarse que serán muy pocos, fuera y dentro de las Familias espirituales que existen en la Iglesia, los que estén dispuestos a reconocer en este caso las derivaciones nefastas del Poder, y menos todavía los que admitan que el mal se ha introducido en su propia casa. Sin embargo es evidente que el Poder, como método de difusión de la buena doctrina, no solamente no tiene nada que ver con el Nuevo Testamento, sino que es enteramente opuesto a su espíritu.[9] Tanto si se admite como si no, es indudable que la capacidad de corrupción que poseen factores tan puramente mundanos como el Dinero y el Poder hace imposible que puedan ser manejados con impunidad.[10]

Por paradójico que parezca, el poder y la influencia aumentan a medida que más se alardea que se carece de ellos. La insistencia en pretender que se practica una vida de pobreza radical resulta altamente rentable, como saben muy bien algunas Familias espirituales. Lo cual se debe a que la pobreza cristiana es seguramente la virtud más fácil de falsificar: pregonada a los cuatro vientos, y proclamada su radicalidad a son de trompeta, causa pronto la admiración de las gentes y suscita y canaliza un gran número de colaboraciones. Practicada a su vez, con integridad clamorosa, por grupos de avanzada que cuentan con la colaboración incondicional de los medios de

---

[9]Sería demasiado fácil amontonar textos para demostrarlo, todos ellos importantes. Pero el tema se alargaría aquí desconsideradamente, cuando más bien sería merecedor de un estudio especial.

[10]Con esto no se pretende aquí descalificar el dinero como algo intrínsecamente malo, ni discutir su evidente utilidad como instrumento de cambio. Pero es obvio que el Señor, según demuestran ampliamente los textos, puso mucho cuidado en liberar a sus discípulos de la idea de utilizarlo en las tareas pastorales. A lo cual se vio impulsado seguramente por dos razones principales: por el peligro que encierra en sí mismo, como posible grave obstáculo a la virtud fundamental de la pobreza cristiana, por una parte; y para desterrar la falsa creencia de que un mensaje de contenido eminentemente sobrenatural, como es el evangelio, puede ser transmitido por medio de factores o elementos puramente naturales, por otra: *"Cuando os envié sin bolsa, ni alforjas, ni sandalias, ¿os faltó alguna cosa?" Ellos respondieron: "Nada"* (Lc 22:35). Cf Mt 10: 9–10; 20: 26–27; Mc 9:35; 10: 43–44; Lc 9:58; 10:4; 22: 25–27; Jn 13: 3–15; Hech 3:6; 2 Cor 8:9; etc.

comunicación, atrae en seguida la atención del pueblo sencillo y del que no lo es tanto. Así es como se da lugar a la aparición de Familias espirituales cuya gran influencia y tremendo poder de disposición, a través del manejo de enormes capitales y de no pocos resortes, sería ingenuo negar.

En este punto, como en tantos otros, hay que reconocer la admirable ingenuidad de la naturaleza humana. Los hombres tienden a olvidar que la verdadera pobreza, aparte de ser prácticamente desconocida, muy poco reverenciada, y aún menos estimada, cuenta con muy escasos seguidores. Lejos de verse acompañada de cortejos y bataholas, vive en cambio en total soledad y en completo abandono, como el Cristo realmente pobre de la cruz: *Dios mío, Dios mío, ¿por qué me has abandonado?*[11] Nunca ha merecido ser noticia, y no tiene nada de extraño que Santiago, dotado de un profundo conocimiento del ser humano, tuviera que advertir ya a los cristianos de su tiempo: *Hermanos míos: No vayáis a pensar que tenéis fe en Nuestro Señor Jesucristo, Señor de la gloria, si es que hacéis acepción de personas. Suponed que entra en vuestra reunión un hombre con anillo de oro y un vestido espléndido; y entra también un pobre con un vestido sucio; y dirigís vuestra mirada al que lleva el vestido espléndido y le decís: "Tú siéntate bien aquí", mientras que al pobre le decís: "Tú quédate ahí en pie, o siéntate en un taburete, o a mis pies". ¿Acaso no hacéis justicia ante vosotros mismos y os convertís en jueces de pensamientos injustos?*[12] Texto del que se desprende claramente que el ser humano tiende fácilmente a inclinarse al hombre que considera más digno o excelso, despreciando al desgraciado y miserable. Sin embargo ya no se deduce tan fácilmente de ese texto el hecho de que la grandeza, que tanto atrae al ser humano, parece haber encontra-

---

[11] Mt 27:46; Mc 15:34.

[12] San 2: 1–4.

do en los modernos tiempos la forma de presentarse también con ropajes de miseria, y siempre, por supuesto, con vistas a una mayor eficacia. Y así resulta que la naturaleza humana sigue admirando lo grandioso, aunque ahora se presente vestido con harapos de pobreza radical, que es lo mismo que decir con vestidos de héroe brillante y aclamado por todas partes.[13]

Con respecto al poder y a la influencia, conviene insistir aquí en algo que ya ha sido apuntado más arriba al hablar de las intenciones. Sería altamente injusto atribuir a los fundadores de las Familias espirituales, bien sean las que han existido o las que todavía existen dentro de la Iglesia, intenciones ajenas al deseo de hacer siempre el bien. La bondad de sus propósitos ha quedado definitivamente sancionada por la misma Iglesia al canonizar o beatificar a muchos de esos fundadores, los cuales gozan además, con justa razón, del fervor y del entusiasmo de las muchedumbres. Como asimismo sería injusto dejar de reconocer la inmensa tarea bienhechora que, por otra parte, han llevado a cabo en el mundo tales Familias espirituales.

Pero las cosas no siempre suelen ser sencillas. Y no es posible dar de lado al hecho, indiscutible por lo demás, de que el pensamiento humano está regido por leyes lógicas que son tan exactas y necesarias como las de las matemáticas. Una vez establecidas ciertas bases o puntos de partida, por ejemplo, es imposible impedir que surjan luego derivaciones que estaban incluidas lógicamente en aquéllas, por más que en un principio no fueran percibidas ni previs-

---

[13]Sería interesante elaborar un estudio sociológico que investigara las causas de la admiración bobalicona que no pocos cristianos actuales sienten por la pobreza. Dado que no se trata en absoluto de la verdadera virtud cristiana de la pobreza, no sería extraño encontrar las raíces de tales ingenuos sentimientos en los restos que aún perviven de la filosofía marxista, a los que habría que añadir los soterrados sentimientos de culpabilidad e inferioridad que surgieron tan a menudo, dentro del campo cristiano, como consecuencia de esa ideología ahora periclitada.

tas.[14] Y eso es justamente lo que ha sucedido con los Reglamentos y Constituciones de algunas Familias espirituales, en los que parecen estar contenidos *in nuce* ciertos principios de filosofía política que, a pesar de no ser demasiado cónsonos con el contenido del Nuevo Testamento, no fueron advertidos por sus redactores. Tales principios han germinado con el tiempo y han dado lugar a consecuencias tan lógicas como poco afortunadas.[15]

Puesto que la Historia es maestra de la vida, tal vez convenga alguna vez echar mano de ella para adquirir enseñanzas y llegar a conclusiones. Y aun corriendo el riesgo de ser mal interpretados, y hasta de ser acusados de malquerencia contra esto o aquello, de vez en cuando es necesario señalar algún caso concreto. No para arrogarse el cometido de juzgar a unos o a otros —lo cual compete a la Historia, y en último término solamente a Dios—, sino para

---

[14]En la historia del pensamiento se considera a Descartes como el padre más inmediato del Idealismo moderno. Aunque es probable que nunca pueda ser desvelado el misterio de sus intenciones, es indudable que fue él quien principalmente hizo posible la irrupción de esa ideología. ¿Creía o no creía en Dios el pensador francés? ¿Pretendía realmente y de buena fe, como parece más probable, fundamentar definitivamente una prueba de la existencia de Dios? Sea de ello lo que fuere, lo importante aquí es que, al intentar sustituir la filosofía del realismo por la del famoso *cogito*, hizo posible la entrada de la corriente idealista en la filosofía moderna, con las consecuencias de todos conocidas. Sus discípulos y continuadores no hicieron sino extraer las derivaciones lógicas de las premisas por él establecidas. Cf, por ejemplo, É. Gilson, *The Unity of Philosophical Experience*, pgs. 125 y ss., Charles Scribner's Sons, New York, 1941; *Le Réalisme Méthodique*, pgs. 1–15, Téqui, Paris, s. d.

[15]Problema distinto, y tal vez insoluble, es el de si *pudieron* y debieron ser previstas tales consecuencias. Lo cierto es que la Iglesia, maestra y sancionadora de moral, de principios, de costumbres y de conductas —aunque no teorizante ni definidora acerca de cuestiones sobre filosofías políticas y sus posibles derivaciones de futuro— sancionó las Constituciones o Reglamentos, lo que es suficiente para legitimar, por lo menos, el hecho de su aprobación.

ilustrar con hechos lo que se dice y cerrar el paso a una posible acusación de lucubrar sin fundamento. Para el caso bien pueden servir hechos del pasado, aunque con repercusiones todavía en el presente, y sin perjuicio de advertir que igualmente podrían haberse traído a colación otros ejemplos de más moderna actualidad.

No se puede dudar honradamente, por ejemplo, ni de la grandeza de intenciones ni de la excelsitud de la obra de un hombre tan eximio como San Ignacio de Loyola. Aunque tampoco cabe volverse de espaldas a la evidencia factual de la extraordinaria actividad política desplegada por la Compañía de Jesús, en tantos y tan diversos países, desde su fundación hasta ahora. Actividad política de la que nadie negará que se han derivado importantísimas consecuencias históricas. Las causas de un hecho tan complejo seguirán constituyendo probablemente uno de los grandes misterios de la Historia; pero de todos modos resulta bastante difícil descartar la hipótesis, como posible explicación, de que determinados principios de filosofía política, pergeñados por el fundador con la mejor de las intenciones y plasmados luego en documentos oficiales, puedan haber acabado por germinar y por desplegar las virtualidades prácticas que contenían. En las propias Constituciones de la Compañía se lee que *porque el bien, cuanto más universal es más divino, aquellas personas y lugares que, siendo aprovechados, son causa de que se extienda el bien a muchos otros que siguen su autoridad o se gobiernan por ellos, deben ser preferidos: Príncipes, magistrados, administradores de justicia, prelados, hombres señalados en letras y en autoridad...*[16] Siguiendo la misma pauta, es normal, por lo tanto, que el Padre Polanco dijera también, hablando de las personas con las que hay que tratar, que *puédese decir universalmente que con aquéllas de*

---

[16]Constituciones de San Ignacio, n. 622; citado por Jiménez Duque, B. *Historia de la Espiritualidad*, tomo II, pg. 221, Flors, Barcelona, 1969.

*quienes se espera mayor bien para el servicio divino y bien común
en ellas o en otras, y no con las que aprovechan poco o impiden
más bien. Con personas señaladas, porque, ellas ayudadas, ayudan
a otros muchos; con príncipes seglares, porque el beneficio que en
sus almas se hiciese se extendería a gran parte de los súbditos; con
personas de autoridad, porque por semejantes personas pueden ayu-
darse otros muchos espiritual y temporalmente, si ellos se ayudan.*[17]
De ahí que un historiador tan mesurado como Lortz, a propósito
de las consignas dadas en la Compañía al maestro de ejercicios, dice que *la invitación al maestro a no decir nada contra prelados o
príncipes tuvo enorme repercusión en los ambientes de crítica des-
piadada de humanistas y reformadores. Pero con ello también pudo
correr peligro la veracidad y la libertad del cristiano.*[18] Hablar de las
consecuencias políticas que pudieron acarrear semejantes principios
llevaría demasiado tiempo y además no es cosa que corresponda a
este lugar, cuando, por otra parte, existe una inmensa y documenta-
da bibliografía sobre el tema que es fácil de consultar. Aquí bastará
con citar, meramente de pasada y como referencia, las observaciones
de Elliot a propósito del Conde–Duque de Olivares y el problema
de Portugal en tiempos de Felipe IV de España;[19] o lo que dice un
hombre tan sereno y amante de la Compañía como Marañón, a propósito de la actividad política de ésta también en tiempos de Felipe
IV.[20] Añadiendo solamente que en los historiadores más modernos
se aprecian, como es lógico, tendencias diversas a propósito del pro-

---

[17]Tercera Industria del Padre Polanco; citado por Jiménez Duque, B., *obra cit.*,
pg. 219.

[18]Lortz, J., *Historia de la Iglesia*, pg. 194, not. 24, Cristiandad, Madrid, 1982.

[19]J. H. Elliot, *El Conde Duque de Olivares*, pgs. 393, 426, 590, etc., Crítica,
Barcelona, 1990.

[20]Gregorio Marañón, *El Conde–Duque de Olivares*, pgs. 182–183, 188, 191, etc.,
Espasa Calpe, Madrid, 1980.

blema: Domínguez Ortiz, por ejemplo, trata de estudiar fríamente el problema y, aunque partidario de la Compañía, no admite el hecho de que su expulsión de diversos países, durante el siglo XVIII, fuera meramente el efecto de una acción masónica, volteriana y anticatólica en general;[21] mientras que otros, como Ricardo de la Cierva, no vacilan en criticar al actual general de los jesuitas por su aparente pasividad ante la Masonería.[22]

Es fácil comprender que hablar de todo esto es cosa triste y desabrida. Y por supuesto peligrosa, debido a su mala prensa y a que nadie, o casi nadie, está dispuesto a reconocer ciertos hechos que pueden resultar desagradables, por verdaderos que sean. La naturaleza humana, debido a que está más inclinada a dejarse conducir por impulsos egoístas que por el sincero amor a la verdad, acaba con frecuencia sustituyendo la lógica por sentimientos primarios. Como demuestra una anécdota que le sucedió a un joven sacerdote bien conocido por el autor de este libro.

El cual, además de joven y recién ordenado, era bastante ingenuo, que es lo que suele suceder desde que Dios dispuso que el carácter sacerdotal no añadiera ni quitara nada a las ventajas e inconvenientes de las diversas etapas de la edad del hombre. Con ocasión de un obligado e imprevisto viaje de su párroco, recibió el encargo de presidir accidentalmente una reunión de señoras, enco-

---

[21]Tal vez intenta atemperar las amargas quejas de Menéndez Pelayo en la *Historia de los heterodoxos españoles*, a propósito de las expulsiones y supresión de los jesuitas. Domínguez Ortiz, A., *Carlos III y la España de la Ilustración*, pg. 85, Alianza Editorial, Madrid, 1988.

[22]Ricardo de la Cierva, *El triple secreto de la Masonería*, pgs. 14 y ss., Fénix, Toledo, 1994. Aunque De la Cierva es tachado a menudo de radical por enemigos mucho más radicales que él, y que no vacilan en mentir, no cabe duda de que se trata de un estudioso bastante bien documentado. Cometería una imperdonable imprudencia quien arrojara alegremente sus afirmaciones en saco roto.

petadas y de alto rango todas ellas, en la parroquia donde prestaba sus servicios. Por lo que el pobre se creyó obligado a prepararse una larga y profunda charla rebosante de teología y repleta de recomendaciones pastorales. Un trabajo que se podía haber ahorrado... si hubiera poseído el don de prever los acontecimientos, o si al menos hubiera conocido algo mejor el carácter femenino.

Nada más iniciarse la reunión el joven pastor recibió una tremenda sorpresa. Sobre la mesa había un papel en el que estaba redactado un *orden del día* que, para su asombro, contenía señaladas una serie de intervenciones que especificaban los nombres de las oradoras y los temas a cargo de cada una de ellas; el orden del día acababa diciendo, como epílogo y broche de oro, que la reunión se cerraría con *la oración final y despedida a cargo del sacerdote*. Pero sus tribulaciones no habían hecho sino empezar.

Como ya se habrá adivinado, los discursos fueron de tal guisa que si un observador imparcial los hubiera calificado de interminables, aburridos, anodinos, insustanciales y desesperantes, habría sido tachado con razón de excesivamente benevolente. El joven curita se angustiaba pensando en la facilidad con que la imaginación humana idea tantas formas de perder el tiempo, cuando por otra parte él había tenido que abandonar un buen número de cosas, todas ellas importantes, a fin de presidir un simposio de personas desocupadas.

Una de las oradoras, que no se cansaba de insistir en la necesidad de rezar más intensamente por la Iglesia perseguida tras el telón de acero, fue inmediatamente seguida por otra facunda conferenciante que extrajo de su bolso una carta que leyó y comentó con amplitud. Se trataba de una misiva escrita por un hermano suyo, jesuita misionero en el Japón, la cual abundaba en generosos deseos de victimación, además de otras disertaciones no muy originales acerca de los famosos cerezos. La susodicha carta discurría, más o menos, con párrafos como el siguiente:

—Y cuando, después de una vida de azarosa entrega, caiga por fin y mis huesos fecunden y abonen la tierra en la que crecen los cerezos...

La buena señora se entusiasmaba hasta las lágrimas, al mismo tiempo que apostillaba con emocionadas observaciones el indudable buen ánimo del valiente misionero..., y las demás esperaban con impaciencia su turno para intervenir. Aunque el que más se impacientaba era el amordazado y joven pastor, en cuyo pensamiento martilleaba la idea de la lejanía en la que se encontraban el Japón y el telón de acero, mientras que allí en la parroquia había tanta gente necesitada de pan y de doctrina; y aun en el mismo templo, sin ir más lejos, había abundante tarea para todo el que lo deseara: el altar principal, por ejemplo, rezumaba suciedad, por no hablar de corporales, purificadores y manteles, en los que la grasa y la mugre hacía tiempo que habían hecho desaparecer su primitivo color blanco.

Hasta que, después de otros discursos igualmente apasionantes, por fin se llegó al final, que no en balde todo acaba en este mundo. Y con el final llegó también el momento de la oración de despedida, a cargo del sacerdote, como no podía esperarse menos. Sin embargo, y debido sin duda a que el afán de venganza es una de las varias lacras que pesan sobre la naturaleza humana caída —clérigos incluidos—, el joven sacerdote entendió que allí estaban su ocasión y *su hora*:

—Estimadas señoras: — comenzó diciendo, después de un suave carraspeo y un ligero y mal disimulado tono de rencor— He escuchado con interés y emoción sus discursos y puedo asegurarles que he tomado buena nota de ellos. Con todo, me van a permitir terminar este acto haciéndoles algunas cariñosas observaciones: ¿Qué necesidad tienen ustedes de llevar tan lejos sus preocupaciones —al telón de acero, a los cerezos del Japón y otros sitios semejantes— cuando aquí en la parroquia, y en sus propios hogares, tienen tantas ocasiones para ejercitar su bien probado celo cristiano? Empezando por sus hogares, por ejemplo, ¿tienen ustedes suficientemente atendidos a sus esposos e hijos, a través del estricto y heroico cumplimiento de sus deberes domésticos, como madres y esposas cristianas que son? Por otra parte, aquí en el templo nos encontramos con el problema de la falta de medios para conseguir que la limpieza y la higiene adornen como se merece la casa del Señor: ¿Qué les parece a ustedes si, a partir de hoy, nos prestan su ayuda para el lavado de ornamentos y la limpieza del templo? Es seguro que Dios se lo agradecerá bastante, puesto que es mucho más práctico —además de cercano— que lamentarse por cosas acerca de las cuales nada pueden hacer ustedes. Además...

Y aquí fue interrumpido por una enorme algarabía de gritos y protestas que acabaron con la fogosidad del orador. La reunión se clausuró sin oración final ni despedida, y el joven quijote, que tuvo que salir de la sala como pudo, fue llamado cariñosamente al orden por su párroco al día siguiente.

Y es que, como ya se ha dicho, puesto que los sentimientos humanos rara vez se dejan dirigir por la lógica, la verdad reconocida es algo tan precioso como las cosas raras que más escasean. Por eso, así como no serán muchos los que se declaren conformes con lo dicho más arriba, abundarán en cambio los detractores y hasta los airados. Lo cual demuestra, una vez más, que el meollo de la revelación neotestamentaria es algo tan sutil y elevado que, no solamente escapa con frecuencia a los alcances del hombre normal, sino también al entendimiento del superdotado. Y, si bien es cierto que la revelación ha sido otorgada al hombre en la situación en que ahora se encuentra —en estado de naturaleza caída y reparada por la gracia—, tal cosa no resta nada, ni a la grandeza sublime de la revelación, ni a la consiguiente obligación, por parte del hombre, de acceder a ella a través de la oración y lleno de humildad: *Yo te alabo, oh Padre, Señor del cielo y de la tierra, porque has ocultado estas cosas a los sabios y prudentes y las has revelado a los pequeños.*[23] Con respecto al tema tratado aquí, conviene advertir que la santidad no siempre lleva consigo el carisma de la visión histórica, ni tiene por qué hacerlo. Y sin embargo no por eso las cosas dejan de ser tal como son, como se comprende mejor cuando se estudia detenidamente, por ejemplo, una parábola que a menudo pasa más desapercibida de lo que debiera: la de los invitados a las bodas.[24]

Lo primero que llama la atención, cuando se lee el texto de San Lucas, es que el anfitrión de la parábola comenzó poniendo en práctica exactamente la misma lógica que San Ignacio. No cabe duda de que sus invitados iniciales no eran precisamente personas del vulgo, ni tampoco de que poseían, por lo menos, cierta categoría social: uno acababa de comprarse una hacienda, otro había adquirido recientemente cinco yuntas de bueyes, y alguno había que, después de contraer matrimonio en ese momento, se disponía a celebrar la fiesta de su casamiento. Cosas todas de las que no se puede decir

---

[23] Mt 11:25; Lc 10:21.

[24] Lc 14: 15–24 y Mt 22: 2–10. Aquí se ha tomado como base del comentario el texto de San Lucas. El texto de las parábolas sigue siendo un rico venero de aguas vivas del Evangelio aún por explotar. En los tiempos relativamente recientes, después del breve y sencillo comentario ya clásico de Cerfaux (Lucien Cerfaux, *Le Trésor des Paraboles*, Desclée & Cie., Tournai, 1967), apenas si se ha profundizado en ellas con aprovechamiento. A lo que parece, el campo de las parábolas, a pesar de sus riquísimas posibilidades, es uno de los más abonados para el cultivo de tópicos y superficialidades.

precisamente que estaban al alcance, en el mundo antiguo, de las posibilidades del pueblo sencillo y humilde.

Lo cual viene a demostrar que la lógica puramente humana, por más que sea humana es lógica también, y no es por lo tanto mala de por sí. Por lo que puede decirse que su utilización puede ser lícita, y hasta oportuna..., aunque sea solamente para empezar, como hizo el anfitrión de la parábola. Sin embargo, y puesto que la lógica puramente humana ha quedado superada por la lógica divina o sobrenatural, cualquiera que sea medianamente avisado puede ahorrarse el rodeo e ir directamente a lo que vale la pena; lo que no cabe duda de que es también una de las lecciones de la parábola que no conviene desaprovechar: *Los hijos de este mundo son más sagaces para sus cosas que los hijos de la luz.*[25]

Por lo demás los hechos hablan por sí solos, pues los que habían sido invitados con tanta ilusión y entusiasmo se excusaron unánimemente: *Todos a una comenzaron a excusarse.* Una forma de decir, si se quiere hablar más claramente, que no se pudo contar con ellos para nada; lo que no resulta extraño si se tiene en cuenta que, *ad mentem Novi Testamenti* y según confirman los hechos, no son los ricos y poderosos los que suelen acudir a la llamada del Evangelio, como ya el Apóstol pudo constatar: *Mirad si no, hermanos, vuestra vocación. Pues no hay entre vosotros muchos sabios según la carne, ni muchos poderosos, ni muchos nobles. Dios eligió más bien lo necio del mundo para confundir a los sabios, y lo débil del mundo para confundir a los fuertes.*[26] Algo que el Señor mismo ya había experimentado y que le había dado ocasión para pronunciar algunas de sus palabras más duras (Mc 10: 17–27).[27]

---

[25]Lc 16:8.

[26]1 Cor 1: 26–27.

[27]Cf Mt 19: 16–26; Lc 18: 18–27.

El anfitrión de la parábola se sintió irritado por el fiasco que le habían proporcionado sus invitados, por lo que decidió cambiar de táctica y llamar a otra clase de gente: *Dijo a su criado: "Sal enseguida a las plazas y calles de la ciudad y trae aquí a los pobres, a los tullidos, a los ciegos y a los cojos".* Según lo cual el anfitrión no se limita a buscar a otros invitados, después de que habían fallado los primeros, sino que manda que se busque gente *de índole completamente contraria* a la que había sido llamada en un principio: mientras que primero se había dirigido a los encumbrados, ahora en cambio prefiere a los pobres, tullidos, ciegos, cojos y, en general, a la clase de gente que puede encontrarse *en los caminos y los cercados.*[28] Una interesante táctica pastoral de la que pueden tomar nota algunas Familias espirituales.

He aquí, por lo tanto, un ejemplo que pone de manifiesto la posibilidad de que los criterios mundanos —o quizá menos afines al contenido del Nuevo Testamento— se deslicen subrepticiamente en la Pastoral cristiana. Con lo que ya no se trataría de difundir el aroma de los perfumes del Esposo, sino de algo bien distinto.

Y, sin embargo, es absolutamente fundamental que no se desvirtúe el aroma de los perfumes del Esposo: *Señor, ¿a quién iremos? Tú tienes palabras de vida eterna.*[29] Según confesión de la esposa del

---

[28]El sentido obvio de esta última expresión es el de *gente de la calle*, o gente corriente y sencilla. Conviene no incurrir en el equívoco de creer que lo que aquí se propugna tiene algo que ver con la *opción preferencial por los pobres.* Una opción que solamente es válida cuando cumple las siguientes condiciones: a) Que sea despojada de su tufo marxistoide. b) Que el concepto de *pobres* se tome en sentido bíblico, y no en clave meramente sociológica o marxista. c) Que la tal opción no sea aprovechada, como está sucediendo con determinados grupos dentro del catolicismo, para conseguir ventajas de orden económico o de influencia social o política. Sin esas condiciones, la opción preferencial por los pobres no es otra cosa, en el mejor de los casos, que una simple tomadura de pelo.

[29]Jn 6:68.

Cantar, es un perfume grato, agradable y delicado, y se ha derramado sobre las cosas haciéndolas hermosas y deseables. Es el mismo perfume que procede del Esposo, y por el cual es amado —*Por eso te aman las doncellas*—, el que se ha vertido sobre las cosas haciéndolas amables y bellas, justamente en la misma medida en que puede decirse que son obra del amor. Por eso dice el relato de la creación que, cuando Dios creó el cielo y la tierra, el Espíritu de Dios se cernía sobre las aguas,[30] puntualizando también que Dios, al mismo tiempo que iba haciendo las cosas, veía que eran buenas. Exactamente lo mismo que podía haber dicho que eran bellas desde el momento en que, en la misma medida en que eran cosas y buenas, eran también hermosas.[31]

Es importante advertir que la belleza es percibida principalmente y ante todo a través de los ojos —*pulchrum oculis* dice el libro del Génesis que era el fruto del árbol del Paraíso—, aunque no exclusivamente por ellos; también es aprehendida por el oído, y por eso puede hablarse de una bella voz, de una hermosa melodía, o de una buena poesía. Santo Tomás dice atinadamente que no corresponde a los otros sentidos percibirla, y que por eso no se habla nunca de

---

[30]El libro del Génesis comienza diciendo que *In principio creavit Deus cœlum et terram. Terra autem erat inanis et vacua, et tenebræ super faciem abyssi, et spiritus Dei ferebatur super aquas.* Según algunos, como *La Bible de Jérusalem*, no se trata aquí del Espíritu de Dios ni de su papel en la creación, puesto que ésta es obra de la Palabra (como se ve en los versos 3 y ss.). Pero en realidad no se puede excluir la presencia del Espíritu, o del Amor de Dios, en el acto creador según estos versículos. Aparte de que toda obra de Dios *ad extra* corresponde a las tres divinas Personas, por lo que respecta a la atribución la creación es también y sobre todo un designio del Amor divino.

[31]Según el relato del Génesis, el fruto mismo del árbol situado en el centro del Paraíso —el de la ciencia del bien y del mal— era apetecible y hermoso, pues no en vano también él fue obra del amor: *Vidit igitur mulier quod bonum esset lignum ad vescendum et pulchrum oculis et desiderabile* (Ge 3:6).

sabores u olores bellos. Participación de la Belleza increada, y referencial por lo tanto con respecto a ella, la conocida y contemplada por el hombre no puede saciarlo nunca, tal como sucede también con la aprehensión del bien o de la verdad parciales por parte de la creatura.[32]

De manera que Dios es la causa y el lugar fontanal y de procedencia de toda belleza, aunque el origen de ésta puede atribuirse con razón al Verbo, en cuanto que Él es la *Imagen* de Dios, o del Padre (2 Cor 4:4; Heb 1:3).[33] Por otra parte, el Verbo, hecho hombre en Jesucristo (Jn 1:14), es el *recapitulador* de todas las cosas (Ef 1:10), y hasta la causa eficiente y final de todas ellas, puesto que fueron hechas por Él y para Él (Col 1:16) y ahora subsisten en Él (Col 1:17). Todo lo sustenta con su poderosa palabra (Heb 1:3), es el primogénito de toda creatura (Col 1: 15–18) y habita en Él toda

---

[32] A propósito de lo bello, y de los sentidos por los que es percibida la belleza, dice Santo Tomás que *pulchrum est idem bono, sola ratione differens. Cum enim bonum sit "quod omnia appetunt", de ratione boni est quod in eo quietetur appetitus: sed ad rationem pulchri pertinet quod in eius aspectu seu cognitione quietetur appetitus. Unde et illi sensus præcipue respiciunt pulchrum, qui maxime cognoscitivi sunt, scilicet visus et auditus rationi deservientes: dicimus enim pulchra visibilia et pulchros sonos. In sensibilibus autem aliorum sensuum, non utimur nomine pulchritudinis: non enim dicimus pulchros sapores aut odores. Et sic patet quod pulchrum addit supra bonum, quendam ordinem ad vim cognoscitivam: ita quod bonum dicatur id quod simpliciter complacet appetitui; pulchrum autem dicatur id cuius ipsa apprehensio placet.* En I*ᵃ*–II*ᵃᵉ*, q. 27, a. 1, *ad tertium.*

[33] De nuevo aparecen la Imagen y la Palabra, en referencia a la vista y al oído, como lugares de percepción de la belleza. Para un ser cuya naturaleza es también corporal, como el hombre, la belleza ha de ser necesariamente *sensible* (en su sentido más prístino de perceptible por los sentidos). En cuanto al lugar al que puede acudir el hombre para saciar su sed de Belleza increada, no puede ser otro que el Verbo hecho carne, en cuya naturaleza humana está *contenida* la plenitud de la divinidad (Col 2:9) y de donde brota, por lo tanto, para el ser humano la fuente inagotable de toda belleza.

la plenitud (Col 1:19). El Apóstol, en una de sus expresiones más audaces y profundas, llega incluso a decir que *en Él reside corporalmente toda la plenitud de la divinidad.*[34] Puede decirse, por lo tanto, que en el Verbo hecho hombre, en cuyo rostro resplandece la misma gloria de Dios,[35] está la fuente primera y última de toda la belleza de las cosas.[36] Si bien debe tenerse en cuenta que no se trata ahora de afirmar simplemente que Él es el más bello de los hijos de los hombres, como ya había hecho notar proféticamente la revelación del Antiguo Testamento (Sal 45:3), sino de ir más allá para dejar establecido que es también la causa y razón de *toda* la belleza que existe en las cosas. Es justamente el perfume del Esposo el que las ha impregnado con su aroma y las ha hecho hermosas y apetecibles. Como dice San Juan de la Cruz en su *Cántico*:

> *Mil gracias derramando,*
> *pasó por estos sotos con presura,*
> *y yéndolos mirando,*
> *con sola su figura*
> *vestidos los dejó de su hermosura.*

Puesto que, según el designio del Padre, solamente en Él puede el hombre colmar sus ansias de verdad y de bien —Camino, Verdad y Vida—, sin duda que es también el único lugar en el que puede apagar su sed insaciable de belleza:

---

[34] *Quia in ipso inhabitat omnis plenitudo divinitatis corporaliter* (Col 2:9); σοματικῶς significa *vere, realiter* (cf Col 2:17), o *incarnate*, que es lo mismo que decir *corpore assumpto* (cf Zerwick, *Analysis Philologica Novi Testamenti Grœci*).

[35] *Pues el mismo Dios que dijo: "De las tinieblas brille la luz", es el que hizo brillar la luz en nuestros corazones, a fin de que irradien el conocimiento de la gloria de Dios, que está en el rostro de Cristo* (2 Cor 4:6).

[36] Cf las sabrosas e interesantes consideraciones que, a este respecto, hace Santo Tomás en *In Isaiam*, 63, y en *In Psalmos*, 44, n. 2.

> *No quieras despreciarme,*
> *que si color moreno en mí hallaste,*
> *ya bien puedes mirarme,*
> *despúes que me miraste,*
> *que gracia y hermosura en mí dejaste.*[37]

Claro que ni a la esposa del *Cantar*, ni al mismo San Juan de la Cruz, les interesa el Esposo como lugar fontanal o causa de la belleza, ya que no son precisamente las especulaciones de índole teológica o metafísica las que prevalecen aquí. De hecho, mientras que el *Cantar* no alude siquiera al tema, el poeta de Fontiveros alude a él de un modo incidental; en la última estrofa citada, por ejemplo, aunque la enamorada esposa hace notar que el Esposo ha dejado en ella gracia y hermosura, lo que realmente le interesa es que Él la mire y no la desprecie:

> *No quieras despreciarme,*
> *que si color moreno en mí hallaste,*
> *ya bien puedes mirarme...*

No se trata tanto de que el Esposo sea la causa de toda belleza cuanto de que el Esposo *es realmente hermoso*. Pues nadie se siente impulsado al amor por razones teológicas o metafísicas, sino por razones personales que son siempre de índole recíproca: un *tú* que embelesa y al que se entrega, por eso mismo, un *yo* rendidamente enamorado; y a su vez en reciprocidad.[38] Nadie se enamora de la belleza poseída por otra persona, sino de la persona que posee esa

---

[37] San Juan de la Cruz, *Cántico*.

[38] Cuando el amor es grande, la entrega de lo que se posee a la persona amada se hace en magnitud; cuando el amor es total, se hace en totalidad: *El Padre ama al Hijo y ha puesto todas las cosas en sus manos* (Jn 3:35).

belleza. Lo que realmente interesa al enamorado no son las gracias o los encantos de la otra persona, sino la persona de quien son tales gracias o encantos. Los cuales, en último término y con no pocas dificultades, tal vez podrían ser descritos; pero no así ese algo inefable y misterioso, verdaderamente inenarrable, que ellos ponen en la persona amada:

> *Y todos cuantos vagan,*
> *de Ti me van mil gracias refiriendo,*
> *y todos más me llagan,*
> *y déjame muriendo*
> *un no sé qué que quedan balbuciendo.*[39]

Cuando la esposa del *Cantar* alude en una ocasión a la suavidad de los amores del Esposo, no está pensando tanto en la dulzura de los amores cuanto en que proceden del Esposo. Para ella son tan dulces precisamente porque proceden de Él. El colmo de su alegría no radica en el hecho de ser amada, sino *en que es el Esposo quien la ama*:

> *Son tus amores más suaves que el vino.*

Por otra parte, puesto que la esposa nunca se sentiría enamorada del Esposo si no percibiera sus gracias y su belleza, tal percepción es absolutamente necesaria. A la belleza, en efecto, le corresponde por esencia ser percibida, puesto que ella misma no es otra cosa que el esplendor, la gloria, y la luminosidad del ser.[40] Además el Esposo

---

[39]San Juan de la Cruz, *Cántico.*

[40]San Juan es el autor sagrado que mejor ha sabido relacionar el amor, la percepción (visión), y el conocimiento; la ausencia de cualquiera de ellos determina la falta de los otros: *Todo el que peca, no lo ha visto ni le conoce* (1 Jn 3:6).

es un buen conocedor de las reglas y requisitos del juego del amor, por lo que es plenamente consciente de la necesidad que recae sobre Él de manifestarse a la esposa:[41] *Quien acepta mis mandamientos y los guarda, ése es el que me ama; y quien me ama será amado por mi Padre, y yo lo amaré y me manifestaré a él.*[42] Manifestación que, por otra parte, tiende cada vez más a la intimidad y a la unión totales: *Si alguno me ama guardará mi palabra, y mi Padre lo amará; y vendremos a él y haremos morada en él.*[43] Si el Señor es conocido como un gran *seductor* (Mt 27:63) es sin duda porque se ha manifestado y ha sido percibido como tal.[44] Para cuya percepción le basta al discípulo con uno de los dos sentidos capaces de aprehender la belleza —la vista o el oído—, aunque de tal manera que hasta puede suceder que alguna vez se haga expresa exclusión del otro, como se comprueba en la narración de San Lucas sobre los discípulos de Emaús: Según el evangelista, mientras los discípulos hablaban entre sí y discutían, se les acercó Jesús y caminó con ellos, por más que *sus ojos estaban incapacitados para reconocerle;*[45] pero

---

[41]La idea de *necesidad* ha de ser entendida aquí en un sentido tan amplio como fuerte, y no es difícil comprender que no está determinada meramente por el conocimiento derivado de las exigencias de las leyes del amor, sino por el impulso que acosa al Esposo y le lleva a manifestarse a la esposa. En realidad es un sentimiento mutuo, que forma parte a su vez del entramado que rige el gran misterio del amor.

[42]Jn 14:21.

[43]Jn 14:23.

[44]Es importante notar que San Juan, ya desde el comienzo de su primera Carta, insiste en las percepciones de la vista y del oído como los dos factores más importantes que han determinado que los discípulos puedan dar testimonio del Verbo hecho hombre: *Lo que existía desde el principio, lo que hemos oído, lo que hemos visto con nuestros ojos, lo que contemplaron y palparon nuestras manos acerca de la Palabra de Vida —pues la Vida se manifestó, y nosotros hemos visto y atestiguamos y os anunciamos la vida eterna, que estaba ante el Padre y se nos ha manifestado—, lo que hemos visto y oído...* (1 Jn 1: 1–3).

[45]Lc 24:16.

después, a medida que Él les hablaba y les explicaba el sentido de las Escrituras, ellos se daban cuenta de que su corazón se encendía en un intenso sentimiento de emoción: *¿No es verdad que nuestro corazón ardía dentro de nosotros mientras nos hablaba en el camino y nos explicaba las Escrituras?*[46]

Puesto que el evangelista no lo explica, cabría preguntar aquí por la causa que motivó que los ojos de los discípulos caminantes estuvieran incapacitados para reconocer a Jesús. A lo que indudablemente se podría responder con un buen ramillete de explicaciones..., sin que ninguna de ellas, tal vez, convenciera demasiado. Aunque hay algo que, por extraño que parezca, sí que se desprende con cierta claridad de la narración, cual es el hecho de que el oído parece estar más expedito a veces que el ojo para las cosas del amor: *El espíritu sopla donde quiere, y oyes su voz; pero no sabes de dónde viene ni a dónde va.*[47] Después de la resurrección del Maestro, María Magdalena es incapaz de reconocerlo, a pesar de que lo tiene ante ella, y lo confunde con el hortelano; solamente cuando Él la llama directamente por su nombre es cuando ella se da cuenta, al fin.[48] En el Apocalipsis se dice: *Mira que estoy a la puerta y llamo. Si alguno oye mi voz y abre la puerta, entraré a él y cenaré con él, y él conmigo.*[49] También en la alegoría del buen pastor se insiste en la audición de la voz como factor decisivo, por parte de las ovejas, para reconocer la voz de su Pastor y seguirlo: *El que entra por la puerta es pastor de las ovejas. A éste le abre el portero, y las ovejas escuchan su voz; llama a las ovejas propias por su nombre y las saca fuera. Cuando las ha sacado todas, va delante de ellas, y las ovejas*

---

[46] Lc 24:32.
[47] Jn 3:8.
[48] Jn 20: 11–16.
[49] Ap 3:20.

le siguen porque conocen su voz. Pero no siguen a un extraño, sino que huyen de él, porque no conocen la voz de los extraños.[50]

Lo cual se debe seguramente a que, durante el presente eón, el cristiano se encuentra todavía bajo el régimen de la fe: *Pues caminamos en fe, y no en visión.*[51] Además de eso *la fe procede de lo que se oye.*[52] San Pablo recuerda a los fieles de Corinto que *ahora vemos como en un espejo, confusamente, aunque entonces veremos cara a cara.*[53] Santo Tomás comenta, siguiendo a Dionisio, a propósito de este conocimiento enigmático o especular, que esta luz borrosa y lejana no conduce al conocimiento de lo que es Dios, sino de lo que no es, o todo lo más a la idea de su existencia; de lo cual resulta, según el santo, que el mejor modo que tiene el hombre de conocer a Dios en esta vida es a través de la negación de todas las creaturas y de sus propios conceptos.[54] Pero, de todos modos, la visión especular o enigmática ha de ser entendida en relación con lo que dice el Apóstol inmediatamente a continuación del texto anterior: *Ahora conozco parcialmente, aunque entonces conoceré como soy conocido.*[55] Porque, si bien es verdad que *a Dios nadie lo ha visto jamás,* no es menos cierto que el *Dios Unigénito, que está en el seno del*

---

[50] Jn 10: 2–5.

[51] 2 Cor 5:7.

[52] *Fides ex auditu* (Ro 10:17).

[53] *Videmus enim nunc per speculum in œnigmate, tunc autem...* (1 Cor 13:12).

[54] *Cognitio qua Deus per creaturas videtur, non est ipsius essentia, sed œnigmatica et specularis, et a remotis. Job XXXVI, 25: omnes homines vident eum, aliquo dictorum modorum, sed unusquisque intuetur procul, quia per omnes illas cognitiones non scitur de Deo quid est, sed quid non est, vel an est. Unde dicit Dionysius libro Mysticœ Theologiœ quod perfectus modus quo Deus in vita prœsenti cognoscitur, est per privationem omnium creaturarum, et intellectorum a nobis* (Santo Tomás, en *Super Evangelium Iohannis,* c. 1, lec. 11).

[55] *Nunc cognosco ex parte, tunc autem cognoscam sicut et cognitus sum* (1 Cor 13:12).

Padre, es quien lo ha dado a conocer.[56] Por lo tanto, la parcialidad de la que habla San Pablo tiene que referirse a la plenitud del fin, la cual tendrá lugar en la consumación de la Patria, pero sin que eso signifique que el cristiano no pueda adquirir ahora, a través de la acción del Espíritu, un conocimiento del Señor capaz de concluir en un amor total (también sin consumar, como es lógico). Cuando San Pedro hace la alabanza de los fieles que aman a Jesucristo, sin haberlo visto,[57] está pensando en una visión meramente natural a través de los sentidos, o incluso en un conocimiento según la carne (2 Cor 5:16); pero no en el conocimiento sobrenatural adquirido a través de la fe.

El conocimiento especular de Dios es lo suficientemente confuso y parcial como para que se pueda decir que el cristiano camina, durante el presente eón, en la *Noche oscura* del itinerario de su existencia. Una Noche oscura también llamada fe, que ha sido descrita bellamente en la Carta a los Hebreos (Heb 11), y que, por otra parte, se encuentra al mismo tiempo pletórica de seguridades y de nostalgias. Están justificados, por lo tanto, los lastimeros lamentos del poeta de Fontiveros con los que se queja de que el Amado se ha escondido:

> *¿A dónde te escondiste,*
> *Amado, y me dejaste con gemido?*
> *Como el ciervo huiste,*
> *habiéndome herido;*
> *salí tras ti clamando y eras ido.*

Lamentos que, como siempre, no son sino un eco del dolor y de los lamentos de la esposa del *Cantar*:

---

[56] Jn 1:18.
[57] Cf 1 Pe 1:8.

> *En el lecho, entre sueños, por la noche,*
> *busqué al amado de mi alma,*
> *busquéle y no le hallé.*
> *Me levanté y recorrí la ciudad,*
> *las calles y las plazas,*
> *buscando al amado de mi alma.*
> *Busquéle y no le hallé.*
> *Encontráronme los guardias*
> *que hacen la ronda en la ciudad:*
> *¿Habéis visto al amado de mi alma?*[58]

Pero esa Noche, al contrario de lo que cabría esperar, no es en modo alguno una Noche de tristeza. Eso solamente sería posible por lo que aún le falta hasta que llegue el alba del nuevo día, *pero no por lo que ya tiene.* No hay que olvidar que la luz de la fe es más segura que la aprehendida por los sentidos, y más que suficiente de por sí para mostrar a la esposa las gracias y los encantos del Esposo. Por eso es en realidad una Noche *más amable que la alborada,* como dice San Juan de la Cruz en unos versos casi divinos, en la que incluso ya tiene lugar la plena unión de los esposos enamorados:

> *¡Oh Noche que guiaste!,*
> *¡oh Noche amable más que el alborada!,*
> *¡oh Noche que juntaste*
> *Amado con amada,*
> *amada en el Amado transformada.*

No es extraño entonces que la esposa del *Cantar* acabe encontrando al amado de su alma, y justamente además en el momento en que se aparta de los guardias de la ciudad, a los que ha estado preguntando angustiada durante la noche:

---

[58] Ca 3: 1–3.

En cuanto de ellos me aparté
hallé al amado de mi alma.
Le así, ya no le soltaré
hasta entrarle en la casa de mi madre,
en la alcoba de la que me engendró.[59]

Y no puede ser de otro modo si se admite que el cristiano es capaz de enamorarse locamente de Jesucristo. Nadie se enamora de nadie sin previo conocimiento: ¿De dónde podría proceder el entusiasmo que causa el amor sino de la percepción de los encantos y gracias de la persona amada?

La teología apofática, que acierta plenamente en cuanto a las limitadas posibilidades del hombre para elaborar un concepto de Dios, parece dejar en un relativo segundo plano el hecho de la Encarnación. Sin embargo, la verdad incontestable de que a Dios nadie le ha visto jamás, no debe hacer olvidar que se ha revelado a los hombres en Jesucristo: *Felipe le dijo: "Señor, muéstranos al Padre y nos basta". Jesús le contestó: "Tanto tiempo como estoy con vosotros, ¿y aún no me habéis conocido, Felipe? El que me ve a mí, ve al Padre. ¿Cómo dices tú: Muéstranos al Padre? ¿No crees que yo estoy en el Padre y el Padre en mí?"*[60] Puesto que las posibilidades de la razón humana de alcanzar un concepto preciso de Dios, más allá de lo poco que puede aportar la analogía, son radicalmente nulas, debe ser reconocida la razón de la teología apofática al propugnar el camino de las negaciones y sustracciones.

Eso es cierto. Pero, al mismo tiempo, no hay que dejar de tener en cuenta que, a partir del momento de la Encarnación, cualquier intento que se lleve a cabo para elaborar un concepto puramente metafísico o teológico de Dios, prescindiendo de Jesucristo, es insu-

---

[59]Ca 3:4.
[60]Jn 14: 8–10.

ficiente. Lo cual, si bien no significa que tal especulación sea ilícita o inútil, es sin embargo una advertencia acerca de lo poco práctico que sería contentarse con un conocimiento de Dios que, a fuer de meramente filosófico, no pretendiera seguir adelante y enriquecerse con los datos que aporta la revelación completa.[61] Si el hombre ha sido creado para amar a Dios, ya desde esta vida, es necesario admitir que ha sido creado para conocerlo ya desde esta vida también. Y, puesto que el conocimiento ha de ser indudablemente proporcional a la intensidad de un amor que debe ser total —*Él le dijo: "Amarás al Señor, tu Dios, con todo tu corazón, con toda tu alma, y con toda tu mente"*[62]— resultaría algo embarazoso, por no decir imposible, contentarse con una idea de la persona amada que hubiera sido elaborada a base de negaciones, abstracciones y sustracciones.[63] La respuesta, indudablemente algo brusca, del Señor al requerimiento del apóstol Felipe para que les muestre al Padre (Jn 14: 8–10), da

---

[61]Por supuesto que la Filosofía es una ciencia autónoma e independiente, después de haber dejado atrás los tiempos en que era considerada meramente como una *ancilla theologiæ*. La Filosofía tiene un ámbito propio —lo mismo que cualquier otra ciencia y la propia razón humana— en el que su actividad queda más que suficientemente justificada. Pero, puesto que el último fin del hombre es Dios, y amarlo a Él es su destino definitivo, cualquier otra actividad humana ha de ser considerada siempre como subordinada. Al fin y al cabo, como decía el mismo Señor, solamente una cosa es necesaria.

[62]Cf Mt 22:37.

[63]Sería algo más que difícil, por ejemplo, hacer comprender a un daltónico lo que es un color determinado, imposible de ser percibido por él, sobre la base de que *no es* cualquiera de los que él conoce. El autor de este libro conoció a cierto profesor de Religión de Enseñanza Media —aquejado sin duda del extraño complejo de inferioridad que tan frecuentemente parece atacar a los clérigos—, que dedicaba los cursos académicos a explicarle a sus alumnos *lo que no era la religión*. Cualquiera puede imaginar lo que habría ocurrido con un profesor de ciencias exactas, por ejemplo, que dedicara el curso escolar a explicarle a sus alumnos *lo que no son* las matemáticas, pura y simplemente.

a entender claramente que la pretensión es improcedente desde el momento en que Él mismo —el Verbo hecho carne— está ya presente entre los hombres.[64] San Pablo, por su parte, al recordar a los fieles de Corinto que nadie conoce lo que hay en Dios sino el Espíritu de Dios —tal como en el hombre nadie sabe lo íntimo que hay en él si no es el espíritu del mismo hombre—, añade a continuación: *Pues nosotros no hemos recibido el espíritu del mundo, sino el Espíritu que procede de Dios...;*[65] y redondea su pensamiento, un poco más adelante, mediante una afirmación verdaderamente sorprendente: *¿Quién conoció el pensamiento del Señor para poder instruirlo? Pero nosotros poseemos el pensamiento de Cristo.*[66]

Estos textos del Apóstol, además de ser bastante expresivos al respecto, indican claramente el camino a seguir en el estudio del problema. Es el Espíritu Santo el encargado de llevar a cabo la tarea de grabar en el alma del fiel la imagen y el conocimiento de Jesucristo,[67] correspondiendo en todo caso a los teólogos intentar explicar el modo y la manera, indudablemente misteriosos, en que tal acción se lleva a cabo a través de los vericuetos de la fe. Pero es evidente que ha de haber un conocimiento perfectamente adecuado al amor que Dios espera obtener de su creatura. El cual, por tratarse de un amor loco, ha de partir de un conocimiento absolutamente suficiente y al que no le bastan las abstracciones y las negaciones. La imagen de la persona amada poseída por el amante es concreta

---

[64]El pasaje ha sido tradicionalmente citado para demostrar la identidad de naturaleza del Padre y del Hijo. Pero quizá la doctrina no lo ha utilizado tanto para insistir en el hecho de que, a partir de ahora, queda rechazada, como inoportuna e inútil, cualquier pretensión de llegar hasta el Padre prescindiendo del Hijo hecho hombre en Jesucristo: Cf Jn 14:6, *in fine.*

[65]1 Cor 2: 11–12.

[66]1 Cor 2:16.

[67]Cf 2 Cor 3:18; 4:6.

y totalmente carente de abstracciones, tal como corresponde a algo tan definido y particular como son las ideas de un *yo* y de un *tú*. De ahí que cualquier intento de descripción de la persona amada, por parte del amante, es elaborado siempre sobre la base de elementos absolutamente tangibles o *contables*:

> *Mi amado es fresco y colorado,*
> *se distingue entre millares.*
> *Su cabeza es oro puro,*
> *sus rizos son racimos de dátiles,*
> *negros como el cuervo.*
> *Sus ojos son palomas*
> *posadas al borde de las aguas,*
> *que se han bañado en leche*
> *y descansan a la orilla del arroyo.*
> *Sus mejillas son jardín de balsameras...*[68]

Eso por lo que hace a los sentimientos de la esposa del *Cantar*. Pero los del Esposo, como podía esperarse, tampoco se expresan en el poema sagrado de modo diferente:

> *¡Qué hermosa eres, amada mía,*
> *qué hermosa eres!*
> *Son palomas tus ojos a través de tu velo.*
> *Son tus cabellos rebañito de cabras,*
> *que ondulantes van por los montes de Galad.*
> *Son tus dientes cual rebaño de ovejas de esquila,*
> *que suben del lavadero...*[69]

---

[68]Ca 5: 10–13.

[69]Ca 4: 1–2.

Metáforas y metáforas, desde luego. Pero que vienen a ser como un desesperado intento del amante que echa mano de cosas, enteramente concretas y conocidas —sonoras, luminosas, tangibles, con relieve palpable y punzante—, a fin de decirse a sí mismo, y decirle al otro, quién y cómo es ese *tú* al que él se dirige. Y no existe en todo el universo —ni en este mundo ni en el otro— nada más absolutamente tangible y concreto, más definido y *peculiar*, que ese *yo* y ese *tú* que son exactamente los mismos que luego acaban siendo los elementos insustituibles, y suficientes, de la relación amorosa.

La *gloria* de Cristo, que no es sino la epifanía de sus gracias, de su encanto y de su hermosura, ha de brillar necesariamente en el corazón del fiel. No solamente para que el discípulo se encienda con un fuego de amor incontenible, sino para que pueda llevarse a cabo su transformación en Él (2 Cor 3:18).[70] La Pastoral de los templos funcionales o sin imágenes, de las traducciones bíblicas y litúrgicas *para uso del pueblo*, de la música pop, de la liturgia *testimonial* y por ende miserable y ramplona, de las misas celebradas o concelebradas al alimón, de la caridad rebajada a *solidaridad*, de la castidad ridiculizada, de la predicación politizante, de los Pastores itinerantes que jamás se encuentran donde sus ovejas los necesitan, de la oración sustituida por el testimonio y la manía de hacerse presentes en un mundo que no corresponde sino con un justo desprecio, de la cruz olvidada cuando no vilipendiada..., además de un largo etcé-

---

[70] No debe olvidarse que el amor es también transformante. Tal como lo expresó San Juan de la Cruz en su *Noche Oscura*:

> *¡Oh Noche que guiaste!,*
> *¡oh Noche amable más que el alborada!,*
> *¡oh Noche que juntaste*
> *Amado con amada,*
> *amada en el Amado transformada!*

tera, ha introducido el feísmo en la Iglesia y ha ocultado la imagen de la gloria y la belleza de Jesucristo. El único camino seguro para descubrir de nuevo esa imagen —algo que la Iglesia y el mundo necesitan hacer con toda urgencia— es el de la pura fe, sin necesidad de otros aditamentos de los que siempre es mejor prescindir, como repite con tanta insistencia con razón San Juan de la Cruz. La fe es el exclusivo ámbito de acción del Espíritu Santo, verdadero Maestro de los hombres y el único capaz de conducirlos al conocimiento y al amor de Jesucristo: *Cuando venga Aquél, el Espíritu de verdad, os guiará hacia la verdad completa; pues no hablará por sí mismo, sino que hablará de lo que oiga y os anunciará lo que ha de venir.*[71] Pero conviene, sin embargo, hacer dos advertencias importantes con respecto a la acción del Espíritu en la Iglesia y en el corazón de los fieles.

En primer lugar el Espíritu del que aquí se habla no es un Espíritu de folklore ni tampoco manipulable, lo cual es algo que los actuales movimientos carismáticos deberían tener en cuenta. No solamente sopla donde quiere, sin atenerse jamás a las previsiones de los hombres (Jn 3:8), sino que actúa de una forma que nada tiene que ver con la estadística ni con el dinamismo espectacular derivado de la publicidad de bombo y platillo. Por otra parte, la eficacia de su acción está siempre en razón inversa a los criterios de medición humanos, sin que eso quiera decir que no pueda ser fácilmente conocida. La verdad está más bien en el extremo opuesto, aunque es frecuente que las operaciones del Espíritu nunca sean reconocidas como tales con criterios puramente humanos. La plenitud de sus dones, y la sobreabundancia de sus frutos, discurren más bien por caminos que, además de no ser muy del agrado del mundo, tampo-

---

[71] Jn 16:13. Por lo que respecta a la *verdad completa*, no debe olvidarse que Jesucristo dijo de Sí mismo que Él es la verdad (Jn 14:6).

co son demasiado compatibles con la publicidad: el gozo y el amor verdaderos, la paz del alma, la humildad, la obediencia, la bondad sin límites, la mansedumbre, la pobreza de espíritu y la claridad del corazón, el amor a la cruz, el gusto por la verdad y el ansia de justicia, la grandeza de una mente y la generosidad de un corazón que han sido marcados por el amor..., son algunas de las cosas que, por tener poco que ver con los gustos y apetencias del mundo, pese a proceder del Espíritu, suelen pasar desapercibidas entre los hombres. El Espíritu del Señor es discreto y humilde, ligero y susurrante, y gusta descender al corazón del hombre con suavidad y ternura, sin estruendos, como rocío mañanero que se posa blandamente sobre las plantas del campo: *Delante de él pasó un viento fuerte y poderoso que rompía los montes y quebraba las peñas; pero no estaba Yavé en el viento. Y vino tras el viento un terremoto; pero no estaba Yavé en el terremoto. Vino tras el terremoto un fuego, pero no estaba Yavé en el fuego. Tras el fuego vino un ligero y blando susurro. Cuando lo oyó Elías, cubrióse el rostro con su manto, y saliendo, se puso en pie a la entrada de la caverna y oyó una voz....*[72]

En segundo lugar, aunque es cierto que el Espíritu actúa siempre dentro del ámbito de la fe, su enseñanza no puede ser considerada como confusa o nebulosa. Siendo el camino de la fe el único cierto y seguro, es imposible que discurra por vericuetos de niebla y de oscuridad. Falta de visión, por ahora (2 Cor 5:7), o conocimiento meramente parcial (1 Cor 13: 9.12), no son lo mismo que falta de certeza. Además, si el Espíritu es el que conduce al conocimiento y amor de Jesucristo, su acción ha de ser tan clara y positiva como para ser la causa determinante de un loco amor. Y es bien sabido que el amor, ni nace de previsiones o probabilidades, ni se compone bien con las imágenes confusas o nebulosas (nadie se enamora de

---

[72]1 Re 19: 11–13.

un fantasma). En cambio aparece única y exclusivamente ante la contemplación de la belleza, lo que equivale a decir que surge ante la claridad y la luz, ante el orden y la armonía, la gracia y el encanto, la bondad y la verdad, la generosidad y la entrega..., puesto todo ello además en el único ser individual y *concreto*, capaz de salir de sí mismo para entregarse al *otro*, que existe en el universo: la persona.

La moderna Pastoral católica ha olvidado que su tarea no es otra que la de hablar de la persona, y más particularmente de la Persona de Jesucristo, sin escamotear de ella nada que pudiera molestar al mundo: *Nosotros predicamos a Cristo crucificado, escándalo para los judíos y locura para los gentiles; pero para los llamados, tanto judíos como griegos, fuerza de Dios y sabiduría de Dios.*[73] Parece estar aquejada de un extraño complejo de inferioridad y de miedo, y se ha dedicado con profusión a la inútil tarea de sanear las estructuras, directamente y sin más. No se da cuenta de que los hombres, que solamente se sienten atraídos y seducidos por la belleza hasta el punto de que únicamente en ella pueden saciar su corazón, no la han podido encontrar jamás en las estructuras. Es por eso por lo que no siguen a una Iglesia que, al mismo tiempo que se empeña en practicar su Pastoral de estructuras, se desgañita diciéndoles que ella también está con el mundo y con sus problemas. Cuando, en realidad, una Pastoral de estructuras no puede ser nunca una Pastoral de la caridad cristiana: por la sencilla razón de que no son las estructuras, sino las personas, las únicas capaces de amar y ser amadas. El mundo actual, entre asombrado e indiferente, contempla el espectáculo de una Pastoral que, en vez de pregonar, tal como se le había encomendado, la sempiterna caridad que no pasa jamás (1 Cor 13:8), habla casi exclusivamente de *solidaridad*. Un concepto frío y envarado, carente de ternura y casi de contenido, desde el mo-

---

[73] 1 Cor 1: 23–24.

mento en que no es más que un subproducto del amor. Sin embargo, si bien se considera el problema, ¿qué sentido puede tener en realidad la tan traída y llevada *solidaridad* —a no ser que se pretenda jugar a hacer logomaquias— para unos hombres que no se aman?[74]

Es indudable que la Iglesia Católica del siglo XXI celebrará un nuevo Concilio. Se verá obligada a hacerlo ante una necesidad de supervivencia que ni siquiera depende de ella misma, ya que está de por medio la promesa de perennidad que le otorgó su Fundador. Casi se puede asegurar desde ahora que ese Concilio se parecerá más al de Trento que al Vaticano II, puesto que tendrá que proclamarse ya de entrada como dogmático y definidor. Como en realidad son siempre los Concilios, a pesar de que alguna vez, como en el caso del Vaticano II, hayan pretendido disimularlo y hasta insinuar lo contrario. Algunos ingenuos que lo han olvidado —aunque bien es verdad que haciéndose eco de palabras autorizadas— han desembocado en conclusiones que pueden ser catalogadas, en el mejor de los casos, como poco inteligentes: creer, por ejemplo, que las desgracias de la Iglesia solamente se acabarán a partir del momento en que la misa vuelva a celebrarse en lengua latina. Así es como se ha dado lugar a la extraña paradoja de que, solamente los que no se han

---

[74]Si se examina despacio el problema, parece que no se pretende otra cosa que huir del uso de palabras o conceptos que, como el de caridad, están demasiado gastados o desprestigiados. Pero tampoco la lingüística o la sociología parecen ser puntos fuertes de la Pastoral. Ante todo, porque si es verdad que se ha desprestigiado la idea de la caridad, la culpable no es otra que la misma Pastoral cristiana. Pero es que, además, con una increíble estrechez de visión, no se da cuenta de que la palabra *solidaridad* no significa lo mismo que la palabra *caridad*: a lo más es uno de los derivados de esta última, o en todo caso uno de sus subderivados, y de excrecencia además. Y no se puede alterar tan alegremente uno de los conceptos fundamentales de la catequesis evangélica, cual es el del mandamiento nuevo y único que el Maestro dejó a sus discípulos. En el fondo es siempre lo mismo: el miedo ante el mundo y el deseo mendicante de ser aceptados por él.

tomado muy en serio esa declaración inicial del Concilio Vaticano II, son los que lo han aceptado abiertamente y de corazón; mientras que aquéllos, por el contrario, que la interpretaron al pie de la letra han terminado por tomar a broma al Concilio y a la Iglesia.

Lo que hay en el fondo de todo esto es que un Concilio no puede empezar jamás —ni menos aún terminar— haciendo declaraciones que puedan ser interpretadas, o bien como un tanto jocosas, o por lo menos como extrañas. Tampoco puede aparentar en modo alguno que está dominado por el miedo, la timidez, o los complejos de cualquier género: como los del miedo al mundo o a los avances de la técnica, por ejemplo. Y quizá por ahí pueda encontrarse alguna especie de explicación que disminuya la culpa de los tradicionalistas, integristas y fundamentalistas (en el supuesto caso de que existan tales razas en estado puro, claro está); pues si bien es verdad que nunca podrá encontrarse una justificación para el mal, también es cierto que bien a menudo pueden ser hallados atenuantes para los que lo realizan. La verdad es que los Concilios se convocan siempre, o bien para redefinir cosas que estaban quizá un tanto borrosas u olvidadas, o bien para enderezar entuertos y acabar con follones y malandrines, o bien para todo eso a la vez. Lo cual se compone mal con la timidez y los miedos: las definiciones y delimitaciones requieren seguridad y mano firme en quien las realiza, si es que se quiere salir de verdad de la niebla y del difumino; y en cuanto a la forma de actuar con respecto a cierta ralea de gente, todo el que vive en este mundo, con los pies puestos en él, sabe muy bien que no se puede terminar con ella si se empieza pidiéndole perdón.

Sea de ello lo que fuere, la verdad es que el mundo y la Iglesia de finales del siglo XX han perdido de vista el horizonte de Dios de tal modo que no pueden menos de sentirse impulsados a repetir, una y otra vez, los gritos vehementes con los que se cierra el libro del

Apocalipsis: *Y el Espíritu y la esposa dicen: "¡Ven!" Y el que tiene sed, venga. Y el que la quiera, reciba gratis el agua de la vida.*[75] La *kenosis* del Espíritu está siendo también sin duda alguna la de Jesucristo:

> *¿A dónde te escondiste,*
> *Amado, y me dejaste con gemido?*
> *Como el ciervo huiste,*
> *habiéndome herido;*
> *salí tras ti clamando y eras ido.*[76]

Pero ambos aparecerán de nuevo. En realidad Jesucristo no ha abandonado nunca a su Iglesia: *Sabed que yo estoy con vosotros todos los días, hasta el fin del mundo.*[77] No importa que, alguna vez, hasta pueda ser comprensible la inquietud de sus discípulos al contemplarlo dormido a la popa de la barca y a pesar de la tormenta (Mc 4:38). Y si Él está ahí —oculto o manifiesto— luego también está el Espíritu, allí donde es más necesario que nunca: en medio del caos y de la confusión, viviendo y actuando dentro de una Iglesia aparentemente vacía, fría y desnuda, a fin de llenarla nuevamente de vida cuando llegue el momento, por otra parte tan esperado, por el que claman y lloran los muchos hombres y mujeres de buena voluntad que aún quedan en esta Tierra: *La tierra estaba confusa y vacía, y las tinieblas cubrían la haz del abismo. Pero el espíritu de Dios se cernía sobre la superficie de las aguas.*[78]

---

[75] Ap 22:17.

[76] San Juan de la Cruz, *Cántico*.

[77] Mt 28:20.

[78] Ge 1:1.

Índice de Citas
del
Nuevo Testamento

Hechos de los Apóstoles

Romanos

APOCALIPSIS

Siglas
de los
Libros Bíblicos

Ab, Abdías	**Ha**, Habacuc	**Mt**, Mateo
Ag, Ageo	**Heb**, Hebreos	**Na**, Nahúm
Am, Amós	**Hech**, Hechos de los	**Ne**, Nehemías
Ap, Apocalipsis	Apóstoles	**Nú**, Números
Ba, Baruc	**Is**, Isaías	**Os**, Oseas
Ca, Cantar de los	**Jb**, Job	**1 Pe**, 1 Pedro
Cantares	**Jds**, Judas	**2 Pe**, 2 Pedro
Col, Colosenses	**Jdt**, Judit	**Pr**, Proverbios
1 Cor, 1 Corintios	**Jer**, Jeremías	**1 Re**, 1 Reyes
2 Cor, 2 Corintios	**Jl**, Joel	**2 Re**, 2 Reyes
1 Cr, 1 Crónicas	**Jn**, Juan	**Ro**, Romanos
2 Cr, 2 Crónicas	**1 Jn**, 1 Juan	**Rt**, Rut
Da, Daniel	**2 Jn**, 2 Juan	**Sab**, Sabiduría
De, Deuteronomio	**3 Jn**, 3 Juan	**Sal**, Salmos
Ece, Eclesiastés	**Jon**, Jonás	**1 Sam**, 1 Samuel
Eco, Eclesiástico	**Jos**, Josué	**2 Sam**, 2 Samuel
Ef, Efesios	**Ju**, Jueces	**San**, Santiago
Esd, Esdras	**La**, Lamentaciones	**So**, Sofonías
Est, Ester	**Lc**, Lucas	**1 Te**, 1 Tesalonicenses
Ex, Éxodo	**Le**, Levítico	**2 Te**, 2 Tesalonicenses
Ez, Ezequiel	**1 Mac**, 1 Macabeos	**1 Tim**, 1 Timoteo
Flm, Filemón	**2 Mac**, 2 Macabeos	**2 Tim**, 2 Timoteo
Flp, Filipenses	**Mal**, Malaquías	**Tit**, Tito
Ga, Gálatas	**Mc**, Marcos	**To**, Tobías
Ge, Génesis	**Mi**, Miqueas	**Za**, Zacarías

Índice General

PRIMERA PARTE

"Béseme con besos de su boca"

SEGUNDA PARTE

"Son tus amores m s suaves que el vino"

TERCERA PARTE

"El aroma de tus perfumes es exquisito.
Tu nombre es ungüento derramado:
Por eso te aman las doncellas"

www.ingramcontent.com/pod-product-compliance
Lightning Source LLC
Chambersburg PA
CBHW061958090426
42811CB00006B/973